[illegible]

[illegible]

[illegible]

[illegible]

[illegible]

[illegible]

[illegible]

PARIS,

[illegible]

[illegible]

COMMENTAIRE ANALYTIQUE
DU CODE CIVIL.

LIVRE III, TITRE XVI,

ET

LOI DU 17 AVRIL 1832.

CONTRAINTE PAR CORPS,

PAR M. COIN-DELISLE,
AVOCAT A LA COUR ROYALE DE PARIS.

SECONDE ÉDITION,

AVEC DES ADDITIONS SUR LES QUESTIONS CONTROVERSÉES, ET SUR LA JURISPRUDENCE.

PARIS,
BUREAU DU COMMENTAIRE ANALYTIQUE DU CODE CIVIL,
RUE SAINT-BENOÎT SAINT-GERMAIN, 32;
IMPRIMERIE LE NORMANT, 8, RUE DE SEINE.

1843.

AVERTISSEMENT

SUR CETTE SECONDE ÉDITION.

La bienveillance du public pour cet ouvrage m'imposait l'obligation de le revoir lorsqu'une seconde édition deviendrait nécessaire. Je viens d'y satisfaire, et je dois compte du but et du plan de mon nouveau travail.

Huit ans se sont écoulés depuis la première édition, et dix ans seulement depuis la publication de la loi du 17 avril 1832. Pendant cet intervalle, la jurisprudence s'est formée. J'ai souvent eu, et je le dis avec une espèce de joie orgueilleuse que mes lecteurs comprendront, la satisfaction de la trouver conforme à mes opinions sur une loi nouvelle; quelquefois aussi elle leur a été opposée : j'avais donc à indiquer la marche de la jurisprudence, à m'en servir pour confirmer les doctrines que j'avais exposées, à la combattre quand elle ne m'a pas paru fondée, à rétracter des erreurs, quand je reconnaissais en avoir commis, et je l'ai fait partout avec bonne foi et amour de la vérité.

Voilà pour le fond. Quant à la forme, il paraissait naturel de refondre mes additions dans le cours de l'ouvrage; mais cette marche offrait un inconvénient, celui de rendre la première édition inutile pour ceux qui l'ont achetée. La seconde édition est donc textuellement semblable à la première; seulement, partout où il y a eu quelque chose à ajouter, à expliquer ou à retrancher, l'imprimeur a placé un signe (¶) qui indique qu'il faut recourir aux *Additions*, où l'on se retrouve facilement à l'aide d'un renvoi aux pages et aux numéros. Ceux qui ont déjà l'ouvrage ne seront pas forcés d'acheter la seconde édition : ils pourront ne demander que le supplément, et ils auront ainsi un exemplaire complet.

COIN-DELISLE.

NOTE SUR LES ABRÉVIATIONS.

Les arrêts ne sont pas accompagnés de renvois immédiats aux recueils où ils se trouvent. Comme je cite, autant que je le puis, tous les grands recueils, il faudrait dans le texte une trop longue suite de chiffres qui fatiguerait la vue. D'ailleurs on n'a pas besoin de tous les arrêts en même temps; on ne vérifie que ceux qui concernent spécialement les recherches qu'on veut faire.

J'ai donc placé dans l'ouvrage, à la suite de chaque article, une liste de tous les arrêts cités dans le cours de l'article commenté; là le lecteur trouvera toutes les indications possibles, et les trouvera facilement, parce que *l'ordre des dates* a été scrupuleusement suivi dans ces tables intitulées : *Renvois aux Arrêtistes*.

Pour les Additions, j'ai réuni dans une seule et unique table *par ordre de dates*, placée à la fin de l'ouvrage, tous les arrêts cités dans celles que j'ai faites tant au *Commentaire du titre de la Contrainte par corps* qu'à *l'Appendice sur la loi du 17 avril 1832*; il suffit donc de chercher à sa date dans cette table un arrêt cité, pour trouver *à l'instant* le volume et la page des recueils qui en rapportent le texte.

L'ouvrage de M. *Sirey*, continué par MM. *de Villeneuve* et *A. Carette*, est indiqué par la lettre *S*; celui de M. *Denevers* et de son continuateur M. *Dalloz* par la lettre *D*. Les trois chiffres qui suivent sont l'indication de l'année, de la première ou seconde partie et de la page.

La lettre P désigne le *Journal du Palais*; on sait que chaque année ce journal se composait de trois volumes in-8°, et que depuis 1837, il est formé de deux volumes. On indique donc le 1er, 2e ou 3e volume de l'année et la page où se trouve l'arrêt.

Enfin par les lettres *N. D.*, qui signifient *Nouveau Dalloz*, les renvois indiquent sa *Jurisprudence générale par ordre alphabétique*, par volume et par page.

Je n'ai cité ni la nouvelle édition du *Journal du Palais* jusqu'en 1836, ni la seconde édition qui se termine en 1824, ni l'édition nouvelle que publient MM. de Villeneuve et Carette du *Recueil des Lois et Arrêts*, et qui doit aller jusqu'à 1830. Tous ces recueils sont par ordre de date; il suffit donc de les ouvrir à la date d'un arrêt pour savoir s'il s'y trouve ou ne s'y trouve pas.

Au moyen de ces indications, chacun peut sur-le-champ vérifier si un arrêt cité dans le *Commentaire* se trouve dans le recueil qu'il possède, ou s'il doit en consulter un autre.

COMMENTAIRE ANALYTIQUE

DU

CODE CIVIL,

D'APRÈS LA DOCTRINE DES AUTEURS ET LA JURISPRUDENCE DES ARRÊTS;

CONTENANT, SOUS CHAQUE ARTICLE,

l'exposition des principes, les controverses élevées dans l'application, les opinions des auteurs, les décisions de la jurisprudence, et les dispositions des lois, décrets et ordonnances qui abrogent l'article, le modifient, ou en règlent l'exécution, avec renvois aux ouvrages cités et aux recueils d'arrêts.

PAR M. COIN-DELISLE, ET PLUSIEURS AUTRES AVOCATS

OBJET ET PLAN DE L'OUVRAGE.

L'étude du droit civil est un travail de doctrine et d'expérience.

Les nombreux ouvrages des jurisconsultes anciens et modernes sur les matières qui font l'objet du Code civil sont, après la loi, les sources de la doctrine; les collections d'arrêts sont le dépôt de la longue expérience des magistrats. C'est là que se trouvent ces décisions qui, appliquant les lois civiles aux combinaisons infinies des actions humaines, coordonnent les textes séparés, tempèrent ce qu'ils ont de trop absolu, suppléent à ce qu'ils ont d'incomplet, et dont l'ensemble, alliance heureuse du droit et de l'équité, a mérité le beau nom de Jurisprudence, c'est-à-dire d'application de la sagesse au droit.

Mais le nombre d'excellens ouvrages sur certaines parties du droit civil, mais l'immense quantité d'arrêts épars dans des recueils dont chaque année accroît les nombreux volumes; mais l'inexactitude de plusieurs notices, tout concourt à hérisser de difficultés l'étude approfondie de telle ou telle partie du Code, tout concourt à rendre les recherches pénibles et quelquefois infructueuses.

Le *Commentaire analytique*, fruit des veilles laborieuses de plusieurs avocats, est destiné à faire disparaître ces inconvéniens. Chaque article du Code y est suivi de l'explication du texte fondée sur les principes généraux du droit et sur l'opinion des auteurs. Si des lois ou des décrets spéciaux modifient certains articles du Code civil ou les remplacent, si des ordonnances viennent en régler l'exécution, le commentaire en reproduit l'indication ou le texte; si des auteurs ont élevé des controverses, leurs opinions sont analysées et comparées; si la jurisprudence a décidé des difficultés, les solutions sont fidèlement extraites, opposées l'une à l'autre, ou placées dans un enchaînement méthodique, comme déductions logiques d'un même principe, qui est la loi : de sorte que, s'éclairant l'une l'autre et se prêtant un mutuel secours, elles font connaître au lecteur l'état actuel de la science sur la question examinée.

Le magistrat, l'avocat, l'officier ministériel, tous ceux qui s'occupent de la science des lois, y saisiront d'un coup d'œil l'ensemble de la doctrine et la décision spéciale qu'ils chercheront. L'homme du monde lui-même y trouvera les documens nécessaires pour s'éclairer sur sa position et sur ses droits. Il y trouvera même davantage : car, dans les questions difficiles, l'opposition des sentimens des jurisconsultes ou la contrariété des arrêts lui inspirera ce doute prudent qui porte l'esprit à la conciliation et prévient des procès ruineux.

Les renvois aux auteurs sont faits avec une exactitude rigoureuse. Pour ceux qui ont introduit dans leurs ouvrages une série de numéros, tels que Pothier, MM. Toullier, Pardessus et Duranton, ils sont cités de préférence par ces numéros invariables dans toutes les éditions; et l'on a cité par chapitres, sections et paragraphes, plutôt que par pages, les auteurs qui n'ont point adopté un ordre continu de numéros.

Quant aux citations d'arrêts, trois grands recueils jouissent de la faveur du public, ceux de M. Sirey, de M. Dalloz et le *Journal du Palais*. Le *Commentaire analytique*, pour plus d'utilité, renvoie à chacun d'eux en indiquant le volume et la page où se trouve l'arrêt cité. Il indique même, pour ceux qui n'ont que la nouvelle édition de M. Dalloz, le tome et la page de sa *Jurisprudence générale par ordre alphabétique*. Si l'on n'a renvoyé ni au *Bulletin civil de la Cour de Cassation*, ni à la nouvelle édition du *Journal du Palais*, c'est parce que les arrêts y étant rangés dans l'ordre chronologique, il suffit d'ouvrir l'un de ces recueils à la date de l'arrêt cité, pour savoir s'il y est inséré.

Des exemples récens ont prouvé à l'éditeur du *Commentaire analytique* que les chiffres nécessaires pour renvoyer à plusieurs arrêtistes, placés après des dates successives d'arrêts, embarrassent la vue et détournent inutilement l'attention : car on n'a souvent qu'un petit nombre d'arrêts à vérifier sur la quantité de ceux qui ont été cités. Il a évité cet inconvénient en plaçant à la fin de chaque article du Commentaire une liste, par ordre de dates, des arrêts cités avec renvois aux divers recueils.

Le *Commentaire analytique de chaque titre du Code civil* forme un ouvrage ayant sa pagination particulière; et comme le titre courant de chaque page indiquera toujours le livre, le titre et l'article qui en sera le sujet, les commentaires spéciaux pourront être reliés ensemble dans l'ordre du Code civil dont ils forment le commentaire complet.

Cette division permettra aux personnes qui ne voudraient qu'un titre déterminé, de l'acquérir sans acheter l'ouvrage entier.

En tête de chaque titre est l'indication des discussions au Conseil d'État, au Tribunat et au Corps-Législatif. Plusieurs recueils les contiennent : ceux qui ont été publiés par le gouvernement; les Motifs et les Conférences, édition de M. Didot, ouvrage dû aux soins de M. Favard de Langlade; et les grands ouvrages de M. Locré et de M. Fenet. En indiquant soigneusement la date des séances, on est certain que le lecteur trouvera facilement les textes dans chacun de ces ouvrages.

Le commentaire de chaque article est précédé de sommaires qui facilitent les recherches.

Suivant les exigences de la matière, un appendice au titre commenté complètera les travaux. C'est ainsi que le commentaire sur la contrainte par corps est suivi de la loi du 17 avril 1832 qui modifie la législation.

Le *Commentaire analytique du Code civil* paraîtra tous les quinze jours par livraisons de trois feuilles.

Nous ne suivrons pas, dans la publication des titres, l'ordre du Code civil : c'est le seul moyen de mettre à la disposition des lecteurs, avant la fin de cette vaste entreprise, le commentaire de titres sur lesquels il n'existe pas de traités *ex professo* depuis la publication du Code, et de donner aux auteurs le temps de revoir les nombreux matériaux qu'ils ont rassemblés.

Le Commentaire de tous les titres réunis formera environ cent vingt livraisons qui pourront être reliées en trois volumes.

ABRÉVIATIONS.

Les arrêts sont cités par le nom des Cours qui les ont rendus. Ainsi les mots : *Paris*, 14 *février* 1819, signifient *arrêt de la Cour royale de Paris du*, etc.

Le mot *Rejet* ou *Rej*. indique un arrêt de rejet de la Cour de cassation. Quand il est suivi des mots *Sect. civ.* c'est qu'après l'admission du pourvoi, le rejet a été prononcé par la chambre civile.

L'abréviation *Cass.* indique aussi un arrêt de la Cour suprême, mais qui a cassé l'arrêt ou le jugement qui lui était déféré.

Le Recueil de M. *Sirey* est indiqué par la lettre *S.* Celui de M. *Denevers* et de son continuateur M. *Dalloz* par la lettre *D.* Les trois chiffres qui suivent sont l'indication de l'année, de la première ou seconde partie et de la page.

La lettre *P.* désigne le *Journal du Palais*; on sait que chaque année ce journal se compose de 3 volumes in-8°. On indique donc le 1er, 2e ou 3e volume de l'année et la page où se trouve l'arrêt.

Enfin par les lettres *N. D.* qui signifient *Nouveau Dalloz*, les renvois indiquent sa *Jurisprudence générale par ordre alphabétique*, par volume et par page.

Les autres abréviations sont trop usuelles pour qu'il soit besoin de les indiquer.

COMMENTAIRE ANALYTIQUE

DU TITRE

DE LA CONTRAINTE PAR CORPS EN MATIÈRE CIVILE.

(CODE CIVIL, LIVRE III, TITRE XVI.)

Discussion au Conseil-d'État, 16 frimaire et 7 pluviôse an XII. — Exposé des motifs, par M. Bigot-Préameneu, séance du 12 pluviôse. — Rapport au Tribunat, par M. Gary, séance du 20 pluviôse. — Discours de l'orateur du Tribunat au Corps-Législatif, par M. Goupil-Préfeln, séance du 23 pluviôse.

Décrété le 13 février 1804 (23 *pluviôse an XII*). Promulgué le 23 du même mois (3 *ventôse*).

INTRODUCTION.

SOMMAIRE.

1. *Coup d'œil rapide sur l'histoire de la législation jusqu'à la loi du 15 germinal an VI.*
2. *Analyse de cette loi.*
3. *Plan du titre XVI du livre III du Code civil, et indication des lois qui ont complété la matière jusqu'à celle du 17 avril 1832.*
4. *Définition.*
5. *Si la contrainte par corps est une peine.*
6. *Division de la contrainte par corps en légale, judiciaire et conventionnelle.*
7. *Limitation de la contrainte par corps à raison de la personne et du montant de la condamnation.*
8. *Si la contrainte par corps est* réelle *ou personnelle.*
9. *Variation du langage des lois sur les diverses matières auxquelles s'applique la contrainte par corps.*
10. *Plan du commentaire.*

1. La contrainte par corps a, comme toutes les institutions, ses approbateurs et ses détracteurs. Le cadre étroit d'un commentaire nous interdit de nous livrer ici à l'examen de la contrainte par corps en philosophe ou en publiciste.

Nous ne serons même historien qu'autant qu'il peut être nécessaire à notre sujet. Quoique la contrainte par corps ait existé chez presque tous les peuples anciens, où le débiteur tombait dans une sorte d'esclavage, il importe peu aujourd'hui, pour l'application de nos lois civiles, de connaître les lois de Bocchoris, de Solon et des décemvirs.

En France, la contrainte par corps existe de temps immémorial. Restreinte par Philippe-le-Bel au cas où le débiteur s'y soumettrait volontairement, elle devint de style dans les contrats, et les prêteurs exigèrent que leurs débiteurs la consentissent. Il fallait payer *in ære aut in cute;* et l'ordonnance de Moulins en 1566 ne fit que consacrer l'usage général, en statuant que la contrainte par corps aurait lieu pour toutes condamnations de sommes pécuniaires, en même temps qu'elle établissait une règle d'équité en accordant au débiteur un délai de quatre mois à partir de la signification. Cette ordonnance n'était pas applicable au commerce : il était tenu par des règles plus sévères; et quand les juge et consuls des marchands usaient de la faculté que leur accordaient les édits de création de prononcer la contrainte par corps, les débiteurs n'avaient pas droit à ce délai.

Il est permis de croire qu'en général, et malgré l'égalité de la loi, les grands, dans leurs châteaux-forts et au centre de leurs domaines, échappèrent souvent à la contrainte par corps en matière civile.

Aussi pensons-nous que c'est l'abaissement de leur puissance qui engagea Louis XIV à restreindre à un petit nombre de cas la contrainte par corps en matière civile. Les tours féodales étaient détruites et ne protégeaient plus contre les lois le seigneur du manoir. Il fallut donc adoucir la législation pour cette noblesse qui, dépouillée de sa puissance, était réduite à s'exiler de ses domaines et à mendier les faveurs de la cour. C'est, selon nous, le motif secret des modifications que fit à la contrainte par corps pour dettes civiles l'ordonnance de 1667; le titre 34 est conçu à peu près dans les mêmes termes que notre Code civil, et n'applique ce mode d'exécution qu'à des dettes dont le principe peut être considéré comme une faute. En matière de commerce, l'ordonnance de 1673, tit. 7, et l'ordonnance de la marine de 1681, tit. 13, laissèrent subsister l'ancien droit, et mirent les choses dans un état presque semblable sous ce rapport à celui de notre législation commerciale. Cependant, en matière civile comme en matière commerciale, les juges pouvaient, mais n'étaient pas tenus, de prononcer la contrainte par corps (Merlin, *Quest. de droit,* mot *Contrainte par corps,* § 4).

La révolution éclata.

Le 25 août 1792, l'Assemblée législative reconnut que chez un peuple libre il ne doit exister de contrainte par corps que lorsque les motifs les plus pressans la réclament..., et l'Assemblée nationale avait raison : c'est la nécessité publique seule qui doit dicter les lois sur ce point important, soit dans les républiques, soit dans les monarchies. En conséquence, elle décréta que la contrainte par corps ne pourrait plus être exercée pour dettes de mois de nourrice.

Par-là l'Assemblée nationale ne fit qu'abroger un privilége accordé au bureau des nourrices, et fit bien : mais la Convention nationale alla plus loin.

Le 9 mars 1793 elle décrète que *la contrainte par corps est abolie;* que les prisonniers pour dettes seront élargis, et charge son comité de législation de lui faire incessamment un rapport sur *les exceptions.* Par suite, la loi du 30 mars ordonna qu'elle aurait lieu contre les comptables *de deniers publics.*

La tourmente révolutionnaire s'apaisa; le commerce renaissant fut victime de la mauvaise foi qu'aucun frein ne retenait; ses réclamations vainquirent le préjugé, et le 24 ventose an V la loi du 9 mars 1793 fut rapportée.

2. Mais, outre les lois que nous avons énumérées, il y avait des dispositions de coutumes sur la contrainte par corps, des usages différens sur le mode d'exécution, et dans les pays réunis au territoire français des lois différentes de nos lois anciennes; il était donc indispensable de préciser les cas auxquels s'appliquerait le principe de la contrainte par corps remis en vigueur, soit en matière civile, soit en matière de commerce, et d'établir à cet égard, dans toute l'étendue de la république, une uniformité incompatible, soit avec nos anciens usages et règlemens, soit avec ceux des pays réunis; en conséquence, la loi du 15 germinal an VI vint déterminer le mode d'exercice de la contrainte par corps.

Elle était divisée en trois titres.

Le titre 1er réglait les cas de contrainte par corps en matière civile. Il fut abrogé par la publication du Code civil, à l'exception de ces mots de l'art. 3 : « *La contrainte par corps aura lieu pour versemens de deniers publics et nationaux.* » Disposition aujourd'hui remplacée par la loi du 17 avril 1832.

Le titre II réglait le fond du droit pour la contrainte par corps en matière de commerce. Il fut la loi spéciale jusqu'à la publication de la loi de 1832.

Le titre III fixait le mode d'exécution des jugemens emportant contrainte par corps. Toutes celles de ses dispositions qui sont règles de procédure se trouvent abrogées par le Code de procédure civile.

Mais quelques unes de ses dispositions touchaient au fond du droit; par exemple, l'art. 14, qui défendait d'incarcérer de nouveau le débiteur que le créancier avait laissé sortir faute de consignation d'alimens, et l'art. 18, § 6, qui accordait de plein droit l'élargissement du débiteur par le laps de cinq années consécutives de détention. Or, la loi du 15 germinal an VI étant abrogée par le Code civil, en tant qu'elle était loi purement civile, la conséquence nécessaire était qu'un débiteur incarcéré pour une dette civile devait rester en prison jusqu'à paiement ou jusqu'à l'âge de 70 ans, et que, s'il était élargi faute d'alimens, il pouvait être réincarcéré; tandis que le débiteur commercial était pour toujours affranchi de la contrainte par corps, soit qu'il fût sorti faute d'alimens, soit par l'expiration des cinq années d'emprisonnement, parce que l'abrogation n'avait frappé la loi de germinal que comme loi civile, et non comme loi commerciale.

Au surplus, cette loi est, depuis la loi de 1832, entièrement abrogée.

Elle fut suivie le 4 floréal an VI d'une loi relative à la contrainte par corps pour engagemens de commerce entre les Français et les étrangers.

Tel fut l'état de la législation jusqu'au Code civil.

3. Les art. 2059, 2060, 2061 et 2062 de ce Code déterminent les cas où la contrainte par corps a lieu en matière civile; l'art. 2063 défend d'appliquer la contrainte par corps ou de la consentir hors des cas déterminés par la loi; les art. 2064, 2065 et 2066 apportent certaines limitations à l'exercice de la contrainte par corps; les articles suivans exigent la garantie de l'autorité judiciaire pour l'exécution de la contrainte par corps, et expliquent les effets du jugement; enfin le dernier article de ce titre indique les matières à l'égard desquelles le Code civil laissait subsister l'ancienne législation.

On reconnut bientôt que le Code civil était incomplet dans l'énumération des cas de contrainte par corps. Plusieurs dispositions du Code de procédure civile spécifièrent donc certains faits qui l'entraînaient. La plus importante de ces dispositions est l'art. 126, qui laisse aux juges *la faculté* de prononcer cette contrainte pour dommages-intérêts.

A l'égard des étrangers, le Code civil n'a rien statué sur la contrainte par corps; une loi spéciale fut rendue le 10 septembre 1807. Plus complète que celle du 4 floréal an VI, elle était peut-être trop rigoureuse. Les art. 14 et suivans de la loi du 17 avril 1832 l'ont abrogée en adoptant la plupart de ses dispositions, dont ils ont tempéré la rigueur.

Quant aux matières criminelles, la contrainte par corps ne fut jamais abrogée : elle y a toujours été de droit commun.

La loi du 17 avril 1832 a coordonné les diverses parties d'une législation éparse. Elle a laissé subsister (sauf quelques modifications) les dispositions de nos Codes sur la contrainte par corps, et a peu touché au fond du droit; mais elle en a réglé les suites et la forme, et a retranché de la loi les rigueurs inutiles, en abrégeant la durée de l'emprisonnement.

Avant de passer aux développemens des articles qui composent ce titre et qui seront complétés par un *Appendice sur la loi du 17 avril 1832*, il convient d'exprimer ici quelques idées générales qui dominent la matière, et d'expliquer certaines divisions nécessaires pour la rectitude du langage et la clarté de l'expression.

4. La contrainte par corps peut être définie le droit accordé, en certains cas, au créancier de faire emprisonner son débiteur pour le forcer au paiement.

5. C'est une voie d'exécution : on ne peut pas la placer au rang des peines : car les peines ne sont, à proprement parler, que les punitions infligées par les lois aux crimes, aux délits et aux contraventions. Les peines sont instituées dans l'intérêt unique de la société; et celui qui se trouve lésé par le fait du délinquant, ne peut faire remise de la peine, parce que ce n'est pas à lui que la peine est due : la contrainte par corps, au contraire, profite au créancier seul; il en peut faire remise, et elle cesse de plein droit aussitôt qu'il est satisfait.

Néanmoins la contrainte par corps participe de la nature des peines, en ce que c'est la plus rigoureuse des voies d'exécution; en ce qu'en matière civile surtout, elle a pour cause des faits qui, par leur nature, se rangent au moins dans la classe des délits moraux; et que, dans ses effets, elle produit une captivité qui peut se prolonger, dans le cas le plus odieux (celui du stellionat), pendant toute la vie du débiteur.

De ce que la contrainte par corps est d'une nature semblable à celle des peines, il suit qu'elle ne peut être prononcée hors des cas formellement prévus par la loi (*L. du 15 germ. an VI, art. 1er; C. civ.* 2063), et qu'en cette matière, on ne peut raisonner par analogie d'un cas à un autre. Et de ce qu'elle n'est pas une peine proprement dite, résultent de nombreuses conséquences : 1° la contrainte par corps en matière civile et de commerce ne peut être prononcée d'office; il faut qu'elle soit requise par le créancier; 2° quand la loi prononce formellement la contrainte par corps, les juges n'ont à examiner ni les ressources du débiteur ni la moralité du fait, à moins que la loi n'exige que le fait soit accompagné de mauvaise foi; 3° le créancier qui a obtenu la contrainte par corps peut ou non en faire usage à sa volonté, et il la fait cesser quand il lui convient.

6. La contrainte par corps, considérée selon les causes dont elle procède, se divise en contrainte par corps *légale* ou *impérative*, *judiciaire* ou *facultative*, et *conventionnelle*.

Légale ou *impérative* : quand la loi ordonne aux juges de la prononcer pour tel cas qu'elle détermine. Le refus de l'appliquer sur la demande du créancier serait un moyen de cassation.

Judiciaire ou *facultative* : quand le législateur confie aux tribunaux le droit d'accorder ou de refuser la contrainte par corps au créancier qui la requiert, comme dans les cas spécifiés en l'art. 126 du Code de procédure civile.

Conventionnelle : quand, hors des cas où la loi prononce la contrainte par corps et de ceux où les juges peuvent l'accorder, la loi permet aux parties de la stipuler.

La contrainte par corps *légale* a lieu en matière civile dans les cas déterminés par les art. 2059, 2060 et 2136 du Code civil, et par les art. 191, 201, 221, 603, 604, 688, 690, 712, 744 et 839 du Code de procédure civile.

La contrainte par corps *judiciaire* n'avait lieu, sous le Code civil, que dans deux cas (*C. civ. art.* 2061, *et 2e part. de l'art.* 2062) où le législateur avait craint que la contrainte par corps impérative ne fût trop sévère : mais le Code de procédure civile est venu augmenter à cet égard le pouvoir des tribunaux par les art. 107, 126, 201, 213, 221 et 534. L'art. 126 à lui seul modifie toute la législation, et donne à la contrainte par corps une extension remarquable.

La contrainte par corps *conventionnelle* peut aussi s'appeler *impérative* : car il n'est pas au pouvoir des juges de modifier les conventions légalement formées. Aucune loi, depuis le Code civil, n'a augmenté les cas de convention permise de contrainte par corps; ils demeurent donc fixés au § 5e de l'art. 2060 et à la première partie de l'art. 2062.

7. La loi ne s'est pas bornée à limiter la contrainte par corps par les causes qui y peuvent donner lieu; elle l'a encore limitée, sous d'autres rapports, par l'exemption qu'en accordent à certaines classes de personnes les art. 2064 et 2066 du Code civil, et les art. 2, 3, 4, 12, 18 et 19 de la loi du 17 avril 1832; et en défendant de la prononcer au-dessous d'un *minimum* déterminé (*C. civ., art.* 2065, *et L. du* 17 *avril* 1832, *art.* 1er, 13 *et* 14).

Ainsi, on dit qu'il n'y a lieu à la contrainte par corps à raison de la matière, *ratione materiæ*, quand aucune loi ne permet la contrainte par corps pour l'engagement qui fait l'objet de la demande principale; à raison de la personne, *ratione personæ*, quand la loi en exempte la personne obligée; à raison de la somme, *ratione quantitatis*, quand l'exiguité de la demande a déterminé le législateur à défendre cette voie de contrainte.

Il faut nécessairement que ces trois raisons de contrainte par corps concourent pour qu'on la puisse prononcer.

8. La contrainte par corps est un droit *réel* à l'égard du créancier, et une charge *purement personnelle* à l'égard du débiteur.

Elle est un droit *réel* à l'égard du créancier, car c'est une qualité de sa créance que la loi ou le débiteur y a imprimée, non en vue de la personne du créancier, mais afin d'assurer le paiement de la dette, et à cause de la nature même de la dette. Peu importe donc que la contrainte par corps soit un contrat accessoire, comme dans le cas où il est permis de la stipuler, ou seulement une suite attachée à l'inexécution de l'obligation, comme dans le cas de contrainte par corps légale, ou une voie d'exécution plus efficace que le juge croit équitable d'accorder, comme dans le cas de contrainte par corps judiciaire; elle est toujours accordée à cause de la nature même de la dette, et jamais en vue de la personne du créancier. C'est donc pour celui-ci un droit réel qui passe à ses héritiers et successeurs.

Ainsi, le droit de contrainte par corps étant inhérent à la créance, est transmissible, non seulement aux héritiers et successeurs universels, mais encore à titre particulier par voie de cession, transport ou autrement (*C. civ., art.* 1122. *L.* 9, *ff. de prob.*).

Mais à l'égard du débiteur, la contrainte par corps est une charge *purement personnelle*, et ne passe pas à ses héritiers. En effet, l'ouverture de la succession ne transmet aux héritiers les biens, droits et actions du défunt, que sous l'obligation d'acquitter les charges de la succession (*C. civ., art.* 724), et non celles qui pesaient sur la personne même. La liberté n'est pas dans le commerce : la loi a permis cependant qu'elle fût engagée en certains contrats ou pour certains faits; mais alors c'est le débiteur originaire qui seul a consenti les contrats ou commis le fait qui engageait sa liberté. L'engagement de l'héritier acceptant envers les créanciers est d'une tout autre nature; si la dette tire son origine du défunt, c'est le quasi-contrat résultant de l'acceptation de l'héritier, qui seul l'oblige envers les créanciers. Il n'est point obligé au même titre. D'ailleurs la contrainte par corps participe de la nature des peines, qui ne peuvent être infligées qu'à ceux qui les ont méritées (PIGEAU, *Procéd. civ., t.* 1er, *liv.* 2, *part.* 3, *tit.* 5, *ch.* 3, § IV, *n°* 2; CARRÉ, *Lois de la proc., t.* 2, *n°* 1523 *et Analyse*, 1387[e] *question*; JOUSSE, *sur l'art.* 16 *du tit.* 12 *de l'ord. de* 1673, *et tous les autres auteurs*).

9. On considère aussi la contrainte par corps relativement aux diverses matières générales dans lesquelles il est permis ou ordonné de l'appliquer, et, à cet égard, le langage a éprouvé des variations qu'il faut connaître.

On divisait généralement les affaires en matières *civiles* et matières *criminelles*. Sous cette dernière dénomination étaient comprises toutes les causes soumises aux tribunaux de répression, au grand comme au petit criminel. Les matières civiles comprenaient non seulement les causes soumises aux juges ordinaires, mais celles qui étaient attribuées à des juges d'exception, telles que les dettes de commerce et celles de deniers royaux.

L'abolition de la contrainte par corps, en mars 1793, ne toucha en rien aux *matières criminelles*; c'est ce qui résulte implicitement du décret du 30 mars 1793, lequel excepte les comptables, les fournisseurs et les autres débiteurs directs de la République, de l'abolition, prononcée par le décret du 9 mars, de la contrainte par corps *pour dettes civiles*. Ainsi voilà la *dette des deniers nationaux* rangée parmi les *dettes civiles*.

La contrainte par corps *en matière commerciale* se trouvait abolie du même coup, parce que *dettes civiles* n'était opposé qu'à *matières criminelles*.

La loi de germinal ne fit que deux grandes divisions : les *matières civiles* qui comprenaient la *dette de deniers publics et nationaux*, et les *matières commerciales*. Elle n'avait pas à s'occuper des *matières criminelles*.

Le Code civil vint ensuite, et introduisit une nouvelle division, en donnant le nom de *matières civiles* à celles qui résultaient des transactions entre particuliers non commerçans : en conséquence, les *dettes de deniers publics et nationaux* firent une seconde classe : de sorte que, sous l'empire du Code civil, elles sont exclues du nom de *matières civiles*. Viennent ensuite et aussi par opposition les *matières de commerce* et *de police correctionnelle* (art. 2070).

Enfin, la loi du 17 avril 1832 a encore changé la nomenclature.

Elle s'occupe, dans le titre premier, des *matières commerciales*.

Dans le titre II, de la contrainte par corps en *matière civile*.

Mais elle subdivise dans les deux sections de ce titre la matière civile en *matière civile ordinaire* et *matière de deniers et effets mobiliers publics*. Elle classe donc de nouveau cette espèce de dettes avec les dettes civiles proprement dites, mais aussi elle consacre des différences spéciales.

Enfin, le titre V comprend des dispositions relatives à la contrainte par corps *en matière criminelle, correctionnelle et de police*. C'est ce qu'on nommait auparavant *in genere* matières criminelles.

Quand, dans le cours de ce commentaire, nous nous servirons des mots *matières civiles*, sans les opposer à *matières criminelles*, nous entendrons les matières civiles proprement dites, sans y comprendre ni les matières de commerce ni la dette de deniers publics.

Nous emploierons de préférence aux mots *matière de deniers et effets mobiliers publics*, ceux de *matières d'administration*, *matière administrative*, *matière de deniers publics*.

Les mots *matière criminelle* remplaceront fréquemment la longue dénomination de la loi : *matière criminelle, correctionnelle et de police*.

Quant à la *matière de commerce*, l'expression de la loi est simple, et sera conservée.

10. Nous avons déjà dit que le titre de la contrainte par corps au Code civil est loin d'être complet.

Pour embrasser toute la matière, quant au fond du droit, nous joindrons aux explications sur l'art. 2059, les développemens nécessaires sur la partie de l'art. 2136 qui établit des cas nouveaux de stellionat, et nous exposerons dans les notes de l'art 2060 les causes de contrainte par corps qui résultent des divers articles du Code de procédure civile.

Les notes sur l'art. 2063 auront pour objet la limitation du droit de contrainte par corps.

Celles des art. 2064, 2065, 2066 seront réunies pour établir la limitation de ce droit quant aux personnes et au montant de la condamnation, tant pour les causes prévues au Code de procédure qu'au Code civil.

Les articles suivans exposeront les seules règles de procédure dont ait parlé le Code civil et celles qui leur sont relatives.

Le Code civil s'arrête au mode d'exercice de la contrainte par corps; néanmoins, les notes de l'art. 2069 exposeront les règles principales de l'exercice de la contrainte par corps, et cet exposé servira de transition à l'appendice sur la nouvelle loi qui a modifié à la fois la forme et le fond, et dont les notes compléteront la contrainte par corps en matière civile, et feront connaître les principes qui la régissent dans les matières dont le Code civil n'a pas dû s'occuper.

C'est aussi seulement dans cet *appendice* qu'il sera traité de la contrainte par corps à l'égard des étrangers, dont les règles spéciales font l'objet du titre III de la loi.

Le Code civil ne limitait pas la durée de l'emprisonnement, et le paiement intégral pouvait seul affranchir le débiteur. D'après la loi nouvelle, le paiement du tiers de la dette avec caution pour le surplus, ou même un temps déterminé d'emprisonnement, suffit en matière civile pour l'élargissement du débiteur. Nous ne traiterons de ces règles que dans l'*Appendice*, afin d'éviter la confusion qui résulterait de l'exposition simultanée des principes anciens et nouveaux.

ARTICLE 2059.

La contrainte par corps a lieu, en matière civile, pour le stellionat.

Il y a stellionat,

Lorsqu'on vend ou qu'on hypothèque un immeuble dont on sait n'être pas propriétaire;

Lorsqu'on présente comme libres des biens hypothéqués, ou que l'on déclare des hypothèques moindres que celles dont ces biens sont chargés.

SOMMAIRE.

1. *Ce qu'était le stellionat sous l'ancien droit.*
2. *Nécessité de le bien définir.*
3. *Principes généraux réduits à deux propositions.*
4. *Le stellionat n'a lieu qu'en matière immobilière : conséquences.*
5. *N'a lieu que dans la vente et dans l'hypothèque. L'échange est-il compris sous le nom de vente?*
6. *Quid de la dation en paiement?*
7. *Application des mots :* dont on sait n'être pas propriétaire.
8. *Y a-t-il stellionat à celer la dotalité du bien de la femme?*
9. *Existe-t-il dans la vente postérieure à la dénonciation de la saisie immobilière?*
10. *Le propriétaire apparent peut-il être stellionataire?*
11. *Le stellionat a lieu en hypothèque, même quand on est vrai propriétaire.*
12. *Par fausse déclaration sur les charges hypothécaires. Conséquences.*
13. *Suite.*
14. *Inscriptions périmées; hypothèques nulles.*
15. *Du défaut de déclaration des hypothèques légales non inscrites.*
16. *La fausse déclaration sur les hypothèques légales, même inscrites, est un stellionat.*
17. *S'il y a lieu à l'exception de bonne foi dans le cas de l'art. 2136, comme pour l'art. 2059.*
18. *Arrêts qui admettent l'exception de bonne foi et leurs circonstances.*
19. *Le stellionat qui par l'événement n'a pas nui au créancier, donne-t-il lieu à la contrainte par corps?*
20. *Cas unique où l'opinion de MM. Merlin et Favard de Langlade doit être admise.*
21. *Cas dans lesquels elle doit être rejetée. Arrêts à ce sujet.*

1. La première cause de contrainte par corps, c'est le stellionat. Chez les Romains, le stellionat était cette espèce de dol qui consiste à vendre, céder ou engager une chose qui ne nous appartient pas ou que nous avons déjà engagée à une autre personne. C'était encore le fait de ceux qui supposaient l'existence de marchandises, qui détournaient celles qu'ils avaient données en gage à leurs créanciers, ou qui les détérioraient; c'était enfin toute espèce de suppositions frauduleuses qui n'étaient point punies par la loi criminelle. *L.* 3, *ff. Stell.*

Nos mœurs plus douces que celles des Romains, le peu d'importance qu'avaient chez nos ancêtres les biens mobiliers, le soin de n'appliquer les lois romaines qu'en ce qui n'était pas contraire à nos usages et à nos mœurs, tout avait conduit à n'admettre le stellionat qu'en matière immobilière. Cependant aucune loi française n'ayant fixé la signification du mot, la jurisprudence était nécessairement chancelante et variable; car on s'écartait quelquefois de nos mœurs pour appliquer les textes. *Brodeau* sur *Louet*, lettre S, cite un arrêt du parlement de Provence du 18 juin 1639, qui déclarait un acheteur stellionataire pour avoir donné en gage de son prix deux chaînes de laiton en les supposant être d'or. La loi 36, *ff. de Pign. act.* était formelle à cet égard; et pour atteindre ceux qui faisaient des actes simulés, on se fondait sur la *L.* 3, § 1, *in fin. ff. Stell. si quis imposturam fecerit.*

Le mot *stellionat* présentait donc une idée vague et mal définie : le Code civil en a fixé le sens.

2. Il y avait double raison pour déterminer légalement le sens du mot *stellionat*.

La première, c'est que le stellionat entraîne la contrainte par corps, et que la contrainte par corps ne peut être prononcée que dans les cas exprimés par la loi (*art.* 2063); la seconde, c'est que la contrainte par corps contre les stellionataires est plus sévère qu'en toute autre matière; car elle atteint les femmes, les filles et les septuagénaires (*C. civ.* 2066) : de sorte que si le fait même frauduleux dont se plaint le créancier n'a pas le caractère du stellionat, les personnes du sexe ni les vieillards ne pourront être condamnés par corps, à moins qu'il n'y ait un délit qualifié par les lois criminelles, pour lequel le ministère public ou la partie lésée se serait pourvu devant les tribunaux de répression (*V. p.* 23, *nos* 38 *et suiv.*)

3. Les principes généraux sur le stellionat peuvent se réduire à deux propositions : 1° *Les cas de stellionat ne peuvent être étendus, même par analogie*; et nous venons d'en voir la raison dans le n° précédent. 2° *Point de stellionat sans fraude ou sans présomption légale de fraude*; et la raison, c'est que si le stellionat n'est pas un délit criminel dans l'acception légale du mot, c'est du moins un *délit civil*. Or, point de délit sans intention coupable. C'est donc toujours une déclaration mensongère ou un silence frauduleux qui constitue le stellionat. Point de délit, s'il n'est caractérisé par la loi; il faut donc que la culpabilité de l'intention soit évidente, ou que la loi spécifie les cas dans lesquels elle la présume.

4. L'art. 2059 fixe les cas de stellionat; il faut y joindre l'art. 2136 du Code civil. Jusqu'à ce jour, il n'y a pas d'autres textes dans la législation qui déterminent les cas de stellionat. Tous deux s'appliquent aux *matières immobilières seulement*.

Ainsi le stellionat en matière de meubles est totalement rejeté de notre législation (V. *séance du Conseil d'État*, 16 *frim. an XII*).

Ainsi la vente ou cession d'un prix d'immeuble déjà distribué aux créanciers inscrits est une cession de créance mobilière, et ne peut constituer un stellionat (*Motifs d'un arrêt de rejet*, 25 *juin* 1817).

Ainsi le stellionat ne peut exister ni dans le contrat de gage ni dans le contrat d'antichrèse; car le gage ne s'exerce que sur les meubles (*C. civ.* 2072), et l'antichrèse, telle qu'elle est établie par les art. 2085 et suiv. du C. civ., ne donne au créancier aucun droit réel sur l'immeuble, mais lui confère la seule perception des fruits, ce qui est un droit essentiellement mobilier.

Ainsi on ne pourrait aujourd'hui déclarer stellionataires, malgré les arrêts rendus sous l'ancienne jurisprudence (*Rapportés par* BRODEAU *sur Louet, lettre S, sommaire* 18), le débiteur d'une rente qui ne fournirait pas la caution promise, ou qui n'exécuterait pas la promesse de faire obliger le fermier au paiement des arrérages de la rente. Il n'y a pas non plus stellionat dans le fait de celui qui emprunte avec promesse de subrogation dans les droits du premier créancier hypothécaire, et qui ne fait pas l'emploi convenu (TOULLIER, *t.* 7, *n°* 133), quoique dans tous ces cas et autres semblables, les circonstances puissent donner lieu à la contrainte par corps contre les personnes non privilégiées (*C. pr. art.* 126).

5. Les art. 2059 et 2136 n'indiquent que deux contrats relatifs aux immeubles qui puissent donner lieu au stellionat, la vente et l'hypothèque.

Le droit romain indiquait trois contrats translatifs de propriété qui pouvaient donner lieu au stellionat : la vente, l'échange, et la dation en paiement (*L.* 3, § 1, *ff. Stell.*). Sous le Code civil, pas de doute à l'égard de la vente : l'art. 2059 est formel.

Est-il permis d'étendre ce texte au cas d'échange de deux immeubles? On cite pour l'affirmative un arrêt de rejet du 16 janvier 1810, d'où les notices font résulter que l'art. 2059 est applicable à l'échange; mais l'arrêt a seulement jugé que l'échangiste peut être condamné par corps en des dommages-intérêts, ce qui ne fait nul doute d'après l'art. 126 du Code de procédure. La question reste donc entière.

Pour nous, nous pensons que si des dommages-intérêts peuvent être adjugés au copermutant évincé, et que s'il peut obtenir la contrainte par corps, il n'y a cependant pas stellionat. Si la loi romaine était formelle et comprenait l'échange, la loi française ne l'est pas moins et ne parle que de la vente. Ce serait donc étendre par analogie une loi sévère. Le seul texte qui puisse faire difficulté, c'est l'art. 1707, qui, pour compléter le titre de l'échange, renvoie aux *règles prescrites pour le contrat de vente*. Mais ne doit-on pas entendre par-là seulement les règles contenues dans le titre précédent, les règles qui tiennent à la nature du contrat? Appellera-t-on *règle prescrite pour un contrat*, une peine infligée à l'une des parties qui en viole la foi? une peine placée loin du titre spécial à la vente, et sans laquelle la vente ne conserverait pas moins le caractère qu'elle a dans notre législation? On pourrait argumenter ainsi en cas de garantie, parce que la garantie est de droit commun, mais non pour créer un stellionat, qui n'est qu'une exception au droit commun.

6. La dation en paiement d'un immeuble que le débiteur sait ne lui pas appartenir, est un véritable stellionat : parce que la dation en paiement est une vente, que le législateur lui en a reconnu le caractère, en plaçant les règles privilégiées de ce contrat au titre même de la vente (*art.* 1595 *et* 1701), en lui donnant le nom de vente, et en le rangeant comme l'espèce sous le genre (V. *L.* 3, § 1, *ff. Stell.*; *L.* 4, *C. de Evict.*).

7. Dans la vente comme dans l'hypothèque, il y a stellionat toutes les fois qu'*on sait n'être pas propriétaire* de l'immeuble vendu ou affecté (*art.* 2059, § 1er).

Et cette règle a lieu quand même on aurait des droits dans l'immeuble : ainsi elle atteindra l'usufruitier qui aura déclaré être propriétaire, l'acquéreur à pacte de rachat, ou tout autre propriétaire sous condition résolutoire qui n'aura pas déclaré que sa propriété n'est que conditionnelle. Un arrêt sans date (*cité par* Brodeau, *ibid.*) décide qu'il y a eu stellionat à obliger une terre substituée, parce qu'un bien substitué est en soi le bien d'autrui (*L.* 1, *de Bon. auctor. jud. possid.*). On doit étendre cette décision aux pères et mères qui possèdent des biens à eux donnés à la charge de les rendre à leurs enfans (*art.* 1048 *et* 1049), mais seulement dans le cas où la disposition aurait été transcrite (*art.* 1069). Est aussi stellionataire le propriétaire par indivis qui vend ou hypothèque l'immeuble commun, comme s'il en était seul propriétaire (*Arg. d'un arrêt de rej.* 16 *janv.* 1810; *Colmar,* 31 *mai* 1820). Ce dernier arrêt a été rendu dans l'espèce d'une veuve commune en biens, et l'immeuble ne lui était pas échu lors du partage.

8. La vente ou l'hypothèque de l'immeuble dotal de la femme constitue-t-elle un stellionat? Oui, disent les annotateurs, en citant un arrêt de Riom (*du* 30 *nov.* 1813); mais, dans l'espèce, le mari avait vendu le fonds dotal sans déclarer que *c'était à sa femme et non à lui* qu'appartenait le bien vendu. Cet arrêt ne décide donc rien; et la vente de l'immeuble dotal par le mari, sans déclarer qu'il appartient à la femme, est un stellionat du même genre que celui qu'il commettrait en vendant comme sien l'immeuble paraphernal ou l'immeuble propre à sa femme. La dotalité ne change rien au fait.

Mais si le mari n'a pas caché que les biens appartenaient à sa femme, si sa femme a concouru avec lui à la vente ou à l'hypothèque, et qu'ils n'aient celé que la dotalité, il faut dire que la dotalité des biens n'est qu'une affectation spéciale par laquelle la loi les a rendus inaliénables, sauf les cas exceptionnels qu'elle a prévus; et qu'hypothéquer ou vendre des biens dotaux peut entraîner la nullité de la vente ou de l'hypothèque, mais que ce n'est ni disposer d'immeubles dont on sait n'être pas propriétaire, puisque la femme a réellement cette qualité, ni présenter comme libres des biens hypothéqués, dès qu'en fait il n'existe pas d'hypothèques sur ces mêmes biens (*Paris,* 14 *février* 1829).

9. La vente que ferait le saisi de son immeuble postérieurement à la dénonciation qui lui aurait été faite de la saisie (*C. Proc. art.* 692), même postérieurement à la notification du placard aux créanciers inscrits (*C. Proc.* 696), pourrait être une vente nulle et susceptible de le faire condamner par corps en des dommages-intérêts envers l'acquéreur auquel il aurait caché l'état des choses; mais ne constituerait pas un stellionat, non plus que l'hypothèque qu'il établirait sur cet immeuble : car il ne cesse pas d'être propriétaire, nonobstant l'ancienne jurisprudence, qui déclarait stellionataire celui qui obligeait spécialement sa maison, quand, au jour du contrat, elle était saisie et mise en criées avec congé d'adjuger (*Arrêt du* 11 *février* 1645, Brodeau *sur Louet, lettre S, somm.* 18).¶

10. Il faut nécessairement, pour constituer le stellionat prévu par le premier paragraphe de notre article, que le vendeur ou le débiteur *ait su* que l'immeuble hypothéqué ne lui appartenait pas. N'est donc pas stellionataire celui qui vend ou hypothèque un bien qu'il a des motifs légitimes de croire sien : par exemple, parce qu'il l'a acheté à juste titre du propriétaire apparent, ou parce qu'il lui a été transmis par succession ou par testament, quoique après la vente ou l'hypothèque on découvre un propriétaire légitime, un héritier plus proche en degré ou un testament postérieur.

Mais s'il avait connaissance de sa position à l'époque de la revente ou de la constitution d'hypothèque, il serait stellionataire; car s'il suffit, en matière de prescription, que la bonne foi ait existé au commencement de la possession pour faire acquérir la propriété, cette règle spéciale ne peut être transportée au stellionat dont la loi fait dépendre le caractère de la science ou de l'ignorance du vendeur ou de l'emprunteur sur sa position au moment même du contrat.

11. Le second paragraphe de notre article est écrit pour les biens dont on est vrai propriétaire; nous en rappelons les termes : « Lorsqu'on pré« sente comme libres des biens hypothéqués, ou « que l'on déclare des hypothèques moindres que « celles dont ces biens sont chargés. »

12. De ce texte il résulte, 1° que pour constituer ce stellionat, il faut une fausse déclaration sur les charges hypothécaires : donc n'est pas stellionataire le vendeur qui, en gardant un coupable silence sur les hypothèques grevant son immeuble, a touché le prix de l'acquéreur (*Aix, 5 janv. 1813*); ni le débiteur qui emprunte au-delà de la valeur de son immeuble, sans faire de déclaration des hypothèques subsistantes; ni celui qui, en faisant une vraie déclaration des hypothèques, affirme, soit spontanément, soit sur l'interpellation du notaire, et sous les peines du stellionat, que son immeuble est de telle valeur, et peut suffire au-delà de l'emprunt. Car, en matière pénale, personne ne peut ajouter à la loi, ni créer un délit qu'elle n'a pas défini; car ce serait se soumettre à la contrainte par corps dans un cas non déterminé par la loi, ce que défend l'art. 2063. Les notaires devraient se garder de ces clauses inutiles et sans effet, dont le seul résultat est d'induire les créanciers en erreur, et de leur inspirer une fausse sécurité, qui les dispense d'une vérification souvent facile.

13. Il en résulte, 2° que s'il y a une déclaration expresse, requise ou spontanée, que l'immeuble est libre ou qu'il n'est grevé que jusqu'à concurrence d'une somme déterminée, le défaut de sincérité de cette déclaration doit être puni.

Cette déclaration, quand on la fait, doit comprendre le montant de toutes les hypothèques qui grèvent l'immeuble, quelle que soit leur nature, conventionnelles, judiciaires ou légales; quelle que soit leur origine, du chef de la partie ou de celui des anciens vendeurs.

14. Il n'y a pas de stellionat à ne pas comprendre dans la déclaration des inscriptions dont les causes sont éteintes, quoique non encore radiées : il n'y a dans ce cas que l'ombre d'une hypothèque, et non pas *charge* des biens (*Lyon, 5 avril 1827*).

On en doit dire autant des inscriptions périmées faute de renouvellement.

En serait-il de même des hypothèques nulles? A cet égard, il faut distinguer : ou l'hypothèque est nulle par l'une des causes qui vicient les obligations, et cette nullité pouvant être invoquée par le débiteur, il n'y aura pas de stellionat à n'avoir pas compté cette hypothèque au nombre des charges de l'immeuble, pourvu que le débiteur fasse annuler le contrat d'où dériverait l'hypothèque; ou l'hypothèque est nulle par l'irrégularité de l'inscription; et comme cette espèce de nullité est relative aux intérêts des créanciers inscrits, que le débiteur ne peut s'en prévaloir, qu'il n'est ni maître de faire disparaître l'inscription ni juge de sa validité, et que le nouveau créancier ne peut jamais être en faute pour avoir évité un procès qu'il ne se serait point engagé à soutenir, l'hypothèque subsiste et grève le bien affecté, et le débiteur doit être réputé stellionataire.

15. Par dérogation au second paragraphe de l'art. 2059, il est un cas où le défaut de déclaration de certaines charges hypothécaires est en lui-même un stellionat. C'est le cas prévu dans l'art. 2136 du Code civil, qui veut que les maris ou les tuteurs, qui, ayant manqué de requérir sur leurs propres immeubles des inscriptions pour la conservation de l'hypothèque légale de leurs femmes ou de leurs pupilles, auraient consenti ou laissé prendre des priviléges ou des hypothèques sur leurs immeubles sans déclarer expressément que lesdits immeubles étaient affectés à cette hypothèque légale, soient réputés stellionataires, et comme tels contraignables par corps.

A la différence de l'art. 2059, cet art. 2136 ne s'occupe que de la constitution d'hypothèque, et non du cas de vente : ainsi, point de stellionat quand un mari, en vendant son immeuble, ne fait pas la déclaration qu'il est grevé de l'hypothèque légale non inscrite de sa femme (*Motifs de l'arrêt Joubert, Rej. sect. civ. 25 juin 1817; et M. Grenier, T. des Hypothèques, n° 264, à la note*);

Qu'en cas de constitution de nouvelle hypothèque, le mari ou le tuteur, qui n'a pas fait faire l'inscription de l'hypothèque légale, doit en déclarer l'existence à celui envers lequel il s'oblige, sous peine d'être réputé stellionataire (*Rejet, 25 juin 1817; Limoges, 18 avril 1828*) : car cette déclaration répare le défaut de publicité, du moins à l'égard du prêteur, qui se trouve ainsi averti des hypothèques légales non inscrites;

Qu'ainsi le mari ou le tuteur n'est tenu à faire aucune déclaration sur ce point, quand il a pris l'inscription de l'hypothèque légale sur les biens qu'il grève d'hypothèque : le prêteur avait un moyen légal d'en connaître l'existence.

D'où la conséquence qu'il n'y a pas stellionat de la part d'un comptable de l'État, des communes ou des établissemens publics, qui ne fait, dans un acte de constitution d'hypothèque, aucune déclaration sur l'hypothèque légale résultant de sa gestion, parce qu'il n'est pas chargé d'en requérir l'inscription.

16. Mais si les comptables, mais si les maris ou

tuteurs qui ont requis l'inscription font, lors des emprunts à la sûreté desquels ils affectent leurs biens, une déclaration relative à ces hypothèques légales; s'ils en font une lors de la vente des biens qui leur appartiennent, et que cette déclaration soit fausse, il est évident qu'ils deviennent stellionataires, non à cause de l'art. 2136, qui ne leur impose plus dans ce cas la nécessité de la déclaration, mais en vertu de la dernière disposition de l'art. 2059, qui punit comme stellionataires ceux qui présentent comme libres des héritages grevés d'hypothèques.

Ainsi un mari qui, en vendant un immeuble grevé de l'hypothèque de sa femme, l'avait déclaré *franc et quitte d'hypothèques*, a été déclaré stellionataire (*Cass.* 20 *nov.* 1826). Cet arrêt est bien rendu au fond, puisque l'art. 2059 est formel; mais ses motifs, qui se rapportent à l'art. 2136, nous paraissent erronés; à moins que les faits n'aient été inexactement rapportés, et qu'il n'y ait eu une hypothèque de garantie sur les autres biens du vendeur: car autrement il serait en opposition avec l'arrêt Joubert du 25 juin 1817.

17. On a vu que dans le cas du 1er paragraphe de l'art. 2059, il faut *mauvaise foi* de la part du vendeur ou du débiteur pour constituer le stellionat; il faut qu'il SACHE, *au moment de l'acte*, que le bien qu'il vend ou qu'il hypothèque *ne lui appartient pas*. Le texte le dit; et l'on en a déduit les conséquences nº 10.

Mais en est-il de même du stellionat *par déclaration* dans la dernière disposition du même article, ou de celui qui se commet par l'absence de déclaration de l'hypothèque légale non inscrite (*art.* 2136)? A-t-on dans ces deux cas l'exception de bonne foi contre l'action en stellionat? L'arrêt du 20 mars ci-dessus paraît décider que non; mais nous allons énumérer bientôt une foule d'arrêts contraires.

Quelle est la différence entre ces diverses dispositions?

Quand on a vendu ou hypothéqué un immeuble dont on n'est pas propriétaire, mais qu'on possède en vertu d'un titre apparent, c'est au demandeur en stellionat de prouver qu'à l'époque de l'acte il n'y avait pas bonne foi; qu'à l'époque de l'acte le défendeur *savait* n'être pas propriétaire.

Dans le cas de stellionat *par déclaration* ou par omission de déclaration de l'hypothèque légale non inscrite, les termes de la loi constituent une présomption légale de mauvaise foi contre le défendeur; mais c'est là une présomption simple, contre laquelle la loi ne défend pas la preuve contraire; et le défendeur doit être admis à exciper de toutes les circonstances propres à établir que c'est de bonne foi qu'il a fait sa déclaration erronée; la preuve en est à sa charge.

18. Ainsi, l'emprunteur qui, en contractant loin du lieu de la situation des immeubles, fait une déclaration d'existence d'hypothèques grevant un immeuble indivis conforme au certificat du conservateur, peut n'être pas déclaré stellionataire, quoique dans le temps intermédiaire il soit survenu d'autres inscriptions ne provenant pas de son fait ni de ses engagemens personnels: il a pu les ignorer, et il n'existe de délit ou faute punissable qu'autant que le prévenu a agi en connaissance de cause (*Paris*, 8 *février* 1813). Remarquons qu'il en devrait être autrement, si les hypothèques survenues avaient pour cause des dettes personnelles au déclarant, et pour lesquelles il aurait su qu'il y avait jugement.

Ainsi, le vendeur qui a déclaré libre d'hypothèques un immeuble, peut avoir fait cette déclaration de bonne foi et n'être pas stellionataire (*Toulouse*, 16 *janvier* 1829). Dans l'espèce, le vendeur était une femme qui avait pu se tromper sur l'économie des actes, et avait fourni à l'acquéreur les moyens de les connaître; l'acquéreur était un notaire, avait connu la créance, et avait lui-même payé des intérêts au créancier hypothécaire avant que la vente fût réalisée par acte public.

Ainsi, les maris ou tuteurs peuvent n'être pas réputés stellionataires faute de déclaration de l'hypothèque légale, s'il est légalement prouvé que celui avec qui ils ont contracté avait une connaissance personnelle de cette hypothèque (*Motifs d'un arrêt de rejet*, 25 *juin* 1817).

Ainsi, même quand les maris ou tuteurs déclarent que l'immeuble qu'ils vendent n'est pas grevé d'hypothèques, les Cours royales peuvent, sans encourir la cassation, apprécier les faits, et déclarer qu'ils ne constituent pas une mauvaise foi susceptible de faire prononcer la peine du stellionat (*Rej.* 21 *févr.* 1827; *Bordeaux*, 9 *juillet* 1830). Dans l'espèce du dernier arrêt, les circonstances étaient que le vendeur était simple paysan, que sa femme était partie au contrat de vente, et que l'acquéreur avait revendu sans garantie.

Il y a cependant des arrêts contraires à cette doctrine (*Cass.* 20 *nov.* 1826; *Poitiers*, 29 *déc.* 1830; *Bordeaux*, 15 *mars* 1833); mais, dans ces diverses espèces, il n'y avait pas de raisons suffisantes pour démontrer la bonne foi des maris ou tuteurs. La présomption légale résultant de l'art. 2136 est en elle-même une preuve: seulement, et parce que la loi ne l'a pas déniée (*C. civ.* 1352), la preuve contraire est permise. Or, il faut que cette preuve soit assez forte, assez concluante pour mettre dans une évidence incontestable la bonne foi de celui qui a omis une déclaration que la loi réclamait, comme dans les arrêts des 21 février 1827 et 9 juillet 1830.

M. Troplong (*Priviléges et Hypothèques*, nº 633) admet comme nous l'exception de bonne foi; mais il la restreint au cas où le mari ou le tuteur aurait eu un motif de penser que l'hypothèque légale ne pesait plus sur l'immeuble vendu ou hypothéqué. Dans tous les autres cas, il n'admet pas l'exception, parce que la loi exige une déclaration *expresse*. Mais pourquoi cette déclaration expresse ne pourrait-elle pas se trouver en dehors de l'acte de vente ou de constitution? La loi ne le défend pas. Pourquoi, s'il était démontré, sans réplique possible, que le créancier avait connaissance de l'existence de l'hypothèque légale au moment même du contrat, ne pas admettre la bonne foi du mari qui n'a pas déclaré un fait parce qu'il le savait connu? Ce sont là des conséquences du même principe. Une fois admis, les Cours royales sont juges souverains des faits: si les arrêts contraires ne peuvent être censurés, c'est par l'unique raison que la sévérité dans l'application des textes n'offre pas une ouverture à cassation.

19. Le stellionat, qui par l'événement n'a point nui et ne peut pas nuire au créancier, donne-t-il lieu à la contrainte par corps? — Non, répondent M. Merlin et M. Favard de Langlade, dans leurs Répertoires, mot *Stellionat*.

Cette solution, qui paraît si juste et si simple au premier aperçu, s'évanouit à l'examen. M. Merlin cite à l'appui les lois 79, *ff. de reg. jur.* et 10, § 1, *ff. quæ in fraud, cred.*; mais ces textes se rapportent tous deux à l'action révocatoire. Il n'y a pas de fraude, dit le premier, quoique les créanciers éprouvent un préjudice, si le débiteur n'a pas eu l'intention de tromper. Ce qui est vrai, mais étranger à la question, puisque nous avons posé en principe que l'intention frauduleuse est nécessaire à l'existence du stellionat. Quant au second, il dit que l'action révocatoire n'a lieu que si les créanciers éprouvent un préjudice. Et avec raison; car il y a des tiers intéressés dans l'action révocatoire; car on ne peut les dépouiller de leur propriété, bien ou mal acquise, sans une nécessité réelle; tandis qu'en matière de stellionat, tout se passe entre le créancier et le débiteur.

Ces raisons étaient bonnes sous l'ancienne législation, parce qu'on décidait en droit romain qu'il n'y a ni stellionat ni dol à hypothéquer à plusieurs sans déclaration le même fonds, quand il était évidemment suffisant pour tous (*L.* 36, § 1, *in fin. ff. de pign. act.*); mais chez nous, l'art. 2161 du C. civ. défend l'action en réduction des hypothèques conventionnelles. La loi a donc reconnu que les parties étaient les seuls juges de l'étendue du gage; elle a donc reconnu que celui qui trouve son gage hypothécaire grevé d'une hypothèque précédente est nécessairement lésé, car il n'a pas ce qu'il a demandé, ni ce qu'on lui a promis.

On cite en faveur de l'opinion de MM. Merlin et Favard un arrêt de *Turin, du* 28 *avril* 1808 : mais l'arrêtiste qui en tire cette notice, *qu'il n'y a plus lieu à la contrainte par corps pour cause de stellionat lorsque l'hypothèque est rayée de manière à ce que le créancier n'éprouve aucun préjudice*, ne développe pas l'espèce; et il résulte des termes mêmes de l'arrêt, *que le débiteur avait déclaré des biens libres* EN VERTU *d'une radiation ou déclaration passée* avec le créancier antérieur : ce qui rentrerait dans ce que nous avons dit *suprà*, n° 14. Au surplus, la Cour de Turin a plus d'une fois faussé les principes du Code civil par un trop grand attachement aux lois romaines.

20. Il y a cependant un cas unique où le stellionat ne nuit pas et ne peut pas nuire; c'est quand il a cessé *avant toute demande judiciaire*: si l'emprunteur qui a dissimulé des hypothèques dans sa déclaration a désintéressé les créanciers; si le mari ou le tuteur, qui n'a point déclaré l'hypothèque légale, a depuis obtenu, dans les formes prescrites, la réduction de cette hypothèque à d'autres immeubles. Mais il y a de fortes raisons de douter que le vendeur d'un immeuble dont il savait n'être point propriétaire puisse, en l'acquérant ensuite, contraindre son acheteur à régulariser entre eux une vente nulle dans son principe (*V. l'art.* 1599).

21. Si le créancier, si l'acquéreur forment leur demande, les offres du débiteur ne peuvent la purger, parce que ces offres ne sont pas l'objet de la demande. Son objet véritable, c'est l'annulation du contrat, la restitution de ce qui a été avancé par le créancier, ses dommages-intérêts, et accessoirement la contrainte par corps. Le stellionat est une espèce particulière de dol; et le dol vicie le consentement. Le contrat était donc nul dès le principe. Cette fraude a d'ailleurs induit en erreur le créancier ou l'acheteur qui n'aurait pas prêté, qui n'aurait pas acquis, s'il n'avait cru à la sincérité de l'autre partie : autre cause de nullité, *error dans causam contractui*. Or, dès que, par sa demande, le créancier a exercé l'action en nullité, on ne peut lui enlever un droit acquis et dont il déclare vouloir profiter.

Ainsi le débiteur qui a présenté comme libres des biens qui étaient hypothéqués, ou qui a donné hypothèque sur des biens dont il n'était pas propriétaire, ne peut, pour se soustraire à la peine du stellionat, offrir pour sûreté de sa dette d'autres biens libres et suffisans qui lui appartiennent (*Paris, 5 messidor an XI; et 2 ou 6 janvier* 1810); ainsi la femme mariée, en offrant de céder son hypothèque légale, et de placer en premier ordre le créancier trompé, ne libère pas de la contrainte par corps son mari stellionataire (*Paris, 12 déc.* 1816); ainsi celui qui, en hypothéquant plusieurs immeubles qui lui appartiennent, en a affecté un qu'il savait ne lui pas appartenir, ne peut offrir de payer la valeur de ce dernier immeuble pour conserver sa liberté (*Rej. sect. civ. 19 juin* 1816). On cite même un arrêt de *Paris du 2 mai* 1809, déclarant stellionataire une femme qui avait conféré une hypothèque sur une maison précédemment vendue; alors que le créancier n'avait le droit d'exiger que la reconnaissance de la dette et non une hypothèque spéciale. Cette décision est conforme au texte de la loi, mais elle paraît bien sévère.

RENVOIS AUX ARRÊTISTES.

PARIS, 5 *mess. an XI*. — S. 1807. 2. 1210. — P. t. 2e de l'an XI, p. 428. — N. D. t. 12, p. 149.

TURIN, 28 *avril* 1808. — S. 1812, 2. 202. — N. D. t. 12, p. 148.

PARIS, 2 *mai* 1809. — S. 1812, 2. 355. — P. t. 2e de 1809, p. 94. — N. D. t. 12, p. 150.

PARIS, 5 *ou* 6 *janv*. 1810. — P. t. 3e de 1811, p. 54. — N. D. t. 12, p. 149.

REJET, 16 *janv*. 1810. — S. 1810, 1. 204. — D. 1810, 1. 152. — P. t. 2e de 1810, p. 49.

AIX, 15 *janv*. 1813. — S. 1813, 2. 261. — N. D. t. 12, p. 150.

PARIS, 8 *févr*. 1813. — S. 1813, 2. 268. — D. 1813, 2. 101. — P. t. 2e de 1813, p. 64. N. D. t. 12, p. 150.

RIOM, 30 *nov*. 1813. — S. 1813, 2. 361. — N. D. t. 12, p. 153, qui le date de 1810.

REJET, *sect. civ.* 19 *juin* 1816. — S. 1817, 1. 52. — D. 1816, 1. 442. — P. t. 1er de 1817, p. 300.

PARIS, 12 *déc*. 1816. — S. 1817, 2. 228. — P. t. 1er de 1817, p. 437.

REJET, *sect. civ.* 25 *juin* 1817. — S. 1818, 1. 13. — D. 1817, 1. 409. — P. t. 2e de 1818, p. 5. — N. D. t. 12, p. 151.

COLMAR, 31 *mai* 1820. — S. 1821, 2. 181. — D. 1821, 2. 62. — P. t. 1er de 1821, p. 116. — N. D. t. 12, p. 149.

CASSATION, 20 *nov*. 1826. — S. 1827, 1. 170. — D. 1827, 1. 58. — P. t. 1er de 1827, p. 212.

REJET, *sect. civ.* 21 *févr*. 1827. — S. 1827, 1. 336. — D. 1827, 1. 145. — P. t. 3e de 1827, p. 61.

LYON, 5 *avril* 1827. — S. 1827, 2. 203. — D. 1827, 2. 101.

LIMOGES, 18 *avril* 1828. — S. 1828, 2. 137. — D. 1829, 2. 93.

TOULOUSE, 16 *janv*. 1829. — S. 1829, 2. 201. — D. 1829, 2. 144. — P. t. 3e de 1829, p. 226.

PARIS, 14 *févr*. 1829. — S. 1829, 2. 128. — D. 1829, 2. 77. — P. t. 1er de 1829, p. 301.

BORDEAUX, 9 *juillet* 1830. — S. 1830, 2. 361. — D. 1830, 2. 273. — P. t. 3e de 1830, p. 504.

POITIERS, 29 *déc*. 1830. — S. 1831, 2. 264. — D. 1831, 2. 34.

BORDEAUX, 15 *mars* 1833. — S. 1833, 2. 364. — D. 1833, 2. 166. — P. t. 3e de 1833, p. 275.

ARTICLE 2060

La contrainte par corps a lieu pareillement,

1o Pour dépôt nécessaire;

2o En cas de réintégrande, pour le délaissement, ordonné par justice, d'un fonds dont le propriétaire a été dépouillé par voies de fait; pour la restitution des fruits qui en ont été perçus pendant l'indue possession, et pour le paiement des dommages et intérêts adjugés au propriétaire;

3o Pour répétition de deniers consignés entre les mains de personnes publiques établies à cet effet;

4o Pour la représentation des choses déposées aux séquestres, commissaires et autres gardiens;

5o Contre les cautions judiciaires et contre les cautions des contraignables par corps, lorsqu'elles se sont soumises à cette contrainte;

6o Contre tous officiers publics, pour la représentation de leurs minutes, quand elle est ordonnée;

7o Contre les notaires, les avoués et les huissiers, pour la restitution des titres à eux confiés, et des deniers par eux reçus pour leurs cliens, par suite de leurs fonctions.

SOMMAIRE.

1. *Sur le* § 1o. *Dépôt nécessaire.*
2. *Dépôt d'hôtellerie et de voiture.*
3. *La contrainte par corps a lieu, sans preuve de mauvaise foi.*
4. *Questions diverses sur le dépôt volontaire. Renvoi aux nos* 36 *et suiv.*
5. *Sur le* § 2o. *Renvoi à l'art.* 2061.
6. *Sur le* § 3o. *Distinction entre les consignations de deniers et les consignations de corps certains.*
7. *Caisse des dépôts et consignations.*
8. *Quand les officiers ministériels sont considérés comme consignataires.*
9. *Sur le* § 4o. *Séquestres, commissaires et gardiens.*
10. *Pas de contrainte par corps impérative contre le séquestre conventionnel.*
11. *Assimilation du débiteur saisi immobilièrement au séquestre judiciaire.*
12. *Sens du mot* commissaires.
13. *Sur les mots* et autres gardiens.
14. *Sur le* § 5o. *Les cautions des contraignables par corps ne sont soumises à la contrainte que par leur propre consentement.*
15. *Cautions des commerçans.*
16. *Cautions en matière forestière, de pêche fluviale, et de deniers et effets mobiliers publics.*
17. *Les cautions judiciaires sont-elles de plein droit contraignables par corps?*
18. *Raisons pour exiger une soumission expresse.*
19. *Réfutation; et raisons de l'opinion contraire.*
20. *Solution en faveur de la première opinion, quoique contraire à l'intention du législateur.*
21. *Sur le* § 6o. *Minutes des officiers publics, et application des principes aux art.* 201, 221, 841 *et suivans du Code de procédure civile.*
22. *Sur le* § 7o. *Il s'étend aux commissaires-priseurs et aux gardes du commerce.*
23. *Et aux communications officielles de pièces.*
24. *Pas de contrainte par corps contre le mandataire* ad negotia *pour la remise des titres.*
25. *La contrainte par corps a-t-elle lieu contre les officiers ministériels pour la restitution des deniers qu'ils ont reçus* de leurs cliens? *Distinctions.*
26. *N'a pas lieu de plein droit, si les deniers reçus*

pour les cliens n'ont pas été touchés par une suite nécessaire des fonctions de l'officier ministériel.

27. *Transition à l'examen de divers articles du Code de procédure civile.*

28. *Origine de l'art. 126 du Code de procédure civile. Dans quel esprit il doit être appliqué.*

29. *Quand les dommages-intérêts donnent-ils lieu à la contrainte par corps impérative?*

30. *La contrainte par corps n'a lieu pour les dépens en matière civile et commerciale.*

31. *Des dommages-intérêts fixés par la convention.*

32. *De la clause pénale.*

33. *La contrainte par corps pour dommages-intérêts peut avoir lieu, quoique le principal ne la comporte pas.*

34. *Si les restitutions sont comprises sous le nom de dommages-intérêts.*

35. *Certaines obligations qui n'entraînent pas la contrainte par corps, peuvent se convertir en dommages-intérêts qui la produisent.*

36. *Exemple tiré du dépôt volontaire d'un corps certain.*

37. Quid, *du dépôt volontaire d'une somme d'argent?*

38. *La contrainte par corps à prononcer par les tribunaux civils pour dommages-intérêts résultant d'un délit est-elle* impérative ou facultative?

39. *Elle est* facultative, *si le délit n'a pas été poursuivi criminellement.*

40. *Inconvéniens du système contraire.*

41. *Son examen.*

42. *Arrêts analogues pour et contre.*

43. Quid, *si l'exercice de l'action civile est suspendu par l'action publique?*

44. *Et si l'action publique est mise à fin, avant que l'action civile ne soit intentée?*

45. *Les juges civils peuvent-ils prononcer la contrainte par corps résultant de l'art. 52 du Code pénal, pour violation du dépôt volontaire?*

46. *Personnes contre lesquelles a lieu la contrainte par corps* facultative *pour reliquats de compte.*

47. *Comptables contre lesquels a lieu la contrainte par corps* impérative.

48. *Du cas où le comptable se reconnaît débiteur avant le compte.*

49. *Contrainte par corps facultative faute de rendre compte.*

50. *— contre les dépositaires de pièces de comparaison,*

51. *Et contre celui qui a dénié sa signature.*

52. *Contrainte par corps impérative dans quelques cas prévus au Code de procédure.*

1. C'est au titre du dépôt et sur l'art. 1949 du Code civil que le lecteur trouvera les développemens sur le dépôt nécessaire. Il suffit de dire ici que la foi publique étant intéressée à la conservation des dépôts nécessaires, le Code civil a, comme l'ordonnance de 1667, comme la loi de germinal, accordé la contrainte par corps au créancier pour leur restitution (*V.* M. BIGOT-PRÉAMENEU, *Exposé des motifs*).

2. Le dépôt d'hôtellerie et la garde des choses confiées aux voituriers (*C. civ. art.* 1782 et 1952) sont aussi considérés par la loi comme dépôts nécessaires, et par conséquent les aubergistes, hôtelliers et voituriers sont responsables *par corps* de la perte des effets dont ils sont chargés (*Paris*, 19 *avril* 1809. *V.* M. BIGOT-PRÉAMENEU, *Exposé des motifs*; DALLOZ, *mot Contrainte par corps*, *sect.* 1, n° 2, 2°).

L'individu qui, sans être voiturier par état, se chargera cependant d'un transport, *moyennant salaire* (*C. civ.* 1710), demeurera soumis aux mêmes obligations que le voiturier, et répondra comme lui par corps de la sûreté et de la conservation des choses qui lui auront été confiées.

Que décider si le voiturier s'est chargé gratuitement du transport? Pas de doute qu'il ne réponde de sa faute; mais en répond-il *par corps*? C'est aux magistrats à apprécier si la faute est assez grave pour donner lieu à la contrainte par corps facultative, en vertu de l'art. 126 du Code de procédure, pour dommages-intérêts; mais il n'y aurait pas lieu à la contrainte par corps légale résultant de la combinaison des art. 1782, 1952 et 2060, § 1° : l'art. 1782 est placé au titre du louage; il faut donc qu'un contrat de louage existe pour que la contrainte par corps ait lieu *de droit* contre le voiturier. Or, pas de contrat de louage sans loyer.

3. La contrainte par corps est *impérative* dans le cas du § 1° de l'art. 2060; et la loi n'en subordonne pas l'exercice à la mauvaise foi du dépositaire. Il en est de même de tous les cas où la loi *ordonne* la contrainte par corps. Ce moyen d'exécution n'est donc pas la peine de la violation du dépôt nécessaire, mais celle de l'incurie du dépositaire.

4. La restitution du dépôt ordinaire n'entraîne pas la contrainte par corps : mais depuis la publication de l'art. 126 du Code de procédure sur la contrainte par corps facultative pour dommages-intérêts, peut-on prononcer la contrainte par corps pour assurer le paiement d'une somme représentative du dépôt simple? Le peut-on surtout quand le dépôt consiste en une somme de deniers? La justice civile doit-elle, par application de l'art. 408 du Code pénal, prononcer la contrainte par corps contre le dépositaire volontaire qui s'est rendu coupable d'infidélité et a dissipé le dépôt, quand le déposant n'a pas pris la voie criminelle?

La solution de ces questions importantes dépend de la théorie de la contrainte par corps sur les dommages-intérêts, et de la question plus grave encore des limites de la juridiction civile et de la juridiction criminelle. Nous les traiterons sous les nos 36 *et suiv.*

5. Le § 2o de notre article traite de la réintégrande, et l'art. 2061 du pétitoire. Le rapprochement de ces deux dispositions jettera plus de clarté sur les solutions, et nous renvoyons le lecteur aux notes sur l'art. 2061.

6. Le § 3o établit la contrainte par corps pour répétition de *deniers* consignés entre les mains *de personnes publiques* établies à cet effet.

Les lois précédentes (*Ord. de* 1667, *tit.* 34, *art.* 4, *et L. du* 15 *germ. an VI*, *tit.* 1, *art.* 3) présentaient un sens plus général « pour consignation.... entre les mains de personnes publiques. » Le mot *consignation* comprenait celle des deniers et des corps certains.

La consignation publique des corps certains, par exemple celle que les boulangers sont tenus de faire à Paris de vingt sacs de farine au grenier d'abondance (*Arrêté du* 19 *vendém. an X; ord. du* 21 *oct.* 1818), obtiendra, il est vrai, la contrainte par corps pour sanction, non en vertu du § 3o, mais des mots *et autres gardiens* du § 4o du même article.

Il faut, pour que les consignations de deniers produisent la contrainte par corps *impérative*, que le dépositaire soit personne *publique* établie *à l'effet* de recevoir les consignations.

7. Les consignations judiciaires ne peuvent être faites à Paris qu'au caissier de la caisse des dépôts et consignations, et dans les départemens qu'entre les mains des préposés de cette caisse (*Ord. régl. du* 3 *juillet* 1816). Cette caisse, établie par les art. 110 et suivans de la loi des finances du 28 avril 1816, a, sous le rapport des consignations, les attributions confiées à la caisse d'amortissement par la loi du 28 nivôse an XIII, qui lui devient applicable, et dont l'art. 5 prononçait la contrainte par corps contre le préposé retardataire.

L'ordonnance du 3 juillet 1816 rappelle les règles de la loi du 28 nivôse an XIII, en modifiant, par les principes du droit civil et de la procédure, la forme du retirement de la consignation : il ne suffit plus d'une simple notification ; il faut, avant d'agir en justice, une mise en demeure, une réquisition formelle de remboursement avec élection de domicile dans le lieu où demeure le préposé, pour qu'il puisse y faire connaître les oppositions ou irrégularités qui empêcheraient ou retarderaient le paiement; cette réquisition doit contenir l'offre de remettre les pièces à l'appui; et le visa que le préposé donne sur l'original, conformément à l'art. 69 du Code de procédure, doit faire mention de cette remise (*art.* 15). S'il existe des irrégularités dans les pièces ou des oppositions à la remise de la consignation, le préposé n'est *contraignable* que dix jours après la signification des mains-levées ou du rapport des pièces régularisées, à moins que le refus du préposé n'ait été *jugé* mal fondé (*art.* 16). Le jugement qui le déciderait ainsi *devrait* prononcer la contrainte par corps contre ce préposé.

Non seulement le caissier et les préposés de la caisse des dépôts et consignations sont les seules personnes désignées par la loi pour la conservation des consignations judiciaires de deniers, mais ils sont autorisés, par l'art. 7 de la loi du 28 nivôse an XIII et par une seconde ordonnance du 3 juillet 1816, à recevoir aussi les dépôts et consignations volontaires.

Le § 3o de l'art. 2060, qui exige seulement que le consignataire de deniers soit *personne publique et qu'il soit établi à cet effet*, sans distinguer la nature de la consignation, suffit pour faire prononcer la contrainte par corps pour la restitution des consignations volontaires; mais on peut y ajouter l'art. 7 de la loi du 28 nivôse, qui, en autorisant la caisse d'amortissement à recevoir les consignations volontaires *aux mêmes conditions* que les consignations judiciaires, rappelle implicitement la contrainte par corps prononcée par l'art. 5 contre les préposés qui ne satisferaient pas au paiement dans le délai fixé; et c'est par une conséquence légale de ces divers textes que l'art. 10 de la seconde ordonnance du 3 juillet statue : « Le caissier et autres « préposés qui, sans motifs fondés sur les dispo« sitions de la présente ordonnance, refuseraient « de faire un remboursement, seront personnelle« ment condamnés à bonifier les intérêts à la par« tie prenante sur le pied de cinq pour cent, et « poursuivis *par voie de contrainte par corps, tant « pour le capital que pour les intérêts*, sans préju« dice du recours du créancier contre la caisse, « qui devra elle-même ladite bonification de retard, « comme garante des faits de ses préposés, et sauf « son recours contre eux. »

8. Si les caissier et préposés de la caisse des dépôts et consignations sont les seules personnes chargées de conserver les consignations judiciaires, il y a cependant des consignations momentanées qui se font aux mains d'autres personnes publiques établies à cet effet avant qu'elles ne parviennent à ce centre commun. Il est donc juste que ces personnes publiques soient contraintes par corps, soit à la restitution, soit au dépôt à la caisse des consignations : tels sont, 1o les huissiers pour les sommes à eux remises par leurs cliens pour les offrir réellement, ou pour les consigner : car, le ministère de ces officiers étant nécessaire pour la validité des offres et de la consignation (*C. civ.* 1258, 7o, *et* 1259, 3o), la consignation est commencée dans leurs mains dès l'instant qu'ils ont reçu mandat d'offrir.

2o Les mêmes officiers pour les deniers comptans trouvés chez le débiteur lors d'une saisie,

L'art. 590 du Code de procédure exige que l'huissier les dépose au lieu établi pour les consignations, si le saisissant, le saisi et les opposans ne conviennent entre eux d'un séquestre, et l'ordonnance du 3 juillet 1816, art. 2 § 7°, n'accorde qu'un délai de trois jours pour faire cette nomination. Tant que l'huissier n'a pas effectué le dépôt aux mains de ce séquestre ou à la caisse des consignations, il demeure donc consignataire public des deniers saisis.

3° Les geôliers, pour la consignation de la dette faite entre leurs mains par le débiteur incarcéré, conformément aux art. 798, 800 § 2°, et 802 du Code de procédure : ils sont aussi consignataires publics, tant que le créancier n'a pas retiré la consignation, ou que versement n'en a pas été fait à la caisse, ce qui doit avoir lieu si le créancier n'a pas accepté ces sommes dans les vingt-quatre heures (*Ord. du 3 juillet* 1816, *art.* 2 § 4°).

9. Le § 4° prononce *impérativement* la contrainte par corps pour *la représentation* des choses déposées aux *séquestres*, *commissaires* et *autres gardiens*. Elle doit être prononcée pour la restitution de *tout* ce qui a été mis sous la main de la justice, et confié par elle à ceux qui se constituent ou qu'elle établit ses dépositaires (M. Bigot-Préameneu, *Exposé des motifs*).

La loi dit pour *la représentation*, et non pour la restitution, parce que les parties ont droit, avant la fin de la garde, de s'assurer de la fidélité ou de l'exactitude du dépositaire.

10. Le mot *séquestre* pourrait faire croire que le séquestre conventionnel est soumis *de plein droit* à la contrainte par corps. Nous ne le pensons pas ; car l'article n'a pu parler que du séquestre judiciaire. Cette solution résulte, 1° de l'exposé des motifs qui indique l'intention de la loi de s'occuper ici des dépôts judiciaires ; 2° de ce que les mots *séquestres* et *commissaires* ne peuvent pas être pris dans un sens plus étendu que les mots *et autres gardiens* qui les suivent et désignent le genre dont les premiers sont les espèces : or, dans la langue du droit, le mot *gardiens* est restreint aux personnes commises à une garde par la justice ou l'autorité publique ; 3° de ce que le séquestre conventionnel n'est qu'un dépositaire volontaire (*art.* 1956 *et* 1958), tant que la justice n'a pas ordonné que le séquestre aurait lieu ; mais si une décision judiciaire ordonne que la chose litigieuse soit mise en séquestre, celui qui s'en charge, quoique choisi par les parties, est séquestre judiciaire (*art.* 1963), et contraignable par corps.

11. Il existe un cas dans lequel la partie devient séquestre de ses propres biens : c'est celui où les immeubles ont été laissés en la possession du saisi après la dénonciation de la saisie immobilière. C'est plutôt un séquestre légal qu'un séquestre judiciaire, un quasi-contrat qu'un contrat ; puisqu'il est prononcé par la loi, et qu'il résulte *de plein droit* de la dénonciation : mais l'art. 688 du Code de procédure imprimant la qualité de *séquestre judiciaire* au saisi, la contrainte par corps *impérative* prononcée contre les séquestres judiciaires aura lieu contre lui, soit pour la représentation des fruits, soit pour les dégradations par lui commises postérieurement à la dénonciation, et les dommages-intérêts auxquels ses détériorations pourront donner lieu entraîneront la contrainte par corps de plein droit (*C. Pr. art.* 690), et non la contrainte par corps facultative dont il est parlé dans l'art. 126.

Le mot *saisi*, dans l'art. 688 du Code de procédure, s'applique au tiers-détenteur comme au débiteur originaire (*Rej. 4 oct.* 1814). Le tiers-détenteur serait donc soumis, comme séquestre judiciaire et par corps, aux mêmes obligations.

12. Le mot *commissaires* a été inséré dans le § 4° de l'art. 2060, comme il l'était dans l'art. 4 du titre 34 de l'ordonnance civile, parce qu'on ignorait alors si les lois de procédure établiraient des officiers chargés du dépôt ou de l'administration des objets saisis (*V.* le mot *Commissaire aux saisies réelles*, *Répert. de* M. Merlin, *et l'édit de sept.* 1674, *établissant des dépôts publics pour les meubles saisis*). L'étendue du mot *commissaires* doit donc être restreinte aux personnes commises à la garde de quelque chose, et se confond avec le mot *gardiens*. Le détourner de cette accep on pour en faire une application fausse et indécente aux magistrats chargés des pièces pour le rapport d'un procès, serait contraire à la loi. Quoiqu'ils doivent religieusement veiller à la conservation des titres de chaque partie, et que, s'il s'en égarait *par leur fait*, ils en demeureraient responsables, la contrainte par corps réclamée contre eux devrait être repoussée.

13. La dernière partie du paragraphe dit en termes généraux : *et autres gardiens*, pour embrasser dans sa signification tous ceux que la loi peut établir pour la conservation des biens mis sous la main de justice, et comprend par conséquent, 1° les gardiens commis par un huissier lors d'une saisie-exécution (*C. Pr.* 596 *et suiv.*), d'une saisie-brandon (628), d'une saisie-gagerie (821), d'une saisie sur débiteurs forains (823), d'une saisie-revendication (830), de saisie-conservatoire pour sûreté d'une lettre de change protestée (*C. Com.* 172), de saisie de bâtimens de mer (*C. Com.* 200), de saisie-confiscation en matière de brevets d'invention (*L. du 25 mai* 1791, *art.* 12) ; 2° les gérans établis par les juges de paix à l'exploitation des terres en cas de saisie d'animaux et d'ustensiles servant à l'agriculture (*C. Pr.* 594), et ceux que, par analogie, les tribunaux civils, en cas de saisie ou de décès, et les tribunaux de commerce, en cas de faillite, nomment pour la gestion d'un établissement industriel qu'il importe de ne point fermer ; 3° les gardiens établis lors d'une apposition de scellés (*C. Pr.* 914, 10°); 4° les personnes aux mains de qui la justice permet de déposer un corps certain offert par le débiteur à son créancier (*C. civ.* 1264; *C. Com.* 106), soit directeurs d'entrepôts ou halles spéciales à l'objet offert, soit particuliers qui acceptent cette garde judiciaire; 5° les chefs de dépôts publics ou les particuliers chez qui ont été mis en fourrière les bestiaux ou autres animaux en matière civile et criminelle; 6° enfin les greffiers, qui sont aussi dépositaires de justice pour raison des communications et des productions que la loi ou le juge ordonnerait être faites par la voie du greffe, ainsi que pour la représentation des pièces de conviction dont les juges d'instruction, le procureur du roi et ses auxiliaires ordonneraient le dépôt au greffe. Tous sont donc passibles de contrainte par corps.

Fournel (*Traité de la Cont. par corps, sur l'art.* 3 *du tit.* 1er *de la loi du* 15 *germ. an VI*) distingue si le gardien d'effets contenus dans un inventaire après décès est une partie intéressée, ou une personne étrangère à la famille. Dans le premier cas, il rejette la contrainte par corps; dans le second, il l'admet. M. Dalloz (*Jurisp. gén. mot Contrainte par corps, sect.* 1re, *n°* 2, 5°) est d'une opinion contraire, et avec raison. La loi ne distingue pas, et les juges ne doivent dans ce cas rejeter la contrainte par corps que lorsque le gardien judiciaire des effets inventoriés se trouve, par rapport au demandeur, parent ou allié au degré fixé par l'art. 19 de la loi du 17 avril 1832.

M. Dalloz, *au même lieu*, propose une autre distinction sur la garde d'effets compris dans l'inventaire, entre les gardiens choisis par les parties, et ceux nommés par la justice. Elle rentre dans ce que nous avons dit n° 10 sur le séquestre conventionnel.

Divers articles du Code de procédure civile, notamment l'art. 598, défendent d'établir certaines personnes comme gardiens à cause de leurs relations avec le saisissant : néanmoins, si elles avaient accepté la garde, elles seraient tenues par corps de la représentation des effets.

Le saisi lui-même, lorsqu'il s'est chargé de la garde, du consentement du saisissant, en matière de saisie-exécution, et même sans ce consentement, s'il s'agit de saisie-gagerie, est contraignable par corps; car il est gardien judiciaire (M. Merlin, *Quest. de droit, v° Contrainte par corps*, §, 8; *Cass.* 13 *brum. an X*).

14. Le § 5° porte : « La contrainte par corps a lieu... contre les *cautions judiciaires* et contre les *cautions des contraignables par corps*, LORSQU'ELLES se sont soumises à cette contrainte. »

Occupons-nous d'abord des cautions des contraignables par corps.

Il ne suffit pas que le débiteur principal soit contraignable par corps pour que la caution le devienne : il faut encore qu'elle ait *consenti* à cette contrainte, qui, à son égard, est *conventionnelle* et non *légale*.

15. Ainsi, si le commerçant cautionné pour une dette de son commerce est contraignable par corps de plein droit, sa caution non commerçante et qui ne s'est pas soumise à cette contrainte lors du cautionnement, n'a pu être condamnée par corps (*Cass.* 21 *juillet* 1824 *et* 20 *août* 1833); il en est de même du commerçant, caution d'un autre marchand pour un acte de commerce de celui-ci, si l'affaire pour laquelle il donne son cautionnement est étrangère à son propre commerce, et qu'il n'ait point consenti la contrainte par corps (*Poitiers*, 29 *juillet* 1824; *Caen*, 25 *févr.* 1825); de même quand deux négocians associés, en cautionnant un tiers, déclarent qu'ils cautionnent chacun pour moitié, et signent chacun son nom individuel, sans prendre la raison sociale (*Angers*, 8 *févr.* 1830). Nota. L'arrêt de 1825 seul décida la question dans ses motifs; les deux autres la décident implicitement en déclarant le tribunal de commerce incompétent.

Mais la caution du contraignable par corps déclare implicitement qu'elle se soumet à la même contrainte, lorsqu'elle contracte dans une forme qui emporte en soi la contrainte par corps. Ainsi le donneur d'aval d'une lettre de change est tenu solidairement *et par les mêmes voies* que les tireur et endosseurs (*C. Com.* 142), parce que le cautionnement donné dans cette forme est en lui-même un acte de commerce (*Bruxelles*, 17 *mars* 1812, *Grenoble*, 24 *janv.* 1829) qui entraîne la contrainte par corps, à moins de stipulation contraire (*même art.*; *Paris*, 20 *ventôse an XIII*).¶

Il en faut dire autant quand la caution est intéressée dans l'affaire commerciale, parce que son cautionnement est un acte de son commerce (*V. lesd. arrêts de Poitiers et de Caen*). Jugé de même que l'associé qui impose à la société le facteur aux achats dont il se porte caution, contracte une obligation commerciale et est contraignable par corps au reliquat du compte de ce facteur (*Rej.* 23 *juillet* 1833); et cet arrêt est d'autant mieux rendu que ce facteur était la mère de l'associé. M. Sirey s'est trompé en faisant sortir de cet arrêt la proposition que *le commerçant, en se rendant caution d'un mandat commercial confié à un tiers, est soumis à la contrainte par corps*. Le commerçant qui, sans intérêt aucun, se portera caution de la gestion d'un commissionnaire ou d'un facteur, ne sera contraignable par corps qu'autant qu'il s'y soumettra.

16. En matière forestière et de pêche fluviale, la loi présume que les cautions de l'adjudicataire dans les bois soumis au régime forestier, et du fermier de la pêche des rivières navigables ou flottables, sont intéressées dans l'opération, et les soumet à la contrainte par corps par le seul fait du cautionnement (*C. forest. art.* 28 *et* 46; *L. sur la pêche fluv. art.* 22).

Il en est de même, en matière de deniers et effets publics appartenant à l'Etat, aux communes et aux établissemens publics, des cautions des comptables, fournisseurs, entrepreneurs, soumissionnaires et traitans, ainsi que des cautions de droits de douanes, d'octroi et autres contributions indirectes (*L. du* 17 *avril* 1832, *art.* 8, 9, 10 *et* 11). Le § 5° de l'art. 2060 n'a été fait que pour les matières civiles, et la discussion au conseil d'Etat (*séance du* 16 *frim. an XII*) prouve que l'intention du conseil d'Etat était de soumettre à la contrainte par corps de plein droit les cautions en matière d'administration.

17. Passons aux cautions judiciaires. Sont-elles soumises *de plein droit* à la contrainte par corps? ou ne sont-elles contraignables par cette voie qu'autant que, dans l'acte de réception de caution, elles auront déclaré formellement soumettre leur personne à la contrainte par corps? La difficulté naît de la place qu'occupe la virgule dans l'article, et de ce qui s'est passé dans les travaux préparatoires.

18. L'opinion la plus générale est que le créancier auquel on donne une caution judiciaire a le droit d'exiger du débiteur qu'il fasse obliger la caution par corps, et de refuser la caution qui ne voudrait pas s'y soumettre (*arg. de l'art.* 2040); mais que la soumission à cette contrainte ne peut résulter que d'une DÉCLARATION EXPRESSE. Cette opinion est fondée sur ce que le § 5° de l'art. 2060 prononce la contrainte par corps contre les cautions judiciaires ET contre les cautions des contraignables par corps, en les réunissant par la conjonctive *et*, sans aucun signe de ponctuation intermédiaire; qu'en conséquence la condition *lorsqu'elles se sont soumises* est une condition commune aux deux espèces de cautions réunies dans le même membre de phrase. On ne peut contester cette déduction grammaticale. Et pour compléter la démonstration, on ajoute que l'art. 519 du Code de procédure civile, portant que la soumission de caution « sera exécutoire sans jugement, même « pour la contrainte par corps, *s'il y a lieu* », suppose que les cautions judiciaires ne sont pas de plein droit contraignables par corps, et qu'il faut trouver dans leur soumission consentement exprès à cette contrainte (PIGEAU, *Proc. civ. liv.* 2, *part.* 3e, *tit.* 5, *ch.* 3, § II, *et part.* 5, *tit.* 4, *ch.* 2, § III, *n.* 3; DELVINCOURT, *note 2 sur la p.* 191 *du* 3e *vol.*; PARDESSUS, *Cours de droit commercial*, *t.* 5, *n.* 1504; FAVARD DE LANGLADE, *Répertoire*, v° *Caution* — réception de).

19. La dernière raison est nulle : car, si la caution judiciaire était une femme ou un septuagénaire, et que le créancier l'eût admise, il n'y aurait pas lieu à la contrainte par corps; si la créance cautionnée était une créance civile au-dessous de 300 fr., la contrainte par corps n'aurait pas lieu non plus (*art.* 2065). Le Code de procédure civile, en dispensant le créancier d'obtenir jugement contre la caution, même pour l'exécution de la contrainte par corps, devait donc ajouter, *s'il y a lieu*. D'ailleurs les cautions reçues en justice ne sont pas toutes cautions judiciaires, ni même données en vertu de jugement : on peut offrir en justice une caution pour exécuter une convention ou une condition légale; et certes ce n'est pas là une caution judiciaire. Le Code de procédure s'occupe de toutes les cautions reçues en justice : conventionnelles, légales et judiciaires; il devait donc, pour les règles d'application de la contrainte par corps, renvoyer au droit civil : ce qu'il a fait par les mots, S'IL Y A LIEU (CARRÉ, *Analyse*, 1673e *question*, *et Lois de la procédure*, *t.* 2, *n°* 1829).

Reste donc le texte de l'article, et la question demeure entière. Voici les motifs puissans de la seconde opinion.

Sous l'ancien droit, la caution judiciaire était de plein droit contraignable par corps, en vertu de sa soumission au greffe (JOUSSE *et les autres commentateurs sur l'art.* 2 *du tit.* 28 *de l'ordonnance de* 1667). Et pourquoi? Parce que par la soumission la caution s'obligeait de *restituer* ou de *rapporter* la somme au cas que, par la suite, restitution fût ordonnée (JOUSSE, *au lieu cité*; POTHIER, *Procédure civile*, 4e *part. ch.* 1er, *art.* 4). La caution était donc considérée envers la partie comme le *gardien judiciaire* des sommes provisoirement payées.

Les rédacteurs du projet de Code civil étaient si pénétrés de l'assimilation de la caution judiciaire au gardien, qu'ils avaient exigé, au *titre du cautionnement*, que la caution judiciaire fût susceptible de la contrainte par corps, et qu'au titre de la contrainte par corps, en l'établissant contre les séquestres, commissaires et gardiens, ils avaient imité le silence de l'ordonnance de 1667 sur les cautions judiciaires (*Projet du Code civil*, *liv.* 3, *tit.* 4, *art.* 1er, *et tit.* 5, *art.* 25).

Plus tard, on ajouta dans le projet présenté à la discussion du conseil d'Etat les mots *contre les cautions judiciaires*. Dans cet état, il était incontestable que la contrainte par corps était *impérative* contre cette classe de cautions.

Se sont enfin glissés les mots « les cautions des « contraignables par corps, lorsqu'elles se sont « soumises à cette contrainte », et cette rédaction a pu être amenée par ce qu'on avait dit dans la séance du 16 frimaire an XII sur les cautions des comptables de l'Etat. Quoi qu'il en soit, pas de monument qui nous instruise avec certitude de quelle manière s'est faite cette adjonction.

Cependant, tout indique que le conseil d'Etat n'avait pas cessé de considérer la contrainte par corps contre les cautions judiciaires comme devant avoir lieu de plein droit.

1° M. Bigot-Préameneu (*Exposé des motifs*) assimile au gardien « la caution judiciaire qui s'oblige « également, non seulement envers le créancier, « mais encore envers la justice »; tandis qu'en parlant de la caution des contraignables par corps, il se borne à dire que la loi doit *autoriser* l'obligation accessoire de la caution. 2° M. Garry (*Rapport au Tribunat*) fait d'abord l'énumération des circonstances dans lesquelles le Code civil permet la contrainte par corps *conventionnelle*, et place en tête les contrats que l'on fait avec *les cautions des contraignables par corps*; ensuite, examinant les cas de contrainte par corps *légale*, il y soumet « tous ceux qui ont contracté avec la justice, les « *cautions judiciaires*, les séquestres, commissaires « et gardiens. » 3° Le tribun Goupil-Préfeln (*Discours au Corps législatif*) est moins complet dans l'énumération des causes de contrainte par corps légale; et cependant il ne pose que deux cas de contrainte par corps conventionnelle : « Celle con« sentie ou par les cautions des contraignables par « corps ou pour fermages de biens ruraux. » Ce qui est exclusif des cautions judiciaires.

Peut-on croire que les orateurs du Gouvernement et du Tribunat se soient tous mépris sur le sens de la loi, soit quand le Tribunat donnait son avis sur son adoption, soit quand on sollicitait la sanction du Corps législatif? Il est clair comme le jour que les législateurs l'entendaient tous ainsi : contrainte par corps légale et nécessaire contre les cautions judiciaires; contrainte par corps conventionnelle et volontaire contre les cautions des contraignables par corps.

M. Merlin est de la même opinion; car il dit que le Code Napoléon, art. 2060, n° 5°, SOUMET à la contrainte par corps les cautions judiciaires..... (*Répertoire, mot Contrainte par corps, n° 15*), après avoir parlé des cautions des contraignables par corps et fait remarquer qu'il faut de la part de celles-ci une soumission expresse (*ibid. n° 6*).

De cette opinion sont encore M. Thomines-Desmazures (*Traité de la procédure, t. 2, n° 568*), M. Carré (*Analyse, question 1673e et Lois de la procédure, n°* 1829), et M. Dalloz (*Jurisp. gén, t. 2, p. 386, à la note*).

20. C'est le vrai sens du législateur. Le rédacteur a évidemment omis une virgule ou un autre signe de ponctuation après les mots *cautions judiciaires*. Néanmoins c'est la première opinion qu'il faut suivre : car une faute de ponctuation a changé le sens de l'article; la loi a été publiée mal ponctuée; elle doit être exécutée de même. Si chacun est présumé connaître la loi, nul n'est tenu de découvrir les erreurs qui se sont glissées dans le manuscrit officiel, surtout dans les matières qui touchent à la liberté.

21. « Lorsqu'il est ordonné à des officiers pu« blics de représenter leurs minutes, s'ils s'y re« fusent, ils arrêtent le cours de la justice, ils en« freignent un des devoirs sous la condition des« quels ils ont été admis à remplir leurs fonctions, « ils violent la foi publique; ils *doivent* être con« traints par corps » (M. BIGOT-PRÉAMENEU, *Exposé des motifs;* M. GARY, *Rapp. au Tribunat*). Ainsi la contrainte par corps a lieu contre tous officiers publics pour la représentation de leurs minutes quand elle est ordonnée (2060, § 6°).

Les mots *tous officiers publics* sont généraux et absolus. Ils comprennent toutes les personnes préposées par la loi à la garde d'actes publics, civils ou administratifs : notaires, greffiers, archivistes, conservateurs d'hypothèques, etc.

Les *minutes* sont non seulement les originaux séparés que certains officiers rangent par ordre de dates pour les retrouver plus facilement, comme font les notaires ; on doit aussi donner ce nom aux actes dressés sur des registres, tels que les acceptations et renonciations des successions, et les actes de l'état civil.

Quand la loi parle de *leurs* minutes, elle n'entend pas seulement les minutes des actes reçus par eux personnellement, mais aussi celles des actes qu'il est du devoir de leur charge de garder. Ainsi un notaire est tenu de représenter les minutes qu'il détient des actes reçus par son prédécesseur (*Bourges, 17 juin* 1829) ; un greffier de tribunal civil est contraignable par corps à la représentation des actes de l'état civil dont les doubles registres ont été déposés au greffe.

Enfin les mots *quand elle est ordonnée* indiquent que la contrainte par corps ne peut être prononcée contre eux qu'après refus d'obéir, soit aux mandemens de justice, soit aux prescriptions de la loi qui ordonnent cette représentation.

Les art. 201 et 221 du Code de procédure civile, qui ordonnent l'apport par le notaire ou autres dépositaires publics des pièces de comparaison pour la vérification d'écritures, ou celui de la pièce arguée de faux, à peine d'être contraints par corps, sont un corollaire du paragraphe que nous examinons.

Il en est de même des art. 839 et 840 du même Code qui règlent la procédure à suivre par toute partie intéressée en nom direct dans un acte, ses héritiers ou ayant-droit, contre un notaire ou autre dépositaire en cas de refus d'expédition ou de copie de cet acte. Le notaire ou autre dépositaire serait condamné par corps *par le jugement même* qui ordonnerait la délivrance de l'expédition ou de la copie : parce que l'art. 23 de la loi du 25 ventôse an II sur le notariat donnant aux personnes ci-dessus désignées le droit de requérir expédition, la loi avait ordonné la délivrance.

Les art. 841 à 843 établissent les formalités préalables à la délivrance des copies et expéditions d'actes publics non enregistrés ou même restés imparfaits : en cas de refus du notaire, il doit en être référé au président du tribunal. Ce n'est que par cette ordonnance que le notaire se trouve obligé de faire la délivrance requise. La contrainte par corps ne pourrait donc être prononcée contre lui que par un jugement postérieur à cette ordonnance sur référé.

Les art. 844, 845 et 854 indiquent les formes à suivre pour obtenir, soit une ampliation sur une grosse déposée, soit une seconde grosse d'une minute d'acte, soit une seconde expédition exécutoire d'un jugement. Ce ne serait donc que sur le refus postérieur à l'accomplissement de ces formalités qu'on pourrait, par un jugement, requérir la contrainte par corps contre le notaire ou le greffier.

Les art. 846 à 852 règlent la procédure à fin de compulsoire, introduite pour procurer à ceux qui n'y ont pas été partie, expédition ou extrait d'un acte public. Or, l'art. 23 de la loi sur le notariat défendant aux notaires de délivrer aux personnes qui y sont étrangères aucune expédition d'actes, et même de leur en donner connaissance, sans l'ordonnance du président du tribunal de première instance, ce ne serait encore qu'après le refus du notaire d'exécuter l'ordonnance, ou de satisfaire au jugement qui ordonne le compulsoire, qu'il serait permis de requérir contre lui une condamnation par corps.

Enfin l'art. 853 statue que les greffiers et dépositaires des registres publics en délivreront, sans ordonnance de justice, expédition, copie ou extrait *à tous requérans*, à la charge de leurs droits, à peine de dépens et dommages-intérêts. Ainsi les greffiers qui refuseraient, après sommation, de délivrer de simples expéditions des jugemens rendus en matière civile, pourraient être traduits devant le tribunal, et condamnés par corps par le jugement même qui leur enjoindrait de faire cette délivrance (*Motifs d'un arrêt de Colmar*, 14 *juin* 1814). Les registres publics dont il s'agit ici sont principalement ceux des actes de l'état civil (*C. civ. art.* 45) et des conservateurs des hypothèques (*art.* 2176).

22. Le § 7° établit la contrainte par corps impérative « contre les notaires, les avoués et les « huissiers pour la restitution des titres à eux con« fiés, et des deniers par eux reçus pour leurs « cliens, par suite de leurs fonctions. »

Ce paragraphe est applicable aux *commissaires-priseurs* et aux *gardes de commerce*, parce que leurs fonctions ne sont qu'une distraction de celles attribuées aux huissiers. Si le service public a exigé en certains lieux qu'une partie des attributions des huissiers ait été confiée à d'autres officiers, ceux-ci, outre les règles spéciales qu'ont pu établir les lois et décrets qui ont organisé leurs compagnies, se sont trouvés soumis à toutes les obligations des huissiers qu'ils remplaçaient en cette partie.

23. Les mots *pour la restitution des titres à eux confiés*, doivent s'entendre et de ceux qui leur sont confiés par leurs cliens, et de ceux que la nature de leurs fonctions oblige d'autres personnes à leur communiquer. Les art. 107 et 191 du Code de procédure, qui prononcent la contrainte par corps contre l'avoué qui ne rétablit pas les pièces d'une production ou d'une communication, ne sont que des corollaires du § 7° de l'art. 2060.

24. Mais pour que la restitution des titres puisse être exigée par corps, il faut que les officiers ministériels aient agi en cette qualité; il faut qu'ils aient reçu les titres par suite de leurs fonctions. Ainsi l'avoué qui a été chargé d'opérer une transaction sur un compte est un simple mandataire *ad negotia*, et ne peut être condamné par corps à la remise des titres et papiers qui lui ont été confiés pour l'affaire qu'il a gérée (*Cass.* 1er *févr.* 1820).

25. Ce paragraphe traite aussi de la restitution des deniers que les officiers ministériels ont reçus *pour* leurs cliens. Que doit-on décider lorsque c'est *des* cliens mêmes qu'ils ont reçu les deniers? M. Bigot-Préameneu (*Exposé des motifs*) fait entendre qu'ils sont soumis dans ce cas à la contrainte par corps : car, dit-il, « on ne peut employer ces officiers publics sans être dans la nécessité de leur confier les titres et *l'argent nécessaire pour agir.* » M. Dalloz (*Jurisp. gén. mot Contrainte par corps, sect.* 1re, *n.* 2, 8°) adopte cette opinion. Mais comment donc en matière de liberté substituer dans la loi un mot à un autre?

Nous pensons qu'il faut distinguer si les deniers reçus du client l'ont été dans une circonstance pour laquelle une disposition législative prononce la contrainte par corps de droit : par exemple, si des deniers ont été donnés pour faire des offres, ce qui constitue l'huissier consignataire momentané, ainsi que nous l'avons établi plus haut; on prononcera donc la contrainte par corps impérative dans ce cas en vertu du § 4° : mais si l'avoué, le notaire, l'huissier ont reçu du client des fonds pour les couvrir d'avances à faire, que le procès n'ait pas de suite, ou que l'acte projeté ne soit pas dressé, nous pensons que la contrainte par corps ne doit pas être prononcée (Delvincourt, *note* 10 *sur la p.* 180 *du* 3e *vol.*).

Il faut appliquer ces principes avec discernement et examiner les espèces. Fournel (*Traité de la Cont. par corps, n.* 6 *sur l'art.* 3 *du tit.* 1er *de la loi de germ.*) cite un arrêt du parlement de Paris du 27 juillet 1759 qui a condamné par corps un procureur à restituer à son client la somme qu'il en avait touchée par avance, parce qu'après le jugement de l'affaire, ce procureur avait reçu de la partie adverse la totalité des dépens. Nous pensons qu'on devrait juger de même aujourd'hui, car les sommes données par avance sont devenues la propriété du procureur à mesure des frais qu'il faisait : quand ensuite il a touché les dépens de la partie adverse, il les a touchés réellement pour le compte du client qui avait donné de quoi frayer aux déboursés. La somme réclamée était à la vérité égale à celle reçue *du* client, mais les deniers dus étaient reçus de la partie adverse *pour* le client qui avait fait l'avance. Sous le Code civil même, la contrainte par corps aurait donc dû être prononcée.

26. Enfin le § 7° exige encore que les deniers aient été reçus par suite des fonctions de ces officiers : c'est-à-dire, par une conséquence nécessaire de leur charge. Il faut que la rétention des deniers constitue un véritable fait de charge : c'est ce que la Cour royale de Paris a parfaitement exprimé dans son arrêt du 6 janvier 1832, en disant que, par la nature des dispositions rigoureuses que renferme l'art. 2060 n° 7 du Code civil, et en raison des conséquences qui peuvent en réfléchir contre des tiers, l'application dudit article doit être restreinte aux cas qu'il a évidemment prévus.

Néanmoins la Cour royale de Lyon (3 *févr.* 1830) a appliqué la contrainte par corps résultant du § 7° de l'art. 2060 à un notaire qui avait détourné des sommes qu'un client lui avait confiées pour en opérer le placement. On explique facilement la contrariété de ces arrêts par le désir commun des magistrats d'atteindre la mauvaise foi. Mais si la loi est incomplète, pourquoi n'en pas solliciter la réformation?¶

27. Les art. 2059, 2060, 2061 et 2062, formaient, comme nous l'avons déjà dit, le système complet de la contrainte par corps en matière civile. Le Code de procédure est venu le modifier notablement : nous nous sommes appliqués, sur les art. 2059 et 2060, à signaler comment devait être exécutée chacune de leurs dispositions dans l'état actuel de la législation ; nous avons rappelé aussi les articles du Code de procédure qui, loin d'être introductifs d'un droit nouveau, ne sont que les déductions expresses des principes posés dans le Code civil. Il faut rassembler maintenant, pour compléter la matière, les dispositions du Code de procédure qui étendent la contrainte par corps à des cas que la loi précédente n'avait ni prévus ni renfermés implicitement dans ses dispositions.

Nous avons préféré entrer dans ce détail à la fin de l'art. 2060, parce que l'art. 2059 et les art. 2061 et 2062 ne traitent que de cas spéciaux ; et comme le législateur a rassemblé dans l'art. 2060 la plupart des espèces auxquelles il voulait appliquer la contrainte par corps, il est naturel de faire suivre cet article du développement des dispositions qu'il y a ajoutées.

28. Les dispositions les plus importantes du Code de procédure sur le droit de contrainte par corps sont celles de l'art. 126, sur les dommages-intérêts et sur les reliquats de compte.

Les art. 2 et 3 du titre 34 de l'ordonnance de 1667 permettaient la contrainte par corps après les quatre mois pour les dépens adjugés en matière civile, pour les dommages-intérêts et pour les reliquats de compte contre les tuteurs et curateurs (noms sous lesquels la jurisprudence avait compris les administrateurs comptables des gens de mainmorte). L'intention du Code civil fut de ne pas rétablir la contrainte par corps pour ces circonstances (*V. l'Exposé des motifs et le Rapport de* M. Gary) ; mais on reconnut enfin la sagesse de l'ordonnance, et le Code de procédure, en rappelant dans l'art. 126 que la contrainte par corps ne sera *prononcée que dans les cas voulus par la loi*, laissa *néanmoins* à la *prudence* des juges de la prononcer, 1° pour *dommages-intérêts* en matière civile, et pour reliquats de compte de tutelle, curatelle, d'administration des corps et communautés, établissemens publics, ou de toute autre administration confiée par justice, et 2° pour toutes restitutions à faire par suite desdits comptes.

Si par cet article la contrainte par corps est, pour un grand nombre de circonstances indéterminées, confiée à l'arbitraire du juge, si les décisions des tribunaux sont à l'abri de la censure de la Cour régulatrice, soit qu'ils accordent la contrainte par corps, soit qu'ils la dénient, les magistrats n'examinent qu'avec une attention plus scrupuleuse les circonstances du fait, si le comptable a souffert des pertes inattendues, s'il est de bonne foi, si les dommages-intérêts réclamés résultent d'une faute légère, d'une imprudence excusable. Ils portent aussi leur attention sur la position de fortune du défendeur, sur les sûretés que peut obtenir le créancier ; mais généralement quand le comptable paraît de mauvaise foi, quand la faute est lourde, qu'un délit légal ou moral est la cause de la demande, ou si le débiteur n'a qu'une fortune mobilière et facile à dérober aux poursuites, les tribunaux prononcent la contrainte par corps.

29. La faculté donnée aux juges de prononcer ou de rejeter la contrainte par corps en matière de dommages-intérêts *se convertit en nécessité*, toutes les fois qu'une disposition législative *ordonne* la contrainte par corps pour les dommages-intérêts ; ainsi *ne pourraient être dispensés* de la contrainte par corps *pour dommages-intérêts*, ni l'usurpateur par voies de fait en cas de réintégrande (*C. civ.* 2060, § 2°), ni le gardien judiciaire qui se serait servi des choses saisies ou qui les aurait louées ou prêtées (*C. Pr.* 603), ni le saisi qui, depuis la dénonciation, aurait fait des coupes de bois ou commis des dégradations (*C. Pr.* 690; Pigeau, *t.* 2, *liv.* 2, *tit.* 4, *ch.* 1, *sect.* 3, § 1, *div.* VII, *n°* 4; Carré, *Analyse*, 418e *question*, *et Lois de la proc. t.* 1, *n°* 535), parce que tous ces articles prononcent impérativement la contrainte par corps pour les dommages-intérêts dans les cas spéciaux qu'ils ont prévus.

30. En admettant la contrainte par corps facultative pour les dommages-intérêts, l'art. 126 du Code de procédure n'a pas reproduit la disposition de l'art. 2 de l'ordonnance qui l'admettait pour les dépens. On a craint que la contrainte par corps ne passât en usage sur ce point, d'après les fréquentes demandes qui en seraient faites (M. Faure, *Rapport au nom du Tribunat sur le projet de Code de procédure*, *séance du* 14 *avril* 1806). Ainsi les dépens n'entraînent jamais la contrainte par corps, soit en matière civile, soit en matière commerciale (*Cass.* 14 *nov.* 1809; 14 *avril* 1817 *et* 4 *janv.* 1825), même quand un tribunal de commerce a déclaré qu'il y avait soustraction frauduleuse de titre (30 *déc.* 1828), ni quand un tribunal les a adjugés à titre de dommages-intérêts; car les frais exposés pour recouvrer une créance ne peuvent être confondus avec les pertes directes que nous cause le fait du débiteur (*Toulouse*, 20 *févr.* 1832. *V.* Merlin, *Répert. mot Contrainte par corps*, *n°* 3, *in fin.*; Carré, *Questions de procéd. n°* 734, *et Lois de la procéd. t.* 1, *n°* 539); mais en matière criminelle, les frais et dépens entraînent la contrainte par corps.

31. En donnant aux juges la faculté de prononcer la contrainte par corps pour dommages-intérêts, l'art. 126 ne distingue pas entre les dommages-intérêts adjugés par jugement et ceux fixés d'avance par la convention (*C. civ.* 1152). La contrainte par corps peut donc être prononcée dans un cas comme dans l'autre; mais l'équité veut qu'elle soit refusée pour les dommages-intérêts conventionnels, si la stipulation est excessive.

32. Il ne faut pas confondre la stipulation de dommages-intérêts avec la clause pénale: les juges peuvent prononcer la contrainte par corps pour sanction de la première, puisque le pouvoir donné par l'art 126 est général; ils ne le peuvent pour la seconde, parce que la contrainte par corps ne s'étend pas d'un cas à un autre. Or, la clause pénale est d'une nature différente de celle des dommages-intérêts, puisque l'art. 1229 la définit « la compensation des dommages-intérêts que le créancier « souffre de l'inexécution de l'obligation principale. » C'est une créance substituée à la créance éventuelle de dommages-intérêts; c'est une créance qui l'empêche de naître. La difficulté dans la pratique est de distinguer la stipulation de dommages-intérêts qui autorise la contrainte par corps de la clause pénale qui ne l'admet pas. Malgré les points de contact de ces deux conventions, il existe une différence caractéristique qui guidera sûrement dans l'application. Les dommages-intérêts sont stipulés dans l'intérêt du créancier et du débiteur, qui a la faculté de se libérer de l'obligation principale en payant la somme convenue: c'est proprement *le dédit*. La clause pénale n'est apposée que dans l'intérêt du créancier, qui est libre d'en faire usage, et le débiteur n'est pas admis à choisir entre l'exécution de la peine et celle de l'obligation principale. Il est donc juste de ne jamais attacher la contrainte par corps à une obligation que le créancier *seul* est maître de préférer à l'obligation primitive, puisqu'il pourrait, par son option, aggraver la position du débiteur.

33. Les dommages-intérêts sont souvent un accessoire de la condamnation principale: de sorte qu'il peut arriver que la condamnation principale soit exécutoire seulement par les voies de droit, et que la condamnation accessoire entraîne la contrainte par corps. Ainsi le dépôt volontaire ne donne pas lieu à cette contrainte; et cependant le retard dans la restitution pourra occasioner un dommage dont la réparation peut autoriser la contrainte par corps: il en sera de même du prêt à usage, de la restitution du gage confié par le débiteur à son créancier, etc., etc.

34. Il faut se garder de confondre avec les dommages-intérêts les restitutions que le contrat ou le quasi-contrat obligent directement le débiteur à faire à son créancier. Ainsi, il ne faut pas considérer comme dommages-intérêts la partie de la succession dont s'est emparé un héritier présomptif, et dont il est évincé par un autre héritier qui venait en concours avec lui. Le condamner *par corps* à la restitution de la part héréditaire revenant à son cohéritier, c'est faire abus de l'art. 126 du Code de procédure (*Caen*, 23 *févr.* 1825). Ainsi celui qui s'est fait payer une somme qu'il savait ne lui être pas due, est obligé à la restitution du capital et des intérêts à partir du jour du paiement (*C. civ.* 1378); mais c'est de sa part une obligation principale, et non une obligation accessoire de dommages-intérêts: il n'y a donc pas lieu à la contrainte par corps (*Nancy*, 18 *mai* 1827). Il en faut dire autant du vendeur qui, par suite de l'éviction qu'a soufferte l'acheteur, ou du vice redhibitoire de la chose, est tenu de la restitution du prix, et, en certains cas, des dommages-intérêts (*art.* 1630, 1644 *et suiv.*): la restitution du prix est l'exécution de l'obligation principale de garantie, et ne peut entraîner la contrainte par corps (*même arrêt*), à moins qu'il n'y ait stellionat.

On cite pour l'opinion contraire un arrêt (*Colmar*, 7 *avril* 1821) qui décide, il est vrai, dans des motifs savamment déduits, qu'en cas d'éviction, la restitution du prix peut être adjugée à titre de dommages-intérêts, avec contrainte par corps;

mais il faut remarquer que, dans l'espèce, outre l'obligation de garantie, le vendeur avait contracté l'obligation de faire emploi du prix à l'extinction des créances grevant l'immeuble : qu'ayant ainsi laissé sans exécution une obligation de faire, il devait, à titre de dommages-intérêts, une somme égale à celle que le défaut d'emploi faisait perdre à l'acquéreur évincé.

35. En effet, toute obligation de faire ou de ne pas faire se résout en dommages-intérêts en cas d'inexécution de la part du débiteur (*C. civ.* 1142), et de là la conséquence, qu'un grand nombre d'obligations pour l'exécution desquelles on ne pourrait obtenir la contrainte par corps, se convertissent, par leur inexécution, en une obligation secondaire de dommages-intérêts pour lesquels la contrainte par corps est permise.

36. Prenons pour exemple le dépôt volontaire d'un corps certain. Si le déposant conclut simplement à la restitution de la chose, pas de contrainte par corps. Mais s'il conclut principalement à ce que le dépôt lui soit rendu dans un délai fixé, sinon à une somme déterminée à titre de dommages-intérêts pour défaut de restitution, il pourra requérir et obtenir la contrainte par corps pour ce chef secondaire de sa demande. Car la chose est seule due par le dépositaire, qui ne peut prétendre devoir alternativement la chose ou sa valeur. S'il doit la chose *in individuo*, et que, faute de la rendre, il soit condamné au paiement d'une somme qui n'était ni la matière ni l'objet de l'obligation, cette condamnation n'est prononcée que pour réparer la perte causée au créancier par le dépositaire (*C. civ.* 1149). C'est donc une vraie condamnation en des dommages-intérêts.

37. Si le dépôt est d'une somme d'argent, et que le déposant conclue à la restitution du dépôt, la contrainte par corps ne peut être prononcée.

Mais s'il a la preuve, soit par l'aveu du dépositaire, soit autrement, que le défendeur n'a plus la somme à lui confiée, le déposant pourra-t-il réclamer une somme équivalente à titre de dommages-intérêts, et obtenir la contrainte par corps, suivant les circonstances?

L'affirmative nous paraît certaine. Le contrat de dépôt renferme une obligation de faire : celle de garder avec fidélité la chose confiée (Pothier, *Dépôt*, *n°* 22). La négligence ou l'infidélité dans la garde amène donc une condamnation en des dommages-intérêts.

On ne peut pas objecter que c'est une demande en paiement d'une somme d'argent, et qu'une somme en représente parfaitement une autre. En fait, la somme *nominale* à laquelle sera condamné le dépositaire, peut-être insolvable, ne représentera qu'imparfaitement la somme *réelle* qui devrait se trouver en ses mains. En droit, dans le dépôt proprement dit, le dépositaire ne *paie pas*, il *rend*, et rend *identiquement* la chose même qu'il a reçue (*C. civ.* 1932); il ne fait jamais *siens* les deniers déposés (*V.* sur ce point un *Réquisitoire de* M. Merlin, *au Répertoire, mot Vol, sect.* 2, § 3, *art.* 4, *n°* 3, *sur les art.* 406 *et* 408 *du C. pén.*). Donc, aussitôt qu'il lui est impossible de rendre les deniers reçus, aussitôt qu'il est judiciairement certain qu'il ne peut pas remplir son obligation, il est soumis à réparer le préjudice causé, c'est-à-dire à payer des dommages-intérêts égaux à la valeur du dépôt perdu ou dissipé.

On argumenterait à tort de la doctrine que nous avons professée, n° 34, relativement à l'obligation de restituer une somme indûment reçue ou un prix de vente. Ce serait assimiler des choses essentiellement différentes. D'une part, celui qui a reçu une somme qui ne lui était pas due, ou le vendeur d'un objet quelconque qui en a touché le prix, ont acquis la propriété des deniers, et sont obligés seulement à restituer la somme, et non les espèces reçues. Les deniers s'étaient confondus avec leur fortune; ils n'étaient tenus ni de les conserver en nature, ni de rendre identiquement ce qu'ils avaient touché. L'obligation de *restituer* la somme touchée sans être due, ou le prix de vente en cas d'éviction, diffère donc de l'obligation de *rendre* le dépôt. Sous un autre rapport, la *restitution* est l'obligation principale que contracte celui qui reçoit ce qui ne lui est pas dû; et dans le cas de vente, la nullité ayant détruit le contrat de vente, il ne reste plus que l'obligation principale de restituer le prix touché sans être dû; mais dans le cas du dépôt, l'obligation du dépositaire n'a pas changé par son fait, il est toujours débiteur des espèces mêmes qui lui ont été déposées; son obligation principale est toujours de les rendre *en nature;* le contrat subsiste dans toute sa force après la violation de ses engagemens; seulement il est impossible de l'exécuter. Donc les sommes qu'il sera tenu de payer sur ses propres biens ne sont pas celles qu'il doit comme dépositaire; elles ne seront que la réparation du dommage causé par son fait; donc elles seront de véritables dommages-intérêts; donc elles peuvent donner lieu à la contrainte par corps judiciaire, en vertu dudit art. 126.¶

38. Quand les dommages-intérêts résultant d'un crime, d'un délit ou d'une contravention, sont demandés à la justice civile, les tribunaux sont-ils tenus de prononcer la contrainte par corps, ou bien ont-ils la faculté de la refuser, conformément à l'art. 126 du Code de procédure?

Cette question peut se présenter ou quand la partie lésée ni le ministère public n'ont fait aucune poursuite criminelle,

Ou quand l'action civile a été suspendue par l'action criminelle intentée par la partie publique, et que la partie civile revient ensuite devant les tribunaux ordinaires reprendre l'instance interrompue,

Ou enfin quand la partie civile intente son action devant les tribunaux civils après que les tribunaux de répression ont, sur la seule poursuite du ministère public, déclaré constant le fait criminel.

39. Supposons d'abord le cas où la partie lésée a porté son action directement devant les tribunaux civils, sans que les tribunaux de répression aient été saisis ni par elle ni par le ministère public. Selon nous, c'est alors l'action purement civile en réparation de dommage fondée sur l'article 1382 du Code civil, et la contrainte par corps sera *facultative*.

Pourquoi? Parce que chacun peut renoncer au droit établi en sa faveur; parce que, en matière civile ordinaire, le créancier peut renoncer à la contrainte par corps, et qu'il y renonce effectivement quand il n'en forme pas la demande. Pourquoi donc, en renonçant à la voie criminelle, ne serait-il pas censé abandonner volontairement les avantages qui en seraient résultés pour s'en tenir aux suites légales de l'action civile dont il se contente? Est-ce que, dans tous les temps, on n'a pas regardé le choix de la voie civile comme une renonciation à l'action criminelle (MORNAC, *in L.* 9, *ff. de tribut. act.*; *Arrêt du 2 août* 1706, *Journ. des audiences*; *Ord. de* 1667, *tit.* 18, *art.* 2; *Répertoire de* M. MERLIN, *mots Délit*, § 1, *et Injure*, § 4.—*Cass.* 9 *vendém. an X*, 21 *frim. an XI*, *et* 18 *mess. an XII*; *Bordeaux*, 16 *fév.* 1829; BERRIAT S. PRIX, *Cours de droit crim.*, *ch.* 3, *art.* 2, § 2, *n°* 2; CARRÉ, *Analyse*, 416e *question*, *et Lois de la procéd.*, *t.* 1, *n°* 533)? Or, renoncer à l'action criminelle, c'est renoncer aux avantages de cette action; c'est se restreindre aux suites fixées par les lois civiles; c'est renoncer à la contrainte par corps de plein droit, absolue, impérative, prononcée par l'art. 52 du Code pénal, et s'en rapporter à la prudence des juges civils, avec l'art. 126 du Code de procédure, sur la contrainte par corps facultative en matière de dommages-intérêts.

Le principal argument contre notre opinion est consigné dans deux arrêts de la Cour royale de Paris (6 *janv.* 1832 et 16 *nov.* 1833). La partie lésée, disent-ils, peut poursuivre la réparation civile à son choix devant les tribunaux civils ou devant les tribunaux de répression; cette action civile est indépendante de l'action publique : si la partie civile l'eût portée devant les tribunaux de répression, personne ne lui contesterait la contrainte par corps comme moyen d'exécution en vertu de l'art. 52 du Code pénal, combiné avec l'article qui qualifie le délit. Quand elle a porté cette action devant les tribunaux civils, le mode d'exécution doit donc être nécessairement le même que celui qui serait ordonné par la juridiction criminelle; il y a donc lieu nécessairement à la contrainte par corps.

40. Malgré notre respect pour les arrêts émanés de cette Cour, nous ne pouvons partager cette opinion, soit que nous en examinions les conséquences, soit que nous en pesions la doctrine.

Les conséquences du système seraient 1° de donner aux tribunaux civils le droit de déclarer que tel ou tel fait résultant du procès et prouvé par les formes civiles, est un *crime*, un *délit*, ou une *contravention*, et que le défendeur en est *coupable*. Disparaîtront ainsi les garanties que la loi donne à l'accusé ou au prévenu : on sera déclaré criminel sans jury; on sera déclaré délinquant sans avoir eu le dernier la parole pour réfuter les argumens du ministère public. Il est vrai que les tribunaux civils n'appliqueront pas la peine; mais ils noteront d'infamie des citoyens auxquels la loi interdit la réplique en matière civile contre le ministère public qui n'y est point accusateur, mais simple rapporteur.

2° De détruire entièrement le système de la contrainte par corps civile, et de supposer toutes les lois criminelles avec toutes leurs conséquences, moins les peines, écrites dans les lois civiles : ainsi quand on demandera devant eux la réparation du crime le plus épouvantable comme de la plus légère contravention, les tribunaux civils DEVRONT prononcer la contrainte par corps; ils devront la prononcer d'une manière inflexible, sans égard pour la jeunesse, pour la faiblesse du sexe, pour les septuagénaires; ils devront la prononcer même au-dessous de trois cents francs, et malgré l'exiguité de la somme.

3° De renverser le système des dommages-intérêts en matière civile, fixé par les art. 1149 et suivans du Code civil : car il est de principe qu'en matière criminelle, la loi abandonne à la conscience des magistrats le pouvoir d'arbitrer les dommages-intérêts qui peuvent résulter du délit qui leur est dénoncé, attendu que les dispositions du Code civil ne sont applicables qu'aux matières civiles (*Rej.*, *sect. crim.*, 19 *mars* 1825). Ainsi pour le moindre quasi-délit on sera exposé à payer des dommages-intérêts arbitraires, et soumis de plein droit à la contrainte par corps. Et ce n'est pas sans y avoir songé que nous avons dit POUR LE MOINDRE QUASI-DÉLIT; car il y a peu de faits involontaires que nos lois de police n'aient convertis en contraventions, jusqu'à celui de jeter imprudemment des immondices sur un passant (*C. pénal*, *art.* 471, § 12°).

4° De soulever une multitude de difficultés d'exécution : car, si l'on pose en principe que les tribunaux civils peuvent statuer sur les matières criminelles, leurs jugemens seront-ils exécutés par les voies indiquées au Code de procédure, art. 780 et suiv., ou devront-ils l'être dans les formes prescrites au tit. 5 de la loi du 17 avril 1832? Le détenu devra-t-il, s'il veut recouvrer sa liberté, donner une caution pour le tout, conformément aux art. 35 et suiv. de la même loi, ou consigner un tiers de la dette et donner caution pour le surplus? Si la contrainte par corps n'est pas demandée, les tribunaux civils devront-ils la prononcer d'office comme en matière criminelle? etc., etc.

41. Des inconvéniens du système passons à son examen.

La juridiction criminelle est distincte de la juridiction civile.

L'une ne peut empiéter sur l'autre, et chacune doit se renfermer dans le cercle d'attributions que lui a tracé la loi.

C'est pourquoi l'exercice de l'action civile est suspendu quand l'action publique est intentée. Si les tribunaux civils pouvaient déclarer la culpabilité, cette suspension d'action serait inutile.

On peut donc dire de ces deux ordres de juridictions ce que la Cour de cassation a dit des tribunaux de répression d'ordre différent. « Le tribunal, qui *seul* est compétent pour appliquer la peine, a *seul* aussi le droit de déclarer le fait et la *culpabilité* » (*Motifs d'un arrêt de cassation, sect. crim.*, 1er *avril* 1813).

Or, si les tribunaux civils ne peuvent pas déclarer la *culpabilité* du défendeur qui n'a pas été traduit devant les tribunaux criminels, ils ne peuvent donc, afin d'accorder la contrainte par corps, qualifier de *délit* le fait qui donne lieu à la demande; car c'est faire une *déclaration de culpabilité* qui n'est pas dans leurs pouvoirs.

Quant au motif que l'action civile, pouvant être également portée devant les deux juridictions, doit *nécessairement* obtenir le même mode d'exécution des tribunaux civils que des tribunaux criminels, est-il bien concluant? Non. Puisque les tribunaux civils ne peuvent déclarer la culpabilité, ils ne pourront prononcer la contrainte par corps qu'en s'appuyant sur un texte de loi civile. Non. Puisqu'en se bornant à poursuivre devant les tribunaux civils, le demandeur a abandonné (comme il a été établi no 39) les avantages que lui offrait la voie criminelle, il faudra encore un texte de loi civile pour prononcer la contrainte par corps. Et ce n'est pas sans raison que les mêmes avantages ne sont pas attachés aux jugemens qui interviennent sur l'action civile dans les deux juridictions, puisque celui qui prend la voie criminelle encourt une condamnation en dommages-intérêts s'il échoue dans sa poursuite, puisqu'il se fait l'auxiliaire du ministère public pour la punition du délit, puisqu'il avance des frais qui, sans lui, seraient avancés par le trésor public et souvent perdus pour lui; tandis que si l'action est portée devant les tribunaux ordinaires, l'instance n'est utile qu'aux intérêts privés de la partie lésée.

42. Telles sont les raisons qui nous ont douter de la vérité de doctrine des deux arrêts qui transportent la contrainte par corps criminelle dans les matières civiles. Cependant nous devons dire qu'il existe deux décisions analogues de la Cour de cassation. 1o Arrêt portant qu'un tribunal civil a pu prononcer une condamnation *solidaire* à des dommages-intérêts et même *aux dépens* contre plusieurs individus qui avaient injurié et battu la même personne (*Rej., sect. civ.*, 6 *sept.* 1813); mais l'arrêtiste, qui nous dit que la personne frappée s'est pourvue devant le juge de paix comme *juge civil*, ne nous apprend pas s'il y avait eu auparavant poursuites du ministère public. 2o Arrêt qui admet la *solidarité* dans une *affaire civile* pour glanage avec râteaux, et qui porte textuellement que le jugement s'est conformé à l'art. 55 du Code pénal, en prononçant la solidarité contre tous les individus condamnés pour un même délit (*Rej.*, 23 *déc.* 1818). Il paraît que, dans les deux pourvois, on s'était borné à attaquer le principe de la solidarité, et qu'on n'avait pas tiré de moyen de cassation de la circonstance que les tribunaux civils avaient dépassé leurs pouvoirs en qualifiant *délit* le fait dont la réparation était demandée. Or, les moyens de cassation ne se suppléent pas en matière civile.

A ces arrêts on peut opposer, 1o un arrêt de la Cour royale de Bordeaux (16 *fév.* 1829), portant que « si les faits qui ont donné lieu au procès avaient été poursuivis par la voie correctionnelle, ils auraient pu entraîner la solidarité; mais que le demandeur ayant préféré prendre la voie civile, sa demande est rentrée dès lors dans les termes du droit civil, suivant lequel la solidarité ne se présume pas, et chacun ne doit répondre que du dommage qu'il peut avoir causé personnellement », et 2o un arrêt de cassation du 30 décembre 1828, qui a rejeté et la *solidarité* et la contrainte par corps pour les dépens, quoique le tribunal de commerce de Tarbes eût motivé son jugement sur ce que tous les auteurs d'un *délit* sont solidaires, et que si le demandeur avait assigné en police correctionnelle les auteurs et complices du délit, ils auraient été condamnés solidairement et par corps aux dépens.

Ainsi, quand les dommages-intérêts sont requis par la voie civile antérieurement à toutes poursuites criminelles, la contrainte par corps est *facultative*, et les magistrats peuvent la refuser.

43. Il en est de même quand la poursuite de l'action civile intentée devant les tribunaux ordinaires est suspendue par l'exercice de l'action publique : en portant primitivement son action devant les tribunaux civils, la partie lésée a consommé son droit d'option (*V. suprà*, *no* 39). Cette option renferme la renonciation aux avantages que lui pouvait présenter la poursuite criminelle. Quand elle reprendra son action devant les tribunaux civils, elle ne pourra encore obtenir la contrainte par corps que dans les termes du droit civil (Carré, *aux lieux cités*).

44. Mais si la personne lésée n'a point été partie au jugement criminel, et qu'elle n'ait intenté son action en réparation du dommage que postérieurement au jugement qui qualifie le délit, alors la contrainte par corps peut n'être pas seulement facultative, mais impérative. Les juges civils n'ont été saisis que parce qu'il était devenu impossible à la partie civile de porter son action devant les juges de répression (Carré, *au même lieu*, *et argum. d'un arrêt de rejet du* 16 *juillet* 1817). Cependant ils pourront encore examiner quelles causes ont écarté le demandeur de l'action criminelle, surtout s'il y a figuré comme dénonciateur ou comme témoin, et si sa présence au procès, sans y prendre part, peut être regardée comme une renonciation. C'est une question de fait qui dépend entièrement des circonstances.

45. Nous avons promis, *n°* 4, d'examiner la question de savoir si la justice civile *doit*, par application de l'art. 408 du Code pénal, prononcer la contrainte par corps contre le dépositaire infidèle envers qui le déposant n'a pas pris la voie criminelle; nous avons établi, *nos* 36 *et* 37, que la contrainte par corps *facultative* pouvait être prononcée pour les dommages-intérêts représentatifs de la valeur du dépôt, alors même que le dépositaire serait de bonne foi; à plus forte raison, s'il est de mauvaise foi, les magistrats ont la faculté de le condamner par corps en des dommages-intérêts qui désintéressent complètement le déposant. La question n'a donc un véritable intérêt que lorsque le déposant réclame purement et simplement la restitution de la somme qu'il a déposée.

C'est dans une espèce de cette nature qu'ont été rendus les deux arrêts de la Cour royale de Paris, des 6 janvier 1832 et 16 novembre 1833, que nous avons cités *n°* 39, et dont nous avons discuté la doctrine dans les *nos* 40 et suivans. Un notaire n'avait pas restitué des deniers qui lui avaient été confiés pour opérer un placement. La Cour a reconnu qu'il n'y avait pas de dépôt nécessaire; elle a reconnu en outre que ce n'était pas par suite de ses fonctions que le notaire avait reçu les sommes à lui confiées; que la contrainte par corps ne pouvait procéder ni du § 1° ni du § 7° de l'art. 2060, et que le fait constituant la violation de dépôt prévue et punie par l'art. 408 du Code pénal, il fallait prononcer la contrainte par corps en vertu de l'art. 52 du même Code.

Les développemens auxquels nous nous sommes livrés, *nos* 39 et suivans, sur la question générale de savoir si les tribunaux civils *doivent* ou *peuvent* prononcer la contrainte par corps pour dommages-intérêts résultant d'un délit, s'appliqueront à la question spéciale. Selon nous, tant que le créancier se bornera à réclamer au civil la restitution pure et simple d'un dépôt volontaire, il ne doit pas obtenir la contrainte par corps, parce qu'il n'y a pas de texte de lois civiles qui la prononce; si, au contraire, en prouvant la dissipation du dépôt, il conclut à des dommages-intérêts devant la justice civile, les circonstances pourront déterminer les magistrats à les adjuger par corps; enfin, s'il prend la voie correctionnelle, et qu'il prouve le délit, il profitera de l'art. 52 du Code pénal.

46. Quant à la seconde partie de l'art. 126, on voit que la contrainte *facultative* ne peut avoir lieu *pour les reliquats de compte* que contre les *tuteurs* et *curateurs*, *administrateurs* de corps et communautés et d'établissemens publics, enfin contre les *administrateurs* commis par justice. D'où il suit qu'on ne pourrait appliquer cette disposition aux administrateurs non compris dans les termes de l'article : par exemple, à l'héritier bénéficiaire, parce que c'est de la loi et non de la justice qu'il tient son droit d'administrer (Pigeau, *liv.* 2, *part.* 3, *tit.* 5, *ch.* 3, *div. I*; Carré, *Analyse*, 420e *quest.*, *et Lois de la procéd.*, *n°* 537); on en doit dire autant des présomptifs héritiers d'un absent, quoique envoyés en possession par jugement, parce que la justice intervient plutôt pour déclarer leur droit à l'administration des biens de l'absent que pour la leur déférer.

47. Mais, en établissant la contrainte par corps facultative pour combler les lacunes du Code civil, le 2e § de l'art. 126 n'a pas dérogé à la contrainte par corps impérativement établie contre certains comptables par l'art. 2060 du Code civil : par exemple, contre le séquestre qui devra un compte de fruits, parce que les fruits font, par droit d'accession, partie de la chose séquestrée ou donnée en garde (*C. civ.* 547), et que l'art. 604 du Code de procédure, en s'occupant des gardiens, qui ne sont eux-mêmes que des séquestres judiciaires, porte en termes formels que « si les objets saisis « ont produit quelques fruits ou revenus, le gar« dien en doit compte, même par corps. »

48. La contrainte par corps en matière de compte peut être prononcée avant l'apurement, même avant le compte, si le comptable reconnaît avoir entre les mains un capital appartenant à l'oyant (*Corse*, 31 *août* 1826).

49. Outre l'art. 126 pour le reliquat du compte, le Code de procédure établit encore la contrainte par corps facultative contre les comptables quand ils ont laissé passer le délai fixé par le jugement qui ordonne le compte, sans l'avoir présenté et affirmé. « Le délai passé (porte l'*art.* 534), le ren« dant y sera contraint par saisie et vente de ses « biens jusqu'à concurrence d'une somme que le « tribunal arbitrera : il *pourra* même y être con« traint par corps, si le tribunal l'estime conve« nable. » C'est une peine de la désobéissance, et l'art. 534 est applicable à ceux-là même contre qui

le tribunal ne pourrait pas prononcer la contrainte pour le reliquat du compte : il atteint donc le simple mandataire (*Praticien français, t. 4, p. 44*; CARRÉ, *Analyse, quest.* 1707e, nonobstant *M. Lepage, questions, p.* 365).

Mais l'héritier bénéficiaire ne peut pas être contraint par corps pour le retard apporté à rendre son compte; car si ce retard est assez marqué pour être considéré comme un refus, les tribunaux peuvent ordonner qu'il sera tenu sur ses biens personnels (*C. civ.* 803); jamais l'héritier bénéficiaire ne peut être tenu plus durement que l'héritier pur et simple (PIGEAU, *lieu cité*).

50. Nous avons (*sous le n°* 21) indiqué les art. 201 et 221 du Code de procédure qui établissent la contrainte par corps impérative contre les dépositaires publics pour l'apport de pièces en matière de vérification d'écritures et de faux incident civil. Les mêmes articles disent que les détenteurs desdites pièces, qui ne seraient pas dépositaires publics, seront contraints à l'apport desdites pièces par les voies ordinaires, par saisie, amende, *même par corps*, s'il y échet : ce qui établit la contrainte par corps facultative.

51. L'art. 213 du Code de procédure, pour punir la mauvaise foi de celui qui dénie son écriture, veut qu'il soit condamné à une amende de 150 francs envers le domaine, outre les dépens, dommages et intérêts de la partie, et ajoute « qu'il *pourra* « être condamné par corps *même pour le princi*« *pal*. » C'est, dans ce cas particulier, donner pour le fond du procès le même pouvoir que l'art. 126 avait donné pour les dommages-intérêts, même quand le fond du procès n'était pas de nature à entraîner la contrainte par corps (CARRÉ, *Questions de procéd.*, n° 1210, *et Lois de la procéd.*, n° 857).

52. Le Code de procédure établit *impérativement* la contrainte par corps, 1° pour le paiement de l'amende de 100 francs contre les témoins défaillans après réassigné (*art.* 264). Nous n'en parlons ici que pour ordre, car c'est plutôt une peine proprement dite qu'une contrainte par corps civile; 2° contre l'adjudicataire d'immeubles saisis et le surenchérisseur du quart, qui laissent revendre le bien à leur folle enchère (*art.* 712 *et* 744); 3° contre le saisi dont l'immeuble a été adjugé, pour le contraindre à délaisser la possession (*art.* 714), et dans quelques autres cas énumérés dans les notes précédentes.

RENVOIS AUX ARRÊTISTES.

CASS. 9 *vend. an X*. — S. an X, 1. 148.
CASS. 13 *brum. an X*. — S. an X, 2. 334. — D. qui le date du 23, 1er vol. 404. — N. D. t. 3, p. 729.
CASS. 21 *frim. an XI*. — S. an XI, 2. 393.
CASS. 18 *mess. an XII*. — S. an XII, 2. 152. — P. t. 1er, an XIII, p. 269.
PARIS, 20 *vent. an XIII*. — S. an XIV, 2. 970. — P. t. 2, an XIII, p. 251. — N. D. t. 6, p. 666.
PARIS, 19 *avril* 1809. — S. 1809, 2. 394. — P. t. 2^{e} de 1809, p. 182. — N. D. t. 2, p. 790.
CASS. 14 *nov.* 1809. — S. 1810, 1. 64. — D. 1809, 1. 481. — P. t. 1er de 1810, p. 179. — N. D. t. 3, p. 772.
BRUXELLES, 17 *mars* 1812. — S. 1814, 2. 369. — P. t. 3^{e} de 1812, p. 406. — N. D. t. 3, p. 753.
CASS. *sect. crim.* 1er *avril* 1813. — S. 1813, 1. 318.
REJET, *sect. civ.* 6 *sept.* 1813. — S. 1814, 1. 57. — P. t. 2^{e} de 1814, p. 284.
COLMAR, 14 *juin* 1814. — S. 1815, 2, 135. — N. D. t. 3, p. 702.
REJET, 4 *oct.* 1814. — S. 1816, 1. 78. — P. t. 2e de 1816, p. 401.
CASS. 14 *avril* 1817. — S. 1817, 1. 225. — D. 1817, 1. 309. — P. t. 2e de 1817, p. 416. — N. D. t. 3, p. 773.
REJET, 16 *juillet* 1817. — S. 1819, 1, 13. — D. 1818, 1. 488. — P. t. 1er de 1819, p. 123. — N. D. t. 3, p. 758.
REJET, 23 *déc.* 1818. — S. 1819, 1. 278. — D. 1819, 1. 224. — P. t. 3e de 1819, p. 440.
CASS. 1er *févr.* 1820. — S. 1820, 1. 346. — D. 1820, 1. 219. — P. t. 2e de 1820, p. 338. — N. D. t. 3, p. 119.
COLMAR, 7 *avril* 1821. — S. 1821, 2. 259. — D. 1822, 2. 11. — N. D. t. 3, p. 732.
CASS. 21 *juillet* 1824. — S. 1826, 1. 73. — N. D. t. 2, p. 589.
POITIERS, 29 *juillet* 1824. — S. 1826, 2. 69.
CASS. 4 *janv.* 1825. — S. 1825, 1. 206. — D. 1825, 1. 12. — P. t. 1er de 1825, p. 522.
CAEN, 23 *févr.* 1825. — S. 1826, 2. 285.
CAEN, 25 *févr.* 1825. — S. 1826, 2. 70.
REJET, *sect. crim.* 19 *mars* 1825. — S. 1825, 1. 323. — D. 1825, 1. 266.
CORSE, 31 *août* 1826. — S. 1828, 2. 56. — D. 1827, 2. 178.
NANCY, 18 *mai* 1827. — S. 1827, 2. 229. — D. 1827, 2. 199.
CASS. 30 *déc.* 1828. — S. 1829, 1. 156. — D. 1829, 1. 84. — P. t. 2e de 1829, p. 596.
GRENOBLE, 24 *janv.* 1829. — S. 1829, 2. 235. — D. 1829, 2. 113. — P. t. 1er de 1830, p. 572.
BORDEAUX, 16 *févr.* 1829. — S. 1829, 2. 300. — D. 1830, 2. 106. — P. t. 3e de 1829, p. 68.
BOURGES, 17 *juin* 1829. — S. 1831, 2. 65. — D. 1830, 2. 164. — P. t. 2e de 1830, p. 378.
LYON, 3 *févr.* 1830. — S. 1830, 2. 122. — D. 1830, 2. 95.
ANGERS, 8 *févr.* 1830. — S. 1830, 2. 139. — P. t. 3e de 1830, p. 188.
PARIS, 6 *janv.* 1832. — S. 1832, 2. 149. — D. 1832, 2. 120.
TOULOUSE, 20 *févr.* 1832. — S. 1832, 2. 389. — P. t. 1er de 1833, p. 54.
REJET, 23 *juillet* 1833. — S. 1833, 1. 877. — D. 1833, 1. 314.
CASS. 20 *août* 1833. — S. 1833, 1. 745. — D. 1833, 1. 343.
PARIS, 16 *nov.* 1833. — S. 1834, 2. 17.

ARTICLE 2061.

Ceux qui, par un jugement rendu au pétitoire, et passé en force de chose jugée, ont été condamnés à désemparer un fonds, et qui refusent d'obéir, peuvent, par un second jugement, être contraints par corps, quinzaine après la signification du premier jugement à personne ou domicile.

Si le fonds ou l'héritage est éloigné de plus de

cinq myriamètres du domicile de la partie condamnée, il sera ajouté au délai de quinzaine un jour par cinq myriamètres.

SOMMAIRE.

1. *Contrainte par corps impérative pour réintégrande.*

2. *Contrainte par corps facultative contre le propriétaire évincé.*

1. A l'art. 2061 il faut ajouter le § 2° de l'art. 2060 : « La contrainte par corps a lieu... en cas de « réintégrande, pour le délaissement, ordonné « par justice, d'un fonds dont le propriétaire a été « dépouillé par voies de fait; pour la restitution « des fruits qui en ont été perçus pendant l'indue « possession, et pour le paiement des dommages et « intérêts adjugés au propriétaire. » Ce paragraphe a pour objet l'exécution des jugemens rendus au possessoire, comme l'art. 2061 celle des jugemens rendus au pétitoire.

Il est aussi beaucoup plus sévère que l'art. 2061; car s'être emparé par voies de fait du fonds d'autrui est faute grave, qui exige une prompte et sûre réparation. *Spoliatus antè omnia restituendus.*

Ainsi contrainte par corps *impérative*, que le juge de paix prononce par le jugement même qui réintègre le demandeur.

Contrainte par corps, non seulement pour faire délaisser la possession, mais même absolue et *impérative* pour la restitution des fruits et pour les dommages-intérêts.

2. Au pétitoire, le jugement qui statue sur la propriété, et qui ordonne au propriétaire évincé de désemparer le fonds, ne porte pas de condamnation par corps. Ce propriétaire pouvait n'être pas éclairé sur son droit. Ce n'est que son refus d'obéir au premier jugement qui pourra donner lieu à demander contre lui la contrainte par corps.

On ne pourra demander le second jugement qu'après quinzaine de la signification du premier, et encore s'il n'est pas attaqué par l'opposition ou par l'appel.

Ce second jugement pourra refuser la contrainte par corps, car elle est ici abandonnée à la prudence des juges; à plus forte raison pourront-ils fixer un nouveau délai avant l'expiration duquel la contrainte par corps ne pourra être exercée (*V.* M. Bigot-Préameneu, *Exposé des motifs;* M. Garry, *Rapport au Tribunat;* M. Delvincourt, *note 7 sur la page 189, et 3 sur la page 190 du 3e vol.*).

Le § 2° de l'art. 2060 est tiré de l'art. 4 du titre 34 de l'ordonnance de 1667; l'art. 2061 est formé de la première partie de l'art. 1er et des art. 3 et 4 du titre 27 de la même ordonnance. On peut y recourir pour l'interprétation, car la rédaction en est moins embarrassée que celle du Code civil.

ARTICLE 2062.

La contrainte par corps ne peut être ordonnée contre les fermiers pour le paiement des fermages des biens ruraux, si elle n'a été stipulée formellement dans l'acte de bail. Néanmoins les fermiers et les colons partiaires peuvent être contraints par corps, faute par eux de représenter, à la fin du bail, le cheptel de bétail, les semences et les instrumens aratoires qui leur ont été confiés; à moins qu'ils ne justifient que le déficit de ces objets ne procède point de leur fait.

SOMMAIRE.

1. *Division et sources de l'article.*

2. *Contrainte par corps conventionnelle pour fermages, et quand elle doit être stipulée.*

3. *N'a pas effet pour la tacite reconduction.*

4. *Peut être stipulée par un acte sous seing privé.*

5. *Est prohibée dans les baux de maisons et dans ceux à partage de fruits.*

6. *Permise pour les fermages payables en nature.*

7. *Contrainte par corps facultative pour les objets confiés au fermier. Quid, du colon partiaire?*

8. *Sur les mots à la fin du bail.*

9. *Cheptel donné par un autre que le propriétaire.*

10. *Amendement sur les engrais, adopté par le conseil d'Etat, et omis dans la rédaction.*

11. *Que décider si les objets ont été confiés au fermier par le propriétaire pour d'autres terres que les siennes?*

12. *Preuve à faire par le fermier pour écarter la contrainte par corps.*

1. L'art. 2062 contient deux parties : la première est la reproduction de l'art. 7 du titre 34 de l'ordonnance de 1667; la seconde est tirée de l'art. 4 du titre 1er de la loi du 15 germinal an VI, introductive à cet égard d'un droit nouveau (Fournel, *Traité de la contrainte par corps, sur ledit art. 4, n° 1*).

2. La contrainte par corps pour le paiement des fermages des biens ruraux est *conventionnelle :* elle ne peut être prononcée s'il n'y a stipulation des parties à cet égard.

La loi veut que la contrainte par corps soit stipulée au profit du propriétaire (*) *par l'acte* même *de bail.* La convention postérieure serait nulle.

Ainsi nullité de la clause de contrainte par corps dans une obligation consentie par le fermier au

(*) Sous le mot *propriétaire*, nous entendons tous les locateurs de biens ruraux : propriétaires, usufruitiers, fermier même ayant droit de sous-louer. La loi parle du fermier, et n'impose pas au locateur l'obligation d'être propriétaire pour stipuler valablement la contrainte par corps.

profit du propriétaire pour fermages arriérés (JOUSSE, *sur l'art. 7 du tit. 34, où il cite un arrêt du parlement de Rouen du 9 août 1704*).

Que décider si le bail primitif qui ne contient pas la clause de contrainte par corps est résilié entre les parties, et suivi aussitôt d'un autre bail où se trouve cette stipulation?

Si le premier bail a été résilié en justice à défaut de paiement, la stipulation du second bail sera évidemment valable; car le propriétaire, en trouvant une sûreté de plus, a pu prendre le même fermier. Mais si le premier bail a été résilié à l'amiable, la validité de la stipulation de contrainte par corps pourra présenter une question de fait. Les tribunaux auront à examiner si le premier bail n'a été anéanti que pour échapper à la défense de la loi de consentir la contrainte par corps par un acte postérieur; ou si la résiliation a eu lieu de bonne foi, soit parce que le fermier ne satisfaisait pas aux conditions du premier bail, soit parce que le propriétaire, en ajoutant d'autres terres aux premières, aurait voulu une garantie plus sévère pour une exploitation plus étendue; soit que certaines sûretés données par le premier bail, telles qu'une hypothèque, une caution, aient été retirées, et que le propriétaire ait voulu les remplacer par la stipulation permise. En un mot, la stipulation sera valable toutes les fois qu'il aura réellement existé une cause légale de résiliation du premier bail.

3. Si le bail cessait, et qu'il y eût tacite reconduction (*C. civ.* 1776), la contrainte par corps n'aurait pas lieu pour les fermages échus après l'expiration du bail écrit (JOUSSE, *ibid.*; POTHIER, *Cont. de louage*, n° 364; *Répert. de* M. MERLIN, *mot Bail*, § 9, n° 5; BORNIER, *sur l'art. 7 du tit.* 34; SERRES, *Institutes*, *p.* 501, contre RODIER, *sur ledit art.* 7); car l'art. 1740, qui porte que la caution donnée pour le bail écrit ne s'étend pas aux obligations résultant de la tacite reconduction, n'est pas limitatif. Il y a d'autres obligations accessoires que la tacite reconduction ne comporte pas. Ce sont toutes celles qui ne peuvent pas résulter d'un consentement tacite, telles que le droit d'exécution parée à défaut de paiement, parce qu'il ne dépend pas seulement de la convention, mais de la nature du titre authentique; or, la tacite reconduction est un bail verbal: telles que l'hypothèque, qui, outre le motif tiré du système de publicité et de spécialité existant sous le droit actuel, ne pouvait, sous l'ancien droit, résulter que d'un acte authentique (POTHIER, *ibid.* n°s 366, 367 *et* 368). Il en est de même de la contrainte par corps. Il faut qu'elle soit stipulée dans l'*acte* même *de bail*, et le mot *acte* répond ici au mot latin *instrumentum*. C'est *l'écrit destiné à constater la convention*. Si la contrainte par corps pour fermage ne peut résulter que d'un écrit, elle ne peut donc exister pour la tacite reconduction, qui n'est qu'un bail verbal que la vigilance du propriétaire pouvait empêcher de naître.

4. La stipulation de contrainte par corps serait valablement insérée dans un bail à ferme sous signatures privées (RODIER, *sur l'art. 7 de l'ord.*). Il eût été désirable que la loi eût exigé un acte authentique, pour éviter des surprises en matière aussi grave à des gens ordinairement peu instruits.

5. Le bailleur à ferme seul a le privilége de stipuler à son profit la contrainte par corps. Les propriétaires des maisons n'ont pas ce droit (JOUSSE, *ibid.*; DELVINCOURT, *note 3 sur la p.* 191 *du* 3e *vol.*).

La contrainte par corps ne peut pas être l'objet d'une stipulation à l'égard du colon partiaire: le propriétaire peut être présent à la récolte, et enlever sa portion de fruits.

6. Que décider pour le fermier qui donne tous les ans au propriétaire, non une quotité, mais une quantité déterminée de fruits de même nature que ceux qu'il recueille: par exemple, tant de mesures de blé, tant de feuillettes de vin? Nous pensons que le prix du loyer ainsi fixé en nature est un véritable prix de fermage, qui peut devenir l'objet d'une stipulation de contrainte par corps.

7. La seconde partie de l'article établit la contrainte par corps *facultative* contre les fermiers, faute par eux de représenter, à la fin du bail, le cheptel de bétail, les semences et les instrumens aratoires qui leur ont été confiés.

Le même article n'établit pas pour cette cause la contrainte par corps contre les colons partiaires; même il paraît que l'intention du conseil d'Etat fut de la refuser: car, dans la séance du 16 frimaire an XII, où l'art. 2062 fut adopté, on ne s'occupa que des fermiers; et la seconde partie de l'article se trouvait liée à la première par les mots: *néanmoins ils...* Sur cette rédaction communiquée, le Tribunat proposa d'y substituer: *néanmoins les fermiers et les colons partiaires peuvent... etc.*, afin d'imposer à ceux qui cultivent à moitié fruits, comme aux fermiers, la contrainte par corps relativement aux objets dont ils se constituent dépositaires (*Observ. du 18 niv. an XII*). Cette rédaction ne fut pas admise.¶

Mais aujourd'hui, l'art. 126 du Code de procédure permettrait de prononcer même contre les colons partiaires la contrainte par corps pour les dommages-intérêts du propriétaire pour perte ou détournement des objets dont il s'agit.

8. Ce n'est qu'à la fin du bail que la contrainte par corps peut être demandée: cependant il n'en résulte pas, comme l'a cru le représentant Peneau (*Conseil des Anciens, séance du 9 germ. dans la discussion de la loi du 15 germ. an VI*), que la loi soit insuffisante au cas où, dans le cours du bail, le fermier ferait une *vente furtive* des bestiaux et autres effets aratoires formant le fonds de lieu, et qui sont en quelque sorte adhérens aux

immeubles. Cette détérioration du fonds, cette vente de mauvaise foi ferait *finir* le bail en donnant lieu à la résiliation du contrat, et par la demande même à fin de résiliation, le propriétaire conclurait à la contrainte par corps.

9. Les juges ne peuvent prononcer la contrainte par corps pour représentation du cheptel, en vertu de l'art. 2062, qu'autant que le cheptel a été donné par le propriétaire au fermier ou colon partiaire; si le cheptel a été donné par un autre que le propriétaire, la contrainte par corps ne peut être prononcée que pour dommages-intérêts en vertu de l'art. 126 du Code de procédure.

10. Sur la demande de M. Jollivet, le conseil d'Etat avait adopté un amendement consistant à ajouter le mot *engrais* après celui de *semences* dans l'art. 2062 (*séance du 16 frim. an XII*); car il est des pays où la première année on fournit au fermier des engrais à la charge de les rendre à l'expiration du bail. Cet amendement ne fut pas inséré dans l'article; et, comme les engrais ne sont compris ni sous le mot de *semences* ni sous celui d'*instrumens aratoires*, on ne peut obtenir de contrainte par corps sur ce point qu'autant que ce fait donnerait lieu à des dommages-intérêts (*C. Pr.* 126. *V.* M. DALLOZ, *Jurisp. gén.*, *mot Contrainte par corps*, *sect.* 1re, *n°* 4, 2°).

11. La loi du 15 germinal an VI, art. 4, après avoir établi la contrainte par corps facultative contre le fermier « pour la représentation du cheptel, « des semences, des charrues et outils aratoires « qui lui seraient confiés », ajoutait : « *pour l'ex-* « *ploitation des biens à lui affermés.* » Cette clause est sous-entendue dans le Code civil; et l'art. 2062 est inapplicable dans le cas où le propriétaire aurait fourni à son fermier des bestiaux ou instrumens aratoires pour des terres voisines : car ce n'est pas en sa qualité de fermier qu'il les lui aura confiés, et c'est plutôt un prêt qu'un dépôt.

12. Enfin la loi impose soit au fermier, soit au colon partiaire, l'obligation de prouver que le déficit ne procède pas de son fait. S'il y a faute, la contrainte par corps peut être prononcée, et la faute est présumée jusqu'à ce que le fermier ait prouvé une autre cause de déficit. Il n'est pas nécessaire qu'il y ait mauvaise foi : aussi les rédacteurs du Code civil ont-ils supprimé la fin de l'art. 4 de la loi de germinal, portant « qu'il n'a rien dé- « tourné au préjudice du propriétaire. »

ARTICLE 2063.

Hors les cas déterminés par les articles précédens, ou qui pourraient l'être à l'avenir par une loi formelle, il est défendu à tous juges de prononcer la contrainte par corps; à tous notaires et greffiers de recevoir des actes dans lesquels elle serait stipulée, et à tous Français de consentir pareils actes, encore qu'ils eussent été passés en pays étranger; le tout à peine de nullité, dépens, dommages et intérêts.

SOMMAIRE.

1. *Les cas de contrainte par corps doivent être déterminés par la loi même.*
2. *Exemple.*
3. *Si les pères, mères et tuteurs ont le droit de faire arrêter leurs enfans ou pupilles pour les faire rentrer à la maison paternelle ou au domicile du tuteur; et si cette espèce d'arrestation est une contrainte par corps.*
4. *Si l'emploi de la force publique pour réintégrer une femme au domicile conjugal est une violation du principe de la limitation de la contrainte par corps.*
5. *Nullité des jugemens qui prononcent illégalement la contrainte par corps. Voies pour les faire réformer, et notamment de l'appel.*
6. *Du recours en cassation. Est-il permis, quoique l'exception n'ait pas été présentée devant les juges du fonds? Distinctions.*
7. *La nullité ne peut être proposée après les délais d'appel ou de cassation.*
8. *Prise à partie contre les juges qui prononcent la contrainte par corps hors des cas déterminés par la loi.*
9. *Dans quels cas est nulle la convention de contrainte par corps?*
10. *La nullité n'affecte-t-elle que la clause, ou vicie-t-elle l'acte entier?*
11. *Qui est soumis aux dommages-intérêts dont parle l'art. 2063?*
12. *Des acquiescemens aux jugemens qui prononcent la contrainte.*

1. Ce qui intéresse la liberté des personnes est ce qui tient le plus essentiellement au droit public; cela ne doit pas dépendre de la volonté des parties, ni même être laissé à l'arbitrage des juges : c'est seulement à la volonté générale exprimée par la loi que peut être subordonnée la liberté individuelle (M. BIGOT PRÉAMENEU, *Exposé des motifs*). Ces principes étaient ceux de l'ordonnance de 1667, art. 4, et de la loi de l'an VI, art. 1er. Il faut une loi formelle pour prononcer la contrainte par corps.

En matière civile ordinaire, cette loi formelle doit se trouver dans le Code civil abrogatif des lois précédentes, ou doit avoir été publiée depuis. Hors des cas déterminés par les lois, la contrainte par corps ne peut avoir lieu. Elle n'est en effet qu'une exception : cette exception se borne aux cas exprimés. Dès qu'elle cesse, on rentre dans le droit commun, qui est la liberté.

Le véritable commentaire de l'art. 2063 est donc répandu dans les explications que nous avons données ou que nous donnerons encore sur les différens articles de cette loi spéciale. Ici, nous devons nous restreindre à l'indication de quelques espèces qui n'offrent pas d'analogie avec les autres articles de la loi, et aux effets généraux des prohibitions contenues dans l'art. 2063.

2. Un arrêt (*Paris*, *27 juin* 1810) a refusé à la femme contre son mari la contrainte par corps pour le forcer à la restitution de l'enfant dont la garde avait été confiée à la mère pendant l'instance en divorce, et dont il s'était emparé par surprise et voie de fait. Pareille demande ne pourrait être formée aujourd'hui que la loi défend formellement la contrainte par corps entre mari et femme (*Loi du* 17 *avril* 1832, *art.* 19). Mais l'arrêt demeure comme monument du principe que la contrainte n'a pas lieu hors des cas fixés par la loi.

3. Refusera-t-on au père ou à la mère le droit de faire arrêter, soit par un huissier porteur d'une ordonnance, soit même par l'emploi de la force publique, un enfant qui, soumis à leur puissance, aura fui la maison paternelle? Refusera-t-on ce droit au tuteur? Le refusera-t-on enfin au mari dont la femme ne veut pas rentrer au domicile conjugal?

Avant d'examiner ces questions, il faut remarquer 1° que les choses sont restées à cet égard sous l'empire du Code civil; car l'art. 19 de la loi du 17 avril 1832 porte que la contrainte par corps n'est jamais prononcée CONTRE LE DÉBITEUR *au profit* de son mari, ni de sa femme, ni *au profit* de ses ascendans, descendans, frères ou sœurs ou alliés au même degré; qu'il s'agit donc dans cette loi de la contrainte par corps *pour dettes*, et de rien autre chose; 2° que c'est à tort que, dans les notices, on signale certains arrêts comme ayant accordé la contrainte par corps dans ces circonstances; ils ont accordé un droit qui y ressemble, celui de faire arrêter la personne qui doit être réintégrée au domicile, mais pour l'y conduire, et non pour la faire détenir jusqu'à ce qu'elle préfère sa demeure légale au séjour d'une prison. Ceci posé, passons aux espèces.

Comment refuser au père, ou à la mère non remariée, le droit d'employer la force publique pour ramener l'enfant qui, soumis à leur puissance, aurait fui la maison paternelle, quand les art. 376 et suiv. du Code civil leur accordent un droit de correction qui va jusqu'à la détention? La justice pourra accorder également au tuteur l'emploi de la force publique pour faire rentrer le mineur au domicile de la tutelle, s'il est autorisé par le conseil de famille à former cette demande, par analogie de l'art. 468.

Par suite de ce principe, arrêt qui permet à un tuteur d'employer tous les moyens propres à faire cesser les obstacles qui s'opposeraient à la remise en ses mains de la mineure, y compris celui autorisé par le droit commun de l'intervention de la force publique, si les autres sont inefficaces (*Corse*, 31 *août* 1826). Nous citons cet arrêt seulement comme consacrant le principe, et non pour l'espèce dont les détails peuvent être incomplets, car la décision paraît bien rigoureuse : il s'agissait d'ôter une fille à sa mère remariée et destituée de la tutelle. Cependant il pourrait, en pareil cas, se trouver des circonstances où l'emploi de la force publique serait juste : l'inconduite notoire de la mère, les violences connues du beau-père, pourraient la motiver suffisamment, et la rigueur apparente de la décision protégerait évidemment le mineur.

4. Un grand nombre d'arrêts autorisent le mari à employer le ministère d'un huissier et même la force publique pour faire rentrer sa femme au domicile conjugal (*Nîmes*, 11 *juin* 1806; *Paris*, 29 *mai* 1808; *Pau*, 12 *avril* 1810; *Turin*, 17 *juillet* 1810; *Colmar*, 4 *janv.* 1817; *Nancy*, 11 *avril* 1826; *Rej.* 9 *août* 1826; *Aix*, 29 *mars* 1831). D'autres arrêts se sont bornés à permettre la saisie des biens de la femme (*Paris*, 22 *prair. an XIII*; *Riom*, 13 *août* 1810). Peut-être d'autres moyens d'exécution n'étaient-ils pas alors réclamés. Enfin, il y a des arrêts qui ont formellement refusé l'intervention de la force publique pour réintégrer la femme au domicile conjugal, et qui l'ont regardée comme une espèce de contrainte par corps proscrite par l'art. 2063 (*Toulouse*, 24 *août* 1818; *Colmar*, 10 *juillet* 1833).

Voici les argumens dont s'étaie cette dernière opinion. L'art. 214 du Code civil impose à la femme une obligation *morale*, et manque de sanction pénale. La discussion de cet article au conseil d'État fait connaître que la loi n'a pas entendu mettre de moyens coërcitifs entre les mains du mari. La saisie des revenus de la femme ou la privation d'alimens par le mari doivent suffire; c'est ainsi que, durant l'instance en divorce, la femme est privée de sa pension alimentaire, si elle s'absente du lieu indiqué pour sa résidence (*C. civ. art.* 269). On doit espérer, soit du temps et de la réflexion, soit de la persuasion et de l'intervention des amis de la famille, le retour volontaire de la femme, qui sera d'ailleurs puissamment provoqué par l'amour maternel. Une femme qui se mettrait au-dessus de ces considérations et qui braverait l'opinion publique, ne mériterait pas les efforts que ferait un mari pour la ramener au domicile conjugal. La contrainte par corps ne peut être prononcée que dans les cas déterminés par la loi, et les femmes n'y sont assujetties que pour le stellionat (*C. civ.* 2066). On ne doit pas distinguer entre la contrainte personnelle suivie d'emprisonnement et la simple arrestation : car cette arrestation ne serait régularisée par aucune loi et dépendrait tout-à-fait de la volonté du poursuivant ou de l'officier qui en serait chargé. Si la femme avait affecté d'établir sa résidence illégale à une longue distance de la demeure du mari, la pudeur publique et la sainteté du mariage pourraient être offensées des inconvéniens d'un si long trajet; et d'ailleurs il faudrait ménager à la femme des stations et des séjours qui, dans une maison privée, seraient autant de contraventions aux règles protectrices de la liberté des citoyens, et, dans une maison de détention, feraient concourir le fait de l'arrestation et celui de l'emprisonnement, ce qui caractériserait la contrainte par corps à laquelle les femmes ne sont soumises que pour stellionat. Enfin ce moyen n'assure pas la continuité d'habitation, puisqu'une fois déposée par la force armée dans le domicile marital, la femme pourrait s'en éloigner l'instant d'après; ce qui produirait une série d'arrestations et de fuites plus funestes au mariage et à la morale publique que la séparation de fait (*Motifs desdits arrêts de Toulouse et de Colmar*).

Mais ces raisonnemens nous paraissent victorieusement réfutés. L'art. 269 ne forme même pas analogie; car il s'occupe du cas où la dissolution, ou du moins le relâchement du lien est mis en question. Si au conseil d'État (*séance du 5 vend. an X*) on n'a rien décidé sur le mode de contraindre la femme d'habiter avec son mari, et qu'on ait abandonné ces difficultés aux mœurs et aux circonstances, il ne s'ensuit pas que ni la loi ni les jugemens rendus pour son exécution doivent demeurer sans effet. Dans l'intérêt général de la société, la loi assure l'exécution des jugemens par tous les moyens qui sont en son pouvoir. Parmi ces moyens existe l'emploi de la force publique, textuellement autorisé dans le mandement qui termine nécessairement tous les jugemens. Point d'exception à l'égard des jugemens qui obligent la femme à rentrer dans le domicile conjugal. La force publique doit donc être employée pour ne pas faire dépendre du caprice et même du crime de l'épouse un *nouveau genre* de séparation de corps, subversif tout à la fois et des droits particuliers du mari et des droits généraux du corps social. L'emploi de la force publique ne doit pas être confondu avec la contrainte par corps : par celle-ci l'on s'empare de la personne pour lui enlever la liberté et l'emprisonner; l'autre ne fait qu'accompagner la personne pour la mettre en état de remplir ses devoirs et même de jouir de ses droits, et la laisse en pleine et entière liberté (*Motifs de l'arrêt de rejet du 9 août 1826*). La saisie des biens doit suffire, dit-on; mais elle sera impossible si la femme ne possède aucuns revenus (*Motifs de l'arrêt de Turin*). L'entremise des tiers et le temps ne font qu'augmenter les blessures de l'amour-propre et rendre le mal incurable. L'amour maternel n'est pas toujours suffisant : d'ailleurs la femme peut n'avoir pas d'enfans; elle peut les avoir enlevés et dérobés à son mari. Le mépris apparent d'une femme pour l'opinion publique peut provenir de ce que, seule, elle ne la connaît pas, et c'est une singulière réponse pour un mari qui réclame sa femme que de lui exalter le bonheur d'en être débarrassé. L'expectative de l'emploi de la force publique est d'autant plus salutaire qu'elle couvre souvent du voile de la nécessité le désir secret de la femme de retourner à ses devoirs, et la fait échapper à la tyrannie des tiers, quelquefois de ses propres parens, qui l'en écartent. L'inconvénient des distances, qu'a supposé l'arrêt de Toulouse, disparaîtra si les tribunaux règlent le mode d'exécution, et que, dans un cas si rare, ils autorisent, à défaut de retour, le mari à aller chercher sa femme. Les stations et les séjours forcés ne pourront plus être alors considérés comme emprisonnement. Enfin, de ce que la femme a le pouvoir physique de quitter de nouveau le domicile de son mari, il ne faut pas préjuger qu'elle tiendra une conduite aussi criminelle, ni consacrer les séparations volontaires.

5. Si les juges ont prononcé la contrainte par corps hors des cas déterminés par la loi, le jugement sera nul au chef de la contrainte par corps.

Quand un jugement prononce *illégalement* la contrainte par corps, le débiteur doit, si le jugement est par défaut, y former opposition; s'il est contradictoire ou que l'opposition ne soit plus recevable, en interjeter appel; et, s'il s'agit d'un arrêt contradictoire, se pourvoir en cassation.

L'appel est indépendant du montant des condamnations. Aujourd'hui (*V. L. du 17 avril 1832, art. 20, et les notes à l'Appendice*), dès qu'un jugement prononce la contrainte par corps, ce chef est en lui-même sujet à l'appel, quoique la condamnation principale soit en dernier ressort. Avant la loi nouvelle, les uns considéraient la contrainte par corps uniquement comme un moyen d'exécution sans influence sur le second degré de juridiction, et répondaient à l'argument tiré de ce que la liberté est inappréciable, que le débiteur pouvait se rédimer pour une somme déterminée (*Bruxelles*, 6 *juillet* 1808; *Nîmes*, 25 *oct.* 1811; *Cass.* 5 *nov.* 1811; *Bruxelles*, 26 *nov.* 1811; *Paris*, 11 *sept.* 1812, 20 *mai* 1813; *Nîmes*, 12 *mai* 1819); d'autres regardaient la contrainte par corps comme un chef de demande particulier et susceptible d'être réformé sur l'appel, quelque minime que fût l'objet matériel de la demande (*Turin*, 3 *déc.* 1810; *Lyon*, 23 *août* 1811; *Bordeaux*, 15 *nov.* 1828; Pardessus, *C. de droit com.*, *t.* 5, *n*° 1511); et ce dernier parti était le moins conforme à la nature de la contrainte, et celui que la jurisprudence tendait à rejeter (*Rej.*

17 *juillet* 1833); mais la controverse a cessé, et l'humanité l'a emporté sur le droit.

Si les exceptions qui devaient mettre le débiteur à l'abri de la contrainte par corps n'ont pas été proposées en première instance, elles peuvent l'être pour la première fois sur l'appel (*Paris*, 20 *germ. an XII*; *Bordeaux*, 9 *mars* 1809); car l'appel est institué autant pour réparer les erreurs des parties que celles des premiers juges.

6. En est-il de même du recours en cassation? La question est plus délicate; car on ne peut, en cassation, présenter des moyens nouveaux. Cependant il faut distinguer : si l'exception qui met à l'abri de la contrainte par corps résulte des *qualités du procès*, bien que le défendeur ne l'ait pas fait valoir, les juges auraient dû l'appliquer d'office. Ainsi cassation d'un jugement de tribunal de commerce qui condamnait *par corps* un notaire à rembourser un simple billet à ordre (*Cass.* 20 *flor. an XI*); et il est à croire que ni l'exploit ni le jugement ne donnaient à ce notaire la qualité de marchand ou de négociant. Ainsi, en matière civile, une *femme* qui ne serait pas stellionataire, un débiteur d'une somme au-dessous de 300 fr., ou le débiteur d'une créance plus forte, mais qui par sa nature n'entraînerait ni ne permettrait la contrainte par corps, pourront se pourvoir en cassation contre l'arrêt ordonnant cette voie de contrainte, quoiqu'ils n'aient pas défendu à ce chef de demande. Et pourquoi? Parce que la nécessité de rejeter la contrainte demandée résultait de la qualité connue du débiteur, ou de l'exiguïté de la somme, ou de la nature de la demande; que, dans tous ces cas, l'art. 2063 DÉFENDAIT aux juges de prononcer la contrainte par corps, et qu'en la prononçant malgré cette défense, ils ont violé la loi.

Mais au contraire, si l'exception ne résultait ni de la nature de la demande ni des qualités, par exemple, si un simple particulier, assigné comme commerçant, ne conteste pas la qualité, si un septuagénaire ne vient pas exciper de son âge avancé, qui n'est pas constaté au procès; si le dépositaire volontaire laisse juger irrévocablement qu'il est gardien judiciaire, le pourvoi en cassation devra être rejeté, parce que, dans tous ces cas, il reste à juger une question de fait que le défendeur a négligé de soumettre aux tribunaux, et dont la Cour de cassation ne peut connaître.

7. Si le défendeur laisse écouler les délais de l'opposition, de l'appel ou du pourvoi en cassation, le jugement passe en force de chose jugée et doit être exécuté; car même les jugemens nuls acquièrent l'autorité de la chose jugée quand ils n'ont point été attaqués par les voies légales. C'est surtout aux jugemens que s'applique la maxime : *En France, voies de nullité n'ont point lieu* (MERLIN, *Répertoire*, *mot Nullité*, § 7, *n*° 4, *et les autorités qu'il cite*; TOULLIER, *t.* 10, *n*° 113).

Il ne faut donc pas s'arrêter à un jugement du tribunal d'appel de Paris selon Sirey, ou de Caen suivant le *Journal du Palais*, *du* 29 *pluv. an X*, qui annule l'emprisonnement d'une femme non marchande fait en vertu d'un jugement par défaut de tribunal de commerce, confirmé par défaut, quoiqu'on eût laissé passer les délais d'appel et de pourvoi en cassation.

8. L'art. 2063 ne se borne pas à annuler les jugemens qui prononcent la contrainte par corps hors des cas déterminés par la loi; il ajoute : *à peine de nullité, dépens et dommages et intérêts.* Or, l'art. 505 § 3° du Code de procédure soumettant les juges à *la prise à partie* dans les cas où la loi les déclare responsables, à peine de dommages-intérêts, il suit qu'en prononçant la contrainte par corps dans des cas où la loi la défend, les magistrats peuvent être pris à partie (PIGEAU, *t.* 1er, *liv.* 2, *part.* 4, *tit.* 2, § 1, 4e *cas*; CARRÉ, *Analyse*, *n*° 1654, *et Lois de la procédure*, *t.* 2, *n*° 1807).

L'art. 6 du titre 1er de la loi du 15 germinal an VI déduisait la conséquence : « Tout jugement rendu en contravention aux articles précédens emportera nullité et *donnera lieu à prise à partie*, dépens, dommages et intérêts contre les juges qui la prononceraient. »

Mais la prise à partie est une voie extraordinaire qui laisse subsister le jugement, et qui ne peut avoir lieu contre le juge que pour le forcer à la réparation du tort qu'il a causé : donc elle doit être cumulée avec les voies qui restent à la partie de se pourvoir contre le jugement (M. TOULLIER, *t.* 11, *n*° 219) : car c'est l'appel ou la cassation qui démontrera que le juge a contrevenu à la loi. Si le débiteur avait laissé passer les délais de l'appel ou de la cassation, il ne lui resterait que son action en prise à partie pour ses dommages-intérêts (*ibid.*); mais elle aurait beaucoup moins de force, puisque le débiteur devrait s'imputer de n'avoir pas fait réformer le jugement. D'ailleurs, nous croyons que, malgré le texte des deux articles cités, il faudrait prouver qu'il y a eu intention malveillante pour faire admettre cette procédure rigoureuse, et l'erreur du juge sur un point de droit, sur la parfaite intelligence de la loi, ne suffirait certainement pas pour la motiver. Aussi est-il sans exemple qu'on ait suivi cette voie en matière de contrainte par corps.

Des jugemens passons aux conventions.

9. Nous avons vu qu'on peut stipuler la contrainte par corps de la caution judiciaire, de la caution d'un contraignable par corps (*sur l'art.* 2060, *n*° 14 *et suiv.*), et du fermier pour le prix de ses fermages (*sur l'art.* 2062, *n*° 2 *et suiv.*), ce qui fait trois cas de contrainte par corps conventionnelle.

Il y aura nullité si l'on stipule la contrainte par

corps dans un cas où la loi ne la permet pas. Cela est évident.

Dans un cas où la loi l'ordonne, la stipulation sera surabondante sans être nulle. Cela est aussi certain, et Fournel (*Traité de la contrainte par corps, sur l'art. 2 du titre* 1er) a raison de le dire.

Mais que décider si la stipulation a lieu dans les cas où la loi, sans ordonner la contrainte par corps, permet de la prononcer, comme dans la seconde disposition de l'art. 2062 du Code civil ou dans l'art. 126 du Code de procédure? C'est dans ces cas par une espèce de délégation de pouvoirs, que le législateur a laissé à la prudence des juges le soin de discerner s'il y a lieu ou non à la contrainte par corps. La stipulation des parties serait donc nulle. Fournel (*au lieu cité*) enseigne à tort « que la *stipulation expresse* des parties doit lever l'incertitude du tribunal, et que ce qui n'était que *facultatif* par le simple effet de la loi devient *impératif* par la stipulation. »

La nullité frappe et les actes passés en France et ceux passés en pays étranger, parce que les lois qui défendent aux Français d'engager leur liberté individuelle sont des lois personnelles qui suivent le Français partout (M. Gary, *rapp. au Tribunat*).

10. La nullité prononcée par cet article est-elle la nullité de l'acte ou seulement celle de la clause? La nullité doit se borner à la clause de contrainte par corps. Ce n'est pas, comme dans le cas de l'art. 1172, une condition de laquelle dépend l'existence de la convention : ce n'est qu'un mode illicite d'exécution; et « l'effet de la nullité doit être restreint à l'objet dans l'intérêt duquel la prohibition dont elle est le résultat a été établie (Merlin, *Quest. de droit, mot Domaine public*, § 5, *Réquisitoire du* 8 *mars* 1810 *sur le* 1er *point de la* 3e *quest.*). »

Cependant cette doctrine ne pourrait s'étendre au cas où un individu aurait profité de la simplicité et de l'ignorance d'un prêteur pour lui extorquer un prêt ou une promesse de prêt dans la fausse croyance de la validité de la stipulation. La soumission à la contrainte par corps serait alors une condition de l'acte, et l'acte tomberait en même temps que la condition impossible. C'est aux magistrats à examiner les espèces et à discerner le mode de la condition.

11. Quant aux dépens et dommages-intérêts, ils sont la peine de tous ceux qui ont concouru à l'acte, si son exécution donne lieu à un procès ou cause un dommage à l'une des parties; ils peuvent donc être prononcés contre les officiers publics, si l'acte est authentique, et contre les parties, même contre celle qui a consenti à la contrainte par corps, surtout dans le cas où, abusant de l'ignorance de son créancier, elle lui aura fait considérer cette stipulation illusoire comme une sûreté.

12. Au nombre des conventions défendues sur la contrainte par corps, il faut placer les acquiescemens aux jugemens qui la prononcent. En général, l'acquiescement ne peut pas, dans les matières de *droit public*, fermer aux parties intéressées les voies de droit contre le jugement qui en est l'objet; car si l'acquiescement est formel, c'est une convention; s'il résulte d'un fait d'exécution, tel que le paiement de la condamnation des dépens, c'est une convention implicite que l'on ne tentera aucune poursuite pour faire réformer la condamnation. Dès que la fin de non-recevoir qui résulte de cet acquiescement n'a pour base qu'une convention expresse ou tacite, il paraît clair que là où il s'agit de choses qui ne peuvent pas être l'objet d'une convention, il ne peut pas exister de fin de non-recevoir. Or, il n'y a que les choses *qui sont dans le commerce* qui puissent être l'objet de conventions (M. Daniels, *au Répertoire de* Merlin, *mot Jugement*, § 3, n° 6, *réquisitoire dans une affaire d'état*), et telle n'est pas la liberté. Ainsi l'acquiescement vaudra en ce sens qu'il rendra inattaquable la condamnation pécuniaire; mais, quelque formel qu'il soit, il n'enlèvera point la faculté d'interjeter appel au chef de la contrainte par corps (*Paris*, 12 *juillet* 1825; *Bordeaux*, 21 *déc.* 1825; *Rouen*, 5 *nov.* 1827; *Paris*, 19 *déc.* 1832; Merlin, *Quest. de droit, mot Contrainte par corps*, § 11). On cite comme contraire à cette doctrine, 1° un arrêt de *Paris, du* 2 *juin* 1827, mais, dans le fait, l'appelante avait *pris la qualité de marchande* dans l'acceptation d'une lettre de change, et l'intimé était tiers-porteur, de sorte que la contrainte par corps devait être prononcée indépendamment de l'acquiescement; 2° et un arrêt de *Toulouse du* 28 *janv* 1831, qui ne fixe pas l'intervalle écoulé entre l'acquiescement et l'appel, de sorte que le vrai motif peut être que le jugement était passé en force de chose jugée. Ces deux arrêts ne contrarient donc pas la jurisprudence.

Au surplus, quand le laps de temps se joint à l'acquiescement, l'appel et le pourvoi sont non recevables (Merlin, *cité suprà;* Dalloz, *Jurispr. gén., mot Contrainte par corps, t.* 3, *p.* 814).¶

RENVOIS AUX ARRÊTISTES.

Caen *ou* Paris, 29 *pluv. an X.* — S. an X, 2. 314. — P. t. 1er de l'an X, p. 569.

Cass. 20 *flor an XI.* — S. an XI, 2. 319. — P. t. 2, an XI, p. 343. — N. D. t. 3, p. 752.

Paris, 20 *germ. an XII.* — S. 1807, 2. 873. — P. t. 3e de l'an XIII, p. 217.

Paris, 22 *prair. an XIII.* — S. 1806, 2. 15. — D. 1806, 2. 225. — P. t. 2 an XIII, p. 419. — N. D. t. 10, p. 120.

Nîmes, 11 *juin* 1806. — D. 1806, 2. 227. — N. D. t. 10, p. 120.

Paris, 29 *mai* 1808. — S. 1808, 2. 199. — P. t. 2e de 1809, p. 171. — N. D. t. 10, p. 117.

Bruxelles, 6 *juillet* 1808. — S. 1809, 2. 17.

BORDEAUX, 9 *mars* 1809. — S. 1807, 2. 873. — D. 1809, 2. 230. — P. t. 3e de 1810, p. 199.

PAU, 12 *avril* 1810. — S. 1810, 2. 241. — P. t. 2e de 1810, p. 127. — N. D. t. 10, p. 117.

PARIS, 27 *juin* 1810. — S. 1811, 2. 486. — D. 1812, 2. 77. — P. t. 2e de 1810, p. 359. — N. D. t. 3, p. 735.

TURIN, 17 *juillet* 1810. — S. 1812, 2. 414. — N. D. t. 10, p. 118.

RIOM, 13 *août* 1810. — S. 1813, 2. 239. — N. D. t. 10, p. 119.

TURIN, 3 *déc.* 1810. — S. 1811, 2. 173. — D. 1811, 2. 99. — P. t. 1er de 1811, p. 523.

LYON, 23 *août* 1811. — S. 1812, 2. 30 et 386. — N. D. t. 4, p. 649.

NIMES, 25 *oct.* 1811. — S. 1813, 2. 192. — P. t. 1er de 1813, p. 355. — N. D. t. 4, p. 650.

CASS. 5 *nov.* 1811. — S. 1812, 1. 18. — P. t. 1er de 1812, p. 235.

BRUXELLES, 26 *nov.* 1811. — S. 1812, 2. 386 — P. t. 2e de 1812, p. 532. — N. D. t. 4, p. 650.

PARIS, 11 *sept.* 1812. — S. 1813, 2 192. — P. t. 1er de 1813, p. 352. — N. D. t. 4, p. 651.

PARIS, 20 *mai* 1813. — S. 1813, 2. 285.

COLMAR, 4 *janv.* 1817. — S. 1818, 2. 123. — D. 1817, 2. 49. — P. t. 1er de 1818, p. 249. — N. D. t. 10, p. 118.

TOULOUSE, 24 *août* 1818. — S. 1821, 2. 249. — D. 1822, 2. 23. — P. t. 2e de 1821, p. 387. — N. D. t. 10, p. 119.

NIMES, 12 *mai* 1819. — S. 1820, 2. 209. — P. t. 2e de 1820, p. 66.

PARIS, 12 *juillet* 1825. — S. 1828, 2. 124 à la note. — D. 1826, 2. 134.

BORDEAUX, 21 *déc.* 1825. — S. 1826, 2. 158. — D. 1826, 2. 135.

NANCY, 11 *avril* 1826. — S. 1826, 2. 200. — D. 1826, 1. 448. — P. t. 1er, 1827, p. 271.

REJET, 9 *août* 1826. — S. 1827, 1. 88. — D. 1826, 1. 447. — P. t. 1er de 1828, p. 271.

CORSE, 31 *août* 1826. — S. 1828, 2. 56. — D. 1827, 2. 179.

PARIS, 2 *juin* 1827. — S. 1828, 2. 124.

ROUEN, 5 *nov.* 1827. — S. 1828, 2. 160. — D. 1828, 2. 95.

BORDEAUX, 15 *nov.* 1828. — S. 1829, 2. 117. — P. t. 1er de 1829, p. 529.

TOULOUSE, 28 *janv.* 1831. — S. 1831, 2. 326. — D. 1832, 2. 6. — P. t. 3e de 1831, p. 252.

AIX, 29 *mars* 1831. — S. 1833, 2. 92. — D. 1833, 2. 66. — P. t. 1er de 1833, p. 587.

PARIS, 9 *ou* 19 *déc.* 1832. — S. 1833, 2. 473. — D. 1833, 2. 161. — P. t. 3e de 1833, p. 210.

COLMAR, 10 *juillet* 1833. — S. 1834, 2. 127. — P. t. 3e de 1833, p. 563.

REJET, 17 *juillet* 1833. — S. 1835, 1. 561. — D. 1833, 1. 330. — P. t. 3e de 1833, p. 140.

ARTICLE 2064.

Dans les cas mêmes ci-dessus énoncés, la contrainte par corps ne peut être prononcée contre les mineurs.

ARTICLE 2065.

Elle ne peut être prononcée pour une somme moindre de trois cents francs.

ARTICLE 2066.

Elle ne peut être prononcée contre les septuagénaires, les femmes et les filles, que dans les cas de stellionat.

Il suffit que la soixante-dixième année soit commencée, pour jouir de la faveur accordée aux septuagénaires.

La contrainte par corps pour cause de stellionat pendant le mariage, n'a lieu contre les femmes mariées que lorsqu'elles sont séparées de biens, ou lorsqu'elles ont des biens dont elles se sont réservé la libre administration, et à raison des engagemens qui concernent ces biens.

Les femmes qui, étant en communauté, se seraient obligées conjointement ou solidairement avec leur mari, ne pourront être réputées stellionataires à raison de ces contrats.

SOMMAIRE.

1. *Objet de ces trois articles.*
2. *Limitation de la contrainte par corps à l'égard des personnes. — Des septuagénaires, des femmes et des filles.*
3. *Retour à la contrainte par corps contre les femmes, les filles et les septuagénaires, en cas de* stellionat.
4. *Quand la femme mariée peut être réputée stellionataire.*
5. *Limitation quant aux mineurs.*
6. *Même pour fermages, ou si le mineur commerçant s'est rendu stellionataire.*
7. *Limitation quant à la somme. Différence légère entre le* minimum *de l'art.* 2065 *du Code civil et celui de l'art.* 126 *du Code de procédure.*
8. *Du cas où le jugement prononce plusieurs condamnations dont une seule ne monterait pas à* 300 *fr. et qui réunies excèderaient cette somme. Espèces diverses.*
9. *La dette originaire n'est pas la mesure de la contrainte par corps, si elle a été réduite avant le jugement.* Secùs *pour l'exécution, si les paiemens partiels sont effectués après le jugement de condamnation.*
10. *L'art.* 2065 *est inapplicable quand le jugement ne condamne qu'à un fait, et non à une somme.*
11. *Les cas de fraude ou de dol ne forment pas exception aux limitations des art.* 2064, 2065 *et* 2066.

12. ***Les limitations fixées par ces articles s'appliquent à la contrainte par corps établie par le Code de procédure, comme à celle établie par le Code civil.***

1. Les art. 2059 et suivans ont réglé la contrainte par corps en matière civile *ratione materiæ;* les art. 2064 et 2066 la limitent *ratione personarum*, et l'art. 2065 *ratione quantitatis* (*V. l'Introduction, nº* 7).

2. Il ne suffit pas que la matière permette la contrainte par corps : il faut encore que la personne du débiteur n'en soit pas exemptée.

L'art. 2066 exempte de la contrainte par corps en matière civile, 1º les septuagénaires par humanité pour leur âge avancé (M. Bigot-Préameneu, *Exposé des motifs*).

L'art. 9 du titre 34 de l'ordonnance de 1667 avait donné lieu à une controverse. Fallait-il avoir soixante-dix ans accomplis, ou suffisait-il d'être entré dans sa soixante-dixième année pour être réputé septuagénaire? Le parlement de Paris s'était déterminé pour le premier parti, en prenant le mot dans son acception grammaticale (*Arrêts d'*Augeard, *t.* 1, *ch.* 78; *Arrêts de* Lacombe, *ch.* 12; Denisart, *mot Septuagénaire;* Merlin, *Répert. mot Contrainte par corps, nº* 18). Cette jurisprudence n'était pas universelle; on jugeait autrement aux parlemens de Bourgogne, de Grenoble, de Bordeaux (Fournel, *sur l'art.* 5 *de la loi du* 15 *germ. an VI*). La loi de l'an VI reproduisit le mot de *septuagénaire* et laissa la question indécise; mais le Code civil a fait cesser la controverse. Dès l'instant où commence la soixante-dixième année, le droit de contrainte par corps cesse.

L'art. 2066 exempte de la contrainte par corps 2º les femmes et les filles, à cause de la faiblesse du sexe, et de la décence publique, intéressée à ce qu'elles ne soient pas dans une pareille dépendance de leurs créanciers (*Novell.* 134, *cap.* 9, *in fin.;* M. Bigot-Préameneu, *Exposé des motifs;* Fournel, *au lieu cité*).

Le mot *femmes* comprend les femmes mariées et les veuves.

Il ne s'agit aussi dans cet article que des femmes et des filles majeures. En cas de minorité, leur droit est fixé par l'art. 2064.

3. Mais la défense de prononcer la contrainte par corps contre les septuagénaires, les femmes et les filles cesse, s'ils se sont rendus coupables de stellionat. La vieillesse ni le sexe ne peuvent servir d'excuse à cette faute énorme.

Les deux derniers alinéas de l'art. 2066 sont fondés sur le principe que le stellionat est une fraude, et qu'il n'y a pas de fraude sans intention coupable (*V. les notes sur l'art.* 2059, *nº* 3). Ils sont tirés de l'édit de juillet 1680, interprétatif des mots *procédant de leur fait* dans l'art. 8 du titre 34 de l'ordonnance civile (*V. cet édit,* Jousse *et les autres commentateurs sur ledit art.;* Fournel, *sur l'art.* 5 *de la loi de germ. an VI;* Denisart, *mot Stellionat;* Merlin, *Répert., mot Contrainte par corps, nº* 16).

4. Lorsque la femme est *en communauté*, et qu'elle s'oblige conjointement ou solidairement avec son mari, le mari, comme chef de la communauté et administrateur général des biens, est présumé avoir seul connaissance de tout ce qui est relatif au contrat, et la femme est présumée ne jouer qu'un rôle secondaire et subordonné (M. Bigot-Préameneu, *Exposé des motifs*). Si le contrat contient une fausse déclaration sur la propriété ou sur les charges hypothécaires des biens, soit propres à l'un des époux, soit conquêt de communauté, le mari *seul* est stellionataire.

Si la femme est séparée de biens, ou qu'elle se soit réservé la libre administration de certains biens, le stellionat, dans les engagemens qu'elle prend *relativement à ces biens*, est sa faute personnelle, sans qu'elle puisse la rejeter sur son mari, sous prétexte de l'autorisation qu'il lui aurait donnée (M. Bigot-Préameneu, *ibid.*). Le mari, dont l'autorisation est nécessaire pour habiliter sa femme à contracter, n'ayant ni la jouissance ni l'administration des biens qui ont fait l'objet du contrat, peut n'avoir été à portée d'en connaître ni les titres ni les charges. La femme a tous les droits du propriétaire; c'est à elle d'en remplir les devoirs (M. Gary, *Rapport au Tribunat*).

Même quand la femme s'engagerait pour son mari ou solidairement avec lui, il suffit, pour qu'elle soit en faute, qu'elle ait la libre administration du bien hypothéqué ou vendu. Les mots du § 4, *étant en communauté*, ont été conservés malgré l'observation du Tribunat, qui en demandait la suppression, parce que « la circonstance de solidarité avec le mari fait regarder la femme « comme ayant agi par l'impulsion du mari, qu'elle « soit ou non en communauté, et sous quelque régime qu'elle soit mariée. » L'utilité que le contrat peut offrir au mari n'efface pas la fraude de sa femme, ni la présomption légale qu'elle connaît les charges des biens dont elle a l'administration.

Mais si la femme *non commune* s'oblige solidairement avec son mari, et que la vente ou l'hypothèque porte sur d'autres biens que ceux dont la loi lui donne l'administration, le stellionat, s'il y en a un, n'est pas imputable à la femme, parce que le § 3 NE PERMET de regarder les femmes comme stellionataires QUE lorsqu'elles ont *traité* de biens dont elles avaient, ou comme séparées, ou comme autorisées par leur contrat de mariage, la libre administration, et seulement *à raison des engagemens* qui concernent ces biens (M. Gary, *ibid.*).

5. L'art. 2064 défend de prononcer la contrainte par corps en matière civile contre les mineurs.

Il est évident que l'art. 2064 est fait pour les cas où l'obligation du mineur est valide; et de cette vérité, il faut conclure qu'il n'est pas permis de *prononcer* la contrainte par corps contre des *majeurs* pour dettes civiles valablement contractées *en minorité*, quoique le texte de l'article se prête à cette interprétation, et que Jousse (*sur l'art.* 9 *du tit.* 34 *de l'ord. de* 1667, *note* 6, 2°) fasse entendre que la jurisprudence se bornait à ne pas prononcer la contrainte par corps pendant la durée de la minorité.

Ce n'est pas la faiblesse physique que protége l'art. 2064, c'est la faiblesse morale. Le législateur a présumé que le mineur, dans les cas même où son engagement principal serait valable, n'aurait pas connu l'étendue de l'engagement accessoire de contrainte par corps, et qu'il serait en conséquence restituable contre cette partie de l'obligation. « Il « n'est pas de lésion plus grave que la privation de « la liberté. La loi fait supporter au mineur la « peine de ses délits; mais nul, en matière civile, « ne peut le priver du privilége de la minorité « (M. BIGOT-PRÉAMENEU, *ibid.*). »

6. La défense de l'art. 2064 est absolue et sans limites en matière civile, quoique le mineur commerçant (comme les femmes et les filles marchandes publiques) soit contraignable par corps pour dettes commerciales (*V. l'Appendice sur le tit.* 1er *de la loi du* 17 *avril* 1832).

Ainsi serait nulle la clause de contrainte par corps consentie dans un bail à ferme, par un fermier mineur même émancipé, nonobstant l'opinion du savant Pigeau (*Procéd. civ. liv.* 2, *part.* 3, *tit.* 5, *chap.* 3, *divis.* IV, *n°* 1). Il est vrai qu'il n'est pas restituable contre la convention principale faite pour l'exercice de son art (*C. civ.* 1308); mais c'est apparemment pour les obligations valables que la loi défend de prononcer la contrainte par corps contre les mineurs. Le mineur commerçant est le seul contre qui les lois aient permis la contrainte par corps; et Pothier (*Procéd. civ. part.* 5, *ch.* 1er, § II 4°) cite un arrêt du 21 mars 1676 qui avait refusé la contrainte par corps après les quatre mois contre un mineur bénéficier, quoique réputé majeur pour raison de son bénéfice, et plaidant pour ce bénéfice.

Ainsi l'art. 2064 ne contenant pas la même exception que l'art. 2066, le mineur n'est pas soumis à la contrainte par corps, même pour stellionat.

Il est vrai que, dans les affaires civiles, le mineur ne peut ni vendre ni hypothéquer ses immeubles, et par conséquent ne peut être stellionataire; mais s'il est commerçant, il peut valablement consentir l'hypothèque pour les besoins de son commerce (*C. Com. art.* 6). Il peut donc commettre un stellionat; et ce stellionat n'entraînera pas la contrainte par corps, 1° parce que la publication du Code civil a abrogé l'art. 5 du titre 1er de la loi du 15 germinal an VI, dont on pouvait induire que le stellionat était puni de contrainte par corps à l'égard du mineur même (*); 2° et parce que l'hypothèque d'un immeuble, quoique accessoire à un contrat commercial, est en elle-même et par sa nature un fait civil; que le contrat auquel elle accède ne peut lui faire changer de nature; qu'ainsi la contrainte par corps pourra bien être prononcée pour le paiement de la créance principale, mais la contrainte par corps commerciale, limitée dans sa durée par l'art. 5 de la loi du 17 avril 1832; tandis que le fait accessoire n'étant pas puni, *ratione personæ*, par la loi civile, le mineur ne pourra être atteint de la contrainte par corps pour stellionat qui aurait enchaîné sa liberté pour la vie entière.

7. Après avoir vu ce qu'offre de particulier la contrainte par corps à raison des personnes en matière civile, examinons la règle qu'elle ne peut être prononcée pour une somme au-dessous de 300 francs (*art.* 2065).

Avant de développer cette règle, remarquons que, par une négligence de rédaction dont le Code de procédure offre trop d'exemples, la contrainte par corps *facultative* pour dommages-intérêts, en vertu de l'art. 126, ne peut être prononcée qu'autant que les dommages-intérêts s'élèvent AU-DESSUS de 300 francs. Mais on doit borner l'art. 126 à son espèce; et la contrainte par corps impérative pour dommages-intérêts en matière de réintégrande (*C. civ.* 2060, 2°) doit être prononcée, même pour une somme exacte de 300 francs. Il en est de même pour la contrainte par corps facultative dans le cas de la dernière disposition de l'art. 2062 du Code civil. L'art. 126, § 1°, ne doit s'appliquer qu'aux dommages-intérêts pour lesquels les magistrats n'avaient pas le droit de prononcer la contrainte par corps avant la publication de cet article.

8. Que décider si plusieurs dettes, toutes susceptibles de produire la contrainte par corps à raison de la matière, mais qui en seraient dispensées chacune à raison de la somme comme inférieure à 300 francs, étaient réunies dans la même demande, et pouvaient ainsi motiver une condamnation de plus de 300 francs?

Cette question semble devoir se résoudre par une distinction.

Ou les diverses dettes procèdent de causes différentes, et dès lors il importe peu qu'elles soient

(*) Voici le texte de cet article : « La contrainte par corps « ne peut être décernée, en matière civile, contre les septuagénaires, les *mineurs*, les femmes et les filles, si ce « n'est pour cause de stellionat procédant de leur fait. » Ainsi la lettre de la loi soumettait formellement les mineurs à la contrainte par corps pour stellionat. Était-ce bien son esprit? On en pourrait douter; mais la question serait oiseuse aujourd'hui

réclamées par une seule et même demande; c'est le cas d'appliquer la maxime, *tot capita, tot sententiæ.* Ainsi un individu qui a reçu un dépôt nécessaire d'une somme de 200 francs, et qui doit en outre au déposant 200 francs pour fermages, avec stipulation de contrainte par corps, ne pourra être soumis à cette contrainte, quoique condamné à payer une somme totale de 400 francs.

Ou les diverses dettes procèdent de la même cause, et dès lors c'est la somme totale à laquelle elles montent qui doit régler la contrainte par corps.

Ainsi l'on peut stipuler la contrainte par corps pour un fermage annuel de 50 francs, et les tribunaux la prononceront, si les fermages arriérés montent à 300 francs (M. Treilhard, *séance du conseil d'Etat, 16 frim. an XII*).

Ainsi si le dépositaire a perdu par sa faute un dépôt nécessaire d'une somme de 300 fr., et que le créancier ait, par humanité, consenti à recevoir des reconnaissances partielles de 50 fr. chacune, payables à diverses époques successives, sans novation dans ses droits, il pourra obtenir la contrainte par corps pour le tout à l'échéance de la dernière reconnaissance, si aucune n'a été payée.

Ainsi, dans le cas d'une dette inférieure à 300 fr. qui a produit des intérêts susceptibles d'être capitalisés (*C. civ.* 1154), si le chef du principal et la demande d'intérêts égalent ou excèdent 300 fr., le créancier aura droit à obtenir la contrainte par corps; car elle dépend moins de l'étendue de la créance que de l'étendue de l'intérêt du créancier.

C'est ainsi enfin que Roblot, ayant été condamné *par corps* à payer à Viel, gardien judiciaire de ses meubles saisis, auquel il les avait soustraits, 1° 600 fr. accordés au créancier contre le gardien, 2° et 300 fr. pour dommages-intérêts, la Cour de cassation a rejeté le pourvoi, parce que les deux condamnations n'avaient évidemment pour objet que le dommage éprouvé par suite de la soustraction (*Rej. sect civ.* 30 *juillet* 1833), et qu'en droit elles constituaient l'une et l'autre deux condamnations de dommages-intérêts, qui réunies excédaient 300 fr. aux termes de l'art. 126 du Code de procédure.

9. Si la dette est réduite à moins de 300 fr. par des paiemens partiels reçus avant la condamnation, les juges ne pourront prononcer la contrainte par corps, quoique, si elle était prononcée pour cette somme ou pour une somme supérieure, et que des paiemens à compte aient réduit la créance à moins de 300 fr. postérieurement au jugement, la contrainte par corps pourrait être exécutée jusqu'à paiement ou cautionnement du dernier sou.

10. L'art. 2065 n'est applicable qu'au cas d'une *somme* pécuniaire; mais on ne doit pas consulter la modicité de l'intérêt du demandeur quand la contrainte par corps est ordonnée pour le délaissement d'un fonds, soit en réintégrande, soit au pétitoire, soit en saisie immobilière (*C. civ.* 2060, § 2°; 2061; *C. Pr.* 714). Alors le jugement ne condamne pas à une somme, mais à un fait.

11. La règle que les mineurs, les femmes, les filles et les septuagénaires ne peuvent être condamnés par corps pour les matières civiles, et que la contrainte par corps ne peut être prononcée au-dessous de 300 fr. est tellement absolue, qu'il n'y a pas d'exception pour les cas de fraude et de dol.

La preuve de cette proposition se trouve dans la combinaison des textes.

L'art. 2066 ne soumet les femmes, les filles et les septuagénaires à la contrainte par corps que dans les cas de stellionat, cas dolosifs et frauduleux: il exclut donc pour ces personnes les autres cas de dol et de fraude.

Le mineur n'est pas contraignable par corps pour stellionat: il ne l'est donc pas, à plus forte raison, pour les autres cas de mauvaise foi.

L'art. 2059 est limité par l'art. 2065; il n'y a donc pas de contrainte par corps au-dessous de 300 fr, pour le cas de stellionat, même à l'égard des personnes non privilégiées: à plus forte raison, point de contrainte par corps contre le dol et la fraude qui ne rentrent pas dans un des cas où la contrainte par corps est ordonnée ou permise.

Il est vrai qu'on jugeait autrement sous l'empire de l'ordonnance de 1667, à l'égard des septuagénaires, l'art. 9 du titre 34 portant: « *Les septuagénaires ne pourront être emprisonnés pour* DETTES PUREMENT CIVILES, *si ce n'est*, etc., » on induisait de ces mots que dans tous les cas où il y avait dol et fraude, la faveur de l'ordonnance cessait (Jousse, *note 5 sur ledit art.*; Denisart, *mot Septuagénaire*, n° 8); mais aujourd'hui les textes répugnent à une telle interprétation.

Les recueils citent cependant un arrêt de rejet du 4 février 1819, comme ayant décidé que la contrainte par corps peut être prononcée pour la restitution des deniers reçus par un huissier pour son client, et pour le paiement des dommages-intérêts auxquels il aurait donné lieu par *son dol et sa fraude*, quoique le tout fût *au-dessous* de 300 fr. Cet arrêt juge-t-il la question? On en peut douter, quand on remarque que l'huissier Renaud était, par le jugement du fond, condamné par corps à rembourser 259 fr. 59 c. et aux dépens de toutes les parties, de sorte que le montant des condamnations s'accroissait des dépens même, ce qui faisait monter à plus de 300 fr. la condamnation totale. Et comme il ne paraît pas que Renaud ait invoqué devant la Cour suprême le moyen résultant de ce que la contrainte par corps avait été prononcée pour les dépens, la somme de toutes les condamnations réunies suffisait pour entraîner le rejet du pourvoi.

Quoi qu'il en soit, c'est un arrêt rendu dans une espèce particulière, qui ne peut faire jurisprudence, FAVARD DE LANGLADE, *Répert., mot Contrainte par corps*, § 1, n° 5; DALLOZ, *Jurisp. gén. même mot, sect.* 1re, *p.* 734, *note* 1).

La Cour royale de Paris a décidé avec raison qu'on ne pouvait contraindre par corps une femme pour dommages-intérêts, quoiqu'elle eût agi frauduleusement pour soustraire les biens d'un débiteur à l'action des créanciers (*Paris*, 26 *févr.* 1829), et cette décision doit être étendue à toutes les autres limitations du droit de contrainte par corps.¶

12. Il y a une autre règle commune aux art. 2064 2065 et 2066 : c'est que tous trois s'appliquent à toutes les causes de contrainte par corps en matière civile, prévues *soit* par le Code civil, *soit* par une loi postérieure; car l'art. 2064 se lie nécessairement, par sa construction grammaticale et par les mots qui le commencent : « Dans les cas même « ci-dessus énoncés, » à l'art. 2063, qui ne se borne pas à prohiber la prononciation de la contrainte par corps *hors les cas déterminés* par les art. 2059, 2060, 2061 et 2062, mais aussi hors les cas qui pourraient être déterminés A L'AVENIR par une loi formelle, et les art. 2065 et 2066 sont dominés par les mêmes expressions. Les art. 2064, 2065 et 2066 ne sont donc que le complément de la défense générale contenue en l'art. 2063 ; ils s'appliquent donc aux lois postérieures au Code civil comme au Code lui-même.

A cet argument de texte ajoutons que le Code civil forme le droit commun ; qu'il limite, tant en raison de la *matière* qu'en raison des *personnes* et de la *somme*, le droit de contrainte par corps; que les lois postérieures qui changent quelque chose au droit commun ne peuvent être étendues, et qu'en conséquence, si elles établissent la contrainte par corps pour une matière omise par le Code civil, sans régler rien sur la somme ni sur les personnes, il faut avoir recours au droit commun dans le silence de la loi exceptionnelle.

Ainsi le Code de procédure, en créant des causes nouvelles de contrainte par corps, n'a fait qu'étendre les cas auxquels elle peut avoir lieu, à raison de la matière, contre ceux qui en sont passibles d'après le droit commun à raison de la personne (*Motifs d'un arrêt de cass. du* 6 *oct.* 1813) et du montant de la condamnation.

Les arrêts ont appliqué ces principes en refusant contre les femmes et les filles 1° l'application de l'art. 126 du Code de procédure (*Cass.* 6 *oct.* 1813 *et* 20 *mai* 1818; *Colmar, 7 avril* 1821; *Corse*, 31 *août* 1826; *Cass.* 26 *déc.* 1827; *Paris*, 26 *févr.* 1829; *Cass.* 17 *janv.* 1832); 2° l'application des art. 603 et 604 du même Code contre la femme gardienne judiciaire (*Paris*, 14 *août* 1829. NOTA : Il y avait arrêt de la même Cour *du* 21 *prairial an XIII* avant la publication du Code de procédure); 3° et l'application de l'art. 744 dudit Code contre une femme en matière de folle-enchère (*Lyon*, 20 *juin* 1822. NOTA. Cet arrêt est remarquable par l'exposition de la doctrine).

Ils les ont encore appliqués en refusant la contrainte par corps contre des personnes non privilégiées, quand la condamnation ne montait pas à 300 fr. (*Cass.* 3 *déc.* 1827 *et* 30 *déc.* 1828).

On les doit appliquer de même aux autres espèces (*V.* CARRÉ, *Lois de la procéd. t.* 1, *n*os 531, 535 *et* 536).

RENVOIS AUX ARRÊTISTES.

PARIS, 21 *prair. an XIII.* — S. an XIII, 2. 287. — P. t 2, an XIII, p. 365. — N. D. t. 3, p. 730.

CASS. 6 *oct.* 1813. — S. 1813, 1. 466. — D. 1813, 1. 538. — P. t. 3, 1814, p. 328. — N. D. t. 3, p. 731.

CASS. 20 *mai* 1818. — S. 1818, 1. 335. — D. 1818, 1. 341. — P. t. 3, 1818, p. 160. — N. D. t. 3, p. 733.

REJET, 4 *févr.* 1819. — S. 1819, 1. 379. — D. 1819, 1. 308. — P. t. 3, 1819, p. 379. — N. D. t. 3, p. 734.

COLMAR, 7 *avril* 1821. — S. 1821, 2. 239. — D. 1822, 2. 11. — N. D. t. 3, p. 732.

LYON, 20 *juin* 1822. — S. 1823, 2. 255. — D. 1823, 2. 157 — N. D. t. 3, p. 735.

CORSE, 31 *août* 1826. — S. 1828. 2. 56. — D. 1827, 2. 178.

CASS. 3 *déc.* 1827. — S. 1828, 1, 161. — P. t. 2, 1828, p. 252.

CASS. 26 *déc.* 1827. — S. 1828, 1. 166.

CASS. 30 *déc.* 1828. — S. 1829, 1. 156. — D. 1829, 1. 84. — P. t. 2, 1829, p. 596.

PARIS, 26 *févr.* 1829. — S. 1829, 2. 136. — D. 1829, 2. 133.

PARIS, 14 *août* 1829. — S. 1830, 2. 11. — D. 1829, 2. 283. — P. t. 3, 1829, p. 342.

CASS. 17 *janv.* 1832. — S. 1832, 1. 687. — D. 1832, 1. 79.

REJET, *sect. civ.* 30 *juillet* 1833. — S. 1833, 1. 861. — D. 1833, 1. 330.

ARTICLE 2067.

La contrainte par corps, dans les cas même où elle est autorisée par la loi, ne peut être appliquée qu'en vertu d'un jugement.

SOMMAIRE.

1. *Cet article est général et s'applique même à la contrainte par corps conventionnelle.*

2. *Exceptions : cautions judiciaires, débiteurs de deniers publics, arrestation provisoire de l'étranger, témoins réassignés et défaillans.*

3. *S'il faut un jugement, ou si l'ordonnance du président suffit pour emprisonner un avoué qui retient des pièces communiquées?*

4. *S'il faut un jugement contre le détenteur des pièces de comparaison en vérification d'écritures?*

5. *Et contre le fonctionnaire public détenteur de la minute de la pièce arguée de faux dont l'apport est ordonné?*

6. *Tous les juges qui ont le droit de prononcer la condamnation principale ont celui de prononcer la contrainte par corps,*

7. *Ainsi que les arbitres même volontaires ou amiables compositeurs.*

8. *La contrainte par corps doit être demandée formellement.*

9. *Les juges qui ont omis de statuer sur le chef de contrainte par corps ne peuvent y statuer par un second jugement.*

10. *Dans quels cas les juges peuvent accorder des délais à l'exécution de la contrainte par corps.*

1. La loi donne ici, à ceux même qu'elle assujettit à la contrainte par corps, une garantie que les créanciers ne pourront en abuser, et en même temps un délai pour satisfaire à leur dette (M. Bigot-Préameneu, *Exposé des motifs*). Ce principe ne souffrait pas difficulté lorsqu'il y avait des faits à qualifier, tels que le stellionat, le dépôt nécessaire, etc.; mais sous l'ordonnance il en était autrement pour la contrainte par corps conventionnelle, et le fermier qui s'y était soumis par un bail authentique pouvait être emprisonné en vertu de la grosse du bail (Rodier et Jousse *sur l'art. 7 du tit. 34 de l'ord. civile*). Aujourd'hui, jugement doit être obtenu contre le fermier avant de mettre à exécution la contrainte par corps, car le fermier peut prétendre qu'il a payé ou qu'il doit moins de trois cents francs (M. Berlier, *au conseil d'État, 16 frim. an XII*); ainsi serait nulle l'arrestation faite en vertu d'une ordonnance de référé du président du tribunal, parce qu'il n'y a que les juges réunis au nombre prescrit par la loi qui puissent rendre les jugemens (*Montpellier*, 19 *juin* 1807).

2. Cependant le principe général que la contrainte par corps ne peut être appliquée qu'en vertu de jugement souffre quelques exceptions.

1o La caution judiciaire est contraignable par corps en vertu de la soumission qu'elle a faite au greffe, et sans jugement préalablement rendu contre elle (*C. Pr.* 519), tandis que la caution d'un contraignable par corps qui s'est aussi soumise à la contrainte personnelle, mais par un acte notarié, ne peut être arrêtée sans jugement préalable; car les exceptions ne s'étendent pas.

2o Les débiteurs de deniers et effets mobiliers publics sont emprisonnés en vertu de contraintes ou décisions administratives, et l'art. 46 de la loi du 17 avril 1832 laisse subsister à cet égard les lois antérieures. C'est aussi pour conserver à ces lois toute leur vigueur, et rendre le principe de l'art. 2067 inapplicable aux actes de l'administration, qu'il a été placé avant l'art. 2070 qui contient une réserve pour ces actes (M. Muraire, *au cons. d'État, même séance*).

3o L'arrestation provisoire des étrangers a lieu en vertu d'une simple ordonnance sur requête (*L. du* 17 *avril* 1832, *art.* 15) rendue par le président du tribunal civil.

Enfin 4o, le juge-commissaire a le pouvoir de prononcer la contrainte par corps pour le paiement de l'amende de cent francs contre le témoin qui ne comparaît pas après réassignation (*C. Pr. art.* 264; *Ord. de* 1667, *tit.* 22, *art.* 8; Pigeau, à la fin du modèle de pr. v. de non comparution, *liv.* 2, *part.* 2, *tit.* 3, *chap.* 1, *sect.* 2, § 1, *art.* 2, *div. VII*; Favard de Langlade, *Répert.*, *mot Enquête*, *sect.* 1, § 4, *no* 7, nonobstant Carré, *Analyse*, 917e *question*, *et Lois de la procéd.*, *no* 1045). Le véritable motif de cette exception, établie pour *le cas de manifeste désobéissance*, c'est qu'il s'agit moins ici d'une contrainte par corps civile que d'une peine (*V. no* 52 *sur l'art.* 2060).

3. A ces quatre exceptions quelques auteurs en ajoutent une cinquième. C'est le cas où l'avoué n'a pas, dans le délai de trois jours, ou dans celui fixé par le récépissé, rétabli les pièces qui lui ont été données en communication (*C. Pr. art.* 191; Carré, *Analyse*, 670e *question et Lois de la procédure*, *no* 794. Lepage, *Questions de procéd.*, *p.* 170; Favard, *Rép.*, *mot Exception*, § 5, *no* 3). Selon eux, c'est au président du tribunal à prononcer *seul* la contrainte par corps. Le motif spécial de cette opinion est que l'art. 191 dit que « sur simple requête, et même sur simple mémoire de la partie, « il sera rendu ORDONNANCE portant que l'avoué « sera contraint à ladite remise incontinent et par « corps, même à payer trois francs de dommages-« intérêts par chaque jour de retard »; que nulle part le Code de procédure ne confond les mots *ordonnance* et *jugement*, dont le premier signifie la décision prononcée par le président, et le second, celle rendue par le tribunal. Ils s'appuient encore sur la différence de rédaction entre cet art. 191 et l'art. 107 du même Code qui exige un jugement pour arriver à la condamnation par corps de l'avoué qui n'a pas rétabli les pièces d'une production. D'autres auteurs professent une opinion contraire et pensent que le tribunal est appelé à statuer parce que, quand le Code de procédure veut que la requête soit présentée au président, il le dit, et qu'ici il garde le silence; que, d'ailleurs, l'ordonnance porte condamnation à des dommages-intérêts et à la contrainte par corps, et que le président ne doit prononcer de condamnation seul que lorsque la loi lui délègue spécialement ce pouvoir (Pigeau, *Procéd. civ. t.* 1, *liv.* 2, *part.* 2, *tit.* 1, *ch.* 1, *sect.* 3, § 4, *divis. IV*; *Praticien français*, *t.* 2, *p.* 47). Nous croyons devoir embrasser cette opinion : car, pour que le Code de procédure

dérogeât à la règle du Code civil que la contrainte par corps ne peut être appliquée qu'en vertu d'un jugement, il faudrait un texte formel et insusceptible de controverse ; car le projet du Code de procédure portait dans l'art. 184 (devenu 191) : « sur simple requête *présentée au président du tri- « bunal* », et ces mots soulignés ont été supprimés dans la loi ; car l'art. 185 (devenu 192) disait : « qu'en cas d'opposition, l'incident serait réglé « sommairement *à l'audience.* » Et ces mots, *à l'audience*, ont aussi disparu dans la rédaction législative. Pourquoi ces deux suppressions ? Parce qu'on s'est aperçu que le projet violait trois règles fondamentales du droit : 1° en ce qu'il faisait prononcer la contrainte par corps par le président seul ; 2° en ce qu'il ouvrait la voie de l'opposition devant une autorité autre que celle dont émanait la décision attaquée ; 3° et enfin en ce que le tribunal aurait été appelé à réformer la décision du président qui cependant, et dans le cercle de ses pouvoirs, est indépendant du tribunal et n'est soumis qu'au juge d'appel. Le mot *ordonnance* signifie donc ici jugement rendu sur requête, et quoique ce terme soit ordinairement employé pour désigner les décisions d'un président ou d'un juge-commissaire, l'inexactitude de l'expression doit céder aux principes et à l'intention de la loi.

4. Il faut de même décider que l'ordonnance du juge-commissaire ne suffit pas, et qu'il faut un jugement dans les cas prévus par les art. 201 et 221 du Code de procédure. Par l'art. 201, le juge-commissaire à une vérification d'écriture a le droit d'ordonner « qu'aux jour et heure par lui indiqués, « les détenteurs desdites pièces les apporteront au « lieu où se fera la vérification, à peine, contre les « dépositaires publics, d'être contraints par corps, « et les autres par les voies ordinaires, sauf même « à prononcer, contre ces derniers, la contrainte « par corps, s'il y échet. » Outre que l'ordonnance du juge-commissaire n'est pas un jugement, elle n'est pas rendue contradictoirement avec le dépositaire. Comment supposer que la loi ait voulu qu'il fût condamné par corps sans avoir été appelé ? Il a pu d'ailleurs avoir été empêché par une juste cause de satisfaire à l'ordonnance (PIGEAU, *liv.* 2, *part.* 2, *tit.* 3, *chap.* 1, *sect.* 2, § 4, *art.* 3, *divis. II, nos* 6 *et* 7 ; CARRÉ, *Analyse*, 708e *quest. et Lois de la procéd. n°* 830, *et* M. DALLOZ, *Jurisp. gén. mot Vérification d'écriture, n°* 32, nonobstant M. DELAPORTE, *Pandectes françaises, t.* 17, *p.* 205, *et* FAVARD, *Répert. mot Vérification d'écriture, sur l'art.* 201). Ces mots, *à peine* d'être..., n'ont d'autre objet que d'établir la contrainte par corps impérative, et n'indiquent pas l'autorité chargée de la prononcer.

5. La rédaction de l'art. 221 sur le faux incident civil fait plus de difficulté, car il porte : « Il sera « *ordonné*, s'il y a lieu, *par le juge-commissaire*..... « *que* le défendeur sera tenu de faire apporter la « minute au greffe, et *que* les dépositaires d'icelle « y seront contraints, les fonctionnaires publics, « par corps, et ceux qui ne le sont pas, par voie « de saisie, amende, et même par corps, s'il y « échet. » Or, de ce que l'ordonnance du juge-commissaire porte que les fonctionnaires publics y seront contraints par corps, de bons esprits ont conclu que cette ordonnance était par elle-même et sans jugement exécutoire par corps (DEMIAU-CROUZILHAC, *Élém. du droit et de la prat. p.* 172, *sur l'art.* 221. *V.* pour l'opinion contraire, CARRÉ, *Analyse*, 774e *question* où il renvoie à la 708e, *et Lois de la proc. sur l'art.* 221 où il renvoie au n° 830). Les principes généraux font pencher vers l'opinion de M. Carré. En effet, le Code de procédure ne peut être censé déroger au Code civil, parce qu'il n'est, à l'égard du Code civil, qu'une loi organique ; parce que, destiné uniquement à faire marcher le Code civil, il ne peut pas être censé avoir outre-passé sa destination (*Réquisitoire de* M. MERLIN, *affaire* Oglou, *Répertoire, mot Contrainte par corps, n°* 20). Or, il est évident que, dans le second cas prévu par l'art. 221, quand le juge-commissaire ordonne que le dépositaire, qui n'est pas fonctionnaire public, sera contraint à l'apport par voie de saisie, amende, et même par corps, *s'il y échet*, son ordonnance est simplement indicative des peines qui pourront être prononcées : l'amende n'est pas déterminée, c'est la nature et les circonstances du refus qui pourront en faire fixer la quotité ; la contrainte par corps n'est pas encore certaine, c'est aussi d'après les circonstances qu'il y aura lieu de la prononcer ou non. Pourquoi donc, dans ce cas, l'ordonnance serait-elle indicative de la peine et simplement comminatoire, et ne le serait-elle pas dans le premier cas ? Si les termes sont absolus, ce n'est pas pour attribuer au juge-commissaire un pouvoir exorbitant, mais pour établir la contrainte par corps impérative contre les fonctionnaires publics, lors du rapport que le juge-commis fera à l'audience sur leur refus d'apporter la minute.

6. Si la contrainte par corps ne peut être appliquée qu'en vertu d'un jugement, il faut regarder comme un principe aussi certain, que tous les juges ayant droit de prononcer une condamnation principale ont également le droit de prononcer la contrainte par corps, quand la cause en est susceptible : non seulement les tribunaux civils et de commerce, mais même les simples juges de paix, notamment en matière de réintégrande (*C. civ.* 2060, § 2°), et pour dommages-intérêts (M. RENOUARD, *Tr. des brevets d'invention, p.* 368). Il en sera de même quand un juge de paix jugera hors des limites de sa compétence par suite d'une prorogation de juridiction (*C. Pr. art.* 7) : car la contrainte par corps est une condamnation accessoire, qui doit être prononcée par le même juge que la condamnation principale.

7. Pas de doute non plus que les *arbitres forcés* en matière de société (*C. comm.* 51) n'aient le pouvoir et l'obligation de prononcer la contrainte par corps. Ils forment un tribunal légal et seul compétent (*Cass.* 5 *nov.* 1811; *Toulouse*, 17 *mai* 1825); mais les auteurs ont douté que les *arbitres volontaires* eussent le même pouvoir, parce que leur autorité venant des parties, celles-ci paraissaient se soumettre volontairement à la contrainte par corps, au mépris des défenses de l'art. 2063, et parce que les sentences arbitrales, émanées de magistrats privés, ne sont pas de vrais jugemens (Boucher, *Manuel des arbitres, n*os 339 *et suiv. Praticien français, t.* 5, *p.* 393; Berriat S. Prix, *Cours de procéd. civ. part.* 1, *chap.* 3, *note* 26, Carré, *Analyse*, 3039e *question*). Cependant, quoiqu'ils ne soient juges que par le choix des parties, leurs fonctions sont les mêmes que celles qu'exercent les juges en justice réglée (*Rép. de* M. Merlin, *mot Arbitrage*, no 4), et leur sentence n'est pas moins un acte solennel que les sentences émanées des juges en titre (*Nouveau Denisart, mot Arbitrage*). Aussi le Code de procédure, au titre *des Arbitrages*, n'emploie-t-il que la dénomination de *jugemens* pour désigner les sentences arbitrales (Carré, *Lois de la proc.* no 3334): donc les arbitres volontaires, comme les arbitres forcés, sont de véritables juges; car, en profitant d'une faculté accordée par la loi, nul n'est censé renoncer aux avantages que lui accorde la loi, si, à l'exercice de cette faculté, elle n'a pas attaché la perte de ces avantages; et si l'art. 2067 ne peut être invoqué contre cette opinion, parce que les sentences arbitrales sont des jugemens, l'art. 2063 n'y est pas contraire, puisque ce n'est pas se soumettre à la contrainte par corps, que de ne pas s'y soustraire (Carré, *ibid. V. Répert. de* M. Merlin, *mot Arbitrage*, *n*o 9; M. Pardessus, *n*o 1404). Tous les arbitres-juges ont donc le pouvoir de prononcer la contrainte par corps quand la loi la permet ou l'ordonne: soit qu'étant *arbitres forcés*, on ait étendu leurs pouvoirs en renonçant à l'appel ou à la cassation (*Paris*, 20 *mars* 1812); soit qu'étant arbitres purement volontaires, ils ne tiennent que des parties le droit de les juger, qui appartenait avant le compromis aux juges ordinaires (*Pau*, 4 *juillet* 1821; *Rejet*, 1er *juillet* 1823); même enfin quand ils sont amiables compositeurs: seulement les arbitres amiables compositeurs sont libres de refuser la contrainte par corps malgré le texte de la loi qui l'établit (*C. Pr.* 1019; Carré, *ibid. à la note* où il cite deux arrêts de la Cour de Rennes des 24 août et 28 octobre 1816, que nous n'avons pas trouvés dans les recueils). *V.* en outre à l'*Appendice* les notes *sur l'art.* 20 *de la loi du* 17 *avril* 1832.

8. De ce que la contrainte par corps ne peut être appliquée qu'en vertu d'un jugement, suit encore qu'elle *doit* être demandée, autrement ce serait juger au-delà de la demande: ni les juges ni les arbitres ne peuvent donc la prononcer *d'office* (Jousse, *sur l'art.* 4, *tit.* 34, *ord. de* 1667, *note* 1; Rodier, 1re *quest. sur ledit art.*; Carré, *Traité et Questions de procédure civile*, *n*o 735, *et Lois de la procédure*, *n*o 540; Thomine-Desmazures, *sur les art.* 126 *et* 127, *n*o 145; M. Locré, *Esprit du C. de Com. sur l'art.* 625, *in fin. Bruxelles*, 30 *nov.* 1818). Chacun peut renoncer au droit établi en sa faveur, et le silence du demandeur sur la contrainte par corps est une remise tacite de cette voie d'exécution (Carré, *ibid.*).

Cependant, s'il y avait eu omission dans la demande, le demandeur y pourrait suppléer par des conclusions additionnelles, tant que la cause ne serait pas jugée.

Pourrait-on la demander pour la première fois sur l'appel? Non; car ce serait une demande nouvelle (*C. Pr.* 464), et l'art. 20 de la loi de 1832, qui fait, dans tous les cas, de la contrainte par corps un chef susceptible de deux degrés de juridiction, confirme cette décision.

9. De ce que la contrainte par corps forme un chef distinct de demande, il suit que si les juges ont omis de statuer à cet égard, ils ont consommé leur pouvoir par le jugement définitif de condamnation; et qu'on ne peut par action nouvelle requérir la contrainte par corps (*Paris*, 20 *germ. an XIII*, *et Bruxelles*, 24 *mars* 1809, nonobstant *Turin*, 22 *pluv. an XIII*): On ne pourra donc alors obtenir la contrainte par corps que sur l'appel, si la demande en est susceptible au principal. On peut même appeler pour faire réformer un jugement qui a été exécuté en d'autres chefs, en ce qu'il ne prononce pas la contrainte demandée tant qu'il ne résulte pas de cette exécution un acquiescement formel à ce rejet (*Paris*, 29 *févr.* 1812).

10. La règle que la contrainte par corps ne peut être appliquée qu'en vertu d'un jugement accorde au débiteur un délai nécessaire. Et en même temps elle permet aux magistrats d'apprécier si le débiteur est digne de pitié, et s'il peut être, pendant quelque temps, sursis à cette exécution rigoureuse, sans que la créance coure des risques par le retard dans l'exécution.

Si les juges accordent des délais pour l'exécution de la contrainte par corps, ils doivent le faire par le jugement même qui la prononce (*C. Pr.* 122 *et* 127); ils peuvent même accorder *d'office* un sursis à la contrainte par corps (Carré, *Analyse*, 422e *quest. et Lois de la proc.* no 541).

M. Carré (*ibid. quest.* 423e *et n*o 542) professe l'opinion que les juges ne peuvent accorder de sursis à l'exécution de la contrainte par corps que pour les dommages-intérêts accordés en vertu de l'art.

126 du Code de procédure, et pour les reliquats de compte dont parle le même article. Il se fonde sur l'éternel argument de l'école *qui dicit de uno, negat de altero*, et sur ce que l'art. 127 se rattache à l'art. 126 par les mots *dans les cas ci-dessus énoncés*. Cette manière de raisonner est vicieuse; car de ce que la loi accorde textuellement une faculté dans un cas, il ne s'ensuit pas qu'elle la refuse dans un autre.

Or, outre les cas énoncés dans l'art. 126 du Code de procédure, il y en a d'autres où la contrainte par corps est facultative (*C. civ.* 2061; 2062, 2e *part.*). Or, si les juges ont le pouvoir de refuser la contrainte par corps, comment n'auraient-ils pas le droit d'accorder au débiteur un sursis au moment de la prononciation, suivant les circonstances du fait? Toutes les fois que la contrainte par corps est facultative, les juges peuvent donc accorder un sursis.

M. Demiau Crouzilhac (*sur l'art.* 127) professe la même opinion pour tous les cas où il est permis aux juges de prononcer la contrainte par corps de leur chef; mais il ne l'étend pas à ceux où la contrainte par corps est prononcée par la disposition expresse de la loi. Cependant personne, ni M. Demiau, ni M. Carré (*Analyse*, 425e *quest. et Lois de la procéd.* no 544) ne conteste aux magistrats le droit d'accorder des délais à l'exécution générale d'un jugement, même quand la dette entraîne impérativement la contrainte par corps. Alors toutes les poursuites sont suspendues, mobilières, immobilières, personnelles: comment donc refuser aux juges le droit d'ordonner qu'il sera sursis à un seul genre de poursuites?

Tout dépend donc des circonstances et de la force des raisons que le débiteur exposera pour obtenir ce sursis. Seulement le sursis *d'office* ne peut être prononcé que dans le cas de contrainte par corps purement judiciaire.

Mais il est évident que lorsque la loi défend d'accorder des délais par le jugement, elle défend implicitement aux juges d'accorder une surséance à l'exercice de la contrainte par corps. Ainsi les juges de commerce ne pourraient, en condamnant au paiement d'un billet à ordre ou d'une lettre de change (*C. Com.* 157), ordonner que la contrainte par corps ne serait exécutée qu'à une époque déterminée.

RENVOIS AUX ARRÊTISTES.

TURIN, 22 *pluv. an XIII.* — S. an XIII, 2. 257.

PARIS, 20 *ou* 28 *germ. an XIII.* — S. an XIII, 2. 284. — P. t. 2e de l'an XIII, p. 214.

MONTPELLIER, 19 *juin* 1807. — S. 1815, 2. 42.

BRUXELLES, 24 *mars* 1809. — S. 1809, 2. 398.

CASSATION, 5 *nov.* 1811. — S. 1812, 1, 18. — D. 1812, 1. 40. — P. t. 1, 1812, p. 235. — N. D. t. 1, p. 706.

PARIS, 29 *févr.* 1812. — S. 1812, 2. 416.

PARIS, 20 *mars* 1812. — S. 1812, 2. 322. — P. t. 2e de 1812, p. 200. — N. D. t. 1, p. 708.

BRUXELLES, 30 *nov.* 1818. — Journal des avoués, mot *Contrainte par corps*, no 179.

PAU, 4 *juillet* 1821. — S. 1824, 2. 12. — D. 1822, 2. 73. — P. t. 3e de 1821, p. 306. — N. D. t. 1, p. 709.

REJET, 1er *juillet* 1823. — S. 1824, 1. 5. — D. 1823, 1. 358. P. t. 3e de 1823, p. 417.

TOULOUSE, 17 *mai* 1825. — S. 1825, 2. 420. — D. 1826, 2. 215.

ARTICLE 2068.

L'appel ne suspend pas la contrainte par corps prononcée par un jugement provisoirement exécutoire en donnant caution.

SOMMAIRE.

1. *Explication de l'article.*
2. *Principes en matière commerciale.*
3. Quid, *quand les tribunaux de commerce ou les arbitres forcés n'ont pas prononcé l'exécution provisoire?*
4. *Le détenu qui interjette appel du jugement du tribunal civil peut être élargi provisoirement.*
5. *La contrainte par corps a lieu nonobstant l'appel, interjeté sur ce chef, d'un jugement en dernier ressort.*

1. Un jugement peut être exécutoire par provision avec ou sans caution.

Quand l'exécution provisoire est ordonnée *avec caution*, on peut, nonobstant l'appel interjeté par la partie condamnée, l'exécuter dans ses biens et *dans sa personne*, après que la caution a été reçue.

Mais si, en matière civile, l'exécution provisoire a été ordonnée sans caution, elle ne peut se faire que sur les biens, et l'appel suspend la contrainte par corps, sans arrêter les autres exécutions.

2. Il en est autrement en matière de commerce. L'exécution provisoire s'étend à la contrainte par corps comme aux autres exécutions, qu'elle soit ordonnée avec ou sans caution (*C. civ. art* 2070; *C. Pr. art.* 439; *C. Com. art.* 647; PIGEAU, *liv.* 2, *part.* 5, *tit.* 4, *chap.* 1, *sect.* 4, *divis.* III, no 11, 2o; CARRÉ, *Analyse*, 2462e *question*, *et Lois de la proc.* no 2676).

3. Ce qui a lieu même quand les tribunaux de commerce n'ont pas ordonné l'exécution provisoire, parce que cette exécution provisoire est de droit dès que le demandeur a donné caution (*mêmes autorités*, *Nîmes*, 31 *août* 1809; *Rej. sect. civ.* 2 *avril* 1817, nonobstant *Bruxelles*, 9 *déc.* 1807); et la même décision doit s'appliquer aux sentences arbitrales rendues par arbitres forcés entre coassociés (*même arrêt du* 2 *avril* 1817), parce que

leurs sentences ont le caractère de jugemens commerciaux.

4. Si l'appel suspend l'exercice de la contrainte par corps en matière civile, l'individu arrêté avant son appel devra être mis en liberté immédiatement après l'avoir signifié : car, bien qu'il ait été valablement arrêté, sa maintenue en prison serait chaque jour une exécution du jugement (Pigeau, *au lieu cité, divis.* v, *n*° 2, 1°; Carré, *Analyse, quest.* 2490[e], *et Lois de la proc. n*° 2706, contre Lepage, *questions, p.* 530). Le détenu peut donc demander à la Cour son élargissement provisoire, à moins que le jugement ne soit exécutoire par provision avec caution, et que la caution ait été reçue ou du moins présentée.

5. Enfin, même en matière civile, quand le jugement est rendu en dernier ressort, et qu'il n'y a appel que du chef de la contrainte par corps, l'appel n'est pas suspensif de ce mode d'exécution (*L. du* 17 *avril* 1832, *art.* 20).

RENVOIS AUX ARRÊTISTES.

Bruxelles, 9 *déc.* 1807. — S. 1814, 2. 154. — D. 1809, 2. 39. — P. t. 1er de 1809, p. 221.

Nîmes, 31 *août* 1809. — S. 1810, 2. 234. — D. 1810, 2. 75.

Rejet, *sect. civ.* 2 *avril* 1817. — S. 1817, 1. 280. — D. 1817, 1. 223. — P. t. 2e de 1817, p. 449.

ARTICLE 2069.

L'exercice de la contrainte par corps n'empêche ni ne suspend les poursuites et les exécutions sur les biens.

SOMMAIRE.

1. *Explication de l'article.*
2. *Digression sur l'exercice de la contrainte par corps. Division.*

§ Ier. Quels officiers ont caractère pour exercer la contrainte par corps.

3. *La contrainte par corps s'exerce par les huissiers dans les départemens,*
4. *A Paris, par les gardes du commerce. Histoire de leur établissement.*
5. *Leur ministère est exclusif, même pour les recommandations.*

§ II. Formalités qui précèdent l'arrestation.

6. *Liquidation préalable à l'exécution.*
7. *Ce que doit contenir le commandement tendant à contrainte par corps.*
8. *Si le commandement doit être fait par le même exploit que la signification?*
9. *Quelles pièces doit contenir la signification?*
10. *Si les tribunaux d'exception peuvent commettre un huissier pour notifier la signification et commandement tendant à la contrainte par corps?*
11. *Cette notification peut-elle être faite par l'huissier commis, si la commission porte simplement de signifier le jugement au défaillant?*
12. *Etendue de la commission d'huissier par jugement.*
13. *De la commission d'huissier par ordonnance. Quel président est compétent?*
14. *Délai entre le commandement et l'arrestation.*
15. *Surannation du commandement. Faut-il que le nouveau commandement soit accompagné d'une nouvelle signification du jugement?*
16. *De l'élection de domicile. Questions à ce sujet.*
17. *L'huissier doit se munir d'un pouvoir spécial avant l'arrestation.*
18. *Mais la date certaine n'en est pas nécessaire.*
19. *Les gardes de commerce doivent aussi se munir de ce pouvoir.*
20. *Du vérificateur attaché au bureau des gardes du commerce.*

§ III. Des lieux et des temps où les arrestations ne peuvent être opérées.

21. *Edifices consacrés au culte, et temps des exercices religieux.*
22. *Lieux et temps des séances des autorités constituées.*
23. *Etendue des mots : autorités constituées.*
24. *Assemblées électorales.*
25. *Bourses de commerce.*
26. *Précautions que peut prendre l'autorité municipale pour les arrestations en des lieux publics.*
27. *Présence du juge de paix à l'arrestation dans une maison quelconque,*
28. *Et dans les édifices publics,*
29. *Et dans le domicile du débiteur. Exception à Paris pour les gardes du commerce.*
30. *Ce que comprend le domicile.*
31. *L'entrée dans le domicile sans le juge de paix annule l'arrestation; secùs de la garnison mise aux portes.*
32. *Comment se constate la présence du juge de paix. Arrêts.*
33. *Par qui peut être remplacé le juge de paix. Différence à ce sujet entre les gardes du commerce et les huissiers.*
34. *Transition.*
35. *De l'heure des arrestations.*
36. *Des jours fériés.*
37. *Du débiteur qui exerce une fonction publique extérieure.*

§ IV. Des personnes qui ne peuvent être arrêtées.

38. *Il faut une exception formelle pour empêcher l'exécution par corps.*

39. *Des députés.*

40. *Des membres de la chambre des pairs.*

41. *Du militaire en activité de service.*

42. *Des liens de parenté ou d'alliance entre le créancier et le débiteur.*

43. *Des saufs-conduits et des conditions requises pour leur validité.*

44. *Des saufs-conduits en cas de faillite.*

45. *Du jugement de déclaration de faillite et du sursis provisoire en matière de cession de biens.*

46. *Renvoi aux causes d'élargissement.*

§ V. Des arrestations et des recommandations.

47. *Ce que doit contenir le procès-verbal d'emprisonnement. 1° Itératif commandement.*

48. *2° Election de domicile. Révoque-t-elle celle faite par le commandement?*

49. *3° Assistance de deux recors. Qualités qu'ils doivent avoir. Leur signature est-elle nécessaire?*

50. *4° Récit fidèle des faits.*

51. *Du cas de rébellion.*

52. *Réquisition de référé. Peines contre l'huissier qui refuse de conduire le débiteur devant le président.*

53. *Pouvoirs du juge en référé.*

54. *Exécution de l'ordonnance.*

55. *A Paris, le défaut de représentation du récépissé ou du visa du vérificateur n'empêche pas qu'il ait lieu à référé.*

56. *Conduite du débiteur à la prison la plus voisine.*

57. *Défense de le retenir dans aucune maison particulière. Conséquences.*

58. *Limitation de cette règle par la nécessité.*

59. *Entrée du débiteur dans la prison; l'opération doit y être terminée, nonobstant l'heure avancée.*

60. *Représentation et transcription du jugement.*

61. *De l'écrou. Par qui doit-il être dressé, par le geôlier ou par l'huissier?*

62. *Formalités qu'il doit contenir.*

63. *Si un seul et même procès-verbal peut contenir l'emprisonnement et l'écrou, et s'il en faut deux copies séparées?*

64. *Quand les deux opérations sont constatées par deux procès-verbaux distincts, les énonciations du premier procès-verbal ne suppléent pas aux omissions du second.*

65. *Nécessité de consigner les alimens pour un mois et d'avance.*

66. *Défaut de consignation d'alimens n'autorise pas le geôlier à refuser le débiteur.*

67. *A quelle somme sont taxés les alimens.*

68. *Les frais de maladie ne sont pas à la charge du créancier.*

69. *Recommandation. Définition.*

70. *Ne peut être exercée que dans les cas où l'on aurait le droit de faire arrêter le débiteur.*

71. *Est précédée des mêmes formalités que l'emprisonnement.*

72. *Le débiteur a le droit d'opposition et de référé.*

73. *La recommandation doit être accompagnée, en général, des mêmes formes que l'emprisonnement.*

74. *Différences dans les formalités.*

75. *Suite. Comment le débiteur peut se pourvoir en référé?*

76. *Suite. Si dans une recommandation, l'écrou est nécessairement nul, faute d'être signifié en parlant à la personne du débiteur?*

77. *Quels détenus peuvent être recommandés?*

78. *La recommandation est indépendante de l'emprisonnement.*

79. *Si le créancier qui a fait une arrestation nulle peut recommander le prisonnier pour une autre créance.*

80. *Effets de la recommandation entre le créancier incarcérateur et le recommandant.*

81. *Elle empêche le créancier qui a fait l'emprisonnement de retirer les alimens consignés, mais ne l'oblige pas à en déposer de nouveaux.*

82. *Le recommandant, en donnant main-levée de son écrou, n'est pas tenu de laisser sa consignation.*

83. *La consignation d'un créancier profite aux autres.*

84. *La contribution se fait par portions égales.*

§ VI. De l'élargissement du débiteur.

85. *Distinctions générales sur les cas où le débiteur obtient sa liberté.*

86. *Moyens de nullité tirés du fond. Quel tribunal est compétent.*

87. *Dans quels cas l'emprisonnement est nul dans la forme.*

88. *Quel tribunal connaît des nullités pour vices de forme?*

89. *Comment peut être formée la demande; délais; mode de procéder; pas d'exécution provisoire.*

90. *Faculté accordée au détenu de consigner les causes de l'incarcération aux mains du geôlier. Effets de cette consignation.*

91. *L'arrestation nulle peut entraîner des dommages-intérêts contre le créancier. Doctrine et jurisprudence à cet égard.*

92. *Effet du jugement qui prononce la nullité.*

93. *Si le délai d'un jour peut être augmenté à raison des distances?*

94. *Si le créancier contre qui la nullité d'emprisonnement a été prononcée peut recommander son débiteur avant qu'il ne soit sorti de la prison?*

95. *Examen de l'opinion des auteurs.*
96. *Transition à l'énumération des causes d'élargissement du débiteur légalement incarcéré.*
97. *Consentement des créanciers, novation, remise de la dette.*
98. *Paiement ou consignation de la créance, compensation et confusion.*
99. *Quels frais doivent être consignés.*
100. *La consignation suffit sans offres réelles.*
101. *Procédure pour faire valider la consignation.*
102. *Elargissement par le paiement ou la consignation d'une partie de la dette avec caution pour le surplus,*
103. *Par le bénéfice de cession, auquel on peut ajouter, sous certaines modifications, le sauf-conduit en matière de faillite et le concordat homologué,*
104. *Par le défaut d'alimens,*
105. *Par la septuagénarité,*
106. *Par l'alliance postérieure à l'emprisonnement,*
107. *Par l'expiration du temps fixé par la loi ou par le jugement,*
108. *Par l'insolvabilité, en matières criminelles.*
109. *De l'élargissement provisoire.*
110. *De la procédure en élargissement.*

1. L'art. 2069 ne présente aucune difficulté. Il reproduit l'art. 13 de l'ordonnance de 1667 : « Les poursuites et contraintes par corps n'empêcheront les saisies, exécutions et ventes des biens de ceux qui sont condamnés. » C'est un principe ancien, qu'en matière civile on peut faire marcher de front l'action sur la personne et l'action sur les biens (M. Gary, *Rapp. au Tribunat*), et, comme le disait Papon, on peut prendre la charrette, le charretier et le fouet.

2. Arrivés au terme du commentaire sur le droit de contrainte par corps, nous croirions notre travail incomplet si nous ne présentions à nos lecteurs l'exposé des principes qui en régissent l'exercice ou le mode d'exécution.

Nous traiterons donc ici,

1° Des officiers qui ont droit de procéder à la contrainte par corps;

2° Des formalités qui précèdent l'arrestation;

3° Des lieux et des temps où les arrestations ne peuvent être opérées;

4° Des personnes qui ne peuvent être arrêtées;

5° Des arrestations et des recommandations;

6° Et de l'élargissement du débiteur.

§ 1er. *Quels officiers ont caractère pour exercer la contrainte par corps.*

3. Les contraintes par corps, comme toutes les exécutions, sont, de leur nature, du ministère des huissiers, et le Code de procédure ne parle que de ces officiers; en effet, ils sont les seuls qui aient le droit de procéder aux arrestations en matière civile et de commerce dans les départemens.

4. Mais à Paris et dans sa banlieue, les abus qui s'étaient glissés dans l'exercice de la contrainte par corps avaient déterminé les rois Louis XV et Louis XVI à créer des officiers spécialement chargés de la mettre à exécution, que les édits de novembre 1772 et de juillet 1778 appelèrent *gardes du commerce.*

Supprimés en 1791, autorisés à continuer provisoirement leurs fonctions par l'art. 9 de la loi du 21 septembre même année, devenus inutiles par l'abolition de la contrainte par corps en 1793, ces officiers furent réduits, par la loi du 15 germinal an VI, titre 3, art. 2, à la concurrence avec les huissiers du département de la Seine pour l'exécution des contraintes par corps en matière civile et de commerce.

Le Code de procédure leur enleva encore une partie de leur état, en ôtant de leurs fonctions les contraintes par corps en matière civile (*C. Pr.* 1041; Merlin, *Répert. mot Gardes du commerce*, n° 2), et l'art. 625 du Code de commerce, en ordonnant qu'il serait établi, *pour la ville de Paris seulement*, des gardes du commerce pour l'exécution des jugemens emportant contrainte par corps, fait entendre que leurs attributions seraient circonscrites dans les matières commerciales, et leur exercice dans l'enceinte de la ville.

Ils furent enfin institués par le décret réglementaire du 14 mars 1808, dont l'art. 1er fixe à dix « le nombre des gardes du commerce qui doivent être établis *dans le département de la Seine*, pour l'exécution de la contrainte par corps, en conformité de l'art. 625 du Code de commerce, et dont l'art. 7 porte que les gardes de commerce sont chargés EXCLUSIVEMENT DE L'EXÉCUTION des contraintes par corps, et ne pourront, EN AUCUN CAS, être suppléés par les huissiers, recors et autres personnes quelconques. »

5. Les *recommandations* comme les emprisonnemens sont EXÉCUTIONS de la contrainte par corps (*C. Pr.* 159). A Paris, les gardes du commerce sont donc chargés EXCLUSIVEMENT des *recommandations* comme des emprisonnemens; la recommandation qui y serait effectuée par un huissier serait nulle, comme faite par un officier sans caractère légal (nonobstant *Répert. de* M. Merlin, *mot Recommandation*, n° 5; Pigeau, *t.* 2, *liv.* 2, *part.* 5, *tit.* 4, *ch.* 1, *sect.* 4, *divis.* IV, n° 3; Carré, *Analyse*, 2481e *quest. et Lois de la proc.* n° 2699). C'est l'art. 7 du décret qui fixe les attributions des gardes du commerce; et l'art. 19, invoqué contre notre opinion, a pour objet unique, non de placer les recommandations dans les attributions de ces officiers, ce qui est déjà fait par l'art. 7, mais de régler les formalités

à suivre par le garde dans ce cas spécial. Et le passage du *Répertoire* ne constate pas à nos yeux l'opinion de M. Merlin ; car il est de M. Guyot, a été écrit sous l'ancien droit, et n'est que la reproduction de l'art. 8 de l'édit de 1778 qui attribuait formellement les recommandations aux huissiers. Or, cet art. 8 s'est trouvé compris dans l'abrogation générale prononcée par l'art. 1041 du Code de procédure. De ce que M. Merlin aurait omis, dans son immense travail, de faire une annotation sur le changement de législation en un point, on ne peut raisonnablement conclure que, dans son opinion, la législation n'ait point changé.

§ II. *Formalités qui précèdent l'arrestation.*

6. Si la contrainte par corps a été prononcée par un jugement, sans que la dette ait été liquidée en argent, elle ne pourra être exécutée qu'après cette liquidation (*C. Pr.* 552), car il faut qu'à l'instant de l'exécution le débiteur ait la faculté de payer : ce qu'il ne peut faire qu'en connaissant l'étendue de la dette (Carré, *Lois de la proc. sur l'art.* 552).

7. Si la dette est liquide, et que les délais exigés après la signification du jugement pour qu'il devienne exécutoire soient écoulés (*C. Pr.* 20, 156, 157, 435, 450 ; *Nancy*, 23 *juillet* 1813), on doit faire faire, préalablement à l'exercice de la contrainte par corps, une signification avec commandement du jugement qui l'a prononcée par un huissier commis soit par le jugement même, soit par le président du tribunal civil du lieu où se trouve le débiteur. Cette signification contiendra élection de domicile dans la commune où siége le tribunal qui a rendu ce jugement, si le créancier n'y demeure pas.

Dans l'usage, ce commandement contient l'énonciation que, faute de payer, le débiteur sera contraint *par l'emprisonnement de sa personne* : mais la loi n'exige pas cette énonciation.

8. La signification du jugement doit être faite par le même exploit que le commandement. Le texte dit formellement une signification *avec* commandement, et l'art. 61 du tarif ne taxe qu'un exploit (Pigeau, *t.* 2, *part.* 5, *tit.* 4, *ch.* 1, *sect.* 4, *divis.* II, *n°* 2, 3° ; Carré, *Lois de la proc. t.* 3, *n°* 2629 ; *Anal.* 2418ᵉ *quest.* ; M. Coffinières, *anc. Journ. des avoués, t.* 3, *p.* 359, *et nouv. édit. mot Contr. par corps, n°* 113). C'est l'usage constant, malgré un arrêt de Limoges *du* 18 *janvier* 1811, qui établit une différence entre une signification *avec commandement* et les termes de l'art. 673 pour la saisie immobilière, *un commandement en tête duquel* sera *donnée copie* entière du titre. Dans l'un comme dans l'autre cas, le législateur a voulu que le premier acte de chacune de ces poursuites rigoureuses contînt tout ce qui était nécessaire au débiteur pour lui faire connaître s'il avait des moyens de s'y opposer, sans recourir à de précédentes significations qu'il a pu négliger ou égarer.

9. La copie du jugement doit être *entière* et non *partielle*. Une erreur ou une omission sans importance ne suffirait sans doute pas pour l'annuler ; mais la nullité devrait être prononcée si l'omission était grave : par exemple, de la partie du dispositif qui admet le débiteur à donner caution (*Nîmes*, 22 *mars* 1813).

Quand il y a plusieurs décisions judiciaires dont les unes complètent les autres, jugement par défaut, jugement de débouté d'opposition, arrêt confirmatif, la raison indique que tout doit être signifié en tête du commandement ; car ces diverses décisions forment un tout indivisible (*Limoges*, 26 *mai* 1823). Cependant si la signification du premier jugement avait été faite avec commandement avant l'opposition du débiteur, il ne serait pas nécessaire de faire un nouveau commandement ; car si l'effet de l'opposition à un jugement est d'en suspendre l'exécution, celui du jugement qui déboute de l'opposition est de lever cette suspension et de rendre au jugement par défaut et aux actes légaux dont il a été suivi toute leur force et leur activité (*Rouen*, 9 *janvier* 1826 ; *Arrêts analogues*, *Rej.* 25 *juin* 1811 ; *Rej. sect. crim.* 9 *mai* 1823).¶

Il ne faut pas ajouter aux obligations imposées par la loi. Ainsi, inutile de donner au débiteur copie de l'acquiescement qu'il a consenti au jugement par défaut (*Paris*, 17 *sept.* 1829), ni de suivre l'usage de quelques huissiers qui donnent copie de la première signification à domicile.

10. La signification prescrite par l'art. 780 sera faite par un huissier commis par ledit jugement (*art.* 780, § 2), même quand le jugement est rendu par un juge de paix ou par un tribunal de commerce (M. Thomines-Desmazures, *n°* 901, *Rouen*, 20 *juillet* 1814 ; *Toulouse*, 28 *juillet* 1824 ; *Aix*, 23 *août* 1826, Nota : cet arrêt est remarquable en ce qu'il juge la question en pure doctrine, car il a annulé l'écrou pour une autre cause ; *Lyon*, 23 *mai* 1827). Ils peuvent même commettre un huissier hors de leur territoire (*Douai*, 19 *févr.* 1828).¶

On objecte que les tribunaux d'exception ne peuvent pas connaître de l'exécution de leurs jugemens, et que l'art. 435 du Code de procédure ne donne aux tribunaux de commerce que le droit de commettre un huissier pour la signification des jugemens par défaut (Delaporte, *Pandectes franç. t.* 18, *p.* 352 ; Carré, *Analyse*, 2423ᵉ *quest. et Lois de la procéd. t.* 3, *n°* 2631 ; *Orléans*, 26 *déc.* 1810, arrêt que nous n'avons pas trouvé dans les recueils, et qui est cité par M. Hautefeuille, *Traité de procéd. p.* 431 ; *Toulouse*, 21 *mai* 1824, Nota : cet arrêt est conçu en termes dubitatifs, et la même Cour a adopté le système contraire dès le 28 juillet suivant; *Lyon*, 22 *août* 1826, Nota : cette Cour a aussi abandonné sa première jurisprudence).

Mais l'art. 435 ayant pour objet de fixer le point de départ pour l'opposition, il ne suit pas du pouvoir qu'il donne, une exclusion pour un autre cas. Quant à la règle que les tribunaux d'exception ne connaissent pas de l'exécution de leurs jugemens, elle signifie seulement qu'ils sont incompétens pour connaître des contestations qui peuvent s'élever sur cette exécution (*motifs des arrêts cités*).

11. En reconnaissant, avec ces nombreux arrêts, que les tribunaux de commerce peuvent commettre un huissier pour faire la signification prescrite par l'art. 780 du Code de procédure, on peut douter néanmoins de la doctrine qu'un huissier commis pour la simple signification du jugement par défaut, ait dès lors le droit de faire la signification avec commandement préalable à l'arrestation (*V. les arrêts ci-dessus cités*).

M. Carré (*Analyse*, *quest.* 2422e, *et Lois de la proc.* n° 2630) professe une opinion contraire à cette jurisprudence. Nous croyons cette opinion plus conforme à la loi : car, bien que, dans les deux cas, les commissions d'huissier aient pour objet général d'éviter que la copie ne soit soustraite, néanmoins le cas de l'art. 780 a une tout autre importance que ceux des art. 156 et 435 du Code de procédure. D'ailleurs, les commissions sont, de leur nature, spéciales; et l'huissier commis simplement pour faire une signification ne nous paraît pas avoir reçu la mission de faire un commandement.

Le tribunal de commerce de Paris ne laisse pas de doute sur l'étendue des commissions qu'il donne : il charge formellement l'huissier qu'il désigne de faire les significations prescrites par les art. 435 et 780 du Code de procédure.

12. La commission spéciale d'un huissier est un mandat judiciaire ajouté au mandat légal qu'il tient du devoir de sa charge. De ce principe découle la solution de plusieurs difficultés.

Si, avant l'exécution de la commission, le débiteur a formé opposition au jugement par défaut ou en a interjeté appel, et que le jugement qui déboute de l'opposition ou l'arrêt confirmatif ne contienne pas de commission d'huissier, c'est à l'huissier commis par le jugement qui prononce la contrainte par corps à faire la signification avec commandement. Son mandat n'a été ni accompli ni révoqué.

Si au contraire le second jugement ou l'arrêt porte commission d'un autre huissier, celui-ci a seul le droit de signifier le tout. Il ne faut pas, comme le croient quelques personnes, double signification avec commandement par chaque huissier commis dans les limites de sa commission. La nomination d'un nouveau mandataire emporte en soi révocation du premier (*C. civ.* 2006).

La commission dure tant que l'huissier ne l'a pas remplie, à moins qu'il ne l'ait refusée, ce qui pourrait le soumettre à des dommages-intérêts (*C. civ.* 2007); ou que l'exécution n'en soit devenue impossible, soit par la translation du domicile du débiteur dans un autre arrondissement, soit par une incapacité survenue dans la personne de l'huissier.

Enfin, le même huissier a le droit incontestable de réitérer la signification qu'il a faite, pour réparer l'irrégularité ou la nullité commise dans la première (*Cass.* dans l'intérêt de la loi, 26 *nov.* 1810). Dans l'espèce, il ne s'était pas écoulé un an depuis le commandement nul.

13. Si le jugement ne contient pas commission d'huissier, l'huissier sera commis par le président du tribunal de première instance du lieu *où se trouve* le débiteur (*C. Pr.* 780), soit de son domicile, soit du lieu où il est momentanément (Pigeau, *liv.* 2, *part.* 5, *tit.* 4, *chap.* 1, *sect.* 4, *divis.* II, n° 2, 2°).

Il ne faut pas par ces mots *où se trouve* le débiteur, entendre la nécessité de sa présence physique dans le lieu où la requête est présentée, autrement les exécutions seraient impossibles. L'objet de l'article est d'empêcher le créancier de faire par fraude le commandement à un domicile *qu'il saurait* avoir été transféré en un autre lieu. Le débiteur ne peut donc arguer de nullité la commission d'huissier délivrée par le président de son domicile, sous prétexte qu'il *se trouvait* dans un autre lieu à l'époque de la requête (*Toulouse*, 11 *août* 1828), ou qu'il n'habitait plus l'ancien domicile, à moins qu'il ne prouve la translation (*même arrêt*); nonobstant un autre arrêt de la même Cour (28 *juillet* 1828), dans l'espèce duquel le débiteur avait quitté son domicile à Bordeaux depuis quatre ans, avait fait, avant la présentation de la requête, sa déclaration de changement de domicile, et le créancier, son parent, avait connaissance personnelle de sa résidence à Toulouse.

Mais le commandement tendant à contrainte par corps ne serait pas valable à un domicile élu où le débiteur ne résiderait pas.¶

14. Cette signification avec commandement doit se faire au moins un jour avant l'arrestation (*C. Pr.* 780, § 1). Ce délai n'est pas celui de vingt-quatre heures *de momento ad momentum* (malgré *Rouen*, 27 *juillet* 1813); il ne donne pas non plus le droit d'exécuter dès le lendemain, abstraction faite de l'heure (*V.* cependant l'opinion de M. Coffinières, *J. des avoués*, *t.* 10, *p.* 617). Il s'agit d'un jour à l'avance (M. Berriat S. Prix, *Cours de proc. civ. part.* 2, *liv.* 3, *tit.* 9, § 1er, n° II), c'est-à-dire, d'un jour *franc*, qui commence à l'instant où finit le jour dans lequel a été fait le commandement (*Rouen*, 17 *juin* 1818; Pigeau, *ubi suprà*; Carré, *Lois de la procéd.* n° 2628). Par la même raison, on ne peut exercer l'emprisonnement, en cas d'arrêt confirmatif, qu'un jour après celui de la signification de l'arrêt (*Colmar*, 3 *juin* 1812). NOTA. L'arrêt suppose que l'appel était suspensif: car, si le jugement de première instance eût été exécutoire par provision, on n'eût pas été forcé d'attendre la signification de l'arrêt plus que sa prononciation.

15. S'il s'est écoulé une année *entière* depuis le commandement, la loi le frappe de péremption et exige qu'il en soit fait un nouveau (*C. Pr.* 784) en vertu d'une nouvelle commission (PIGEAU, *liv.* 2, *part.* 5, *tit.* 4, *ch.* 1, *sect.* 4, *divis.* II, *n*° 4; DELAPORTE, *t.* 2, *p.* 359; CARRÉ, *Analyse*, *quest.* 2457[e], *et Lois de la procéd. n*° 2670).

Une nouvelle signification du jugement doit-elle être faite avec ce nouveau commandement? On doit le penser, car les raisons qui militaient dans le cas de l'art. 780 militent aussi dans le cas de l'art. 784 (DELAPORTE, *t.* 2, *p.* 359; *Bourges*, 23 *avril* 1825). Cependant les auteurs sont d'opinion contraire (M. BERRIAT S. PRIX, *au lieu cité*, *note* 13; M. COFFINIÈRES, *Journal des avoués, édition Chauveau, Contr. par corps*, *n*° 57; CARRÉ, *Analyse*, *quest.* 2455[e], *et Lois de la procéd. n*° 2668; *arrêt de Toulouse*, 11 *févr.* 1808).

16. Enfin l'art. 780 exige que la signification contienne élection de domicile dans la commune où siége le tribunal qui a rendu le jugement, si le créancier n'y demeure pas (*art.* 780, § 3). Si le jugement a été rendu par un tribunal de commerce placé dans une autre ville que le tribunal de première instance, est-ce dans la ville où siége le tribunal civil d'arrondissement que doit être faite l'élection de domicile? Tous les auteurs le pensent (DELVINCOURT, *Inst. du droit commerc.* 2e édit. *t.* 2, *p.* 497; PIGEAU, *au lieu cité*, *n*° 2, 4°; CARRÉ, *Analyse*, *quest.* 2426[e], *et Lois de la procéd. n*° 2633; FAVARD DE LANGLADE, *Répert. mot Contrainte par corps*, § 4, *n*° 3; M. DALLOZ, *même mot*, *t.* 3, *p.* 792); car les tribunaux de commerce ne sont pas juges de l'exécution (*C. Pr.* 442), et cette élection de domicile paraît exigée pour les difficultés du fond et concordante avec la dernière disposition de l'art. 794. Nous pensons aussi qu'on devrait maintenir le commandement contenant une élection de domicile dans le lieu seulement où siége le tribunal civil. Cependant *le plus sûr est de suivre le texte* de la loi; car on ne pourrait annuler un acte qui s'y serait exactement conformé. Le tribunal civil de l'arrondissement où siége le tribunal de commerce n'est pas toujours le tribunal d'exécution: c'est souvent aussi le tribunal du domicile du débiteur incarcéré. De là, arrêts qui décident que lorsque le jugement a été rendu dans un autre lieu que celui du tribunal d'exécution, le débiteur ne peut demander la nullité du commandement faute d'élection de domicile dans la ville où siége ce dernier tribunal, parce qu'on ne peut ajouter à la loi une disposition qu'elle n'a point émise, et encore moins annuler un acte pour l'omission d'une formalité purement arbitraire (*Nîmes*, 4 *mai* 1824; *Montpellier*, 22 *août* 1827).

17. Il faut aussi, avant une arrestation, ou même une recommandation (*Lyon*, 4 *sept.* 1810), que l'officier ministériel qui doit y procéder soit porteur d'un pouvoir spécial.

« L'art. 556 du Code de procédure, en déclarant « en termes *impératifs* qu'il est *besoin* d'un pou- « voir spécial pour que l'huissier procède à une « arrestation, l'ordonne sans restriction et dans « l'intérêt de toutes les parties », du créancier, afin que ses ordres ne soient pas outrepassés, « et « du débiteur, auquel il importe d'avoir sa garantie « contre le créancier incarcérateur, sans que celui- « ci puisse échapper par un désaveu tardif contre « l'huissier qui aurait procédé à l'emprisonnement. « Ce pouvoir spécial, dont l'huissier doit être por- « teur, est donc un des élémens préalables de la « procédure à fin d'arrestation, et une condition « nécessaire à la validité de l'emprisonnement » (*Motifs de l'arrêt de cass.* (*) *du* 6 *janvier* 1812). Ainsi serait nul l'emprisonnement fait sans pouvoir préalable, même quand le créancier le ratifierait après l'arrestation (*Lyon*, 4 *sept.* 1810; *Cass.* 6 *janvier* 1812; *Trèves*, 23 *déc.* 1812, nonobstant *Bruxelles*, 29 *juin* 1808, 25 *février* 1810; *Turin*, 9 *févr.* 1810, et l'opinion de PIGEAU, *t.* 2, *part.* 5, *tit.* 3, 10e *règle*).

18. Mais on ne doit pas aggraver les conditions imposées par la loi; il suffit donc que le fait de l'existence du pouvoir aux mains de l'huissier à l'époque de l'emprisonnement soit constant; il n'est pas nécessaire que ce pouvoir ait une date certaine antérieure (*Rej.* 24 *janv.* 1814; *Cass.* 10 *août* 1814; *Colmar*, 8 *janv.* 1820; *Paris*, 28 *déc.* 1820; *Cass.* 15 *avril* 1822; *Rej.* 12 *juillet* 1814, nonobstant *Colmar*, 3 *juin* 1812, *et Rouen*, 1er *juin* 1812). C'est alors une question de fait; mais une double présomption s'élève en faveur de l'acte: d'une part, l'officier ministériel qui représente un pouvoir antérieur à l'arrestation est présumé de bonne foi; et d'autre part, le débiteur avait la faculté d'en exiger la représentation lors de l'emprisonnement. S'il n'a pas alors requis un référé sur ce point, c'est que l'huissier lui avait fait les justifications suffisantes.

19. Aucune loi ne dispense les gardes du commerce de l'obligation d'un pouvoir spécial, quoique M. Pigeau (*au lieu ci-dessus cité*) ait pensé le contraire. Ils sont soumis aux mêmes obligations que les huissiers (CARRÉ, *Lois de la procédure*, *n*° 1920).

(*) Cet arrêt et un grand nombre de ceux que nous allons citer à l'appui de nos principes ont été rendus en matière de saisie immobilière; cette procédure est, quant au pouvoir préalable, régie par le même art. 556, et les décisions doivent être identiques dans les deux matières.

En effet, l'unique raison de M. Pigeau, reproduite avec force par M. Dalloz (*Jurisp. générale, mot Contrainte par corps, t. 3, p. 822, à la note*), est que le pouvoir spécial serait une formalité superflue : il résulte *virtuellement*, dans ce cas, de la remise du jugement, qui ne peut avoir été faite à un garde du commerce *à aucune autre fin* que la contrainte par corps, puisque le ministère de ces officiers *est limité* à cette voie rigoureuse d'exécution. Mais ce raisonnement cède à la réflexion que le pouvoir est exigé pour qu'on n'outrepasse point les ordres du créancier, et que l'arrestation ne dépende que de sa volonté : or, est-ce le créancier qui remet en personne le jugement au garde du commerce? Non. Souvent même le créancier habite une ville éloignée. La simple remise du jugement aux mains d'un garde du commerce indique bien que *quelqu'un* a eu la volonté de faire arrêter le débiteur, mais ne prouve pas que cette volonté ait été celle du créancier. Avec cette doctrine, les créanciers des départemens seraient forcés de payer des frais élevés, qu'ils n'auraient pas été dans l'intention de faire, et les débiteurs n'auraient jamais de pitié à attendre de leurs créanciers, car ce serait des correspondans seuls que dépendrait leur liberté. Au surplus, le décret de 1808 a fixé les points sur lesquels il entendait déroger au Code de procédure et les dérogations ne peuvent être étendues.

20. Enfin dans le département de la Seine, où les arrestations et recommandations sont faites par les gardes du commerce qui ne sont pas chargés de la procédure préalable, le décret du 14 mars 1808 a établi que les gardes du commerce auraient un bureau commun situé au centre de Paris (*art.* 6), auquel tout débiteur dans le cas d'être arrêté pourrait notifier les oppositions, appels ou tous autres actes par lesquels il entend s'opposer à la contrainte prononcée contre lui (*art.* 10). De plus, il a institué un vérificateur auprès dudit bureau, auquel les titres et pièces sont remis, sous récépissé, avant de procéder à la contrainte par corps (*art.* 9), et qui ne peut remettre au garde du commerce ces titres et pièces qu'après avoir vérifié s'il n'est survenu aucun empêchement à la contrainte par corps, en avoir donné un certificat joint au dossier (*art.* 11), et avoir vérifié et visé chaque pièce (*art.* 21). Ce vérificateur est responsable du dommage-intérêt accordé au débiteur par suite d'erreur ou de fausse énonciation dans les certificats émanés de lui (*art.* 19, *in fin.*).

Si les pièces n'avaient pas été soumises au *visa* du vérificateur, l'emprisonnement pourrait-il être annulé? Non : la formalité est établie dans l'intérêt des gardes du commerce, et pour qu'ils n'aient pas la responsabilité de l'examen des procédures antérieures; et si la procédure était vicieuse, l'emprisonnement serait annulé, non pour le défaut de *visa*, mais pour le vice de procédure.

§ III. *Des lieux et des temps où les arrestations ne peuvent être opérées.*

21. Le débiteur ne peut être arrêté dans les édifices consacrés au culte et pendant les exercices religieux seulement (*C. Pr.* 781 3°), quels que soient ces exercices, prières publiques ou particulières, cérémonies, actes d'instruction et conférences religieuses : le mot *exercices* comprend tout (CARRÉ, *Analyse*, 2434ᵉ *quest. et Lois de la procéd.* n° 2642, contre les auteurs du *Praticien français*).

22. Ni dans le lieu et pendant la tenue des séances des autorités constituées (*C. Pr.* 781, § 4°), soit administratives, soit judiciaires. L'art. 4 § 6° du titre 3 de la loi de germinal an VI portait : « EN AUCUN TEMPS, dans un lieu public destiné au « culte, dans L'ENCEINTE du Corps législatif, du « Directoire exécutif, d'un tribunal ou administration quelconque. » En employant les mots *lieu des séances* au lieu du mot *enceinte*, l'intention des commissaires a été de ne pas comprendre dans la prohibition toute la partie de l'enceinte qui ne serait pas le lieu des séances, et l'arrestation serait valablement faite dans les cours et lieux environnans (PIGEAU, *liv.* 2, *part.* 5, *tit.* 4, *chap.* 1ᵉʳ, *sect.* 4, *divis.* III, n° 4; CARRÉ, *Analyse*, *quest.* 2436ᵉ, *Lois de la procéd.* n. 2643; PARDESSUS, *t.* 5. n° 1514), et même dans les bureaux (PARDESSUS *et* CARRÉ, *ibid.*). On peut même opérer l'arrestation dans le lieu des séances avant et après leur tenue. Le Code de procédure a supprimé les mots : EN AUCUN TEMPS (*mêmes autorités*).

23. Quoique les mots *autorités constituées* ne s'entendent ordinairement que des pouvoirs immédiatement créés par la constitution pour les distinguer de l'autorité constituante (M. MERLIN, *Répert. mots Autorités constituées*), nous pensons qu'il faut donner ici à ces mots un peu plus d'extension, et comprendre dans leur signification toutes les autorités légalement établies, quoique leur pouvoir découle médiatement de la constitution. Ainsi serait nulle l'arrestation faite dans le lieu et pendant la séance d'un conseil de guerre (CARRÉ, *Analyse*, 2438ᵉ *quest. et Lois de la proc.* n° 2645), ou dans le lieu et pendant l'audience d'un conseil de prud'hommes, quoique ni les conseils de guerre ni les conseils de prud'hommes ne soient institués par la constitution.

24. Il faut assimiler aux autorités constituées les colléges et assemblées électorales de toute nature institués par les lois. Pendant leur durée, le lieu de leurs séances est inviolable (CARRÉ, *ibid.*).

25. Partout ailleurs un débiteur peut être valablement arrêté. Par exemple, dans une bourse de commerce (CARRÉ, *Analyse*, 2439ᵉ *quest. et Lois de la procéd.* n° 2646).

26. L'autorité municipale peut aussi, dans l'intérêt de la sûreté et de la tranquillité des habitans, établir des mesures de précautions pour les arrestations dans certains cas. C'est ainsi que, par un règlement de la préfecture de police, le garde du commerce qui arrête un boucher sur le marché, doit être accompagné de l'inspecteur de police du marché (Pigeau, *lieu cité*, 4°, *in fin.*); mais l'inobservation de cette sage mesure n'entraînerait pas la nullité du procès-verbal.

27. Le débiteur ne peut non plus être arrêté dans une *maison quelconque*, à moins qu'il n'ait été ainsi ordonné par le juge de paix du lieu, qui devra, dans ce cas, se transporter dans la maison avec l'officier ministériel (*C. Pr.* 781 5°).¶

28. D'où il suit que l'ordonnance et l'assistance du juge de paix sont nécessaires pour arrêter un débiteur, soit dans un édifice consacré au culte hors du temps des exercices religieux, soit dans le lieu des séances des autorités constituées avant ou après les séances, soit dans les cours, bureaux et dépendances du lieu des séances, soit dans un lieu où quelqu'un exerce une fonction publique, comme les salles des cours des facultés (Carré, *Analyse*, 2441e *quest. Lois de la procéd.* n° 2648; Pigeau *et* Pardessus, *lieux cités*), soit enfin dans une maison royale ou ses dépendances: car l'obligation imposée aux officiers de justice, lorsqu'il échet d'y faire une exécution, de se présenter au gouverneur, ou à celui auquel en son absence appartient la surveillance (*Ord. du* 20 *août* 1817), est une mesure d'ordre et de police intérieure qui ne remplace pas la présence d'un magistrat.

29. Même dans son propre domicile (*C. Pr.* 781 5°), le débiteur ne peut être arrêté sans la présence du juge de paix. Cette règle est modifiée pour Paris, où le garde du commerce peut, sans la présence de ce magistrat, arrêter le débiteur dans son propre domicile, si l'entrée ne lui en est pas refusée (*Décret du* 14 *mars* 1808, *art.* 15); et ces mots, *propre domicile*, employés dans le décret par opposition à l'obligation imposée au garde de se faire assister d'un juge de paix dans la maison *tierce* où se trouverait le débiteur (*même art.* 1re *disposition*), signifient les lieux que le débiteur occupe à titre de location, même en hôtel garni (*Paris*, 4 *janv.* 1810).

30. Par *domicile* ou *maison*, on entend la maison d'habitation et toutes ses dépendances, comme cours, basses-cours, jardins (*Cass. sect. crim.* 18 *juin* 1812; 16 *avril* 1813), édifices ayant leur clôture particulière dans la clôture ou enceinte générale (*C. pén. art.* 390). Ainsi, nullité de l'arrestation d'un débiteur faite sans l'assistance du juge de paix dans une cour intérieure de sa maison (*Lyon*, 10 *juin* 1824) ou dans la cour d'une maison tierce, même quand le débiteur ne s'y est réfugié qu'après avoir été saisi au corps (*Limoges*, 7 *mars* 1828).

31. L'arrestation ne serait même pas validée par la survenance du juge de paix, si l'huissier avait pénétré dans le domicile hors sa présence (*Paris*, 22 *juin* 1809), nonobstant un arrêt de Rennes (27 *janv.* 1808) dont M. Sirey ne donne pas le texte: mais comme il résulte de sa notice que l'huissier dressait un procès-verbal de saisie-exécution, on peut croire que cette circonstance a déterminé l'arrêt.¶

Cerner un débiteur dans l'intérieur d'une maison pour l'empêcher de fuir jusqu'à l'arrivée du juge de paix, c'est, de la part de l'huissier, l'arrêter autant qu'il est en lui. L'arrestation est donc nulle (*Limoges*, 27 *mars* 1828); mais laisser ses témoins à la porte du domicile pendant le temps nécessaire pour requérir ce magistrat, et ne pénétrer dans la maison qu'avec lui, est, de la part de l'huissier, un acte régulier (*Toulouse*, 20 *août* 1827). En effet, le débiteur n'est pas retenu par la violence dans son domicile, puisque les témoins en vedette n'ont pas le droit de l'arrêter; la crainte seule d'en être suivi l'empêche de s'évader.

32. La loi ne prescrit aucune forme pour la constatation de l'ordonnance du juge de paix. Dans l'usage, elle est consignée sur le procès-verbal et signée de lui; mais il suffit, pour l'accomplissement de la loi, que le procès-verbal constate que l'huissier a requis le magistrat, que celui-ci a déféré au réquisitoire, s'est transporté dans la maison, et a ordonné à l'huissier de faire l'arrestation (*Colmar*, 10 *décembre* 1819); la présence même de ce magistrat à l'arrestation suffit pour indiquer qu'il en a donné l'ordre, d'après la maxime *ubi judex adest, ibi imperat* (*Lyon*, 7 *mai* 1825); et la loi n'exige pas non plus que le juge de paix présent au procès-verbal d'arrestation y appose sa signature pour constater sa présence (*Paris*, 25 *févr.* 1808), car le procès-verbal est un acte authentique qui atteste et justifie la présence du juge de paix jusqu'à inscription de faux (Carré, *Lois de la proc.* n° 2650, *à la note. V. en outre* Pigeau, *lieu cité*, n° 4, 3°).

33. En cas d'absence ou d'empêchement, le juge de paix est remplacé par son suppléant (*Colmar*, 12 *mars* 1828).

L'art. 15 du décret du 14 mars 1808 porte que si le juge de paix du canton ne pouvait pas ou refusait d'ordonner l'arrestation dans la maison *tierce* où se trouverait le débiteur, et de se transporter avec le garde pour procéder à l'arrestation, le garde chargé de l'exécution requerra le juge de paix d'un autre canton. Les auteurs ont induit de cet article que les huissiers peuvent procéder de même dans les départemens (M. Pardessus, n° 1514; Carré, *Lois de la proc.* n° 2652).

Cette décision est loin d'être sûre, et l'on se

trompera toujours avec les auteurs, quand on transportera une loi particulière et de privilége dans l'exécution d'une loi générale.

Le décret de 1808 donne aux gardes du commerce le droit de requérir le juge de paix d'un autre canton : mais quand les gardes du commerce sont chargés des pièces, la procédure a été examinée par le vérificateur; il y a donc garantie qu'elle est régulière : l'auteur du décret a donc pu faire, en faveur des gardes du commerce, une exception que le Code de procédure n'a pas faite pour les huissiers, qui doivent être assistés du juge de paix *du lieu*, suivant l'art. 781 § 5o. Dès que l'art. 781 donne au juge de paix du lieu le droit d'ordonner que l'arrestation s'effectue dans le domicile, il lui donne aussi le droit de ne pas l'ordonner; le droit d'examiner si les pièces sont régulières, celui d'apprécier même les circonstances dans lesquelles se trouve le débiteur. Comment dès lors s'adresser, dans le silence de la loi ou plutôt malgré sa prescription, au juge de paix *d'un autre lieu?* M. Carré appuie son opinion sur l'art. 1er de la loi du 16 ventôse an XII, qui veut qu'en cas d'empêchement légitime d'un juge de paix ou de ses suppléans, le tribunal de première instance dans l'arrondissement duquel est située la justice de paix, renvoie les parties devant le juge de paix du canton le plus voisin. Mais argumenter de cette loi, n'est-ce pas encore argumenter d'une loi spéciale à une loi générale? N'est-ce pas confondre l'empêchement légitime avec le refus d'ordonnance, deux choses essentiellement différentes? D'ailleurs, l'art. 1er de cette loi exige un jugement portant nomination d'un autre juge de paix, et l'art. 2 veut que ce jugement soit rendu sur simple requête, d'après les conclusions du procureur du roi, parties présentes ou dûment appelées, ce qui n'est pas praticable à l'instant d'un emprisonnement.

Concluons donc que, s'il y a refus du juge de paix d'autoriser l'arrestation dans le domicile, l'huissier ne peut passer outre; et que, s'il y a simple absence ou empêchement du juge de paix, c'est à ses suppléans seulement que l'huissier peut valablement s'adresser.

Au surplus, il est de jurisprudence, au tribunal civil de Paris, que le garde du commerce est valablement assisté de l'un des juges de paix de la ville de Paris, qu'il soit ou non le juge de paix de l'arrondissement où s'effectue l'arrestation. La raison de cette jurisprudence est, *en fait*, que les arrestations deviendraient souvent impossibles à Paris par la facilité qu'y ont les mauvais débiteurs de changer d'asile et d'arrondissement; et, *en droit*, que Paris est une seule commune, que la ville ne contient pas de cantons, et que dès lors chacun des juges de paix y est juge de paix *du lieu* (*Encyclopédie des juges de paix*, *mot Contrainte par corps*, no 10).

34. Des lieux passons aux temps où ne peuvent s'opérer les arrestations.

35. Le débiteur ne peut être arrêté avant le lever ni après le coucher du soleil (*C. Pr. art.* 781, § 1o), même quand ce serait à une heure légale pour les autres exécutions (*Colmar*, 16 *therm. an XII et* 31 *août* 1810; *Bruxelles*, 1er *mars* 1813). L'arrestation annulée par l'arrêt de Colmar avait été tardive d'une minute, et celle annulée par l'arrêt de 1810 prématurée de quatre minutes seulement, suivant les tables astronomiques.

Dans l'espèce de ces arrêts, l'heure eût été légale pour d'autres exécutions, quoique le soleil ne fût pas encore levé ou couché. Que décider si le soleil est sur l'horizon, le 22 juin, par exemple, avant quatre heures du matin, ou le 31 mars après six heures du soir? Le temps des autres exécutions ne sera pas encore arrivé ou sera passé, peut-il être permis alors de procéder à une arrestation? Nous pensons que si la défense spéciale de l'art. 781 déroge en faveur de la liberté à la règle générale du temps fixé pour les exécutions par l'art. 1037, cet article n'en limite pas moins l'art. 781 quand le lever ou le coucher du soleil précède ou suit l'heure à laquelle AUCUNE exécution NE PEUT être faite. L'art. 781 n'accorde pas un droit; il exprime une défense : il faut la concilier avec la défense générale de l'art. 1037 (M. BERRIAT S. PRIX, *Cours de proc. note* 5, *sur le tit. de la Contrainte par corps*; PIGEAU, *liv.* 2, *part.* 5, *tit.* 4, *ch.* 1er, *sect.* 4, *divis.* III, no 3. Analogie : *Décret du* 4 *août* 1806 qui limite, par l'art. 1037, C. Pr. le temps de nuit pendant lequel la gendarmerie ne peut entrer dans la maison des citoyens. *V.* cependant, contre cette opinion, M. PARDESSUS, *Droit comm.* no 1514; M. DELAPORTE, *t.* 2, *p.* 358, *et* CARRÉ, *Analyse*, 2428e *quest. et Lois de la proc.* no 2635).

36. Le débiteur ne peut être arrêté les jours de fête légale (*C. Pr.* 781, § 2o).

Voilà encore une défense absolue, tandis que pour les exécutions en général l'art. 1037 apporte, à la défense d'exécuter les dimanches et jours de fête légale, la restriction suivante : « Si ce n'est en « vertu de permission du juge, quand il y a péril « en la demeure. »

Le juge permettrait-il valablement de faire une arrestation un jour de fête légale? Nous ne le pensons pas, parce que, s'il avait ce droit, le § 2o de l'art. 781 serait inutile, et l'art. 1037 aurait suffi. C'est donc une règle absolue et sans limites imposée en faveur de la liberté (M. DEMIAU CROUZILHAC, *page* 477). D'autres auteurs pensent le contraire, et s'étayent sur ce qui se pratiquait sous l'ancien droit (M. BERRIAT S. PRIX, *note* 3 *sur le chap. des temps, délais et dates des procédures*; CARRÉ, *Analyse*, 2432e *quest. et Lois de la procéd.* no 2639; M. CHAUVEAU, *Journal des avoués*, *mot Contrainte par corps*, no 213; FAVARD DE LANGLADE, *même mot*, § 4); mais outre que cette permission s'accordait rarement, on n'avait pas alors une procédure aussi simple qu'aujourd'hui pour pénétrer dans le domicile pendant les jours non fériés.

Il est convenable de ne pas faire d'arrestation pendant un jour de réjouissances publiques ordonnées par le gouvernement; cependant il serait difficile d'annuler pour cette cause une arrestation effectuée. Pigeau (*liv.* 2, *part.* 5, *tit.* 3, *ch.* 1er, *sect.* 4, *divis.* III, *n.* 2) paraît assimiler ces réjouissances aux fêtes légales.

37. Malgré le silence de la loi sur ce point, nous pensons, avec MM. Pardessus et Carré, qu'on ne peut arrêter un débiteur à l'instant où il exercera une fonction publique extérieure, par exemple, un officier commandant un poste ou un peloton (M. PARDESSUS, *n°* 1514; CARRÉ, *Analyse*, *quest.* 2440e, *Lois de la proc. n°* 2647), même un soldat en faction, car ce serait troubler un service d'intérêt public pour un intérêt privé. L'intérêt public a même fait défendre d'arrêter *pour dettes civiles* le capitaine d'un vaisseau marchand et les gens de l'équipage *qui sont à bord* ou qui, *sur les chaloupes*, se rendent à bord *pour faire voile*, à moins qu'elles n'aient été contractées pour le voyage (*C. Com.* 231 *et les notes sur l'art.* 24 *de la loi du* 17 *avril* 1832). Pigeau (*au lieu déjà cité*, *n°* 4 4°) va plus loin, et dit qu'on ne pourrait arrêter, ni un pâtre ou berger, ni un voiturier, messager, cocher et postillon de voitures publiques, dans l'exercice de leurs fonctions. C'est aller bien au-delà des exceptions posées par la loi; mais en n'admettant pas l'opinion de Pigeau, il faut dire que l'huissier doit pourvoir à la sûreté des bestiaux, des chevaux et des voitures; autrement il pourrait être passible des dommages-intérêts (*V.* M. THOMINE-DESMAZURES, *sur l'art.* 781).

§ IV. *Des personnes qui ne peuvent être arrêtées.*

38. En général, toutes les fois qu'un jugement prononçant la contrainte par corps est devenu inattaquable par l'expiration du délai de l'opposition ou du délai de l'appel suspensif, le débiteur ne peut se soustraire à son exécution. Cependant il existe quelques exceptions dont l'effet est ou de différer l'arrestation ou d'empêcher absolument qu'elle ait lieu.

39. Des raisons politiques ont dicté l'art. 51 de la Charte de 1814 devenu le 43e de la Charte de 1830 : « Aucune contrainte par corps ne peut être « exercée contre un membre de la Chambre (des « députés) durant la session, ni dans les six se- « maines qui l'auront précédée ou suivie. » C'est une exception temporaire.

40. L'art. 34 de l'ancienne Charte (aujourd'hui art. 29) porte « qu'aucun pair ne peut être arrêté « *que de l'autorité de la Chambre.* » D'où il suit que tant que la Chambre des pairs n'a pas permis l'arrestation, les jugemens doivent rester sans exécution au chef de la contrainte par corps. C'est une exception conditionnelle.

Le 25 avril 1822, la Chambre des pairs avait décidé d'une manière générale qu'elle refuserait toute autorisation d'exécuter la contrainte par corps contre tout membre de la pairie pour dettes purement civiles, et qu'elle ne ferait d'exception que pour les dettes dont le caractère civil serait altéré par un mélange de dol ou de fraude (*V.* M. MERLIN, *Questions de droit*, *mot Contrainte par corps*, § 12). Depuis la révolution de 1830, la Chambre a changé de jurisprudence, et a accordé une autorisation le 24 septembre 1831.

Il n'y a pas de différence entre les dettes contractées avant ou après la promotion à la pairie (*Paris*, 19 *juin* 1826); enfin, il suffit d'être nommé membre de la Chambre des pairs, sans être actuellement admis à y siéger, pour jouir de cette prérogative (M. SIREY, *note sur un arrêt de Paris du* 13 *nov.* 1831).

41. Un militaire en activité de service peut-il être incarcéré pour dettes? Non, suivant M. Carré, *aux lieux cités n°* 37. Il s'appuie d'un passage de M. Pardessus, qui n'a trait qu'à l'exercice actuel de la fonction publique et non à l'activité de service, et d'un passage de Jousse, sur l'art. 9 du titre 34, *in fin.* qui écrivait sous une jurisprudence aujourd'hui abrogée. Depuis, M. Fœlix a partagé son opinion (*Comment. sur la loi du* 17 *avril* 1832, *ch.* 1er, § 2, *p.* 11) qui avait été adoptée par la Cour royale de Caen le 22 juin 1829.

Mais pour exempter les militaires en activité de service, il faudrait un texte, et ce texte n'existe pas : au contraire, les seules dispositions législatives qui s'occupent des militaires et de la contrainte par corps supposent qu'elle existe contre eux. Les officiers sont réputés démissionnaires, s'ils n'ont pas satisfait dans les deux mois à la condamnation définitive prononçant le par corps (*L.* 8—10 *juillet* 1791, *tit.* 3, *art.* 63); et l'arrêté du 7 thermidor an VIII, qui déclare la loi du 15 germinal an VI applicable aux conscrits, est général, et s'entend des conscrits appelés sous les drapeaux comme de ceux restés dans leurs foyers. Cette opinion est celle de M. Pardessus, n° 1509, et la question a été jugée en ce sens par le tribunal civil de Paris (1re chambre) le 30 avril 1833. Si le législateur eût voulu cette exception, il l'eût écrite, comme il l'a fait pour les gens de mer (*C. Com.* 231), et notre doctrine s'accorde avec celle du n° 37, car il y a une distance immense entre l'activité de service et l'exercice public des fonctions.

42. Il y a exception relative pour les personnes contre lesquelles leur époux, ascendant, descendant, frère, sœur, beau-frère ou belle-sœur, serait porteur de jugement entraînant la contrainte par corps (*V. l'Appendice sur l'art.* 19 *de la loi du*

17 *avril* 1832); et pour le mari ou la femme dont le conjoint serait emprisonné pour la dette en vertu de laquelle on voudrait incarcérer l'autre (*V. l'art.* 21 *de la même loi*).

45. On ne peut non plus exercer la contrainte par corps contre un débiteur porteur d'un sauf-conduit valable.

Le sauf-conduit est un privilége personnel et limité qui suspend, pendant sa durée, l'exécution des contraintes par corps dirigées contre la personne qui en est l'objet.

Le roi seul pouvait, avant la révolution de 1789, accorder des saufs-conduits, parce que, comme législateur, il avait seul le pouvoir de suspendre l'exécution des lois. (*Répert. de* M. Merlin, *mot Sauf-Conduit*, nº 1; *Rép. de* Favard, *même mot*). Il était rare d'en obtenir: Denizart (*au même mot*) atteste n'en avoir vu qu'un seul, dont il rappelle les termes.

De ce que le sauf-conduit est un privilége, et de ce qu'il suspend l'exécution des lois et des jugemens, il suit qu'il ne peut être délivré que par les personnes à qui la loi en donne le pouvoir, que dans les formes prescrites par la loi, que pour le temps que la loi détermine ou permet, et dans les cas seulement où la loi permet d'en accorder. C'est de la loi seule que peut dériver le pouvoir de suspendre l'exécution de la loi.

Par la même raison, tout sauf-conduit accordé par d'autres personnes, pour d'autres actes, dans d'autres formes, ou pour un temps plus long, est nul de plein droit, et n'a pas la force de suspendre l'emprisonnement.

Tels sont les principes généraux. Passons à leur application.

La loi du 15 germinal an VI, titre 3, art. 8, défendit de mettre à exécution aucune condamnation par corps en matière civile ou de commerce contre un individu, si, *appelé comme témoin* en matière civile, de police ou criminelle, il était porteur d'un sauf-conduit du président du tribunal, du directeur du jury, ou du juge de paix devant lequel il devait comparaître.

Dans cette loi, les mots *témoin en matière civile* étaient employés par opposition aux mots *de police ou criminelle*, et comprenaient par conséquent les témoins appelés devant les juges de commerce. Par *le président du tribunal*, la loi entendait le président du tribunal de commerce aussi bien que le président du tribunal civil.

L'exécution de cette loi entraîna des abus: les juges de paix surtout délivraient des saufs-conduits pour un temps trop long, pour une ou deux décades, les renouvelaient sous différens prétextes, et souvent sans autre motif que de soustraire un débiteur de mauvaise foi aux poursuites légitimes de son créancier (*Lettre du min. de la just. aux juges de paix, du* 5 *mess. an VIII*, Sirey, 1er *vol.* 2, 255).

Aussi le projet du Code de procédure ne parla-t-il pas des saufs-conduits, dont le conseil d'État voulait abolir l'usage. Cependant la section de législation du Tribunat pensa qu'on ne pouvait s'empêcher de prévoir le cas où un débiteur serait appelé comme témoin devant la justice; que les abus qui avaient eu lieu dans l'exécution de la loi de germinal exigeaient des changemens à cette loi, et que c'était *avec intention* que la section désignait les autorités judiciaires qui pourraient donner le sauf-conduit (*Procès-verbal de la sect. de lég. du Tribunat, obs. sur l'art.* 797 *bis de la rédact. comm.*; Locré, *Esprit du C. de proc. civ. sur l'art.* 782). De là l'origine et la rédaction de l'art. 782 du Code de procédure ainsi conçu: « Le débiteur ne pourra « non plus être arrêté, lorsque, appelé comme té-« moin devant un directeur du jury (*aujourd'hui « un juge d'instruction*, *C. instr. crim.* 71) ou de-« vant un tribunal de première instance, ou une « Cour royale ou d'assises, il sera porteur d'un « sauf-conduit. » — « Le sauf-conduit pourra être « accordé par le directeur du jury, par le président « du tribunal ou de la Cour où les témoins devront « être entendus. Les conclusions du ministère pu-« blic seront nécessaires. » — « Le sauf-conduit « règlera la durée de son effet, à peine de nullité. » — « En vertu du sauf-conduit, le débiteur ne « pourra être arrêté ni le jour fixé pour sa compa-« rution, ni pendant le temps nécessaire pour aller « et revenir. »

Cet article règle tout: causes du sauf-conduit, autorités qui le délivrent, formes de la délivrance, et durée de la franchise.

Le sauf-conduit pourrait-il être accordé s'il s'agissait d'une enquête devant un tribunal de commerce ou devant un juge de paix? Un avis du conseil d'État du 30 avril 1807, approuvé (dit-on) le 30 mai suivant, porte que la faculté de délivrer des saufs-conduits étant interdite aux juges de paix et aux tribunaux de commerce, les parties qui voudront produire, devant ces tribunaux, des témoins en état de contrainte par corps, devront s'adresser au président du tribunal civil de l'arrondissement, qui, sur la représentation du jugement d'enquête, délivrera, s'il y a lieu, le sauf-conduit nécessaire (*Circul. du G. J. min. de la just. du* 8 *sept.* 1807, Sirey, 1808, 2, 30; Favard de Langlade, *Répert. mot Contrainte par corps*, §4, *sur l'art.* 782; Locré, *Législation civ. et com. t.* 22, *p.* 786; Carré, *Analyse*, 2445e *quest. et Lois de la proc.* nº 2653; Pardessus, nº 1515). Cet avis dérogerait en effet au Code de procédure, en ce qu'il suppose qu'on peut obtenir des saufs-conduits pour témoigner devant les tribunaux de commerce et de paix; mais ce décret approbatif ne paraît pas avoir été publié légalement, car nous l'avons trouvé partout, *excepté* au bulletin des lois, et ce qui nous confirme dans l'opinion que nos recherches ne nous ont pas trompés, c'est que notre savant ami, M. Duvergier, dont la religieuse exactitude est connue de tous les jurisconsultes, n'a pas inséré cet avis dans sa *Collection des Lois* : ce qu'il eût fait s'il y avait eu publication.

Le second chef de l'article attribue exclusivement au juge d'instruction, au président du tribunal de première instance (en matière civile ou correctionnelle), et au président de la Cour royale ou de la Cour d'assises, la faculté d'accorder les saufs-conduits. Mais ils ne l'exercent que sur les conclusions du ministère public, dont la mention est nécessaire (PARDESSUS, *n*° 1515). Si l'avis du 30 avril 1807 avait échappé à notre investigation, et qu'il fût enfoui au Bulletin, les présidens des tribunaux de première instance auraient en outre le droit de délivrer les saufs-conduits pour paraître en témoignage devant les tribunaux de paix et de commerce de leur ressort.

Le sauf-conduit serait nul, s'il était accordé pour une cause autre que celles permises par la loi, par exemple, si le président le donnait au débiteur pour qu'il pût être présent au rapport qui serait fait d'une affaire qui le concerne (*Rej. sect. civ.* 17 *févr.* 1807; MERLIN, *Rép. mot Sauf-Conduit*, *n*° 4); s'il n'était pas limité d'une manière fixe dans sa durée, comme, « ordonnons de laisser venir « librement tant à compter de ce jourd'hui qu'au- « tres jours qui *seront indiqués* pour l'instruction « et jugement *de l'affaire susdite* » (*Cass. sect. des req.* 5 *vend. an XI*; MERLIN, *Quest. de droit*, *mot Sauf-Conduit*); à plus forte raison s'il n'exprimait aucunement le temps de sa durée (M. PARDESSUS, *n*° 1515; CARRÉ, *Lois de la procéd. n*° 2655); enfin s'il était accordé pour un temps plus long que ne le permet la loi, il serait nul pour l'excédant (*V.* M. PARDESSUS, *ibid.*).

M. Carré (*ibid.*) exprime une opinion contraire. Il pense en outre que si le sauf-conduit a été irrégulièrement accordé, la contrainte par corps ne peut être exercée qu'autant que le sauf-conduit aurait été préalablement annulé (*n*° 2656). C'est une erreur. La contrainte par corps sera valablement exercée, nonobstant le sauf-conduit irrégulier (M. PARDESSUS, *ibid.*; MERLIN, *Répert. ibid.*; *Rej.* 17 *févr.* 1807). M. Carré s'appuie en vain sur ce qu'une ordonnance de justice serait un piége tendu au débiteur, sur ce que la loi ne prononce pas la nullité, et sur ce que l'art. 782 exige seulement que celui-ci soit porteur d'un sauf-conduit. La réponse est que l'ordonnance est chose étrangère au créancier qui ne l'a pas obtenue, qu'un sauf-conduit n'est pas un acte de procédure auquel on puisse appliquer l'art. 1033 du Code de procédure; mais un acte émané du juge dont le pouvoir est limité à cet égard, et qui ne peut, comme exception au droit commun, avoir d'existence s'il ne réunit toutes les conditions sous lesquelles a été délégué le pouvoir de l'accorder; enfin qu'avec la doctrine de M. Carré, on retomberait dans tous les abus que le Code de procédure a voulu proscrire.

44. Néanmoins les tribunaux de commerce ont seuls le droit d'accorder des saufs-conduits *en cas de faillite*, lorsque l'état apparent des affaires du failli et sa bonne foi présumée permettent de penser que la masse des créanciers n'a pas intérêt à sa détention (*C. Com.* 466 *et suiv.*). Ce sauf-conduit est proposé par le juge-commissaire; à défaut, il peut être demandé par le failli lui-même (*art.* 467). Ce sauf-conduit peut être révoqué par le tribunal qui l'a octroyé, soit d'office, soit sur la provocation du juge-commissaire, soit sur celle de quelque créancier, s'il est reconnu que le débiteur abuse de sa liberté, ou si de nouvelles découvertes apprenaient qu'il a agi frauduleusement (M. PARDESSUS, *t.* 4, *n*° 1149 *in fin.*).¶

45. L'état de faillite est aussi un obstacle à l'emprisonnement du débiteur en vertu de tout jugement du tribunal de commerce (*C. Com.* 455). Ce serait pour le créancier incarcérateur un moyen de faire sa condition meilleure et d'obtenir des arrangemens particuliers (M. LOCRÉ, *Esprit du Code de Com. sur l'art.* 494).¶

Il en est de même du jugement qui prononce le sursis provisoire aux poursuites avant le jugement définitif de cession de biens (*C. Pr. art.* 900); mais avec cette différence que le jugement de déclaration de faillite suspend généralement les arrestations, et que le sursis provisoire en matière de cession de biens n'arrête que les poursuites des créanciers qui ont été partie au jugement.

46. Enfin, il est évident que les causes qui feraient cesser l'emprisonnement doivent également empêcher qu'on ne l'effectue : par exemple, l'âge de soixante-dix ans atteint depuis le jugement, mais avant son exécution.

§ V. *Des arrestations et des recommandations.*

47. Le procès-verbal d'emprisonnement doit contenir, outre les formalités des exploits, 1° itératif commandement (*C. Pr. art.* 783), qui exprime exactement le montant des sommes dues, car il faut que le débiteur soit mis en état de connaître à l'instant même les causes de son emprisonnement. (DEMIAU-CROUZILHAC, *p.* 480; CARRÉ, *Analyse*, *question* 2450°, *Lois de la procéd. n*° 2661); mais le défaut de mention du refus du débiteur de payer la dette ne serait pas une cause de nullité : son arrestation immédiate fait présumer ce refus (CARRÉ, *n*° 2661 *à la* 2° *note*).¶

48. Il contient, 2° élection de domicile dans la commune *où le débiteur sera détenu*, si le créancier n'y demeure pas (*C. Pr. art.* 783); expressions plus claires que celles de l'art. 10 du titre 3 de la loi de germinal : *dans le lieu de la maison d'arrêt*.

Cette élection de domicile révoque celle faite par la signification avec commandement dans le lieu où siége le tribunal qui a rendu le jugement aux termes de l'art. 780 du Code de procédure. Il n'y a pas de raison d'obliger le créancier d'avoir deux domiciles élus pour l'exécution du même acte, et le débiteur n'a pas d'intérêt à exiger qu'ils subsistent tous deux en même temps (DELVINCOURT, *Inst. du droit commercial, t. 2, p.* 498. M. PARDESSUS, *C. de droit comm. t.* 5, *n°* 1516; CARRÉ, *Traité et Questions, n°* 3768, *à la note, et lois de la procéd. n°* 2663. Nonobstant PIGEAU, *liv.* 2, *part.* 5, *tit.* 4, *ch.* 1, *sect.* 4; *divis.* II, *n°* 2, 4°; CARRÉ, *analyse, n°* 2452; M. BERRIAT S. PRIX, *note* 16 *sur le tit. de la Cont. par corps; et* M. CHAUVEAU, *J. des Avoués, mot Contrainte par corps, n°* 217). D'ailleurs l'élection de domicile dans un acte de procédure est spéciale à l'effet de cet acte : or, l'effet du commandement est consommé par l'emprisonnement. Prolonger les effets de l'élection de domicile après une autre élection pour le même objet, paraîtrait donc contraire à l'art. 2006 du Code civil.

49. Le procès-verbal contient encore 3° mention des deux recors dont l'huissier est assisté. En prescrivant cette assistance, l'art. 783 ne parle pas de la mention qui en doit être faite, mais il est de principe général que les actes des officiers publics doivent contenir la mention de toutes les formalités sans lesquelles ils ne pourraient subsister.

Par argument de l'art. 585, on pense que les recors doivent être Français, majeurs, non parens ni alliés de l'huissier jusqu'au degré de cousin issu de germain inclusivement, ni leurs domestiques (DELVINCOURT, PARDESSUS, *aux lieux cités;* CARRÉ *Traité et Questions, n°* 3771, *et Lois de la procéd. n°* 2666). Et c'est avec raison, car il faut être Français et majeur pour concourir à l'authenticité d'un acte, et la parenté, comme la domesticité, est une cause civile de reproche contre les témoins (*C. Pr.* 283). Néanmoins cette dernière partie de l'opinion citée doit être entendue sainement. Toutes les causes de reproches contre les témoins judiciaires, ne sont pas des causes d'incapacité dans les témoins instrumentaires : et comme l'art. 783 ne spécifie pas les qualités requises dans les recors, nous pensons que, s'ils étaient parens à un degré plus rapproché, et qu'il n'y eût pas de fraude alléguée, le motif de parenté ne serait pas suffisant pour faire annuler le procès-verbal.

Les mêmes auteurs, par la même analogie, veulent que les recors signent l'original et la copie du procès-verbal : M. Dalloz se joint à eux (*Jurisp. gén. mot Contrainte par corps, t.* 3, *p.* 799 *à la note* 2). Certes, c'est le mode le plus régulier d'opérer; mais il n'y aurait pas de nullité à nos yeux dans l'omission de la signature des recors, car en matière de nullité il ne faut pas être plus sévère que la loi (*C. pr. art.* 1030). La loi a exigé la signature des témoins sur les procès-verbaux de saisie-exécution (*C. pr. art.* 585), et n'a point parlé de la signature des recors aux arrestations : le législateur a pu penser que pour cette mission rigoureuse, l'huissier ne trouverait pas toujours des recors qui sussent écrire. Cependant on invoque pour l'opinion contraire un arrêt de Riom *du* 6 *mai* 1819, qui annule un procès-verbal d'arrestation faute de mention des noms des recors et de leur signature sur la copie : mais il faut remarquer que *les noms* même manquaient, de sorte que le procès-verbal ne constatait ni l'assistance des recors ni leur individualité, ce qui n'est pas à comparer à la simple absence de signature.¶

50. Enfin, 4° le procès-verbal doit contenir le récit fidèle de ce qui s'est passé, les réquisitions du débiteur, sa rébellion, le paiement qu'il effectuerait, etc., etc.

51. Si le débiteur fait rébellion, l'huissier peut établir garnison aux portes pour empêcher l'évasion, et requérir la force armée (*C. pr.* 785; *Déc. du* 14 *mars* 1808, *art.* 16). Il ne faut pas confondre cette garnison avec la surveillance extérieure dont nous avons parlé n° 31. La garnison laissée aux portes, et partout où le débiteur pourrait trouver facilité de s'évader, n'a pas, à la vérité, le droit d'arrêter le débiteur en l'absence de l'huissier, mais elle a celui de s'opposer à sa sortie.

52. Souvent aussi le débiteur a des réclamations à élever contre l'arrestation; et si l'huissier ne veut pas prendre sur lui de les admettre, le débiteur peut requérir qu'il en soit référé. Il est alors conduit sur-le-champ devant le président du tribunal de première instance du lieu de l'arrestation (ou le juge qui le remplace), soit à l'audience, soit à son hôtel, selon les heures (*C. pr.* 786), à peine de MILLE FRANCS d'amende contre l'officier qui se serait refusé à le conduire en référé (*L. du* 17 *avril* 1832, *art.* 22); et le débiteur n'a pas à craindre que sa réquisition demeure ignorée; car, outre qu'il peut prouver par témoins ce refus, il a le droit de réitérer sa réquisition même dans la prison en présence du concierge, tant que l'écrou n'est pas terminé (DEMIAU-CROUZILHAC, *p.* 482; CARRÉ, *Analyse, quest.* 2475e, *et Lois de la proc. n°* 2694).¶

53. Le pouvoir du juge des référés est fort étendu en cette matière. Toutes les difficultés d'exécution lui sont soumises : qu'elles portent sur la non-identité entre la personne arrêtée et le débiteur (M. PARDESSUS, *n°* 1518), sur l'omission ou l'irrégularité des procédures préalables à l'emprisonnement, par exemple sur la nullité de la copie du commandement (*Paris*, 17 *déc.* 1817), sur la forme, l'heure, le lieu de l'arrestation, sur la validité du pouvoir de l'huissier, etc., etc.

« Cependant le juge devant qui le référé est porté ne peut entrer dans le mérite de la condamnation.

Si donc la contrainte par corps avait été prononcée indûment, le jugement étant passé en force de chose jugée, elle devrait recevoir son exécution » (M. PARDESSUS, *ibid*). « Il en serait de même de toutes autres exceptions par lesquelles le débiteur attaquerait ou contesterait au fond le titre en vertu duquel la contrainte par corps est exercée (CARRÉ, *Analyse*, 2460e *question*, *et Lois de la procédure*, *n*o 2678). » Mais ce principe ne doit s'appliquer, selon nous, qu'aux exceptions nées antérieurement au jugement, et non à celles qui ont depuis pris naissance. Ainsi le juge du référé peut statuer par provision sur la prétention du débiteur d'avoir payé le montant des condamnations, sur l'imputation des divers paiemens qu'il justifie authentiquement avoir faits, sur la compensation qui s'est opérée depuis la condamnation (*contre* M. PARDESSUS, *ibid*). En effet, quand le débiteur prétend que, depuis le jugement, la dette est éteinte par un mode quelconque de libération, la question est celle de savoir si ce jugement est encore susceptible d'exécution, et les difficultés d'exécution sont questions de référé (*C. pr.* 806). Cependant les présidens des tribunaux civils doivent user avec prudence du pouvoir que leur accorde la loi, et se rappeler que tel débiteur mis en liberté provisoire saura se libérer définitivement par la fuite.

54. Dans tous les cas, l'ordonnance du président est consignée sur le procès-verbal d'arrestation et SUR-LE-CHAMP exécutée (*Pr.* 787), soit qu'elle accorde la liberté provisoire avec ou sans caution, ou autre sûreté (PIGEAU, *au lieu cité*, *n*o 9). D'où il suit que si le refus de conduire en référé le débiteur est rigoureusement puni, celui-ci ne peut du moins lasser l'officier incarcérateur par une suite multipliée de demandes, et que l'ordonnance du président une fois rendue, le débiteur doit être conduit en prison, quelque nouvelle réclamation qu'il élève.

55. On pourrait induire d'un passage de M. Pardessus, no 1518, que, pour Paris, quand le débiteur allègue avoir déposé ou fait signifier au bureau des gardes du commerce, des pièces suffisantes pour suspendre l'arrestation, il doit y être passé outre, s'il ne justifie du récépissé du vérificateur ou de l'original des significations visé par ledit vérificateur. Cependant l'opinion de ce jurisconsulte doit être entendue dans le sens de l'art. 17 du décret du 14 mars 1808, d'où elle est tirée, et se borner au cas où, en faisant cette allégation, le débiteur ne requiert pas qu'il en soit référé; car l'article se termine par ces mots : « *Sauf néanmoins le cas prévu dans l'art.* 786 *du Code judiciaire.* » C'est-à-dire, sauf le cas de réquisition de référé (PIGEAU, *lieu cité*, *n*o 8).

56. Si le débiteur ne requiert pas qu'il en soit référé, ou si, en cas de référé, le président ordonne qu'il soit passé outre, le débiteur sera conduit dans la prison du lieu; et s'il n'y en a pas, dans celle du lieu le plus voisin (*C. pr.* 788). Ce texte est formel et doit être suivi, quoique M. Carré (*Analyse*, 2465e *question*, *et Lois de la procéd. n*o 2681) approuve un arrêt portant qu'il n'y avait pas eu de nullité à conduire le débiteur à la prison de Toulouse plutôt qu'à celle de Castel-Sarrasin, quoique l'arrestation eût été faite dans l'arrondissement de cette dernière ville (*Toulouse*, 9 *janv.* 1809). Cet arrêt est d'autant moins juridique, que nécessairement, dans l'un des deux arrondissemens, l'huissier n'avait pas le droit d'instrumenter.

Mais il faut concilier les lois d'ordres divers, les lois d'exécution avec les lois de compétence; ainsi, un débiteur arrêté à l'extrémité d'un arrondissement ne devra pas être conduit dans la prison d'une ville de l'arrondissement voisin, sous prétexte qu'elle est plus proche du lieu de la capture qu'aucune prison de l'arrondissement dans lequel cette capture a été opérée; parce que les huissiers n'ont le droit d'exercer leur ministère que dans l'étendue du ressort du tribunal civil d'arrondissement de leur résidence (*Déc. du* 14 *juin* 1813, *art.* 2).

57. On ne peut retenir le débiteur dans une maison particulière (M. PARDESSUS, *n*o 1517). L'huissier et tous autres qui conduiraient, recevraient ou retiendraient le débiteur dans un lieu de détention non légalement désigné comme tel, seraient punis comme coupables du crime de détention arbitraire (*C. Pr.* 788) de la dégradation civique (*C. pén. art.* 114) et de dommages-intérêts réglés eu égard aux personnes, aux circonstances et au préjudice souffert, sans qu'en aucun cas, et quel que soit l'individu lésé, lesdits dommages-intérêts pussent être au-dessous de vingt-cinq francs pour chaque jour de détention illégale et arbitraire (*C. pén. art.* 117). Ainsi nullité de l'arrestation si le débiteur est déposé dans une auberge ou autre maison particulière choisie par l'huissier pour y passer la nuit (*Bordeaux*, 17 *juill.* 1811; *Toulouse*, 1er *sept.* 1824). Dans le cas où l'huissier ne pourrait pas parvenir de jour à la prison pour dettes, le seul moyen d'éviter la peine de la détention arbitraire serait de déposer le débiteur dans toute autre prison qui se trouverait sur la route (*même arrêt de Bordeaux*), ou, à défaut d'aucune espèce de prison publique, de se retirer devant l'autorité locale (le maire), pour en obtenir la désignation d'un lieu où il pourrait déposer momentanément et garder à vue le débiteur (*même arrêt de Toulouse*, M. PARDESSUS, *ibid.* CARRÉ, *Lois de la procéd. n*o 2682 *et suiv.*) Nous ne pouvons cependant adopter l'avis que donne M. Carré de faire la conduite *de nuit*. On sent à quels inconvéniens fâcheux elle exposerait l'huissier.

58. Les règles les plus sévères ont leur limitation dans la nécessité. Ainsi fut vainement attaquée une arrestation, quoique, dans le trajet du lieu de la

capture au lieu de la prison, il y ait eu une station momentanée dans une auberge pour faire prendre quelques instans de repos et donner de l'avoine au cheval de la charrette sur laquelle se trouvaient tant l'huissier et ses recors que le débiteur (*Colmar*, 10 *déc.* 1819). Si un débiteur se trouvait subitement indisposé dans un long trajet, ou blessé par accident, il n'y aurait certes pas détention arbitraire de la part de l'huissier qui le ferait entrer dans une maison particulière pour qu'on lui administrât des secours. Mais en même temps, et par cela seul qu'il serait dans une maison particulière, il nous semble que le débiteur deviendrait libre *ipso facto*, qu'il lui serait loisible de refuser de suivre l'huissier (*C. pr. art.* 781, 5°), et qu'en cas de refus, celui-ci devrait avoir recours au juge de paix.

A Paris, il arrive souvent que le débiteur est conduit au bureau des gardes du commerce pendant quelques heures, et là vont s'entendre avec lui les personnes qui peuvent négocier un arrangement. Ce bureau est un lieu public, et cet usage salutaire ne présente pas la moindre contravention à la loi : en province, s'il y a des tentatives d'arrangement, le président du tribunal peut aussi différer de statuer sur le référé pendant quelques heures, en laissant le débiteur dans son cabinet, *portes ouvertes*.

59. L'arrestation opérée, l'huissier conduit le débiteur dans la prison, où il le remet aux mains du geôlier, directeur ou greffier, même après l'heure fixée pour les arrestations par l'art. 781 ou pour les significations par l'art. 1037. Tout ce qu'exige la loi, c'est que l'arrestation soit faite à heure légale. Ainsi l'huissier qui a commencé l'opération à temps utile, ne peut, sur le fondement de l'heure avancée, remettre au lendemain, ne fût-ce même que pour délivrer au débiteur copie des procès-verbaux d'emprisonnement et d'écrou. L'opération ne peut être scindée, car le débiteur doit être mis en état de pouvoir, sans délai, réclamer son élargissement, s'il y est fondé (*Corse*, 26 *août* 1826).¶

60. L'huissier doit représenter en même temps au geôlier le jugement qui autorise l'arrestation : faute par l'huissier de faire cette représentation, le geôlier refusera de recevoir le débiteur et de l'écrouer (*C. pr.* 790; *acte des Constit. de l'an VIII*, *art.* 78).

Cette transcription peut être faite par le geôlier lui-même ou par un commis; la signature du geôlier en garantit suffisamment l'exactitude (*Caen*, 19 *février* 1823). La signature même ne nous paraît pas indispensable, et c'est l'opinion de M. Dalloz (*t.* 3, *p.* 806).¶

61. *Ecrouer* est un vieux mot, qui signifie, ainsi que l'atteste son étymologie, *retenir* : il exprime « l'action du geôlier de faire passer le prisonnier d'entre les deux guichets dans l'intérieur de la prison » (M. Merlin, *Répert.*, *mot Ecrou*).

L'écrou est l'acte qui constate que le geôlier a écroué le débiteur. L'écrou est donc bien distinct de l'action d'écrouer : aussi les actes d'écrou en matière civile ont-ils toujours été rédigés valablement par les huissiers eux-mêmes, avant comme depuis le Code de procédure (*Arrêt de règlem. du P. de Paris du* 18 *juin* 1717, *art.* 24 *et* 25, *ou Recueil chronol. de* Jousse; *Edit de juill.* 1778, *art.* 9; *Tarif des frais et dépens*, *art.* 53 *et* 55; Pigeau, *au lieu cité* où il dit formellement : « l'intention des commissaires a été que l'écrou fût fait par l'officier qui emprisonne » ; M. Merlin, *mot Ecrou*; *Paris*, 14 *déc.* 1807, *et* 23 *janv.* 1808; M. Berriat S. Prix, *note* 29 *sur le tit. de la Contr. par corps*; Carré, *Anal. quest.* 2468e, *et Lois de la procéd. n°* 2686). Mais la loi étant muette sur l'officier qui a droit de rédiger l'écrou, il n'y aurait pas nullité à ce qu'il fût dressé par le geôlier (*Toulouse*, 1er *sept.* 1824). Cette décision nous paraît plus conforme à l'esprit du Code que les arrêts qui ont déclaré nuls des écrous par l'unique raison qu'ils auraient été rédigés par le geôlier, quoiqu'ils fussent signés de l'huissier (*Besançon*, 23 *juill.* 1812, *et* 5 *juill.* 1814); car si un écrou est fait en présence de l'huissier qui le signe, il est évident qu'il s'en approprie toutes les énonciations.¶

62. L'écrou doit énoncer 1° le jugement; 2° les noms et domicile du créancier; 3° l'élection de domicile, s'il ne demeure pas dans la commune (*où se fait l'emprisonnement, art.* 783); 4° les noms, demeure et profession du débiteur; 5° la consignation d'un mois d'alimens au moins; 6° enfin mention de la copie qui sera laissée au débiteur, parlant à sa personne, tant du procès-verbal d'emprisonnement que de l'écrou. Il sera signé de l'huissier (*C. pr.* 789).

On voit que les quatre premières formalités sont communes à l'écrou et au procès-verbal d'emprisonnement.

63. Or, comme l'écrou n'est que le complément de l'arrestation, et qu'il se rédige en original sur le registre de la prison, on a l'usage à Paris de relater à la suite du procès-verbal d'arrestation, et *par un seul et même acte*, la remise de la personne du débiteur au greffier de la prison, sa déclaration qu'il s'en charge comme gardien, et la consignation des alimens; et le procès-verbal entier est transcrit sur le registre où il est fait mention, ainsi que sur l'original du procès-verbal d'emprisonnement, et sur l'unique copie donnée au débiteur, que le garde du commerce a laissé à ce dernier copie du présent procès-verbal d'emprisonnement et d'écrou. Il y a, dans ce mode d'agir, l'avantage d'éviter des erreurs en réunissant ainsi en un seul acte le commencement et la fin d'une seule et même opération, et la loi ne le défend pas (*Paris*, 23 *janv.* 1808, *et* 30 *janv.* 1833). En effet, dans ce cas « le procès-verbal, contenant tout à la fois les deux « opérations de l'emprisonnement et de l'écrou,

« renferme substantiellement toutes les formalités « requises par la loi pour les deux opérations; il « serait donc déraisonnable de prétendre que la « constatation de ces deux opérations ne soit pas « régulièrement faite parce qu'un seul papier les « contiendrait, et le point important est que le « même acte contienne l'observation de toutes les « formes prescrites pour les deux opérations de la « même manière que si elles eussent été constatées « par deux actes séparés (*Riom*, 25 *nov.* 1830).

64. Mais si le procès-verbal d'écrou était rédigé *séparément*, et qu'il manquât de l'une des formalités prescrites par l'art. 789, il serait inutile que cette formalité eût été remplie dans le procès-verbal d'arrestation : ce premier procès-verbal, dont la copie volante peut être égarée par le débiteur, et dont l'original reste aux mains du créancier, n'aurait pas la force de suppléer au silence de l'écrou, qui, consigné sur un registre de la prison, offre à chaque instant au débiteur les renseignemens qui lui sont nécessaires. Ainsi jugé, à défaut, dans l'écrou, de mention de copie au débiteur (*Riom*, 28 *avril* 1808; *Nîmes*, 29 *juill.* 1829) et d'élection de domicile (*Aix*, 23 *août* 1826, *et Nîmes*, 15 *juin* 1829). Il en serait de même des autres énonciations ordonnées par l'art. 789 : la validité du procès-verbal d'emprisonnement n'empêcherait pas la nullité de l'écrou.

65. L'exercice de la contrainte par corps entraîne de la part du créancier l'obligation de nourrir son débiteur dans la prison : de là la nécessité de consigner des alimens pour un mois au moment de l'écrou, et de fournir des alimens par avance (*C. pr. art.* 789, 791 *et* 800 4°).

66. Si l'huissier ne consignait pas d'alimens au moment de l'emprisonnement, le geôlier ne serait pas fondé à refuser de recevoir le débiteur; car ce serait lui enlever un moyen d'obtenir sa liberté (M. PARDESSUS, *n°* 1519).

67. Sous l'ancien droit, la taxe des alimens se faisait de temps en temps par le juge qui avait la police des prisons (*Arrêt de règl. du P. de Paris du* 1er *sept.* 1717, *art.* 29; M. MERLIN, *Répert. mot Alimens*, § 6, *n°* 1; FOURNEL, *sur l'art.* 14 *du tit.* 3 *de la loi du* 15 *germ.*), de sorte qu'ils étaient réglés suivant la cherté des vivres dans chaque localité. La loi de germinal an VI, art. 14, fixa pour alimens la somme fixe et invariable de *vingt livres* par mois et d'avance.

Cette fixation, faite sous le calendrier équinoxial où tous les mois étaient égaux, donna lieu à de nombreuses contestations, soit pour savoir si les *vingt livres* signifiaient vingt francs, soit pour régler comment devaient être versés les alimens depuis le rétablissement du calendrier grégorien. Mais les arrêts et les discussions sur ces difficultés minutieuses sont inutiles aujourd'hui. Le *mois* en matière de contrainte par corps est maintenant une période de trente jours; les consignations doivent être faites pour une ou plusieurs de ces périodes; et la somme fixée pour les alimens pendant chacune est de trente francs à Paris, et de vingt-cinq francs dans les autres villes (*L. du* 17 *avril* 1832, *art.* 28 *et* 29).

68. L'obligation de fournir au débiteur dans sa prison les alimens fixés par la loi ne peut être étendue : en conséquence, le créancier n'est pas tenu des frais de maladie du débiteur détenu à sa requête (*Cass.* 17 *juill.* 1810; M. MERLIN, *Répert. ibid. n°* 4). — *V.* au surplus les *notes sur les art.* 28 *et suiv. et sur l'art.* 38 *de la loi du* 17 *av.* 1832).

69. Nous avons vu jusqu'à présent que la contrainte par corps s'exerce par l'arrestation et l'emprisonnement contre le débiteur en liberté : mais, quand il est détenu, ceux qui auraient le droit de le faire emprisonner peuvent le retenir en prison par un acte appelé *recommandation*.

La recommandation est donc *l'arrestation fictive* d'un débiteur emprisonné, ou, si l'on veut, une opposition mise à la sortie de ce prisonnier (*Répert. de M.* MERLIN, *mot Recommandation*).

De ce que la recommandation est une arrestation fictive, un mode particulier d'exercice de la contrainte par corps dans un cas donné, suivent des conséquences également importantes :

70. 1° La recommandation ne peut s'exercer que dans les cas où l'on aurait le droit de faire arrêter le débiteur, s'il était en liberté : ainsi, point de recommandation possible en vertu d'un acte authentique portant contrainte par corps, s'il n'est suivi de jugement (*Angers*, 12 *août* 1807; DEMIAU-CROUZILHAC, *p.* 482; M. BERRIAT SAINT-PRIX, *note* 35 *sur le tit. de la Contr. par corps;* CARRÉ, *Analyse, quest.* 2479e, *et Lois de la procédure, n°* 2698); ainsi, il faut un pouvoir spécial pour la recommandation comme pour l'emprisonnement (*Lyon*, 4 *sept.* 1810).

71. 2° Elle doit être précédée des mêmes formalités que l'emprisonnement (PIGEAU, *au lieu cité, divis.* IV, *n°* 3.—*V. ci-dessus, n^os^* 10 *à* 20). En vain les arrêtistes exhument-ils un arrêt de rejet *du* 8 *pluviôse* an 13, qui paraît avoir décidé le contraire sous l'empire de la loi de germinal à l'égard du nommé Bertifort, emprisonné pour délit, et recommandé le jour même de l'expiration de sa peine par le créancier qui avait été victime de ce délit, en vertu d'un commandement *fait le même jour*. Si les notices sont exactes, c'est un arrêt de circonstances qu'on ne peut invoquer; mais elles peuvent être inexactes, car il n'y a pas un mot dans les motifs qui fasse soupçonner l'existence de cette irrégularité. Sur un arrêt isolé appartenant à une législation abrogée, doit prévaloir la règle que pour recommander il faut *avoir droit d'exercer* la contrainte par corps (792), et que la contrainte par corps ne peut être exercée qu'après l'accomplissement des formalités.

72. 3° Lors de la recommandation, le débiteur a le droit, soit de former opposition au jugement, soit de requérir un référé, comme en matière d'arrestation.

73. 4° Enfin, et sauf les exceptions que nous examinerons dans un instant, les formalités de l'emprisonnement doivent être observées lors de la recommandation. *V.* ci-dessus, *nos* 47, 48, 50, 52, 53, 54, 55, 60, 61, 62, 63 et 64.

74. Néanmoins il y a entre la recommandation et l'emprisonnement des différences que la loi signale, ou qui résultent de la nature des choses.

1° L'huissier n'est point assisté de recors (*art.* 793), comme dans l'emprisonnement.

2° Le recommandant est dispensé de consigner des aliments, si le débiteur en a reçu d'ailleurs, soit qu'il en ait été consigné par le premier créancier (*C. Pr.* 793), soit que, détenu pour crime ou délit, il reçoive actuellement le pain de la prison.

75. 3° Si le débiteur requiert un référé, il ne peut se faire conduire, sur sa simple réquisition, devant le président du tribunal (nonobstant *arrêt de Paris*, 17 *sept.* 1829). Dans ce cas, où il se fera représenter par un avoué (Pigeau, *ubi suprà;* Carré, *Lois de la procédure*, n° 2700), ou il déduira ses motifs sur le procès-verbal même. Il est évident qu'un homme emprisonné ne peut sortir, même sous la garde d'un huissier, sans ordonnance de justice.

76. 4° Enfin, quoiqu'en matière de recommandation la loi ne dispense pas l'huissier de remettre la copie du procès-verbal de recommandation et de l'écrou en parlant à la personne du débiteur, et qu'elle l'exige en matière d'emprisonnement, il nous paraîtrait bien rigoureux d'admettre la doctrine d'une nullité absolue, quand le débiteur appelé n'a pas voulu venir (malgré Demiau Crouzilhac... *page* 482; Carré, *Analyse*, 2483e *quest. et Lois de la procéd.* n° 2701). Lors de l'emprisonnement, le débiteur est en la puissance de l'huissier et de ses recors : il est naturel qu'ils le gardent entre les deux guichets jusqu'à régularisation parfaite de l'emprisonnement; mais, lors de la recommandation, est-il donc au pouvoir de l'huissier de forcer le débiteur à quitter l'intérieur de la prison? Sera-t-il au pouvoir du geôlier de contraindre son prisonnier à venir au greffe? En cas de refus ou de résistance, emploiera-t-il donc la force armée? Et si le geôlier lui-même refusait d'employer la violence, qui donc y contraindrait le geôlier? Les prisons doivent aussi avoir leur liberté, et nous ne pouvons croire que, le refus du débiteur de quitter sa chambre étant constaté, on doive déclarer nul un procès-verbal de recommandation par cela seulement que la copie en aurait été remise au concierge de la prison. Cependant il ne faut pas oublier qu'il n'y a pas de dispense formelle dans la loi, et que l'impossibilité constatée pourrait seule dispenser de son exécution littérale. *Impossibilium nulla est obligatio*, *L.* 185, *ff. de Reg. juris.*

77. On peut recommander son débiteur déjà détenu pour la dette d'autrui, même pour la dette du recommandant.

On peut également recommander pour dettes l'individu emprisonné sous la prévention d'un crime ou d'un délit (*C. Pr.* 792).

A plus forte raison le délinquant peut être écroué pour dettes pendant la durée de l'emprisonnement correctionnel (*Paris*, 22 *frim. an XII*; *Rej.* 8 *pluv. an XII*).

78. La nullité de l'emprisonnement, pour quelque cause qu'elle soit prononcée, n'emporte point la nullité des recommandations (*C. Pr.* 796), et la recommandation faite d'un individu arrêté sous la prévention d'un crime ou d'un délit retient en prison cet individu, encore que son élargissement ait été prononcé et qu'il ait été acquitté (*C. Pr.* 792). En effet, la recommandation est un mode particulier d'exercice de la contrainte par corps; et si l'emprisonnement antérieur ne doit pas profiter aux tiers, il ne leur doit pas nuire : ce qui arriverait si la nullité de l'arrestation entraînait celle de la recommandation.

L'art. 796 a abrogé l'art. 12 du titre 3 de la loi du 15 germinal an VI, qui prononçait la nullité de toutes les recommandations en cas de nullité de l'emprisonnement; il a mis une fin aux controverses et aux distinctions de l'ancienne jurisprudence qu'on peut voir dans Fournel, *sur ledit article;* il a enfin établi un principe juste : car les autres créanciers avaient aussi le droit d'emprisonner, et il était hors de leur pouvoir d'empêcher qu'une nullité existât dans une procédure à eux étrangère.

L'art. 792 a aussi fait cesser des controverses, et la distinction de l'ancien droit, qui rejetait les recommandations quand l'emprisonnement avait été injuste dans son principe (Merlin, *Répert. mot Recommandation*). La loi actuelle est plus simple et plus conforme au principe que la recommandation est une arrestation distincte du premier emprisonnement. Mais n'est-elle pas un peu dure? Et celui qu'une injustice a fait jeter en prison n'avait-il pas droit à un peu plus de pitié?

79. Mais il faut ne pas abuser de la loi, et se souvenir que ces principes sont établis dans l'intérêt des tiers et non du créancier incarcérateur. Ainsi, malgré l'art. 792, si un créancier emploie des manœuvres pour faire arrêter son débiteur par l'autorité publique, et qu'après cette arrestation il le recommande, cette supercherie ne doit pas profiter au créancier, et la recommandation peut être déclarée nulle (*Rej.* 15 *juin* 1819); ainsi, le créancier qui a fait procéder à un emprisonnement déclaré nul, ne peut retenir son débiteur en vertu d'une recommandation postérieure faite régulièrement pour une autre dette (*Bruxelles ou Colmar*, 31 *août* 1810, *Limoges*, 26 *mai* 1823), soit à sa requête, soit à la requête d'un prête-nom (*Arrêt de Toulouse du* 14 *déc.* 1823 énoncé dans le récit des faits de l'arrêt ci-après cité).

Ces arrêts sont fondés sur le principe que nul ne peut profiter de sa propre faute.

Mais si le créancier ne peut utiliser un emprisonnement irrégulier par une recommandation concomitante, il ne lui est pas défendu, après l'annulation de son premier écrou, de recommander, en vertu d'un nouveau titre et pour une créance différente, son débiteur retenu dans la prison par l'effet de la recommandation d'un tiers (*Toulouse*, 11 *janv.* 1825. *V. aussi plus bas*, *n*° 95).

80. Les recommandations, outre leur effet entre le créancier et le débiteur, doivent encore être considérées dans les rapports qu'elles établissent entre le créancier qui a fait l'emprisonnement et les créanciers recommandans.

81. Le créancier qui a fait l'emprisonnement n'est plus libre de retirer les alimens, du moment qu'il existe une recommandation (*C. Pr.* 791), si ce n'est du consentement du recommandant; mais rien ne l'empêche de donner main-levée de son écrou, ni même de laisser manquer son débiteur d'alimens : à la vérité, les recommandans profitent de sa consignation, mais ils ne sont pas dispensés de veiller à leurs intérêts et de consigner eux-mêmes (Fournel, *sur l'art.* 15 *du tit.* 3 *de la loi de l'an VI*).

82. La Cour royale de Colmar a décidé que cette obligation n'était pas réciproquement imposée au recommandant envers le créancier qui a fait l'arrestation, et que si le recommandant traite avec le débiteur détenu, il peut, en lui donnant main-levée de son écrou, retirer les alimens qu'il a consignés, sans prévenir le premier créancier (*Colmar*, 27 *mars* 1817), qui est ainsi exposé à perdre sa créance, ou du moins le gage que la loi lui a donné.

Cet arrêt est fondé en principes.

Les créanciers ne sont plus tenus solidairement des alimens comme ils l'étaient sous l'ancien droit (*Ord. de* 1670, *tit.* 13, *art.* 23). La loi de germinal avait changé la législation en ordonnant que les recommandans seraient tenus de contribuer à l'acquit des alimens du débiteur, chacun à partir du jour de sa recommandation, et en chargeant personnellement celui qui aurait fait l'emprisonnement d'effectuer la consignation, *sauf son recours* contre les autres créanciers (*L.* 15 *germ. an VI*, *tit.* 3, *art.* 15). Seulement, par l'art. 17, faculté de déposer des alimens était accordée aux recommandans. Ainsi, sous cette loi, le débiteur n'a plus action contre personne pour se faire délivrer sa subsistance; les créanciers recommandans sont débiteurs, envers le créancier incarcérateur, de leur part dans les alimens que celui-ci a consignés depuis leur recommandation, et c'est un recours qu'il exerce contre eux, après qu'il en a fait l'avance.

Le Code de procédure adopte en partie ces principes, mais il les modifie.

Comme la loi de germinal, il charge celui qui a fait emprisonner de payer les alimens, en laissant aux recommandataires la faculté d'en consigner (*art.* 793).

Mais ce n'est plus seulement un recours qu'il ouvre au créancier à la requête duquel s'est fait l'emprisonnement; c'est une action qu'il lui donne pour forcer le recommandant à contribuer (*art.* 793, 2e *alin.*) aux paiemens faits et à faire.

Donc, si le créancier emprisonnant n'a pas profité de l'action qui lui était ouverte, ou n'a pas fait une convention sur le mode alternatif de consignation d'alimens, le recommandant n'est pas lié envers lui, et peut consigner ou ne pas consigner, laisser ou retirer à son gré sa consignation.

83. Au surplus, si la consignation n'est pas retirée, elle profite à tous les créanciers, qu'elle soit faite ou par le créancier premier arrêtant, ou par l'un des recommandataires : ce qui résulte de l'art. 800, § 4°, qui ordonne l'élargissement du débiteur, « à défaut *par* les *créanciers* d'avoir consigné d'avance les alimens. »

84. Dans tous les cas, la contribution ne se fait pas entre les créanciers au marc la livre de leurs créances, mais par portions égales (*C. Pr.* 793).

§ VI. *De l'élargissement du débiteur.*

85. Le détenu obtient sa liberté, en faisant réformer le jugement en vertu duquel il a été arrêté, en prouvant que son emprisonnement est nul, ou enfin quand il se trouve dans l'un des cas spécifiés par la loi pour l'élargissement du débiteur légalement incarcéré.

Les voies de réformation des jugemens ne sont pas de notre sujet : elles sont d'ailleurs les mêmes en prison qu'en liberté, sauf les fins de non-recevoir que tirerait, en certains cas, le créancier de l'exécution du jugement, si le détenu l'avait soufferte sans protestations ni réserves.

Quant aux moyens de nullité, ils se divisent en deux classes : ceux tirés du fond, ceux fondés sur l'inobservation des formalités (*C. Pr. art.* 794).

86. L'emprisonnement est nul, quoique régulier dans la forme, quand il est injuste au fond, et l'emprisonnement peut être injuste au fond sans que le jugement soit attaqué, si la créance est éteinte avant l'emprisonnement par le paiement, la novation, etc., ou si la contrainte par corps avait cessé au moment où elle a été exercée, par la remise qu'en aurait faite le créancier, par l'admission au bénéfice de cession, par la septuagénarité acquise, etc. (Pigeau, *liv.* 2, *part.* 5, *tit.* 4, *chap.* 1er, *sect.* 4, *divis.* v, 2e *cas*, *n.* 1; Carré,

Analyse, 2494e *Quest. et Lois de la proc.* no 2710). Dans tous ces cas et autres semblables, la demande est portée devant le tribunal de l'exécution du jugement (*V. au Code de procéd. les art.* 442, 472, 553 *et* 1021).

87. L'emprisonnement juste au fond, est irrégulier et nul dans la forme quand on a omis quelques formalités prescrites par le titre *de l'Emprisonnement* au Code de procédure.

Nous disons que l'emprisonnement EST nul, afin qu'on n'abuse ni de l'art. 1030 ni du mot *pourra* qui se trouve dans l'art. 794 du Code de procédure.

L'art. 1030 porte qu'aucun exploit ou acte de procédure ne peut être déclaré nul, si la nullité n'en est formellement prononcée par la loi; mais on ne pourrait l'appliquer à l'emprisonnement, parce que la liberté des citoyens est de droit public; parce que personne ne peut être poursuivi ni arrêté que dans la forme que la loi prescrit (*Charte const. art.* 4), et que dès lors toutes les formalités qui précèdent et accompagnent une arrestation, au civil comme au criminel, sont *essentielles* à la validité de l'emprisonnement.

La loi d'ailleurs prononce suffisamment la nullité, en disant, *art.* 794 : « *A défaut d'observation* « des formalités ci-dessus prescrites, le débiteur « *pourra* demander la nullité de l'emprisonnement. » Ce n'est pas là s'en remettre à la prudence des juges pour l'appréciation de l'importance des formalités omises; c'est seulement accorder la faculté de demander ou de ne pas demander cette nullité (PIGEAU, *au lieu cité*, *no* 2; *Lyon*, 9 *mai* 1828; *Nîmes*, 15 *juin* 1829).

88. Les demandes en nullité pour vices de formes ne se portent pas devant le tribunal d'exécution, mais devant le tribunal du lieu où le demandeur est détenu (*C. Pr. art.* 794), parce que c'est là que les formalités ont été omises ou violées (PIGEAU, *ibid. no* 2 1o). La loi en fait attribution spéciale à ce tribunal, même si l'emprisonnement est opéré en vertu d'un arrêt infirmatif d'une sentence rendue par ce tribunal.

89. Dans tous les cas, et quel que soit le fondement de la demande en nullité, elle pourra être formée à bref délai, en vertu de permission du juge; et l'assignation donnée par huissier commis au domicile élu par l'écrou (*C. Pr.* 795), sans égard à la distance entre le domicile réel et le lieu où la cause sera jugée (M. PARDESSUS, *no* 1522; CARRÉ, *Analyse*, 2499e *quest. et Lois de la proc.* *no* 2715); car la permission d'assigner à bref délai à ce domicile élu « a eu évidemment pour objet de « mettre le *détenu* à portée de faire statuer incon- « tinent et sans délai, contradictoirement avec son « créancier, sur les réclamations relatives à la ré- « gularité et à l'irrégularité de l'arrestation, et elle « deviendrait illusoire, si le *détenu* était tenu d'ob- « server d'autres délais que ceux que comporte ce « domicile élu » (*Motifs d'un arrêt de rejet, sect. civ.* 20 *mars* 1810, *rendu sur la question, durant l'empire de l'art.* 10 *du tit.* 3 *de la loi du* 15 *germ. an VI*).

Il est permis au détenu de renoncer à une disposition introduite en sa faveur, et d'assigner au domicile réel et avec les délais ordinaires (PIGEAU, *ibid.*), et, dans ce cas, l'assignation serait valablement donnée par un huissier ordinaire (*Praticien français*, *t.* 5, *p.* 33; LEPAGE, *Questions de proc. p.* 531; CARRÉ, *Analyse*, 2498e *quest. et Lois de la proc. no* 2714). La cause est jugée sommairement et sur les conclusions du ministère public (*C. Pr.* 795 *et* 83 1o); mais, malgré la célérité de la demande et de l'instruction, aucun texte ne donne aux juges de première instance qui annulent un emprisonnement, le droit d'ordonner l'exécution provisoire de leur jugement (M. PARDESSUS, *no* 1522). A plus forte raison, une demande en nullité, même dans la forme, ne peut être jugée en référé (*Bruxelles*, 27 *juin* 1807).

90. Aussi la loi accorde-t-elle au débiteur qui ne veut pas attendre en prison la fin du procès (M. BERRIAT S. PRIX, *note* 33 *sur le tit. de la Contr. par corps*; M. PARDESSUS, *no* 1522; PIGEAU, *au lieu cité*, *Observ. comm. aux* 1er *et* 2e *cas*, *no* 1) d'être mis en liberté EN CONSIGNANT aux mains du geôlier les causes de son emprisonnement et les frais de capture (*C. Pr.* 798). Cette consignation est chose distincte du paiement ou de la consignation autorisés par l'art. 800 § 2o dans le cas d'incarcération régulière. Ici il ne s'agit pas d'un paiement provisoire, mais d'une consignation conditionnelle qui n'appartient au créancier que dans le cas où la nullité ne serait pas prononcée.

Aussi le geôlier ne reçoit pas cette somme comme fondé de pouvoir du créancier, et ne peut se permettre de la lui verser sans le consentement du détenu, ou sans un jugement qui l'ordonne (M. PARDESSUS, *no* 1522).

Si le jugement rejette la demande en nullité, la somme consignée, soit par le débiteur, soit par un tiers, doit être adjugée au créancier; si au contraire l'arrestation est annulée, le créancier n'a aucun droit à cette somme, et rentre dans l'exercice du droit de contrainte par corps, même si la nullité n'avait pour cause qu'un vice de forme (PIGEAU, *ibid. Obs. comm. aux* 1er *et* 2e *cas*, *nos* 1, 2 *et* 3, nonobstant M. BERRIAT S. PRIX, *note* 33 *sur le tit. de la Contr. par corps*, *observ.* 2e; CARRÉ, *Analyse*, 2507e *quest. et Lois de la proc. no* 2722). Ces jurisconsultes pensent que le débiteur dont l'arrestation a été annulée pour vice de forme n'en étant pas moins débiteur, la consignation appartient au créancier. Mais à quoi donc aurait servi le procès? à savoir qui supporterait les frais du procès-verbal!.. Ils se fondent sur la suppression de l'art. 812 du projet, qui ordonnait cette restitution; mais il y avait une autre raison de le supprimer, c'est que l'art. 811 du projet (798 *du Code*) ordonnait la consignation aux mains du geôlier, et que l'art. 812 contraignait le créancier à la restitution. Il supposait donc que le créancier devait recevoir du geôlier; et cela n'est pas, puisque, dans ce cas, le débiteur ne paie pas. Il achète sa liberté provisoire par un dépôt qui donne au créancier une sûreté réelle au lieu d'une sûreté personnelle pendant le procès; il remplace l'emprisonnement de sa personne par l'emprisonnement d'une somme d'argent. La nullité est prononcée : l'homme et l'argent deviennent libres en même temps.

91. Si l'emprisonnement est déclaré nul, le créancier *peut* être condamné en des dommages-intérêts envers le débiteur (*art.* 799), même à l'impression et à l'affiche du jugement, suivant les circonstances (*C. Pr.* 1036; PIGEAU, *ibid.* 2e *cas*, *no* 1 4o; CARRÉ; *Analyse*, 2509e *quest. et Lois de la proc. no* 2725; DALLOZ, *Jurisp. gén. mot Contrainte par corps*, *sect.* 3, *p.* 812, *à la note*).

La disposition de l'art. 799 est *facultative;* elle abroge l'art. 6 du titre 3 de la loi du 15 germinal an VI, qui prescrivait des dommages-intérêts dans tous les cas.

Ainsi, que des dommages-intérêts aient été accordés ou refusés, le jugement sera à l'abri de la cassation (CARRÉ, *Lois de la procéd. no* 2726.)

M. Pardessus (*no* 1522) dit que la condamnation à des dommages-intérêts ne doit pas être prononcée quand la nullité de l'emprisonnement *ne tient qu'à la forme*. Cette règle est peut-être un peu absolue (CARRÉ, *ibid. et* M. DALLOZ, *mot Contrainte par corps*, *p.* 812 *à la note*). En tout cas, elle approche bien de la vérité.

En effet, quand la nullité a été prononcée par des moyens du fond, l'arrestation a toujours causé un véritable préjudice au détenu : car, s'il n'était pas débiteur, ou qu'il n'y eût pas lieu à contrainte par corps, le créancier, vrai ou prétendu, est inexcusable de l'avoir privé de la liberté; et s'il connaissait l'exception, la justice ne saurait être trop sévère dans la réparation.

Quand la nullité est prononcée par un moyen de forme, c'est le caractère plus ou moins répréhensible de la violation des formes, et la faveur ou la défaveur attachée au débiteur qui font admettre ou rejeter la demande en dommages-intérêts (PIGEAU, *ubi suprà*). Ainsi on a jugé que le débiteur qui ne conteste pas la légitimité de la créance, et dont l'emprisonnement est annulé pour simple irrégularité, ne peut obtenir de dommages-intérêts, et ne souffre point de préjudice, puisque le créancier avait titres suffisans pour obtenir une arrestation régulière (*Florence*, 12 *août* 1809). Jugé de même dans une espèce où le commandement avait été réitéré par un huissier dont la commission était surannée (*Rennes*, 28 *déc.* 1814). De même, dans une espèce où ni le procès-verbal d'emprisonnement ni l'écrou n'énonçait le domicile du créancier. Le jugement de première instance avait annulé l'écrou et prononcé des dommages-intérêts; le créancier acquiesçait au jugement au chef de la nullité, mais en interjetait appel au chef des dommages-intérêts, et le débiteur élargi, au lieu de chercher à s'acquitter, s'était, depuis l'élargissement, soustrait aux recherches du créancier (*Cour sup. de Bruxelles*, 25 *mai* 1822). De même encore dans le cas d'une signification vicieuse, faite à un débiteur qui avait bien connaissance de la procédure, et déclarait qu'il ne paierait pas et ne pourrait jamais payer (*Nancy*, 23 *juill.* 1813). Enfin même la négligence de l'individu emprisonné à requérir un référé lors de l'arrestation pour faire constater qu'il n'était pas le débiteur, jointe à des circonstances qui pouvaient justifier l'erreur de l'huissier, a suffi pour repousser une demande en dommages-intérêts (*Paris*, 19 *janv.* 1808).

D'un autre côté, condamnation en 25 francs de dommages-intérêts contre un créancier qui avait suppléé au jugement qu'il n'avait pas par une ordonnance sur requête (*Montpellier*, 19 *juin* 1807); autre condamnation en 300 francs de dommages-intérêts contre un créancier qui n'avait pas observé le délai de vingt-quatre heures entre la signification d'un arrêt confirmatif et l'emprisonnement (*Colmar*, 20 *août* 1808), contre un autre créancier à la requête duquel le débiteur avait été arrêté avant le lever du soleil; mais il s'y joignait cette circonstance, qu'au lieu d'acquiescer au jugement, il avait, par son appel, prolongé pendant huit mois la détention illégale (*Colmar*, 31 *août* 1810); enfin, condamnation en 100 fr. de dommages-intérêts pour omission dans la copie du jugement de la partie qui obligeait le créancier à fournir caution (*Nîmes*, 22 *mars* 1813). On voit que, dans tous ces cas, le vice de forme avait été de nature à *induire en erreur* le débiteur et à l'empêcher de se mettre sur ses gardes.

92. L'effet du jugement qui prononce une nullité d'emprisonnement est de donner la liberté au détenu, relativement à l'incarcérant contre qui cette nullité a été prononcée, mais sans aucun effet à l'égard des recommandans (*C. civ.* 1351, *et C. pr.* 796).

Cette liberté est illimitée, si le jugement décide au fond que la dette ou le droit de contrainte par corps ne subsiste plus; mais quand la nullité n'a été prononcée que pour vice de forme, le droit de contrainte par corps demeure entier, et le créancier pourra l'exercer après avoir remis son débiteur en liberté.

Mais, il était juste d'accorder un délai au débiteur; autrement sa liberté obtenue lui eût été inutile, et le créancier l'eût fait arrêter en sortant : ainsi, sous l'empire de la loi de l'an VI, arrêt qui annule une arrestation faite après une main levée d'écrou, parce que la mise en liberté n'avait été que provisoire et simulée; que le débiteur était réellement resté sous une surveillance dont l'effet avait été de le livrer, en sortant de la prison, à l'huissier et aux recors apostés dans la rue pour le ressaisir (*Bruxelles*, 12 *fruct. an XIII*). L'art. 797 du Code de procédure porte : « Le débiteur dont « l'emprisonnement est déclaré nul ne peut être « arrêté pour la même dette qu'un jour au moins « après sa sortie. »

93. Ce délai d'un jour franc ne doit pas être augmenté du délai à raison des distances de la prison au domicile du débiteur (M. Dalloz, *mot Contrainte par corps*, t. 3, *p.* 815, *à la note;* contre Pigeau, *liv.* 2, *part.* 5, *tit.* 4, *chap.* 1er, *sect.* 4, *divis.* v, 2e *cas*, *no* 2 3o; *et* Carré, *Analyse*, 2505e *quest. et Lois de la proc.* no 2720). La loi a fait suffisamment en accordant au débiteur, pour trouver une retraite, le même temps qu'entre le commandement et l'arrestation.

94. Mais si, à l'instant de l'exécution du jugement de main-levée par la radiation, soit volontaire, soit forcée de l'écrou, il existe des recommandations, le créancier sera-t-il privé du droit de réparer l'irrégularité par une recommandation, tant que son débiteur ne sera pas sorti de prison?

Les auteurs pensent que non, et qu'il peut faire alors une recommandation (M. Dalloz, *ibid. p.* 810, *note* 2). Ils vont même plus loin, et disent qu'il peut recommander pour la même créance *sans attendre le délai* d'un jour, parce que le débiteur n'étant pas *sorti*, il n'y a pas lieu de lui accorder le délai que fixe la loi quand il peut sortir; et que d'ailleurs l'art. 797 s'occupe de l'arrestation et non de la recommandation (Carré, *Analyse*, *quest.* 2504e, *Lois de la proc. no.* 2719; Dalloz, *ibid.*).

95. Ces décisions nous paraissent douteuses.

L'effet général de la prononciation d'une nullité est de remettre les parties au même et semblable état qu'avant la nullité commise. Comment donc accorder que le créancier puisse profiter des recommandations survenues sur son premier écrou? S'il peut de nouveau et pour la même créance agir contre le débiteur, il est donc juste qu'il le retrouve dans l'état de liberté où il était avant son arrestation.

Avant le Code de procédure, la nullité de l'arrestation entraînait celle des recommandations. Le Code a changé ce principe, parce que les recommandans, qui eux-mêmes avaient le droit d'arrêter, ne devaient pas être victimes de la faute du premier incarcérant. Mais a-t-il voulu que le premier incarcérant pût profiter des recommandations postérieures? Non, car il a séparé constamment les droits de chaque créancier.

Si la demande en nullité était fondée, le devoir du créancier était de ne pas soutenir un mauvais procès, d'acquiescer à la demande, de donner main-levée de l'écrou, sauf à exercer son droit d'arrestation le surlendemain; comment donc le récompenser d'avoir résisté à une demande juste et fondée, et peut-être d'avoir instigué un autre créancier à faire une recommandation (*) pour être sûr de retrouver le débiteur en prison?

« Après l'annulation de l'emprisonnement (dit M. Dalloz), le créancier rentre dans le droit commun. » Le créancier ne rentre pas dans le droit commun, puisque l'art. 797 lui défend d'arrêter son débiteur, *si ce n'est un jour après sa sortie;* et que le droit commun, pour les autres créanciers, est de l'arrêter, même en sortant de prison.

« On ne voit pas pourquoi sa condition serait pire que celle d'un autre créancier », continue-t-il. — D'abord, en fait, elle est pire, puisque la loi impose une condition à l'exercice de ce droit qu'elle n'impose pas aux autres créanciers; en raison, elle doit être pire, puisqu'il a commis une faute que les autres n'ont pas commise.

« Il est assez puni par la condamnation aux dépens et peut-être aux dommages-intérêts », ajoute-t-il. — Mais la condamnation aux dépens n'est pas la peine de la nullité; c'est la peine de son opiniâtreté à soutenir une arrestation vicieuse. Les dommages-intérêts, rarement accordés, seront moins la peine de la nullité que des vexations qui l'auront accompagnée. Au surplus, il ne s'agit pas de punir le créancier, mais de le contraindre à *réparer* sa faute. Or, sa faute ne sera réparée qu'autant que le débiteur sera remis envers lui dans le même état qu'avant l'arrestation, c'est-à-dire, qu'il sera sorti de prison, et qu'il aura joui des délais du commandement. Les recommandations en empêchent actuellement le créancier. Eh bien, il attendra qu'elles aient cessé; et s'il n'est pas tenu de lever l'obstacle qui s'oppose à l'exécution du jugement obtenu contre lui, il n'est pas juste ni qu'il en profite ni qu'il l'aggrave.

Mais, ajoute-t-on, l'art. 797 n'est relatif qu'à une arrestation (*ne peut être arrêté*), et non à une recommandation. Il y a défense d'arrêter et pas défense de recommander!!... Nous aimerions autant voir soutenir qu'un débiteur ne peut jamais demander la nullité d'une recommandation, parce que l'art. 794 ne parle que de l'emprisonnement.

Est-ce que l'art. 792 ne porte pas que le débiteur ne peut être recommandé que par ceux qui auraient contre lui le droit d'exercer la contrainte par corps? Or, l'art. 797 ne dénie-t-il pas au

(*) Car une recommandation faite à l'instigation d'une personne qui a intérêt est valable, et ne peut être réputée frauduleuse comme celles faites par un prête-nom. Quels que soient les motifs qui font agir un créancier sérieux, il est dans son droit.

créancier dont l'écrou a été annulé le droit d'arrêter le débiteur, si ce n'est un jour au moins après sa sortie? Lui dénier le droit de l'arrêter, n'est-ce pas lui dénier celui d'exercer la contrainte par corps, et par conséquent celui de recommander? Et qu'est-ce d'ailleurs qu'une recommandation, sinon une arrestation faite dans la prison; puisque dans l'acception grammaticale du mot, *arrêter* se dit non seulement de ceux dont on suspend la marche, mais encore de ceux qu'on empêche de sortir.

On invoque enfin contre notre opinion les notices sur un arrêt de Toulouse du 11 janvier 1825, cité ci-dessus n° 79; mais elles sont inexactes, et dans l'espèce, c'est en vertu d'un *nouveau* titre et d'une *nouvelle* créance que la recommandation avait eu lieu: ce qui ne ferait pas difficulté pour l'emprisonnement, même d'après l'art. 797. Ainsi, tant que les recommandations subsistent, le créancier, dont l'emprisonnement a été annulé, ne peut, à notre avis, faire une recommandation pour la même créance. C'est aussi l'opinion de M. Demiau (*p.* 484).

96. Jusqu'à présent nous nous sommes occupés de la mise en liberté du débiteur emprisonné contre le droit ou en dépit des formes. Passons à l'élargissement du débiteur légalement incarcéré.

97. Il obtient son élargissement, 1° par le consentement du créancier qui l'a fait incarcérer, et des recommandans, s'il y en a (*C. Pr.* 800, § 1°), et ce consentement peut être donné, soit devant notaire, soit sur le registre d'écrou (*art.* 801): formes établies pour la garantie du geôlier, et qui n'excluent pas le droit qu'aurait le débiteur de faire prononcer la radiation de l'écrou, malgré son créancier, s'il avait en ses mains le consentement sous seing privé de celui-ci.

Au consentement du créancier il faut ajouter la novation de la dette en une autre dette qui est substituée à l'ancienne (*C. civ.* 1271, § 1°); la novation par le changement du débiteur, quand le premier est expressément déchargé par le créancier (*C. civ.* 1271, § 2°, *et* 1276); et la remise de la dette (*C. civ.* 1282 *et suiv.*).

98. Par le paiement ou la consignation des sommes dues *tant* au créancier qui a fait emprisonner *qu'aux* recommandans, des intérêts échus, des frais liquidés, de ceux d'emprisonnement, et de la restitution des alimens consignés (*C. Pr.* 800 2°).

A ce mode d'extinction de la contrainte par corps il faut joindre la compensation (*C. civ.* 1289 *et suiv.*) et la confusion (*C. civ.* 1300 *et suiv.*).

La consignation, dans le cas de l'art. 800, § 2°, est un paiement fait entre les mains du geôlier. Ce paiement doit donc être pur et simple; il ne peut être grevé de conditions qui empêchent le créancier de recevoir (M. Berriat S. Prix, *sur le titre de la Contrainte par corps*, *note* 41; Carré, *Analyse*, 2514ᵉ *quest. et Lois de la proc.* n° 2732). On cite à l'appui de cette doctrine, qui est vraie et incontestable, un arrêt de cassation *du 27 mai* 1807, mais il ne nous semble pas avoir jugé la question, et porte seulement que quand le juge du provisoire a décidé qu'une consignation non intégrale et d'ailleurs conditionnelle pouvait suspendre la contrainte par corps, il y avait violation de la loi dans l'arrêt du fond qui déclarait valable et libératoire en définitive une pareille consignation.

Les conditions même justes qu'imposerait le débiteur ne permettraient pas au geôlier de lui ouvrir les portes de la prison; telles, par exemple, que de remettre au débiteur un gage qui serait aux mains du créancier, de rapporter radiation d'inscriptions hypothécaires ou main-levée de saisies-arrêts. Le geôlier ne peut être juge que d'une chose, c'est de la conformité de la somme déposée avec son registre d'écrou. Toute différence nécessiterait une instance.

99. En cas de paiement ou de consignation, non seulement le débiteur n'est pas dans l'obligation d'offrir une somme quelconque pour les frais non liquidés (Pigeau, *ibid.* 3ᵉ *cas*, 2°; Carré, *Analyse*, *quest.* 2512ᵉ, *et Lois de la procéd.* n° 2730); mais dans les frais même liquidés, il n'est tenu de payer ni de consigner ceux qui sont relatifs à d'autres exécutions que la contrainte par corps (*V. L. du* 17 *avril* 1832, *art.* 23).

100. Le débiteur n'est pas tenu de faire des offres réelles au créancier ni à son domicile (Carré, *Analyse*, 2523ᵉ *quest. et Lois de la proc.* n° 2741, contre M. Delaporte, *t.* 2, *p.* 374, *sur l'art.* 802), soit réel, soit élu. La loi veut une marche rapide, et qui ne retarde pas la mise en liberté. Il n'est même pas besoin de faire ordonner la consignation: le geôlier connaît le montant de la dette, et doit mettre en liberté le débiteur qui dépose en ses mains le montant intégral des causes de l'emprisonnement.

101. Si le geôlier refuse la consignation ou la mise en liberté, il est assigné à bref délai, sur permission du juge et par huissier commis devant le tribunal du lieu (*C. Pr.* 802). Et comme le geôlier ne refusera pas par des motifs à lui personnels, mais parce que la consignation lui paraîtrait insuffisante ou conditionnelle, il serait convenable que le créancier fût mis en cause sur-le-champ, même d'office (Pigeau, *ibid.* 3ᵉ *cas*, 4°; M. Berriat S. Prix, *note* 51 *sur le tit. de la Contr. par corps*; Carré, *Analyse*, *quest.* 2524ᵉ, *et Lois de la proc.* n° 2742).

102. Le débiteur obtient son élargissement, qu'il soit Français ou étranger, *pourvu qu'il ne s'agisse pas d'une affaire commerciale*, par le paiement ou la consignation du tiers du principal de la dette et de ses accessoires, avec caution pour le surplus (*V. les art.* 24, 25 *et* 26 *de la loi du* 17 *avril* 1832);

et en matière criminelle, correctionnelle et de police, en fournissant caution bonne et solvable pour la totalité (*art.* 34 et 39 *de la même loi; C. forest. art.* 212 *et* 217, *L. sur la pêche fluviale, art.* 78 *et* 82).

103. Une autre cause d'élargissement, c'est 4° le bénéfice de cession (*C. Pr.* 800 § 3°) qui fait cesser la contrainte par corps, mais seulement à l'égard des créanciers qui ont été parties au jugement.

Le débiteur ne peut être élargi pendant l'instance en cession de biens. « S'il est permis aux « tribunaux, dans des circonstances que le législateur leur laisse le soin d'apprécier, de surseoir « provisoirement aux poursuites à faire contre le « débiteur (*C. Pr.* 900), il ne leur est pas également permis de détruire l'effet de celles déjà « exercées » (*Toulouse*, 7 *nov.* 1808). On peut y joindre un arrêt de Paris *du* 11 *août* 1807, mais il statue plutôt sur l'espèce que sur la question générale, en préjugeant le rejet de la demande principale, faute de représentation de livres. (*V.* M. Berriat S. Prix, *note* 42 *sur le tit. de la Contr. par corps;* Carré, *Analyse*, 2806[e] *quest. et Lois de la procéd.* n° 3046.)

Le jugement même qui admet le débiteur au bénéfice de cession ne suffit pas pour l'élargir; il faut encore qu'il ait réitéré sa cession en personne à l'audience du tribunal de commerce ou à la maison commune de son domicile, en présence de ses créanciers (*art.* 901 *et arg. de l'art.* 902, *C. Pr.*): ce n'est qu'après avoir rempli cette formalité qu'il peut obtenir son élargissement (*Toulouse*, 30 *avril* 1821). On ne peut tirer un argument contraire d'un arrêt de Colmar *du* 17 *janv.* 1812, qui décide seulement que le jugement qui n'a pas fait mention de la condition nécessaire de la réitération en personne ne doit pas être annulé, quand le débiteur offre de l'accomplir.¶

Au bénéfice de cession, on peut, en matière commerciale, assimiler, sous certains rapports, le concordat. Aussitôt qu'il est revêtu du jugement d'homologation (*C. Com.* 524), il oblige tous les créanciers qui ont été vérifiés (*C. Com.* 519) ou qui ont été appelés (*C. Com.* 502). Par conséquent, leur écrou tombe, qu'ils aient ou non voulu prendre part aux opérations de la faillite (*V.* Pigeau, *liv.* 2, *part.* 5, *tit.* 4, *ch.* 1er, *sect.* 4, *divis.* v, 5e *cas*). Et de même que le bénéfice de cession est sans effet à l'égard des créanciers qui n'ont pas été parties au jugement, de même le concordat homologué sera sans effet à l'égard du créancier qui n'aura été ni porté au bilan ni averti par lettres des opérations de la faillite (*Rej.* 17 *janv.* 1826; *Poitiers*, 14 *janv.* 1831): d'où il suit que si, par impossible, on n'avait pas porté au bilan le créancier qui aurait fait l'arrestation ou la recommandation, il pourrait s'opposer à l'élargissement du débiteur.¶

Si le concordat homologué produit à peu près, sous le rapport de la contrainte par corps, l'effet du bénéfice de cession, le droit du tribunal de commerce d'accorder avant la fin des opérations de la faillite un sauf-conduit au débiteur failli, est beaucoup plus étendu que le simple pouvoir de surséance qu'ont les tribunaux civils en matière de cession de biens.

Par l'effet du dessaisissement qu'opère la déclaration de faillite, le sort de tous les créanciers chirographaires devient égal, et nul d'entre eux n'a le droit de se faire payer au détriment de la masse. La contrainte par corps est donc désormais inutile, et il est défendu à tous les créanciers de l'exercer dans cet état (*C. Com.* 455); cependant la faillite par elle-même ne fait pas mainlevée des écrous existans. Mais, à partir de cet instant, on consulte plus l'intérêt de la masse que l'intérêt individuel de chaque créancier; et si la conduite du failli paraît exempte de fraude, le tribunal de commerce peut, le commissaire entendu, ordonner la mise en liberté pure et simple du failli, avec sauf-conduit provisoire de sa personne, ou sa mise en liberté avec sauf-conduit, en fournissant caution (*C. com.* 466 *et* 467). Or, cette disposition est générale et ne distingue pas entre le cas où le failli est en dépôt dans une maison d'arrêt pour dettes, en vertu de l'art. 455 du même Code, et celui d'une arrestation antérieure faite à la requête d'un créancier; et l'impossibilité dans laquelle est le failli d'accorder une préférence au créancier qui le détient, convertirait la contrainte par corps en une rigueur inutile à ce créancier particulier, et nuisible à la masse, qui a besoin de la présence et de la coopération du failli (Delvincourt, *Instit. de droit com. t.* 2, *p.* 422; M. Pardessus, *t.* 4, *n°* 1149; *Consultation de MM.* Pardessus *et* Lamy, insérée au rec. de M. Sirey, 1815, 2. 36; *Colmar*, 17 *janv.* 1824; *Rouen*, 26 *avril* 1824; *Montpellier*, 27 *avril* 1825; nonobstant *arrêt par défaut de Colmar*, 2 *août* 1823). Le tribunal de commerce peut ordonner l'élargissement en accordant le sauf-conduit (*mêmes autorités*), sauf cependant aux créanciers à adresser des mémoires au juge-commissaire ou au tribunal pour empêcher le sauf-conduit (M. Locré, *Esprit du C. de com. sur l'art.* 467, *n° IV, in fin.*), ou à se pourvoir par opposition contre le jugement du tribunal qui l'aurait accordé (*Rouen*, 2 *avril* 1827). Dans l'espèce de cet arrêt, le failli ne justifiait d'aucune perte, et sa conduite était entachée de fraude et de mauvaise foi.¶

104. — Il y a encore lieu à l'élargissement du débiteur 5° quand les créanciers ont omis de consigner ses alimens, et qu'il en manque à l'instant de sa demande (*C. pr.* 800, § 4° *et* 803). La loi du 17 avril 1832 a modifié sur ce point plusieurs articles du Code de procédure et abrogé l'art. 804.

Nous renverrons donc nos lecteurs *aux notes sur les art.* 28 *à* 31 de cette loi à l'*Appendice*.

105. Il y a lieu aussi à l'élargissement 6° quand le débiteur, autre que le stellionataire, a commencé sa soixante-dixième année, qu'il soit Français ou étranger, que la matière soit civile ou commerciale (*C. pr.* 800 § 5°; *L. du* 17 *av.* 1832, *art.* 6, 12 *et* 18); mais en matière criminelle, correctionnelle et de police, la septuagénarité ne donne droit qu'à une modération de la contrainte par corps (*même loi*, *art.* 40);

106. 7° Quand, postérieurement à l'emprisonnement, le créancier est devenu l'allié du débiteur au degré prévu par l'art. 19 de la loi du 17 avril 1832. (*V. cette loi*);

107. 8° Quand le temps pendant lequel devait durer la contrainte par corps est expiré, soit qu'il ait été fixé par la loi ou par la justice (*L. du* 17 *avril* 1832, *art.* 5, 7, 13, 17, 39 *et* 40).

108. 9° Quand l'insolvabilité du débiteur est constatée en matière criminelle, correctionnelle et de police (*même loi*, *art.* 35 *et* 39; *C. forest.* 213 *et* 217; *L. sur la pêche fluv. art.* 79 *et* 82). En matière civile le seul moyen de constater l'insolvabilité est la cession de biens, et le concordat en matière de commerce.

109. Il y a aussi des cas d'élargissement provisoire, et nous en avons vu un bien remarquable lors des nullités d'emprisonnement, *suprà* n° 90. Il s'agit ici d'un élargissement momentané ayant une cause étrangère à l'intérêt des créanciers.

En principe, l'arrestation donne une espèce de gage aux créanciers dans la personne de leur débiteur : les tribunaux ne doivent donc pas permettre qu'il sorte de la prison sans une cause assez grave pour qu'elle mérite moralement de l'emporter sur l'intérêt du créancier.

Ce principe doit être aujourd'hui appliqué avec d'autant plus de rigueur, que la contrainte par corps est une épreuve temporaire, et que si l'habileté du débiteur lui fournissait les moyens de passer ce temps d'épreuve dans une semi-liberté, le but de la loi serait manqué.

La question de savoir s'il doit être permis au débiteur de sortir momentanément de la prison avec *telle* ou *telle* précaution, sera d'ailleurs presque toujours une question de fait que les tribunaux décideront selon le plus ou le moins de faveur que méritera le débiteur, et selon l'opinion des juges sur le degré d'utilité sociale de la contrainte par corps : une espèce ne pourra guère devenir la règle d'une autre espèce. Néanmoins nous devons analyser ici l'état de la jurisprudence des arrêts et des auteurs; car l'expérience seule peut servir de guide dans la solution de ces questions abandonnées à la sagesse des magistrats.

Les cours royales ont refusé l'élargissement provisoire sous caution, relativement aux créanciers recommandans, à des débiteurs arrêtés sous la prévention d'un délit, malgré l'ordonnance du directeur du jury qui avait accordé à l'un sa liberté provisoire pendant deux mois avec caution (*Paris*, 1er *juin* 1810), et quoique l'autre eût été reconnu innocent, et demandât la liberté provisoire afin de poursuivre une liquidation considérable (*Paris*, 26 *fév.* 1819).

On a permis à un débiteur incarcéré de prendre personnellement au greffe du tribunal communication de pièces qui y étaient déposées, et de venir expliquer lui-même à l'audience les faits de sa demande en nullité d'emprisonnement, sous la garde d'huissiers qui devaient le réintégrer dans sa prison et à la charge de donner caution (*Bruxelles*, 25 *août* 1807). Cet arrêt a dépendu, comme on le voit, de circonstances particulières : cependant M. Carré en étend la décision à tous les cas où le débiteur, ayant un procès, voudrait user de la faculté que la loi donne à chacun de plaider sa cause soi-même (*Lois de la procéd. n°* 2723), et M. Dalloz (*mot Contr. p. corps*, *t.* 3, *p.* 815, *note* 4) ajoute : c'est, en effet, un droit qu'on *ne peut* lui enlever. C'est exagérer la liberté de la défense. Les droits politiques sont aussi précieux que celui de défendre soi-même ses intérêts pécuniaires : et l'on est privé de la faculté de leur exercice tant qu'on est en prison.

Les cas les plus ordinaires où l'on permet cette extraction, c'est (dit Pigeau, *liv.* 2, *part.* 5, *tit.* 4, *chap.* 1, *sect.* 4, *divis.* V, *in fin.*) lorsque le débiteur est appelé comme témoin, lorsqu'il veut se marier, lorsqu'il s'agit de faire, lors d'un scellé, d'un inventaire ou d'une opération quelconque, une reconnaissance ou vérification qu'*il ne peut pas* faire faire par un tiers. C'est *la nécessité seule* que Pigeau prend pour règle; et le judicieux Pigeau a raison.

Enfin, une circonstance qui se présente fréquemment, c'est l'état de maladie du débiteur, quand il est constaté que le séjour de la prison compromettrait son existence. Dans ce cas, sous l'ancien droit, arrêt du parlement de Paris du 12 juin 1762 qui permet à un particulier de se retirer chez lui pour se faire traiter, en donnant caution, suivant ses offres, de se réintégrer après sa guérison : M. l'avocat-général Séguier observa que, n'eût-il pas fait cette offre, son élargissement provisoire devrait avoir lieu, parce que la conservation d'un citoyen était au-dessus de l'intérêt privé d'un créancier (M. Merlin, *Répert. mot Elargissement*, *n°* 2; Fournel, *sur l'art.* 18 *du tit.* 3).

Mais cet arrêt a été rendu sous une jurisprudence où la contrainte par corps était perpétuelle. Les tribunaux concilient aujourd'hui ce qui est dû à l'humanité et à l'intérêt des créanciers. On a permis aux malades de se retirer dans une maison de santé, en donnant caution (*Paris*, 4 *mai* 1812 *et* 7 *janv.* 1814), mais on leur a refusé de rentrer chez eux (*même arrêt de* 1814). On accorde aussi dans l'usage la translation dans une maison de santé sans caution.

M. Merlin (*ibid.*) pense que tout ce que pourraient faire les juges serait d'autoriser la translation dans un hospice du détenu pour dettes, par argument de l'art. 15 de la loi du 4 vend. an VI. Cette résolution est logique, mais n'est-on pas forcé, en pareille matière, d'accorder quelque chose à l'humanité?

Dans tous ces cas, le débiteur est toujours sous l'écrou; les alimens doivent être versés et les recommandations reçues.

110. Sauf le défaut d'alimens, cas auquel il appartient au président d'ordonner la mise en liberté (*L. du* 17 *avril* 1832, *art.* 30), le débiteur à qui son élargissement est refusé doit porter sa demande devant le tribunal dans le ressort duquel il est détenu. Elle est formée à bref délai, au domicile élu par l'écrou, en vertu de permission de juge, communiquée au ministère public, et jugée à la première audience, sans instruction et préférablement à toutes autres causes, sans remise ni tour de rôle (*C. pr.* 805). Cette procédure est presque aussi rapide que la voie du référé.

RENVOIS AUX ARRÊTISTES.

Cassation, 5 *vend. an XI.* — S. an XI, 2. 226. — N. D. t. 3, p. 795.

Paris, 22 *frim. an XII.* — P. t. 2e de l'an XII, p. 45. — N. D. t. 3, p. 811.

Colmar, 16 *therm. an XII.* — S. an XIII, 2. 62. — P. t. 1er de l'an XIII, p. 334.

Rejet, 8 *pluv. an XIII.* — S. 1820, 1. 502. — D. an XIII, 2. 102. — N. D. t. 3, p. 811.

Bruxelles, 12 *fruct. an XIII.* — S. an XIII, 2. 586. — N. D. t. 3, p. 815.

Rejet, *sect. civ.* 17 *févr.* 1807. — S. 1807, 1. 168. — D. 1807, 1. 168. — P. t. 2e de 1807, p. 3. — N. D. t. 3, p. 797.

Cass. 27 *mai* 1807. — S. 1808, 1. 273.

Bruxelles, 13 *juin* 1807. — S. 1807, 2. 869. — P. t. 1er de 1808, p. 573. — N. D. t. 3, p. 774.

Montpellier, 19 *juin* 1807. — S. 1815, 2. 42. — N. D. t. 3, p. 814.

Bruxelles, 27 *juin* 1807. — S. 1807, 2. 170. — N. D. t. 3, p. 774.

Paris, 11 *août* 1807. — S. 1815, 2. 207. — P. t. 2, 1807, p. 438.

Angers, 12 *août* 1807. — Jurisp. des Cours de cass. et d'appel sur la procédure, t. 1, p. 168.

Bruxelles, 25 *août* 1807. — S. 1807, 2. 677. — N. D. t. 3, p. 815.

Paris, 14 *déc.* 1807. — S. 1810, 2. 512. — P. t. 1er de 1808, p. 60. — N. D. t. 3, p. 802.

Paris, 19 *janv.* 1808. — S. 1808, 2. 55. — P. t. 1er de 1808, p. 347. — N. D. t. 3, p. 813.

Paris, 23 *janv.* 1808. — S. 1814, 2. 215. — P. t. 1er de 1808, p. 159. — N. D. t. 3, p. 802.

Rennes, 27 *janv.* 1808. — S. 1815, 2. 204.

Toulouse, 11 *févr.* 1808. — S. 1815, 2. 191. — N. D. t. 3, p. 777.

Paris, 25 *févr* 1808. — S. 1808, 2. 107. — D. 1823, 2. 108, note 2. — N. D. t. 3, p. 785.

Riom, 28 *avril* 1808. — S. 1815, 2. 194. — N. D. t. 3, p. 804.

Bruxelles, 29 *juin* 1808. — S. 1809, 2. 153. — D. 1809, 2. 77. — N. D. t. 3, p. 775.

Colmar, 20 *août* 1808. — S. 1809, 2. 166. — P. t. 1er de 1809, p. 45. — N. D. t. 3, p. 779.

Riom, 14 *oct.* 1808. — S. 1812, 2. 193. — D. 1823, 1. 33, note 1. — N. D. t. 3, p. 786.

Toulouse, 7 *nov.* 1808. — S. 1809, 2. 240. — D. 1809, 2. 86. M. Denevers le date du 17.

Toulouse, 9 *janv.* 1809. — S. 1809, 2. 239. — D. 1810, 2. 12.

Paris, 22 *juin* 1809. — S. 1810, 2. 375. — P. t. 2e de 1809, p. 391. — N. D. t. 3, p. 793.

Florence, 12 *août* 1809. — S. 1812, 2. 379. — N. D. t. 3, p. 812.

Paris, 4 *janv.* 1810. — S. 1815, 2. 193. — P. t. 1er de 1810, p. 445. — N. D. t. 3, p. 792.

Turin, 9 *févr.* 1810. — S. 1810, 2. 325. — D. 1810, 2. 90, où il est daté de 1809. — P. t. 2e de 1810, p. 478. — N. D. t. 11, p. 706.

Bruxelles, 25 *févr.* 1810. — S. 1810, 2. 248. — N. D. t. 11, p. 707.

Rejet, *sect. civ.* 20 *mars* 1810. — S. 1810, 1. 191. — D. 1810, 1. 132. — P. t. 1er de 1810, p. 561. — N. D. t. 3, p. 807.

Paris, 1er *juin* 1810. — P. t. 2e de 1810, p. 285. — N. D. t. 3, p. 816.

Cass. 17 *juillet* 1810. — S. 1810, 1. 370. — D. 1810, 1. 348. — P. t. 2e de 1810, p. 388. — N. D. t. 3, p. 809.

Colmar, 31 *août* 1810. — S. 1811, 2. 78. — D. 1811, 2. 99. — N. D. t. 3, p. 809. *Nota.* M. Sirey attribue cet arrêt à la Cour imp. de Bruxelles.

Lyon, 4 *sept.* 1810. — S. 1811, 2. 229. — D. 1811, 2, 16 et 131. — P. t. 1er de 1811, p. 303. — N. D. t. 3, p. 787.

Cass. *int. de la loi*, 26 *nov* 1810. — S. 1812, 1. 183. — D. 1810, 1. 529. — P. t. 1, 1811, p. 179. — N. D. t. 3, p. 788.

Limoges, 18 *janv.* 1811. — S. 1815, 2. 191. — N. D. t. 3, p. 777.

Rejet, 25 *juin* 1811. — S. 1811, 1. 241.

Bordeaux, 17 *juillet* 1811. — S. 1811. 2. 482. — D. 1812, 2. 78. — P. t. 3, 1815, p. 442. — N. D. t. 3, p. 801.

Cass. 6 *janv.* 1812. — S. 1812, 1. 54. — D. 1812. 1, 177. — P. t. 1, 1812, p. 545. — N. D. t. 11, p. 708.

Colmar, 17 *janv.* 1812. — S. 1814, 2. 22.

Paris, 4 *mai* 1812. — P. t. 3, 1812, p. 42. — N. D. t. 3, p. 816.

Rouen, 1er *juin* 1812. — S. 1814, 2. 421. — P. t. 3, 1812, p. 390.

Colmar, 3 *juin* 1812. — S. 1814, 2. 421.

Cass. *sect. crim.* 18 *juin* 1812. — S. 1813, 1. 51. — P. t. 1, 1813, p. 607.

Besançon, 23 *juillet* 1812. — N. D. t. 3, p. 803.

Trèves, 23 *déc.* 1812. — S. 1814, 2. 12. — N. D. t. 11, p. 708.

Bruxelles, 1er *mars* 1813. — S. 1814, 2. 183. — N. D. t. 3, p. 790.

Nîmes, 22 *mars* 1813. — S. 1814, 2. 278. — P. t. 2. 1814, p. 158. — N. D. t. 3, p. 778.

Cass. *sect. crim.* 16 *avril* 1813. — S. 1820, 1. 512.

Nancy, 23 *juillet* 1813. — S. 1816, 2. 167. — P. t. 3, 1813, p. 347. — N. D. t. 9, p. 755.

Rouen, 27 *juillet* 1813. — S. 1814, 2, 155. — P. t. 1, 1814, p. 445. — N. D. t. 3, p. 791.

Paris, 7 *janv.* 1814. — S. 1814, 2. 303. — P. t. 2, 1814, p. 58. — N. D. t. 3, p. 817.

Rejet, 24 *janv.* 1814. — S. 1814, 1. 124. — P. t. 3, 1815, p. 209. — N. D. t. 3, p. 788.

Besançon, 5 *juillet* 1814. — N. D. t. 3, p. 803, à la note.

Rejet, 12 *juillet* 1814. — S. 1815, 1. 29. — D. 1814, 1. 459. — P. t. 3, 1814, p. 555.

Rouen, 20 *juillet* 1814. — S. 1815, 2. 14. — D. 1815, 2. 47. — P. t. 1, 1815, p. 311. — N. D. t. 3, p. 782.

Cass. 10 *août* 1814. — S. 1815, 1. 30. — D. 1814, 1. 537. — P. t. 3, 1815, p. 209.

Rennes, 28 *déc.* 1814, Journal des avoués, mot *Contrainte par corps*, n° 148 *ter*.

Colmar, 27 *mars* 1817. — S. 1818, 2. 106. — D. 1817, 2. 89. — N. D. t. 3, p. 806.

Paris, 17 *déc.* 1817. — S. 1818, 2. 227. — P. t. 2, 1818, p. 157. — N. D. t. 3, p. 800.

Rouen, 17 *juin* 1818. — S. 1819, 2. 136. — D. 1818, 2. 29. — P. t. 1, 1819, p. 464. — N. D. t. 3, p. 776.

Paris, 26 *févr.* 1819. — S. 1819, 2. 195. — P. t. 2, 1819, p. 91. — N. D. t. 3, p. 816.

Riom, 6 *mai* 1819. — S. 1820, 2. 36. — D. 1820, 2. 50. — P. t. 3, 1820, p. 195. — N. D. t. 3, p. 799.

Colmar, 10 *déc.* 1819. — S. 1821, 2. 22. — D. 1820, 2. 37. — N. D. t. 3, p. 793

Colmar, 8 *janv.* 1820. — S. 1820, 2. 84. — N. D. t. 3, p. 708.

Paris, 28 *déc.* 1820. — S. 1821, 2. 111. — D. 1821, 2. 81. — P. t. 1, 1821, p. 542. — N. D. t. 3, p. 710.

Toulouse, 30 *avril* 1821. — S. 1822, 2. 105. — D 1822 2. 99.

Cass. 15 *avril* 1822. — S. 1823, 1, 172. — D. 1823, 1. 33. — P. t. 2e de 1823, p. 535. — N. D. t. 11, p. 709.

C. sup. de Bruxelles, 25 *mai* 1822. — N. D. t. 3, p. 812.

Caen, 19 *févr.* 1823. — N. D. t. 3, p. 806.

Rejet, *sect. crim.* 9 *mai* 1823. — S. 1823, 1. 347.

Limoges, 26 *mai* 1823. — S. 1823, 2. 272. — D. 1823, 2. 172. — N. D. t. 3, p. 780.

Colmar, 2 *août* 1823. — S. 1823, 2. 321. — D. 1824, 2. 39. — P. t. 3e de 1824, p. 111.

Toulouse, 14 *déc.* 1823. — S. 1825, 2. 413.

Colmar, 17 *janv.* 1824. — S. 1829, 2. 343. — P. t. 3, 1824, p. 111. — N. D. t. 8, p. 95.

Rouen, 26 *avril* 1824. — S. 1825, 2. 13. — D. 1825, 2. 7.

Nîmes, 4 *mai* 1824. — N. D. t. 3, p. 791

Lyon, 10 *juin* 1824. — S. 1825, 2. 54.

Toulouse, 21 *mai* 1824. — S. 1826, 2. 211. — D. 1826, 2. 46.

Toulouse, 28 *juillet* 1824. — S. 1826, 2. 210. — D. 1826, 2. 47.

Toulouse, 1er *sept.* 1824. — S. 1825, 2. 158. — D. 1825. 2. 133.

Toulouse, 11 ou 12 *janv.* 1825. — S. 1825, 2. 413. — D. 1825, 2. 134. — P. t. 1, 1826, p. 276.

Bourges, 23 *avril* 1825. — Journal des avoués, mot *Contrainte par corps*, p. 517.

Montpellier, 27 *avril* 1825. — S. 1826 2. 22. — D. 1826 2. 215.

Lyon, 7 *mai* 1825. — S. 1825, 2. 300.

Rouen, 9 *janv.* 1826. — S. 1827, 2. 30. — D. 1827, 2. 18.

Rejet, 17 *janv.* 1826. — S. 1826, 1. 194. — D. 1826, 1. 104 — P. t. 1er de 1826, p. 428.

Lyon, 10 *avril* 1826. — S. 1826, 2. 211. — D. 1826, 2. 189.

Paris, 19 *juin* 1826. — S. 1827, 2. 68.

Lyon, 22 *août* 1826. — S. 1827, 2. 23. — D. 1827, 2. 26.

Aix, 23 *août* 1826. — S. 1827, 2. 78. — D. 1827, 2. 145.

Corse, 26 *août* 1826. — S. 1827, 2. 201. — D. 1827, 2. 79.

Rouen, 2 *avril* 1827. — S. 1827, 2. 231. — D. 1827, 2. 195. — P. t. 2e de 1828, p. 458.

Lyon, 23 *mai* 1827. — S. 1827, 2. 168. — D. 1827, 2, 145.

Toulouse, 20 *août* 1827. — S. 1829, 2. 351. — D. 1829, 2. 165.

Montpellier, 22 *août* 1827. — S. 1828, 2. 40. — D. 1828, 2. 71.

Douai, 19 *févr.* 1828. — S. 1828, 2. 105. — D. 1828, 2. 86

Limoges, 27 *mars* 1828. — S. 1828, 2. 153. — D. 1828, 2. 131

Colmar, 12 *mars* 1828. — S. 1829, 2. 334. — D. 1830, 2. 36. — P. t. 3e de 1829, p. 259.

Lyon, 9 *mai* 1828. — S. 1828, 2. 260. — D. 1828, 2. 133

Toulouse, 28 *juillet* 1828. — S. 1828, 2. 350.

Toulouse, 11 *août* 1828. — S. 1830, 2. 103. — D. 1830, 2. 142. — P. t. 2e de 1829, p. 228.

Nîmes, 15 *juin* 1829. — S. 1829, 2. 322. — D. 1829, 2. 290. — P. t. 3e de 1829, p. 147

Caen, 22 *juin* 1829. — S. 1829, 2. 208

Nîmes, 29 *juillet* 1829. — S. 1829, 2. 323. — P. t. 3e de 1829, p. 137.

Paris, 17 *sept.* 1829. — S. 1830, 2. 41. — D. 1830, 2. 42. — P. t. 2e de 1829, p. 526.

Riom, 25 *nov.* 1830. — S. 1833, 2. 480. — D. 1833, 2. 215 — P. t. 3e de 1833, p. 515.

Poitiers, 14 *janv.* 1831. — S. 1831, 2. 281. — D. 1832, 2. 15.

Paris, 13 *nov.* 1831. — S. 1832, 2. 146. — D. 1832, 2. 113. — P. t. 1er de 1832, p. 26.

Paris, 30 *janv.* 1833. — S. 1834, 2. 22.

Paris, *tribunal civil*, 30 *avril* 1833. — S. 1833, 2. 651. — P. t. 2e de 1834, p. 218.

ARTICLE 2070.

Il n'est point dérogé aux lois particulières qui autorisent la contrainte par corps dans les matières de commerce, ni aux lois de police correctionnelle, ni à celles qui concernent l'administration des deniers publics.

SOMMAIRE.

1. *Comment les dispositions relatives aux* deniers publics *ont été exclues du Code civil, et renvoi à l'*Appendice *pour les matières désignées en l'art.* 2070.

Le projet du Code civil, *liv.* 3, *tit.* 4, se taisait sur la contrainte par corps en matière criminelle, et déclarait, art. 6, que ses dispositions ne dérogeaient en rien aux lois qui autorisent la contrainte par corps en matière de commerce: mais, à l'imi tation de la loi de germinal, il plaçait la dette des deniers publics parmi les causes de contrainte par corps en matière civile. L'art. 1er commençait ainsi : « La contrainte par corps, en matière civile, « n'a lieu que dans les cas ci-après : 1° pour la répé« tition, contre les agens du gouvernement, des « deniers *publics et nationaux*. » Cette disposition éprouva de vives critiques dans la discussion au conseil d'État. D'une part, on lui reprochait d'être trop restreinte, et de ne pas atteindre tous détenteurs de deniers appartenant à l'État, surtout les fournisseurs, quand ils se trouvent reliquataires, faute d'avoir justifié de l'emploi des avances qu'ils ont reçues (M. DEFERMON, *séance du 16 frimaire an XII*), et pour étendre la disposition à tous les comptables, même aux receveurs des communes et des établissemens publics, on la rédigea d'abord en ces termes sur la proposition de MM. Treilhard et Portalis : *Tous dépositaires et comptables de deniers publics et nationaux*. D'autre part, sa combinaison avec le principe de l'art. 9 du projet de la section (ou 7 de celui de la commission), que la contrainte par corps ne peut être appliquée qu'en vertu d'un jugement, n'aurait plus permis à l'administration de décerner des contraintes emportant cette voie d'exécution, ce qui fit proposer par M. Treilhard de rédiger ainsi l'article qui est devenu le 2067e du Code : La contrainte par corps ne peut être prononcée que par un jugement *ou par une décision de l'autorité compétente*. On arriva ensuite à la contrainte par corps contre les cautions; et là, s'élevèrent de nouveaux débats sur l'application des règles du droit civil aux cautions envers le trésor public. M. Defermon proposait d'ajouter aux mots *cautions judiciaires*, ceux-ci : *et en matière d'administration*. M. Portalis, qui avait déjà dit sur l'art. 1er que tout ce qui tient à l'administration est susceptible de règles particulières, insistait sur ce qu'il serait préférable de ne pas parler de l'administration dans le Code civil, et d'étendre au contraire à elle la réserve faite à l'égard du commerce. Cette proposition fut adoptée.

De là l'art. 2070 placé à la fin du titre, et qui laissait la contrainte par corps en matière d'administration, de commerce et de police correctionnelle sous l'empire des lois spéciales alors existantes. Aujourd'hui ces lois, modifiées par quelques dispositions intermédiaires, sont remplacées par la loi du 17 avril 1832, qui fait l'objet de notre APPENDICE.

APPENDICE.

COMMENTAIRE

DE LA LOI DU 17 AVRIL 1832

SUR LA CONTRAINTE PAR CORPS.

31 MARS 1829. Présentation à la Chambre des pairs d'un projet de loi sur la contrainte par corps, par M. le comte PORTALIS, ministre de la justice, et M. JACQUINOT-PAMPELUNE, commissaire du roi. *Moniteur* 1829, p. 489. — Exposé des motifs, p. 489. — *Séance du 4 avril*, nomination d'une commission chargée d'examiner le projet : MM. le comte DE BASTARD, le duc DE BROGLIE, le vicomte CHIFFLET, le duc DE DOUDEAUVILLE, le comte DE KERGARIOU, le baron PORTAL, et le comte DE TOURNON, p. 497. — *Séance du 5 mai*, Rapport fait au nom de la commission par M. le comte de BASTARD, p. 706. — *Séances des* 12, 13, 14, 15, 16, 18, 19, 20, 21 *et* 22 *mai*, discussion de la loi et son adoption à la Chambre des pairs, pages 739, 740, 744, 754, 761, 777, 785, 795, 803, 822, 823.

4 OCTOBRE 1830. Lecture d'une proposition de M. JACQUINOT-PAMPELUNE, à la Chambre des députés sur la Contrainte par corps. *Moniteur* 1830, p. 1233. — *Séance du 18 novembre*, développement, texte et prise en considération de la proposition, p. 1508. — *Séance du 23 novembre*, nomination d'une commission : MM. DUPIN (Philippe), PRÉVOT-LEYGONIE, BARTHE, le vicomte DE CORMENIN, JACQUINOT-PAMPELUNE, GRILLET, GIROD (de l'Ain), ODIER, et M....... NOTA. *Le projet de la commission n'a pu être discuté dans la session. C'est à elle qu'on doit l'addition de la section relative aux comptables de deniers publics.*

2 NOVEMBRE 1831. Présentation à la Chambre des pairs du projet de loi sur la Contrainte par corps (NOTA. *C'est le travail de la commission sur la proposition de M.* JACQUINOT-PAMPELUNE), par M. BARTHE, garde-des-sceaux. — *Moniteur* 1831, p. 2022. — Texte du projet, p. 2039. — *Séance du 4 novembre*, nomination de la commission : MM. le comte PORTALIS, le duc DE BROGLIE, le baron PORTAL, le duc DE BRISSAC, le comte CHAPTAL, le duc DE CAZES et le comte SIMÉON, p. 2041. — *Séance du 22 décembre*, rapport de M. le comte PORTALIS au nom de la commission, p. 2539. — *Séance des 30 et 31 décembre*, discussion et adoption du projet, *Moniteur* 1832, pages 2 et 12.

17 JANVIER 1832. Présentation à la Chambre des députés par M. le garde-des-sceaux du projet de loi adopté par la Chambre des pairs. *Moniteur*

1832, p. 170. — *Séance du 19 janvier*, nomination d'une commission : MM. CRIGNON de MONTIGNY, VOYSIN DE GARTEMPE, GILLON, ODILON-BARROT, PARANT, BEDOCH, GANNERON, RENOUARD et ANDRÉ, p. 204. — *Séance du 16 février*, Rapport fait au nom de la commission par M. PARANT, p. 498.

10 AVRIL 1832. Retour à la Chambre des pairs du projet amendé par la Chambre des députés, et renvoi à la précédente commission, p. 1031. — *Séance du 14 avril, rapport* de M. le comte PORTALIS, p. 1073. — Adoption, p. 1074.

(Sanctionnée par le roi le 17 avril 1832. — Promulguée à Paris le 19. Bulletin 73, n° 158.)

OBSERVATIONS GÉNÉRALES

Sur l'ensemble et la division de la loi.

Cette loi, dont l'objet principal a été d'adoucir la contrainte par corps quant à son exercice et à sa durée, a coordonné les diverses parties de la législation, et les a réunies sous un même cadre. Le titre I règle ce que la contrainte par corps a de spécial pour les matières de commerce ; le titre II s'occupe des matières civiles, sous lesquelles il range, ainsi que nous l'avons fait observer (*Introduction*, n° 9), les matières administratives dont il forme une sous-division, ce qui n'est pas sans importance dans l'application ; le titre III s'occupe des étrangers, et remplace, soit en matière civile, soit en matière de commerce, la législation spéciale qu'avait créée pour eux la loi du 10 septembre 1807. Le titre IV comprend des dispositions, soit sur le fond du droit, soit sur le mode de son exercice, applicables aux trois titres qui précèdent : cependant on y verra que la faculté de sortir de prison en payant seulement le tiers de la dette et en donnant caution n'est pas applicable aux débiteurs commerciaux. Le titre V établit une procédure d'exécution pour la contrainte par corps en matière criminelle, correctionnelle et de police, et adoucit la législation en fixant un terme à l'incarcération pour les condamnations pécuniaires, et en donnant au condamné la faculté de fournir caution. Enfin le titre VI est consacré à des dispositions transitoires pour faire participer aux adoucissemens de la loi les individus détenus pour dettes au moment de sa promulgation, et se termine par un article indicatif des lois abrogées et d'une partie de celles que la loi nouvelle laisse subsister.

Le passage d'une législation à une autre donnera nécessairement lieu à des questions transitoires. Quelques unes ont déjà été soulevées et jugées. Nous aurions pu les traiter sous chacun des articles auxquels elles se rapportent, mais cette méthode offre l'inconvénient d'entraver l'exposition des principes de la loi nouvelle et la déduction des conséquences par des discussions mixtes : nous avons donc réuni toutes les questions transitoires sous l'art. 46, qui, en terminant la loi, indique les lois abrogées et les lois maintenues.

TITRE PREMIER.

Dispositions relatives à la contrainte par corps en matière de commerce.

ARTICLE 1er.

La contrainte par corps sera prononcée, sauf les exceptions et les modifications ci-après, contre toute personne condamnée pour dette commerciale au paiement d'une somme principale de deux cents francs et au-dessus.

SOMMAIRE.

1. *Sous la loi de l'an VI, il y avait des affaires commerciales qui ne donnaient pas lieu à la contrainte par corps.*
2. *Sous l'empire de la loi de l'an VI combinée avec le Code de commerce, deux doctrines opposées sur l'application de la contrainte.*
3. *Aujourd'hui la contrainte par corps doit être prononcée* pour toute dette commerciale. *Etendue qu'on doit donner à ces mots.*
4. *La contrainte par corps a lieu pour les engagemens et transactions entre commerçans. Quelle est l'étendue de cette règle?*
5. *Contre les commerçans et les non-commerçans, pour les actes de commerce.*
6. *Pour achat de denrées et marchandises pour revendre ou pour en louer l'usage.*
7. *Si la contrainte par corps a lieu de la part de l'acheteur contre le vendeur commerçant.*
8. *Quelles sont les choses dont l'achat peut donner lieu à la contrainte par corps?*
9. *Dans quel but doivent avoir été faits les achats?*
10. *Celui qui loue des marchandises pour en sous-louer l'usage est-il contraignable par corps?*
11. *Quelles entreprises donnent lieu ou non à la contrainte par corps, et pour quels objets peut-elle être prononcée contre les entrepreneurs?*
12. *La contrainte par corps a lieu aussi contre toutes personnes, pour toute opération de change, banque et courtage.*
13. *Pour les lettres de change, ou remises d'argent faites de place en place.*
14. *Des billets faits par les comptables publics.*
15. *Du donneur d'aval et de la caution. Renvoi.*
16. *La caution qui a remboursé la créance com-*

merciale a-t-elle la contrainte par corps contre le débiteur?

17. *Les actions des tiers contre les préposés des marchands pour le fait du trafic entraînent-elles la contrainte par corps?*

18. Quid *des actions du négociant contre ses facteurs, commis, serviteurs* et réciproquement?

19. *De la contrainte par corps dans les contrats maritimes.*

20. *Si la contrainte par corps a lieu entre associés pour affaires de commerce.*

21. *La contrainte par corps en matière commerciale est impérative.*

22. *Est-elle facultative en matière de dommages-intérêts et de reliquat de comptes confiés par justice?*

23. *Fixation d'un minimum au-dessous duquel il est défendu de prononcer la contrainte par corps commerciale. Renvoi.*

24. *Si les intérêts peuvent entrer dans la composition de ce minimum.*

25. *La contrainte par corps a-t-elle lieu pour les dépens en matière de commerce? Renvoi.*

1. La contrainte par corps en matière de commerce était de droit commun, comme en matière civile elle était de droit exceptionnel. La loi du 16-24 août 1790, tit. 12, art. 5, en instituant les juges de commerce, dit que la contrainte par corps continuera d'avoir lieu POUR L'EXÉCUTION DE TOUS leurs jugemens.

L'abolition générale de la contrainte par corps en matière civile effaça ce texte : la loi du 24 ventôse an V lui rendit sa vigueur; mais comme celle du 15 germinal an VI détermina, dans les quatre articles qui composent le titre II, les causes de contrainte par corps en matière commerciale; le principe général se trouva altéré par l'énumération législative, peut-être contre l'intention des législateurs. Par exemple, le § 2° prononçait la contrainte par corps de marchand à marchand pour fait de marchandises dont ils se mêlaient respectivement, et le § 3° contre tous négocians ou marchands qui signeront des billets pour valeur reçue comptant ou en marchandises; mais aucun texte ne parlait du simple prêt d'argent; et quoique ce prêt, fait à un marchand par un marchand, eût un caractère évidemment commercial, quoique les tribunaux de commerce en dussent connaître, néanmoins l'emprunteur commerçant n'était pas contraignable par corps (*Cass. 15 janv. 1806*).

2. Vint le Code de commerce. C'était le moment de rectifier les anomalies qui résultaient de la loi de l'an VI. Elles augmentèrent. Ce Code fit une classification nouvelle des matières soumises à la compétence des tribunaux de commerce, mais ne statua pas sur la contrainte par corps; de sorte qu'il s'éleva deux doctrines opposées. Les uns, appuyés sur le principe que la contrainte par corps ne peut être prononcée qu'en vertu d'une loi formelle, pensèrent qu'elle ne pouvait être appliquée que dans les cas déterminés par la loi du 15 germinal an VI; les autres, regardant cette voie d'exécution comme inhérente aux matières commerciales, en faisaient l'application à tous les actes déterminés par le nouveau Code comme actes de commerce. M. Dalloz (*Jur. gén. mot Contr. par corps, 2e sect. n° 5 et suiv.*) expose avec méthode et clarté les questions que fit naître le conflit de ces deux législations; questions qui présentaient alors une gravité et un intérêt qu'elles ont perdus aujourd'hui.

3. La loi nouvelle est plus simple. On a voulu qu'elle fût indépendante des modifications que les besoins des temps pourraient faire subir à l'énumération des actes de commerce (M. PARANT, *rapp.*). La contrainte par corps sera prononcée pour TOUTE DETTE COMMERCIALE. Tel est le principe : les exceptions sont indiquées dans les articles suivans.

Qu'est-ce qu'une dette commerciale? (*)

C'est celle qui a été contractée pour son commerce par un commerçant envers un autre commerçant (*Arg. de l'art.* 631, § 1°, *C. Com.*);

Ou celle contractée, soit par un commerçant, soit par un non-commerçant en faisant un acte de commerce avec une personne quelconque (*Arg. de l'art.* 631, § 2°).

4. Examinons la première proposition.

Il est évident qu'elle exclut de la contrainte par corps toute obligation qu'un marchand aurait contractée envers un autre marchand pour un fait *étranger* à son commerce. Si l'art. 631 parle des engagemens et transactions entre négocians, marchands et banquiers, sans ajouter : *pour leur commerce*, c'est qu'il avait suffisamment indiqué par ces dénominations mêmes qu'il s'agissait de leurs engagemens comme *commerçans*, et non comme *particuliers*. (*V. C. Com.* 638; CARRÉ, *Compétence, p.* 518; M. LOCRÉ, *Esp. du C. de Comm. sur l'art.* 631; M. PARDESSUS, *n°* 1348.) C'est de jurisprudence constante.

Mais, pour entraîner la contrainte par corps, il n'est pas besoin que le fait d'où résulte l'engagement du commerçant *envers un autre* commerçant soit rangé dans la classe *des actes de commerce* par

(*) La loi ne contient pas de définition des mots : *dettes commerciales*; mais il résulte de la discussion que l'intention des législateurs a été de mettre en harmonie le système de la contrainte par corps avec celui du Code de commerce. De là résulte que toutes les fois que le tribunal de commerce a compétence exclusive pour statuer sur l'obligation contractée à cause de sa nature, ou à cause de la qualité commerciale des parties, la dette est commerciale dans le sens de la loi de 1832. Aussi le plus grand nombre des arrêts dont nous donnerons l'indication ont-ils statué sur des questions de compétence, et non sur des questions de contrainte par corps; car les unes et les autres doivent aujourd'hui se décider par les mêmes principes.

les art. 632 et suivans. Il suffit qu'en contractant le débiteur *ait eu* l'intérêt de son commerce pour objet. Ainsi, quoique les ventes qu'un marchand fait à un particulier ne soient pas des actes de commerce (CARRÉ, *Compétence, p.* 529), et ne soumettent le marchand ni à la juridiction commerciale (*Nîmes*, 19 *août* 1809; *Metz*, 19 *avril* 1823), ni à la contrainte par corps, cette voie d'exécution aura nécessairement lieu pour les ventes faites entre marchands. Par la même raison, on ne pourrait aujourd'hui refuser la contrainte par corps pour le simple prêt d'argent de commerçant à commerçant, bien qu'il n'eût pas été constaté par billet ni passé en compte courant, malgré l'ancienne jurisprudence qui soumettait cependant ces prêts à la juridiction consulaire (*Cass.* 15 *janv.* 1806).

Il n'est pas nécessaire non plus que les engagemens et transactions entre négocians, marchands et banquiers dépendent du commerce des deux parties contractantes. Il suffit que l'engagement ait été pris pour le commerce du débiteur : le § 2° de l'art. 1er de la loi de l'an VI exigeait à la vérité que, pour donner lieu à la contrainte par corps, la dette eût lieu de marchand à marchand pour fait de marchandises *dont ils se mêlent* RESPECTIVEMENT : aujourd'hui il ne reste plus que le texte du Code de commerce; de sorte qu'on ne refusera plus la contrainte personnelle pour le prix de marchandises de son commerce achetées par un négociant d'un marchand d'une autre profession (*Cass.* 20 *ou* 29 *janv.* 1806, *et Turin*, 3 *déc.* 1810).

Il n'est pas même nécessaire que la partie obligée fasse commerce de la chose qui fait l'objet du contrat, il suffit que le contrat soit utile au commerce du débiteur; et l'on doit bannir de la jurisprudence la distinction subtile que fait Carré (*Compétence, t.* 2, *p.* 546, 550 *et* 553) entre les choses *sur lesquelles s'exerce* le commerce ou l'industrie et celles qui ne sont qu'*à l'usage* de la profession. Si cette distinction était, en certains cas, vraie sous l'ancien droit commercial, il nous semble que les termes du Code de commerce sont beaucoup plus généraux, beaucoup plus étendus que ceux de l'art. 3 de l'édit de novembre 1563, qui ne s'occupait que des *procès et différens mus entre marchands pour fait de marchandises seulement*; il nous semble aussi que la généralité des termes de l'art. 631 § 1° est confirmée par la généralité de ceux de la loi de 1832, *pour toute dette commerciale*: le sens grammatical de ces mots est une dette contractée en faisant le commerce. Que la dette ait eu pour objet des choses que le commerçant devait ensuite émettre au dehors comme produits ou comme marchandises, ou bien des choses qui lui serviraient, soit comme accessoires nécessaires, tels que le papier à l'imprimeur; soit comme moyen de production, ainsi que les presses dans la même profession; soit d'ornemens dans les professions de luxe, comme les tables de marbre, les comptoirs d'acajou, les glaces d'un maître de café; soit pour le service de la profession, quoique même on n'en loue pas l'usage, comme le linge de table et la vaisselle d'argent d'un restaurateur : dans tous ces cas et autres semblables, si ce n'est pas pour commercer des objets que l'engagement a eu lieu, c'est du moins pour le commerce, pour aider à l'exercer, et la dette est tout aussi commerciale, quoi qu'en dise l'auteur cité, que celle de l'achat des marchandises mêmes.

Puisque la contrainte par corps doit être prononcée toutes les fois que les deux parties sont commerçantes, et que l'obligation a été contractée dans l'intérêt de la profession de l'une d'elles, il est utile de définir ici ce que c'est que le commerçant. L'art. 1er du Code de commerce contient cette définition : « Sont commerçans ceux qui exercent des actes de commerce, et en font leur profession habituelle. » Ainsi ceux qui exercent une autre profession, bien qu'ils aient fait une ou plusieurs opérations de commerce, ne seront pas contraignables par corps pour les autres obligations qu'ils prendront envers des négocians, même à l'occasion de ces actes de commerce, si elles ne sont actes de commerce par elles-mêmes. Par exemple, le simple particulier qui achètera une partie de vins par spéculation sera tenu *par corps* du paiement des vins; mais s'il fait faire des tonneaux pour les contenir, comme il n'achète pas ces tonneaux pour les revendre, et qu'il n'est tenu plus rigoureusement que pour les actes de commerce (*art.* 631 § 2°), il ne pourra être contraint par corps; tandis que le marchand de vin est soumis à la contrainte par corps envers son tonnelier, qui savait contracter envers un commerçant.

Mais quand il y a habitude des actes de commerce, ou profession commerciale (*Sur la manière de prouver cette habitude, V.* M. PARDESSUS, *nos* 78 *et suiv.*), on ne distingue pas entre le gros et le petit marchand : le banquier, le manufacturier, le marchand en gros, le débitant, le colporteur, etc. sont tous également contraignables dans les mêmes cas.

Ceux qu'on appelle *artisans*, c'est-à-dire ceux qui achètent des marchandises pour les revendre confectionnées, tels que les boulangers, menuisiers, serruriers, charrons, etc., font par cela même habitude des actes de commerce, doivent être rangés dans la classe générale des commerçans (CARRÉ, *Compét. t.* 2, *p.* 542; M. PARDESSUS, *n°* 81), et quand ils ont contracté avec des commerçans relativement à leur propre industrie ou à celle de ces commerçans, la contrainte par corps a lieu contre eux ou à leur profit, sans examiner si l'engagement fait partie de l'énumération des actes de commerce. Ainsi, s'il ne fait pas difficulté qu'un charron soit contraignable par corps pour l'achat des bois nécessaires à sa profession (*Turin*, 3 *déc.* 1810), un aubergiste quant aux denrées ou marchandises qu'il achète pour revendre (*Trèves*, 19 *avril* 1809), un serrurier en bâtimens pour le fer qu'il revend après l'avoir travaillé (*Rej.* 5 *mars* 1812), il ne doit pas faire difficulté non plus de prononcer la contrainte par corps contre le charron pour le paiement des outils de sa profession, contre l'aubergiste pour le prix de sa batterie de cuisine, contre le serrurier pour les fournitures du charbon de terre qu'il consomme dans sa forge (*V.* M. PARDESSUS, *n*o 17, contre CARRÉ, *p.* 547, *note* 32, *et Bruxelles*, 28 *nov.* 1815). Tout ce que le commerçant achète autrement que pour *son usage personnel* donne lieu à la contrainte par corps.

On cite contre cette doctrine plusieurs arrêts qui refusent la qualité de commerçans au boulanger (*Cass.* 28 *févr.* 1811), à l'aubergiste (*Rej. sect. civ.* 6 *déc.* 1815), au cordonnier (*Colmar*, 22 *nov.* 1811); mais ces arrêts ont été déterminés par les circonstances. Dans les deux premiers arrêts, il y avait des présomptions d'usure, et le troisième ne peut se soutenir sous aucun rapport, puisque le cordonnier était donneur d'aval, et aurait dû être condamné par corps à raison de la matière (*C. Com. art.* 142).¶

M. Pardessus (*n*o 81) et M. Dalloz (*mot Commerçans*, *t.* 2, *p.* 695) distinguent entre l'artisan qui n'achète qu'au fur et à mesure de ses besoins, et celui qui fait des approvisionnemens pour mettre en œuvre les matières premières quand il se présentera des commandes. C'est avec raison que M. Carré (*p.* 543, *à la note* 21) dit que la loi ne distingue pas, et réduit la question à savoir s'il y a habitude. En effet, la contrainte par corps est le lien du crédit; et, dès que la profession est commerciale, moins le marchand est riche, plus il est nécessaire que le corps devienne le gage de la parole.

Mais, avec l'artisan dont la profession est commerciale, avec l'artisan qui achète les matières premières et principales pour revendre après avoir mis en œuvre, il ne faut pas confondre celui qui exerce un métier sans acheter des matières premières, quelque lucrative que soit sa profession, tel que le meunier qui se borne à convertir en farine le grain qu'on lui apporte à moudre (NOTA : dans l'espèce d'un arrêt d'Angers, *du* 11 *déc.* 1823, un meunier n'a été déclaré commerçant que parce qu'il se livrait habituellement au commerce de grains et farines, comme ils le font d'ailleurs presque tous. Arrêt semblable : *Rej. sect. civ.* 26 *janv.* 1818); tel que l'ouvrier qui travaille à façon, c'est-à-dire qui reçoit une matière et la rend après l'avoir façonnée (*Rome*, 5 *sept.* 1811). Il en serait de même si l'ouvrier à façon achetait ce qu'on appelle des fournitures ou accessoires nécessaires à l'objet qu'il confectionne, même s'il achetait quelquefois (et non d'habitude) des matières premières pour exécuter les ouvrages commandés, surtout s'il n'est point contesté qu'il n'obtient que le remboursement de ses fournitures et ne spécule que sur la main d'œuvre. Toutes ces personnes ne sont pas commerçantes et ne sont pas soumises à la contrainte par corps.

La loi ne distingue pas par quel titre est constatée la dette de *commerçant à commerçant* : ainsi, qu'elle résulte d'un titre de forme commerciale, comme le billet à ordre, ou d'un titre de forme civile, tel qu'une simple reconnaissance (*Paris*, 23 *juin* 1807; *Amiens*, 4 *avril* 1826), ou même un acte notarié (*Cass.* 21 *févr.* 1826; *Douai*, 27 *févr.* 1825; *Grenoble*, 17 *juin* 1826), la dette est toujours dette commerciale, contractée entre marchands, et rentre dans les dispositions du § 1o de l'art. 631. La forme de l'acte ne fait pas supposer de renonciation à la contrainte par corps qui résulte de la nature de la créance. Il en est de même des engagemens purement verbaux (*Douai*, 11 *juill.* 1821; *Bourges*, 29 *mai* 1824); ils entraînent la contrainte par corps entre commerçans.

Ici se présente la question de savoir si le prêt non constaté par écrit, fait par un non commerçant à un marchand, entraîne cette voie d'exécution.

Il peut y avoir deux définitions du mot *dettes commerciales*; la première est celle que nous avons donnée *n*o 3, *p.* 72, qui les restreint aux cas de *compétence exclusive* des tribunaux de commerce; la seconde serait qu'il y aurait *dette commerciale* toutes les fois qu'un engagement *même verbal* aurait été contracté pour le commerce d'un marchand. Il faut choisir.

Nous pensons qu'il faut s'en tenir à la première définition : autrement il n'y aurait plus rien de fixe dans la jurisprudence. La loi n'obligeant le commerçant par corps envers le non commerçant qu'autant que le commerçant aurait fait acte de commerce (*), il faudrait trouver un texte portant que tout emprunt est un acte de commerce, et ce texte n'existe pas (CARRÉ, *Compétence*, *p.* 640, *à la note*; *Bourges*, 5 *déc.* 1810).

Il y a des autorités pour l'opinion contraire (DELVINCOURT, *Instit. de droit com.* 2e *édit. t.* 2, *p.* 486; M. DALLOZ, *mot Compétence*, *sect.* 5, *art.* 1er, *n*o 6, *p.* 323). Elle est, dit-on, plus en harmo-

(*) Le cas de prêt purement verbal fait à des commerçans est extrêmement rare, quoique les actions en justice pour cette cause soient fréquentes. Le plus souvent les demandes ainsi formées ont leur base sur des billets qui n'ont pas subi la formalité du timbre, et pour le recouvrement desquels on veut éviter les frais d'amende. Que les créanciers non commerçans paient les droits et produisent les billets, s'ils veulent user du bénéfice de la compétence commerciale et obtenir la contrainte par corps; sinon, qu'ils supportent les inconvéniens de la position dans laquelle ils se placent volontairement.

nie avec le système général de la loi! Mais si le système général est qu'il y a compétence pour *tous* engagemens entre négocians, et seulement à l'égard des non négocians quand on a fait avec eux un acte de commerce, et si le simple emprunt n'est pas en soi un acte de commerce, c'est l'opinion de M. Dalloz qui est contraire au système général du Code. Or, d'une part, l'art. 631 n'établit la compétence générale des tribunaux de commerce qu'entre négocians, et la compétence spéciale entre toutes personnes qu'en cas d'actes de commerce; et d'autre part, l'emprunt fait sans billets, l'emprunt qui ne passe pas en compte courant, n'est rangé par aucun texte au nombre des actes de commerce. Sous la loi de germinal an VI, on refusait la contrainte par corps au simple prêt entre marchands (*Cass.* 15 *janv.* 1806), et au billet souscrit pour autre cause que valeur reçue comptant ou en marchandises (*Cass.* 28 *juillet* 1813), parce qu'elle ne peut être prononcée que dans les cas spécifiés par une loi formelle. Aujourd'hui, la loi formelle est celle qui limite la compétence commerciale; si elle est plus étendue que la loi de l'an VI, ce n'est pas un motif pour en pousser l'application au-delà des bornes nouvelles qu'elle a posées.

M. Dalloz continue, et dit que rien ne fait cesser ici la présomption qui répute commerciaux les engagemens qu'un commerçant contracte. Mais cette présomption n'est établie par l'art. 631 que lorsque l'engagement a lieu avec un commerçant, et par l'art. 638 que quand il y a billets souscrits. Dans quel texte de loi M. Dalloz a-t-il trouvé cette présomption, quand il n'y a pas de titre et que l'une des parties n'est pas commerçante?

Il ajoute que les termes de la loi ne fournissent pas une objection très-sérieuse, parce que l'expression générique de *billets* comprend les simples *promesses non négociables*, et qu'il n'y a pas de raison pour ne pas mettre sur *la même ligne* les conventions *purement verbales!* Avec cette manière d'interpréter, il n'y a plus besoin de loi. D'ailleurs, sans examiner ici si l'art. 638 s'applique ou non aux promesses écrites dans la forme civile envers les non commerçans, qui ne voit la différence? Le prêt sans écrit est toujours un acte de confiance, d'abandon, qui n'a lieu que dans l'intimité, et certes celui qui donne ainsi son argent prête plus à l'ami qu'au commerçant, plus à la personne qu'à la profession. Notre opinion n'a donc rien de rigoureux pour le créancier non commerçant qui a suivi la foi d'un ami, et qui n'a pas dû compter sur la contrainte par corps, quand il négligeait même d'obtenir les moyens de prouver sa créance. Quant aux arrêts recueillis par M. Dalloz (*Douai*, 11 *juillet* 1821; *Bourges*, 29 *mai* 1824), ils n'indiquent pas si le prêteur était commerçant ou non commerçant, et par conséquent n'établissent pas un préjugé en faveur de son opinion.¶

Quand d'ailleurs il est certain, soit par la nature de l'engagement, soit par les énonciations du titre, que le commerçant n'a pas contracté pour raison de son commerce, il n'y a pas de contrainte par corps, même de commerçant à commerçant (*C. Com.* 638).

5. Les dettes commerciales ne sont pas seulement celles contractées entre marchands pour raison de leur commerce, ou du commerce de l'un d'eux: ce sont encore celles contractées, soit par un commerçant, soit par un non commerçant, en faisant un acte de commerce avec une personne quelconque (*V. ci-dessus*, n° 3). Dans le cas de cette seconde proposition, la qualité de la personne est sans influence sur la question de commercialité; on ne considère que la nature de l'acte, et le non commerçant: n'en eût-il fait qu'un seul, il serait, pour cet acte unique de commerce, contraignable par corps.

Faire un acte de commerce, c'est donc à la fois se soumettre, pour le fait particulier, à la juridiction commerciale et à la contrainte par corps. Et comme la contrainte par corps ne peut être prononcée qu'en vertu d'une loi formelle, il faut poser en principe qu'il n'y a d'actes de commerce que ceux auxquels un texte précis donne cette qualité.

Il est donc important de parcourir la spécification des actes de commerce telle que nous l'a donnée le Code spécial, et de chercher à bien pénétrer le sens de ses dispositions, afin de ne pas y apporter de restrictions contraires à l'esprit du législateur, et de ne pas les étendre au-delà de sa volonté.

6. La contrainte par corps a lieu, même contre les non commerçans, pour achat de denrées et marchandises pour les revendre, soit en nature, soit après les avoir travaillées et mises en œuvre, ou même pour en louer simplement l'usage (*C. Com.* 632, § 1er). Cette disposition, qui domine toute la matière, puisque le commerce consiste surtout dans les achats et dans les reventes, est complexe: elle comprend la désignation de l'acte, des choses sur quoi il s'exerce, et du but qu'a dû se proposer l'acheteur.

7. Il n'y a pas de doute que si un achat commercial a été fait par un commerçant à un autre, l'acheteur aura l'action commerciale et la contrainte par corps pour contraindre le vendeur à la livraison et à l'exécution des autres conditions de la vente: c'est alors un engagement entre négocians (631 § 1°). Mais l'acheteur non commerçant a-t-il l'action et la contrainte par corps commerciales pour forcer son vendeur commerçant à exécuter la vente? Nous avons dit *la contrainte par corps commerciale*, parce que, même devant les tribunaux civils, l'acheteur pourrait obtenir la contrainte par corps de l'équité des magistrats pour ses dommages-intérêts (*C. Pr.* 126).

M. Pardessus professe l'affirmative (*n*° 20), et avec lui M. Vincens (*Législ. com. t. 1, p.* 123). Le marchand exécute par la revente le but qu'il avait lors de l'achat : cette revente peut donc être considérée comme un acte commercial de sa part, dit le savant professeur. Que fait, ajoute M. Vincens, le marchand qui vend, sinon un acte et *l'acte principal de son commerce?*

Ce raisonnement si concluant en apparence n'est pourtant qu'un spirituel jeu de mots. Tous les actes du commerce d'un négociant ne sont pas actes DE commerce; ils ne le deviennent indistinctement que lorsqu'ils ont lieu entre marchands, négocians et banquiers (*art.* 631 § 1° *et* 632 § 6°). Le sens des mots *actes de commerce* est donc plus restreint et comprend seulement les actes que la loi soumet par leur nature à la juridiction commerciale. Or, un texte y soumet spécialement les achats, et nul n'y soumet les ventes et les reventes. Est-ce un oubli? Il n'est permis à personne de combler les lacunes d'une loi exceptionnelle; et l'oubli serait difficile à concevoir en présence de l'art. 633, qui répute actes de commerce tous *achats, ventes et reventes* de bâtimens pour la navigation. Le rapprochement des textes prouve que l'omission est volontaire. Il importe peu que le marchand ait acheté pour revendre : car sa revente fait sortir du commerce, pour les faire entrer dans la consommation, les marchandises qu'il avait achetées. D'ailleurs, c'est dans l'intérêt du commerce qu'ont été établies et la juridiction commerciale et la contrainte par corps : ce serait en intervertir l'usage que de les accorder à de simples particuliers contre les commerçans (M. LOCRÉ, *Esprit du C. de Com. sur l'art.* 632, n° 2; CARRÉ, *Compét. p.* 529; M. DALLOZ, *mot Commerce*, actes de, *p.* 712). Ainsi la juridiction commerciale a été déniée avec raison au consistoire de Montpellier pour l'action rédhibitoire d'une cloche que lui avait vendue un négociant (*Nîmes*, 19 *août* 1809); et à un officier de cavalerie, pour une action de la même nature à l'occasion d'un cheval acheté d'un marchand de chevaux (*Metz*, 19 *avril* 1823). Il y a cependant arrêt contraire (*Toulouse*, 24 *déc.* 1824).

Mais les manufacturiers et les fournisseurs sont justiciables des tribunaux de commerce et contraignables par corps *commercialement* pour l'exécution des ventes de produits manufacturés et de fournitures promises ou livrées (M. PARDESSUS, n° 21; CARRÉ, *p.* 565). Pourquoi? Parce que les entreprises de manufactures et de fournitures sont mises spécialement par la loi au nombre des actes de commerce (*C. Com.* 632, §§ 2e *et* 3e), et que toutes les contestations y relatives sont par conséquent commerciales : les ventes et livraisons font partie de l'acte complexe désigné sous le nom d'*entreprises*.

8. L'achat des *denrées* et *marchandises* peut seul constituer un achat commercial susceptible d'entraîner la contrainte par corps. Il est donc constant que ce texte exclut des affaires commerciales tout ce qui est relatif aux immeubles, quoiqu'on les achète avec l'intention de les revendre ou pour y placer un établissement commercial, tel qu'une manufacture (M. PARDESSUS, *n.* 8; M. DALLOZ, *au lieu cité*, *p.* 714; CARRÉ, *p.* 537). Il y en a de nombreux arrêts (*Rej.* 28 *brumaire an XIII*; *Paris*, 14 *mai* 1812; *Metz*, 18 *juin* 1812; *Bourges*, 4 *déc.* 1829; *Paris*, 8 *déc.* 1830).¶

M. Dalloz (*ibid.*) pose la question de savoir si l'achat d'un édifice dans l'intention de le démolir est un acte de commerce? Il la résout négativement. Le professeur Carré, *page* 537, *à la note*, donne à la même question une solution affirmative, et avec raison, quoique M. Dalloz n'ait eu d'autre tort que de s'exprimer obscurément. Le premier a voulu parler des compagnies qui achètent, non pas seulement des édifices, mais un sol couvert d'édifices qu'elles font abattre, dont elles revendent les matériaux, et qui se défont ensuite du sol, soit par parcelles, soit en bloc, selon leur avantage. C'est ainsi du moins que nous avons entendu M. Dalloz, et dans ce cas il n'y a point contrainte par corps commerciale, car c'est un véritable achat d'immeubles. Quoique les spéculateurs aient principalement l'intention de bénéficier sur les matériaux, ils n'ont acheté ces matériaux qu'accessoirement au sol dont ils ne sont pas séparés. *Ædificia solo cedunt.* Mais si la pensée de M. Dalloz est celle que lui prête Carré, et s'il a voulu parler de l'achat d'un édifice à charge de démolition, sans que l'acheteur devienne propriétaire du sol, il y aurait lieu à la contrainte par corps commerciale, car ce n'est pas l'édifice qui est vendu dans ce cas, mais les matériaux dont il est construit, et qui en sont détachés fictivement par le fait même de la vente séparée. Il en serait de même de la vente d'une coupe de bois à un marchand de bois (M. DALLOZ *et* CARRÉ, *ibid.*).

Dans les mots *denrées* et *marchandises*, on ne comprend pas non plus les *créances sur particuliers*; et l'achat qu'on en ferait pour les revendre ne serait encore qu'une spéculation civile, même entre commerçans (M. PARDESSUS, *n*° 10; M. DALLOZ *et* CARRÉ, *ibid.*).¶

La signification du mot *marchandises* n'est cependant pas restreinte aux meubles corporels : il y a certains droits incorporels qui sont la matière d'un commerce : tels que le droit de propriété littéraire, celui d'un brevet d'invention, d'un procédé particulier, etc. (M. PARDESSUS, *n*° 9; CARRÉ, *p.* 548).¶

L'achat des effets publics et rentes sur l'Etat dans l'intention de les revendre est aussi un acte de commerce, et entraîne la contrainte par corps pour l'exécution des marchés sérieux auxquels il a donné lieu (M. Merlin, *Rép. mot Effets publics*, *n*o 4; M. Dalloz, *ibid.*; Carré, *p.* 539; *Rej.* 18 *fév.* 1806; *Paris*, 29 *déc.* 1807; *Rej. sect. civ.* 26 *janv.* 1818). L'opinion de M. Pardessus est contraire (*n*o 10): il ne pense pas que la rapidité avec laquelle les effets publics se transmettent influe sur leur nature, qui, à ses yeux, est la même que celle des rentes constituées, et l'on peut appuyer ce système d'un arrêt décidant qu'un particulier qui stipule à la bourse pour des marchés à termes sur les effets publics ne peut pas être réputé négociant, ni par conséquent obtenir un concordat (*Paris*, 15 *avril* 1809). Cependant, depuis ce temps, il y a eu de nombreux procès sur les marchés à termes sans qu'il se soit élevé des doutes sur la compétence commerciale.¶

9. Ce n'est pas assez d'avoir acheté des denrées ou marchandises pour être soumis à la contrainte par corps en paiement du prix; il faut encore les avoir achetées dans un but commercial, c'est-à-dire avec l'intention de les revendre ou d'en louer l'usage.

On ne saurait trop rappeler qu'il s'agit ici des achats faits par toutes personnes, des achats considérés comme actes de commerce, indépendamment de la qualité personnelle de l'acheteur; qu'il suffit que les achats soient utiles à la profession d'un commerçant, bien qu'il ne fasse pas commerce de l'objet acheté, et qu'il ne veuille ni le vendre ni en louer l'usage, pour qu'il soit contraignable par corps. Nous avons développé sur ce point notre pensée *suprà*, nº 4.

Puisqu'il faut que les denrées et marchandises aient été achetées *pour* être ou revendues ou louées, ce n'est pas le fait de la revente ou de la location qui constitue l'acte de commerce, c'est l'intention qu'avait l'acheteur, au moment de l'acquisition, qui le soumet à la contrainte par corps ou l'en affranchit. Ainsi, pas d'acte de commerce à avoir acheté pour son usage une quantité, même considérable, de denrées que des raisons nées postérieurement, même l'expectative d'un bénéfice certain, déterminent ensuite à revendre (M. Pardessus, *n*o 12; M. Dalloz, *p.* 713; Carré, *p.* 541; *Amiens*, 8 *avril* 1823).

Il faut que l'intention principale de l'acheteur non commerçant soit de commercer de l'objet acheté: autrement, si la chose achetée est accessoire à l'objet d'une spéculation purement civile, la contrainte par corps ne pourra devenir la sanction de l'obligation contractée. Ainsi, pas de contrainte par corps pour le prix des tonneaux achetés par un cultivateur pour renfermer le vin de ses récoltes qu'il se propose de vendre, quoiqu'il doive livrer les tonneaux avec son vin (M. Pardessus, *n*o 13, *d'après* Jousse, *sur l'art.* 4 *du tit.* 12 *de l'ord. du com.*); ni pour celui de l'achat des bestiaux destinés à l'agriculture, même si le petit cultivateur en achète de maigres dans l'intention de les remplacer après les avoir engraissés (M. Pardessus, *n*o 14); ni pour le prix des bêtes qui composent un cheptel, non seulement entre le propriétaire et le fermier, mais entre un simple particulier et un laboureur (Jousse, *au lieu cité*; Carré, *p.* 554; M. Locré, *Esprit du C. de Com. sur l'art.* 632, *n*o 4); ni pour la toile, les couleurs et les cadres de l'artiste qui fait un tableau, ou le marbre du sculpteur qui compose une statue (M. Pardessus, nº 15; M. Locré, *sur l'art.* 632, *n*o 4); ni pour le prix des médicamens que les médecins et officiers de santé habitant la campagne achètent des pharmaciens des villes pour les fournir aux malades qu'ils traitent (*Limoges*, 6 *janv.* 1827; *Bourges*, 9 *août* 1828); ni pour les marchandises et les denrées dues par un instituteur pour les besoins de sa pension (*Obs. de la C. de Paris sur le projet de C. de Com. t.* 1, *p.* 414; M. Locré, *ib.*; M. Pardessus, *ib.*; M. Vincens, *t.* 1, *p.* 133; M. Favard, *mot Acte de commerce*; M. Dalloz, *mot Commerçans*, *p.* 695, *n.* 1; Carré, *p.* 542; *Paris*, 19 *mars* 1814; *Douai*, 14 *févr.* 1827; *Cass. sect. crim.* 23 *nov.* 1827; *Paris*, 11 *juillet* 1829, qui relate dans ses motifs un autre *arrêt de la* 2e *chambre du* 21 *août* 1827. Nota : ces deux arrêts, rendus sur notre plaidoirie, ont décidé *in terminis* que la profession des maîtres de pension n'est point commerciale; *Paris*, 19 *mars* 1831. Il y a arrêt contraire : *Paris*, 26 *nov.* 1807).¶

Il en est de même de l'auteur qui fait imprimer à son compte ses propres ouvrages et qui les débite; la dette qu'il contracterait pour l'impression et le papier ne serait pas une dette commerciale (M. Pardessus, *ibid.*; Carré, *p.* 548; M. Vincens, *t.* 1, *p.* 133; *Paris*, 4 *nov.* 1809), même quand l'ouvrage publié serait un traité relatif à la profession commerciale de l'auteur (*Paris*, 1er *déc.* 1809).¶

Dans tous ces cas, les achats sont nécessaires à l'exercice d'un art libéral ou d'une profession non commerciale, et en deviennent l'accessoire; mais il faut décider le contraire quand la profession est commerciale, ou quand l'accessoire s'unit à une chose principale dont l'acheteur a intention de faire commerce. Ainsi sont contraignables par corps le marchand de vin ou le distillateur pour l'achat des poinçons, pipes, tonneaux et autres vases qui contiennent les liquides qu'ils revendent (M. Pardessus, *n*o 13, nonobstant Carré, *p.* 546); les herbagers, pour le prix des bestiaux qu'ils font commerce d'engraisser et de revendre (M. Pardessus, *n*o 14); les peintres en bâtimens et en meubles, pour les couleurs et matières qu'ils emploient; les sculpteurs et modeleurs qui travaillent le marbre pour en faire des tables, des chambranles ou autres objets d'architecture (*le même*, *n*o 15), ou qui modèlent des statues déjà connues pour l'ornement des jardins; les pharmaciens pour les drogues qu'ils achètent pour composer leurs médicamens (*Nîmes*, 27 *mai* 1829); les aubergistes, traiteurs et cabaretiers pour les marchandises et denrées qui se consomment dans leurs établissemens (*Cass. sect. crim.* 23 *avril* 1813; *Rouen*, 4 *déc.* 1818; *Bourges*, 19 *déc.* 1823 *et* 27 *août* 1824), auxquels il faut, selon nous, ajouter les personnes qui tiennent pension bourgeoise (*); les éditeurs, imprimeurs et libraires; et même le non commerçant, cessionnaire du droit d'auteur, pour le paiement du papier qu'ils emploient à publier l'œuvre d'autrui (M. PARDESSUS, *n*o 15, nonobstant CARRÉ, *p.* 548).¶

Deux arrêts de la Cour supérieure de Bruxelles (13 *déc.* 1816 *et* 8 *oct.* 1818) ont décidé que l'entreprise d'un journal n'est pas acte de commerce, et que l'éditeur ne pouvait être jugé commercialement (ni par conséquent contraint par corps pour le papier à lui fourni). « Le papier et autres matériaux employés à l'impression, quoique susceptibles de servir d'objet à des actes de commerce, n'en sont que des accessoires, *au moyen desquels* l'auteur communique au public *ses propres pensées* ou celles qu'il aurait recueillies dans d'autres ouvrages, ce qui, malgré les vues d'intérêt pécuniaire qui peuvent être entrées dans les intentions de l'auteur, présente aussi peu l'idée d'une opération commerciale que toute autre opération civile entreprise dans l'espoir d'un gain. » M. Dalloz (*mot Actes de commerce, sect.* 2e, *t.* 2, *p.* 729, *à la note*) et M. Carré (*Compétence*, *p.* 549) adoptent les principes de ces arrêts: M. Pardessus (*n*o 15) pense le contraire. Il nous semble que la doctrine des arrêts ci-dessus cités est applicable quand l'entreprise d'un journal appartient à ses rédacteurs. En effet, pour être tous les jours narrateurs de faits ou écrivains polémiques, ils n'en sont pas moins tous les jours auteurs de leurs récits ou de leurs dissertations: même pour la partie de nouvelles empruntée à d'autres journaux, ils ne font pas actes de commerce; car, lire, faire un choix et extraire est encore un travail de l'esprit dont aucune loi ne fait l'objet des opérations commerciales. Or, une fois qu'il est admis qu'un auteur ne fait pas acte de commerce en publiant ses travaux, la conséquence nécessaire nous paraît être qu'une société d'écrivains ne fait pas davantage acte de commerce par une publication quotidienne; mais aussi dès qu'on admet que les productions de l'esprit deviennent un objet commercial quand leurs auteurs les livrent à des tiers pour la publication, il faut convenir que la réunion de sociétaires étrangers à la rédaction suffit pour convertir en société de commerce celles qui sont formées pour la publication des journaux: c'est le cas le plus fréquent, et celui sans doute qu'a eu en vue M. Pardessus.

L'achat et la vente d'un fonds de commerce entraînent-ils, soit pour le paiement du prix, soit pour l'exécution des conventions, la contrainte par corps commerciale? Cette question ne peut se résoudre que par des distinctions.

Est-ce un acte de commerce que d'acheter ou de vendre un fonds de commerce? Il est très-rare qu'une pareille vente soit un acte de commerce, car elle est ordinairement faite à un non commerçant, et nous avons donné ci-dessus no 4 les raisons pour lesquelles la vente n'est point en général un acte de commerce. Ainsi, pas de contrainte par corps commerciale contre le vendeur pour l'obliger à exécuter le contrat.

La jurisprudence des tribunaux de commerce, qui tend, comme tous les pouvoirs exceptionnels, à agrandir sa sphère d'action, ne manque pas à le déclarer acte de commerce.

Mais la Cour royale de Paris, qui avait penché d'abord pour l'opinion du tribunal de commerce (*Paris*, 11 *août* 1829), est revenue au système contraire, et a jugé qu'il n'y avait pas d'acte de commerce dans l'achat d'un fonds d'hôtel garni (*Paris*, 23 *avril* 1828 *et* 14 *avril* 1831), de limonadier (12 *mars* 1829), de pharmacien (19 *nov*, 1830), non plus que dans l'acquisition d'une charge de courtier (2 *août* 1832). Cependant cette jurisprudence tend à se modifier. Un arrêt de Nîmes *du* 27 *mai* 1829 et un autre de Paris *du* 7 *août* 1832 ont déclaré actes de commerce l'acquisition d'une pharmacie et celle d'un fonds de merceries et nouveautés.

Un fonds de commerce, pris abstractivement, est un objet moral qui se compose du droit de se dire successeur de telle personne, et de l'achalandage ou habitude du public de venir dans un lieu où il s'est trouvé bien servi; c'est encore, dans les professions que l'intérêt public fait limiter, le droit d'exercer cette profession acquis par la retraite de celui qui auparavant jouissait de ce privilége. Sous ces divers rapports, l'achat d'un fonds de commerce ne peut être un acte de commerce, car le non commerçant qui prend un établissement ne l'achète pas pour le revendre, mais pour l'exploiter personnellement. Ainsi, pas de doute que l'acquisition d'une charge de courtier ne soit pas un acte de commerce; pas de doute que l'acquéreur n'est soumis ni à la juridiction commerciale ni à la contrainte par corps.

(*) Un arrêt de Limoges du 16 février 1833 paraît contraire à cette opinion, mais il ne la détruit pas. La Cour a jugé qu'une femme qui *admet* à sa table *quelques* pensionnaires *de son choix* ne pouvait, par ce seul fait, être réputée marchande publique, et que les lettres de change par elle souscrites devaient être mises au rang des simples promesses. Cet arrêt, comme on le voit par cette rapide analyse, n'a pas jugé que dans l'espèce l'appelante eût tenu *pension bourgeoise*, comme le disent les notices; car chacun peut admettre à sa table plusieurs pensionnaires sans tenir pension bourgeoise.

Mais au fonds de commerce se rattachent souvent et un matériel considérable et des marchandises dont le vendeur du fonds se défait en même temps. Tous ces objets sont corporels, les uns sont la matière du commerce, les autres servent à son exploitation. Sous ce double rapport, leur vente à un commerçant entraînerait et la compétence commerciale et la contrainte par corps. Est-il donc juste que l'acquéreur du fonds de commerce soit affranchi de l'une et de l'autre? car, bien qu'il n'ait pas été au nombre des commerçans avant le traité, cependant il s'y range dès le moment qu'il fait toutes ses dispositions pour le devenir.

Il nous semble qu'il y a des circonstances de fait qui, suivant les diverses espèces, peuvent détruire cette égalité de raisons pour et contre, et détermineraient à accorder ou à refuser la juridiction commerciale et la contrainte par corps au vendeur.

1° Si l'acte renferme deux ventes distinctes et pour deux prix différens de l'achalandage et des marchandises, il serait équitable de prononcer la contrainte pour le prix de ces marchandises vendues séparément et achetées dans l'intention d'être revendues, sans la prononcer pour le prix du fonds qui est un objet incorporel.

2° Si tout est vendu pour un seul et même prix, il paraîtrait juste de discerner quel est l'objet principal de la vente, le fonds de commerce ou le matériel et les marchandises. Si c'est le fonds de commerce, il n'y aura ni compétence commerciale ni contrainte par corps pour aucune partie du prix, d'après la règle que l'accessoire suit le sort du principal; si les marchandises et le matériel sont l'objet principal de l'acquisition, il faudra, par le même principe, accorder au vendeur compétence et contrainte par corps pour le tout.

Or, est-il bien vrai que le fonds de commerce soit toujours la partie principale de l'acquisition? On le concevrait pour les professions limitées : ainsi, quand à Paris les boulangers étaient fixés à un certain nombre, ce n'étaient ni les sacs de farine en magasin, ni ceux déposés pour le cautionnement du boulanger, ni le matériel de l'établissement qui formaient l'objet principal du contrat : c'était le droit d'être boulanger que l'acheteur avait surtout en vue. On conçoit encore que le fonds de commerce soit l'objet principal du contrat, quand le prédécesseur fait depuis long-temps de nombreuses affaires, et qu'il a des opérations commencées dont il transmet la suite; mais dans les cas ordinaires, quand le droit d'exercer la profession n'est pas l'objet de l'achat, quand les chances de succès seraient à peu près égales dans un magasin voisin, le fonds n'est pas toujours l'objet principal du contrat, et l'on peut considérer comme partie principale celle qui l'emporte en valeur. Tel paraît être l'esprit des arrêts de Nîmes et de Paris des 27 mai 1829 et 7 août 1832.¶

10. Nous avons vu que l'achat d'une chose pour en louer l'usage était un acte de commerce; que faut-il décider à l'égard de celui qui louerait des marchandises pour spéculer sur leur relocation? M. Carré (*Compétence, p.* 554) dit avec raison qu'on ne peut étendre la loi. Ainsi à Paris, où les entrepreneurs de voitures et cabriolets de place reçoivent de leurs cochers une rétribution fixe par jour, par semaine ou par mois, de sorte que tout ce que ceux-ci reçoivent des particuliers qu'ils transportent leur appartient, sans qu'ils soient tenus d'en faire compte au maître, il s'opère un louage de chose pour l'exercice de leur industrie, et l'on ne peut pas dire que ces cochers soient commerçans ni contraignables par corps.

11. Les entreprises qui donnent lieu à la contrainte par corps sont désignées dans les §§ 2 et 3 de l'art. 632 : « Toute entreprise de manufacture, « de commission, de transport par terre et par « eau; toute entreprise de fournitures, d'agences, « bureaux d'affaires, établissemens de vente à l'en« can et de spectacles publics. »

Pour qu'une entreprise donne lieu à la contrainte par corps, il faut qu'elle rentre dans le texte de l'un de ces deux paragraphes; ou que, par sa nature, elle puisse se rapporter à l'une des autres espèces d'actes de commerce définies par la loi. Rien ne doit être arbitraire en matière de juridiction exceptionnelle; rien ne doit être arbitraire en matière de liberté.

Entreprises de manufactures. Il ne faut pas confondre l'opération de *main-d'œuvre* avec une *entreprise de manufacture*, qui ne peut exister que de la part de celui qui fournit les matières premières qu'il met en œuvre, et dont il forme une chose nouvelle (M. Pardessus, *n°* 35; Carré, *p.* 567; *Rome*, 5 *sept.* 1811).¶

M. Pardessus (*ibid.*) voit cependant une *entreprise de manufactures* dans le fait d'une personne qui, n'ayant pas d'établissement, s'engage néanmoins *à faire exécuter*, par des ouvriers qui travaillent dans leur propre domicile, la conversion, en nouvelles formes ou en nouvelles substances, des matières premières *qui lui sont confiées* à cet effet. Nous n'y pouvons voir autre chose que l'acte d'un ouvrier qui en fait travailler d'autres, et qui reloue à un prix plus élevé des services qu'on lui a loués pour un moindre prix. C'est un artisan plus aisé, si l'on veut, que ceux qu'il emploie; mais ce n'en est pas moins un simple artisan, qui ne nous paraît pas devoir être soumis à la contrainte par corps pour les travaux auxquels il s'engage. En vain dirait-on que, dans certaines villes manufacturières, ces artisans sont soumis, pour toutes les conventions relatives aux travaux dont ils se chargent, à la juridiction des conseils de prud'hommes, dont les tribunaux de commerce sont juges d'appel (*L. du 18 mars 1806, art. 6; Déc. du 11 juin 1809, art. 2; Déc. du 3 août 1810, art. 1 et 2, et du 7 août 1810, art. 3*), et que, par conséquent, la dette qu'ils contracteraient est *dette commerciale*.

C'est avec le Code de commerce, et non avec la législation relative aux prud'hommes, que la loi de 1832 a voulu coordonner la législation de la contrainte par corps (*V. p. 72 à la note*). Les décrets exceptionnels des 3 et 7 août 1810 doivent donc être restreints à leur objet, qui est de fixer le juge d'appel dans certaines localités; mais on ne peut les étendre jusqu'à leur faire produire la contrainte par corps, qui, à cette époque, était réduite aux cas déterminés par la loi de l'an VI, et que l'auteur du décret n'a pas, par conséquent, eue en vue.

Entreprises de commission. On n'encourt pas la contrainte par corps quand on se charge, moyennant un salaire convenu, de faire une ou plusieurs opérations de commission, même commerciale; car la loi n'a pas déclaré actes de commerce *toute opération* de commission (Carré, *p.* 571), mais *toute entreprise*. Il faut donc que le commissionnaire se donne publiquement pour tel, qu'il ait un établissement, une entreprise (*ibid*). Mais il peut y avoir entreprise, même quand on ne ferait la commission que pour un seul commettant, si la multiplicité des opérations suffit pour constituer une entreprise.

Il ne s'agit ici que des entreprises de commission relatives à des objets de commerce (*C. Com.* 91 *et suiv.*). On s'en est expliqué au conseil d'Etat, où l'on a démontré que ce paragraphe ne s'applique pas aux personnes qui font profession et métier de recevoir les rentes et pensions des créanciers et pensionnaires de l'Etat (*séance du 8 nov. 1807; M. Locré, Esp. du C. de Com. sur l'art. 632, n° 5*); mais ces mêmes personnes paraissent soumises à la contrainte par corps par les mots du § suivant: *agences et bureaux d'affaires*.

Entreprises de transports par terre ou par eau, ce qui comprend les entreprises pour le transport des personnes, comme celles pour transport d'argent, denrées et marchandises (M. Locré, *ibid.*; Carré, *p.* 574; M. Pardessus, *n°* 38). Mais des actes de transport isolés n'entraîneraient ni la juridiction commerciale ni la contrainte par corps: tel que l'acte du cultivateur qui, après avoir vendu ses denrées, ramène dans son village des effets et marchandises pour le compte d'autrui (M. Pardessus, *ibid.*).¶

Entreprises de fournitures, celles qui ont pour objet la revente ou le louage des denrées ou marchandises qui se fournissent, soit à des particuliers dont la consommation est considérable, soit à des établissemens publics, soit au gouvernement (Carré, *p.* 579).

Entreprises d'agences et bureaux d'affaires. Le procès-verbal de la séance du 8 novembre 1807 fait entendre que les entreprises d'agences et bureaux d'affaires ne sont de la compétence commerciale que lorsqu'elles concernent des affaires de commerce (M. Locré, *note 7 sur l'art.* 632). Le texte présente une autre idée que la jurisprudence a adoptée. La gestion des affaires d'autrui, soit civiles, soit commerciales, est en soi un contrat purement civil; le Code de commerce n'a donc pas voulu soumettre à la juridiction exceptionnelle la gestion d'affaires d'une manière générale; mais il a entendu classer parmi les commerçans ceux qui ouvraient bureau d'affaires, qui annonçaient au public, par des circulaires ou autres moyens de publicité, que leur profession était de gérer les affaires d'autrui; qui entreprenaient, pour quiconque les en chargeait, de suivre des correspondances, des liquidations et recouvremens, de poursuivre des affaires contentieuses, la gestion des fortunes mobilières; de faire des recettes, etc. (M. Vincens, *Légis. com. t.* 1, *p.* 134; M. Pardessus, *n°* 41; M. Merlin, *Répert. mot Faillite*, § 2, *art.* 4, *n°* 2; Carré, *p.* 583). On voit par-là que les receveurs de rentes se trouvent naturellement placés dans cette classe, ainsi que nous l'avons dit ci-dessus. M. Pardessus (*ibid.*) y range aussi les personnes qui, réunissant plusieurs employés pour faire des traductions, forment des établissemens pour la traduction des pièces écrites en langue étrangère. Mais traduire ou faire traduire n'a jamais été un acte de commerce; c'est un simple service civil: et un bureau de traduction, où l'on ne ferait pas autre chose, serait, croyons-nous, difficilement assimilé à une agence d'affaires.

La loi veut une entreprise véritable: ainsi, celui qui, dans une petite ville, ne tient pas de cabinet ni de bureau d'affaires, et qui se borne à représenter habituellement les parties qui sont citées ou qui citent au bureau de paix, et à leur donner des avis pour les diriger dans la conduite de leurs affaires, est un praticien et non un agent d'affaires; en conséquence, il n'est ni commerçant ni contraignable par corps (*Amiens*, 10 *juin* 1823). Il en est autrement de celui qui a un établissement, qui distribue des prospectus, et qui fait des affaires commerciales (*Rej.* 18 *nov.* 1813), et les billets souscrits par lui seront censés faits pour le compte de son agence et entraîneront la contrainte par corps (*Paris*, 6 *déc.* 1814), ainsi que les traités qu'il aura faits dans l'exercice de sa profession, encore qu'il n'y ait pris que la qualité de propriétaire (*Montpellier*, 26 *janv.* 1832).¶

Entreprises d'établissemens de ventes à l'encan. Ces sortes d'entreprises, qui ont à peu près disparu, rentrent dans les agences d'affaires. Ceux qui ouvrent de pareils établissemens au public sont dépositaires des effets qui leur sont confiés, et intermédiaires entre les propriétaires des effets mobiliers qui doivent être vendus et le commissaire-priseur qui les vend. Les soumettre à la contrainte par corps commerciale, c'était donner une garantie au public (M. VINCENS, *t.* 1, *p.* 135; M. PARDESSUS, *n*o 45; CARRÉ, *p.* 584).

ENTREPRISES DE SPECTACLES PUBLICS. Les entrepreneurs de spectacles n'étaient pas rangés avant le Code de commerce dans la classe des commerçans (*Paris*, 26 *pluv. an X*). Le Code de commerce a changé la législation (M. LOCRÉ, *Esp. du Code de commerce*, *note* 8 *sur l'art.* 632; M. PARDESSUS, *n*o 46; CARRÉ, *p.* 585). Des établissemens de lieux de danse et autres divertissemens doivent être considérés comme des opérations commerciales (M. PARDESSUS, *ibid.* nonobstant M. LOCRÉ et CARRÉ). En effet, le mot *spectacles* est générique et plus étendu que celui de *théâtres*.

Nous avons parcouru l'énumération de la loi : cette énumération ne peut être étendue; mais on doit y faire rentrer toutes les entreprises qui peuvent s'y classer, quelque nom qu'on leur donne.

Au premier rang des entreprises qui, n'étant pas commerciales, n'entraînent pas la contrainte par corps pour les engagemens y relatifs, sont *les entreprises agricoles.* (M. LOCRÉ, *note* 4; *V.* aussi *suprà n*o 9). Mais un agriculteur peut être en même temps entrepreneur de manufacture et de fournitures; et quoiqu'on ne puisse considérer comme marchand de vin le propriétaire qui vend les vins de sa récolte et en achète d'autres pour sa consommation (*Rejet, sect. crim.* 14 *janv.* 1820), néanmoins si un propriétaire de vignes entreprenait de faire à un marchand des fournitures habituelles de vin qui excédassent de beaucoup ses produits, il pourrait être contraignable par corps à leur exécution; il en serait de même de celui qui manufacturerait ses produits, par exemple qui, cultivant du lin, élèverait une fabrique de toile, ou qui, ayant des troupeaux, entreprendrait une manufacture de drap (*V.* CARRÉ, *p.* 566). Il y a cependant arrêt contraire de Douai *du* 21 *juillet* 1830 qui décide que l'établissement d'une fabrication de sucre de betterave comme accessoire d'une exploitation rurale n'est pas acte de commerce.

Viennent ensuite *les entreprises de constructions*, en tant qu'elle s'appliquent aux bâtimens immobiliers. Ces entreprises sont purement civiles, et l'on ne pourrait obtenir la contrainte par corps commerciale contre les entrepreneurs pour l'exécution de leurs travaux. La volonté de la loi est tacitement exprimée sur ce point par le rapprochement de l'art. 632, qui passe sous silence les entreprises de constructions immobilières, et de l'art. 633, qui répute actes de commerce toutes constructions de bâtimens pour la navigation. Ainsi, jugé que les difficultés relatives à la construction d'une roue *hydraulique* pour une filature de coton ne peuvent être soumises à un tribunal de commerce (*Rouen*, 14 *mai* 1825). De même de la construction de pompes à feu pour l'usage de sociétés charbonnières (*C. sup. de Brux.* 15 *mars* 1816).

Ce qui ne veut pas dire que ceux qui se livrent aux constructions des bâtimens ne soient pas commerçans. Les difficultés viennent ici de l'équivoque du langage. Quand la loi parle d'entreprises de manufactures, de commission, de spectacles publics, elle entend principalement l'établissement d'une personne qui entreprend de servir le public. Au contraire, par *entreprise de constructions* on entend l'acte ou la convention par laquelle une personne de l'art s'engage à faire un bâtiment ou des travaux déterminés dans un bâtiment (*C. civ.* 1793 *et suivans*). De même que la vente n'est pas en soi un acte de commerce, parce qu'elle fait sortir de la circulation commerciale les denrées et marchandises qui s'y trouvaient, en les livrant aux consommateurs; de même l'objet des entreprises de constructions est de faire sortir de la circulation commerciale, pour les livrer à leur destination civile, les pierres, le fer, le bois et autres matériaux qui en eux-mêmes sont des denrées et marchandises (*). En conséquence, toutes les personnes qui se livrent aux constructions terrestres, les maçons, charpentiers, couvreurs et autres, achètent ces matériaux dans leur état de denrées et marchandises pour les revendre et spéculer sur le prix et sur la main-d'œuvre : elles sont donc commerçantes et contraignables par corps pour tous ces achats, aux termes du § 1er de l'art. 632, sans l'être pour l'objet de leur entreprise au profit de ceux envers qui ils l'exécutent.¶

Il est un genre d'entreprises qu'il ne faut pas ranger parmi les entreprises commerciales, et qui ne doivent point entraîner la contrainte par corps : c'est l'exploitation des mines. L'art. 32 de la loi du 21 avril 1810 porte : « L'exploitation des mines « n'est pas considérée comme un commerce, et « n'est pas sujette à patente. » C'était une innovation : jusque-là cette exploitation avait été considérée comme un commerce (M. REGNAULT de S. J. d'Ang. *Exposé des motifs*). Cette déclaration était nécessaire pour fixer *la compétence* des tribunaux ordinaires, et *soustraire les sociétés* formées pour l'exploitation des mines à l'empire du Code de commerce, à la solidarité des dettes et *à la contrainte par corps* (M. S. DE GIRARDIN, *Rapp. au Corps législ.*). Ainsi, une société par actions

(*) Et pour ne plus revenir sur cette théorie, qui semble avoir été le guide invisible du législateur, c'est par la raison contraire que les constructions et ventes de bâtimens de navigation sont classées dans les actes de commerce : car, lorsque la construction est achevée, l'exercice du commerce commence. Les constructions terrestres peuvent servir au commerce, mais elles n'en sont pas les agens, comme les constructions navales.

formée entre les concessionnaires pour l'extraction des produits n'est pas un acte de commerce (*Rej.* 7 *févr.* 1826); ni même celle formée entre le concessionnaire et un tiers, puisqu'aux termes de l'art. 13 de la loi sur les mines, la concession aurait pu être faite à une société, et qu'une pareille association n'est que l'accessoire d'une exploitation purement civile (*Rennes*, 13 *juin* 1833, contre M. Pardessus, *n*o. 35 *in fin.*); ni l'entreprise de travaux pour l'usage d'une société de mines dans la vue d'y acquérir un intérêt (*C. sup. de Bruxelles*, 15 *mars* 1816). Néanmoins arrêt de Bordeaux *du* 22 *juin* 1833 qui borne l'effet de l'art. 32 de la loi du 21 avril 1810 au cas où l'exploitation a lieu pour le seul compte des concessionnaires et sous leur direction, et non lorsqu'elle s'effectue par une réunion d'associés qui ont pris une raison sociale; et arrêt de *rejet du* 30 *avril* 1828 qui fait la même distinction dans une espèce où les propriétaires du sol avaient, *avant la concession*, mis le terrain dans la société à titre de simple commandite, et agissaient contre leur associé, qui devait procurer les fonds nécessaires, en émettant des actions. Ce dernier arrêt peut se concilier avec le texte de la loi de 1810, parce que la concession n'était pas encore obtenue; mais en général, la loi de 1810 supposant l'existence de sociétés, nous ne croyons pas qu'on doive distinguer là où la loi ne distingue pas. Ainsi, pas de contrainte par corps pour les nombreux achats que les exploitans seront forcés de faire.¶

L'exploitation d'une carrière est-elle acte commercial ou civil? Pas de doute que si le propriétaire tire de sa carrière des pierres ou autres matériaux pour construire sur son propre fonds, l'opération est toute civile. On en doit dire autant de celui qui, *propriétaire du sol*, vend habituellement les produits de sa propre carrière. Il n'est pas plus commerçant que le possesseur de vignobles qui fait débiter ses vins, pas plus commerçant que le propriétaire de forêts qui fait exploiter et vend aux marchands ses bois tout façonnés. Ainsi, pas de contrainte par corps pour ses obligations; mais on la prononcera s'il convertit les produits de sa carrière en des espèces nouvelles, ses terres en tuiles ou en briques, et ses pierres en plâtres; il se joindrait alors à l'exploitation de son fonds une opération de fabrication ou de manufacture.

Même sans cette circonstance, le carrier sera contraignable par corps, s'il exploite les terres d'autrui. C'est la seule exploitation des mines que la loi de 1810 a exclue des entreprises commerciales. Ainsi, soit que le carrier achète une masse souterraine, à la charge de respecter la superficie, soit qu'il traite de l'exploitation d'une carrière moyennant une redevance annuelle ou proportionnelle, il fait acte de commerce et est contraignable par corps, non seulement pour toutes les obligations qu'il contracte avec les tiers relativement à son entreprise, mais même envers le propriétaire du sol. Il est dans la même position qu'un marchand de bois qui achète une coupe.

Enfin, il y a d'autres entreprises qui ne paraissent pas commerciales au premier coup d'œil, et qu'un examen attentif fait rentrer dans les actes de commerce: telles sont les assurances à prime contre l'incendie ou autres accidens (*Paris*, 23 *juin* 1825; *Cass.* 8 *avril* 1828), quoique les assurances mutuelles ne soient qu'un traité civil entre propriétaires (*Rouen*, 9 *oct.* 1820; *Douai*, 4 *déc.* 1820; *Rej.* 15 *juillet* 1829); telles sont les tontines, caisses d'épargnes et de prévoyance, etc. (M. Pardessus, *n*o 41). Tous ces divers établissemens ont pour but de gérer sous certains rapports les affaires d'autrui, et rentrent dans les agences dont parle l'art. 632.

Quoique la dette de ces divers établissemens soit *dette commerciale*, il faut, pour que la contrainte par corps soit prononcée, trouver une personne contre qui l'exercer. D'où il suit que si la société qui fait l'entreprise est une société anonyme, ses directeurs et administrateurs n'étant point personnellement responsables (*C. Com.* 32), on ne peut prononcer la contrainte par corps contre eux (*Cass.* 23 *mai* 1826) pour les dettes commerciales de la société.

Que les entreprises aient lieu envers le gouvernement, les communes et établissemens publics, ou qu'elles soient établies pour les particuliers, il faudra toujours distinguer si leur objet est commercial, pour connaître si les personnes qui traitent avec ces entrepreneurs ont droit à la contrainte par corps commerciale, sauf l'effet de la contrainte par corps administrative, au profit de l'Etat, des communes et des établissemens publics pour les obligations directes envers eux de leurs entrepreneurs et fournisseurs. Ainsi, pas de contrainte par corps commerciale contre les fermiers des bacs (*Nîmes*, 13 *avril* 1812), des droits établis sur les places d'un marché (*Metz*, 9 *févr.* 1816), des droits d'octroi d'une ville (*Toulouse*, 5 *mars* 1825), ni contre l'adjudicataire d'un entrepôt municipal (*Bruxelles*, 5 *mai* 1813). Rien de commercial dans ces professions. Le fermier des bacs lui-même ne peut être considéré comme un entrepreneur de transports par eau. Le véritable entrepreneur, c'est l'Etat, ou la commune propriétaire du bac, qui transporte par un préposé. Au contraire, la contrainte doit être prononcée si l'entreprise est en soi commerciale: contre les entrepreneurs de travaux publics (*Turin*, 17 *janv.* 1807; *Caen* 27 *mai* 1818, malgré Carré, *p.* 557 *et suiv.*), les entrepreneurs de transports militaires (*Lyon*, 30 *juin* 1827), ceux des pompes funèbres (*Rej.* 9 *janv.* 1810), et les salpêtriers de l'Etat (nonobstant arrêt *d'Angers*, 28 *janv.* 1824 lequel décide qu'un salpêtrier fabriquant pour le compte de l'Etat ne doit pas être constitué en faillite, quand il justifie n'avoir jamais versé de produits dans le commerce). Pourquoi le salpêtrier commissionné serait-il donc à l'abri de la contrainte par corps? Est-ce que son entreprise, pour être tarifée, n'en est pas moins une entreprise de fabrication? Il importe peu que le prix de revente à l'Etat soit fixé, puisque le salpêtrier a principalement en vue de faire un bénéfice sur les matériaux.

Après avoir vu *quelles entreprises* donnent lieu à la contrainte par corps, il reste à examiner POUR QUELS OBJETS *elle peut être prononcée* CONTRE LES ENTREPRENEURS; et pour résoudre la question, nous ne saurions trop répéter que nous ne prenons pas le mot *entreprises* dans le sens de *marché fait*, mais dans celui *d'établissement.*

Si *entreprise* signifie *établissement* (*), l'entreprise n'est pas seulement un acte de commerce, mais elle constitue en soi un commerce, et tout entrepreneur est commerçant.

Pourquoi donc la loi a-t-elle placé les entreprises au nombre des actes de commerce? Si l'entrepreneur est commerçant par le fait même de l'entreprise, la classification de diverses entreprises parmi les actes de commerce est donc superflue?

Non : la loi avait déjà posé en principe que le commerçant était justiciable au profit de toutes personnes pour les actes de commerce seulement (631 2°), et qu'il ne l'était pour toutes les obligations relatives à son commerce, non comprises dans l'énumération qu'elle allait proposer, qu'autant qu'elles auraient lieu envers un autre commerçant (631 1°).

Elle a donc jugé les entreprises qu'elle énumère assez importantes, soit par leur étendue, soit par le nombre de bras qu'elles occupent, soit par la quantité de personnes intéressées à leur succès, pour leur imposer des règles plus étroites qu'au simple commerce de marchandises, et pour vouloir, non qu'elles rendissent justiciable le simple particulier qui ferait de telles entreprises, ce qui eût été inutile puisqu'il devient pleinement commerçant, mais qu'elles eussent pour effet de soumettre à la juridiction commerciale l'entrepreneur qui aurait contracté des engagemens relatifs à son entreprise avec toutes personnes, même avec les non-commerçans.

(*) Cette proposition est hors de doute, à l'exception du cas d'*entreprises de fournitures*, où l'expression est tellement équivoque qu'elle peut se prendre dans les deux sens. Au surplus, les mots *entreprises de fournitures* donnent une idée si étendue de l'importance des fournitures à faire, qu'on a peine à se défendre de la pensée que le fournisseur ne doive avoir une maison de commerce. Dans le sens commercial, *entreprise* n'est pas synonyme *d'opération*, mais de *l'ensemble de plusieurs opérations du même genre.*

Tel est, selon nous, l'effet de cette qualification d'*acte de commerce* donnée aux entreprises ; effet que lui donne constamment la jurisprudence, mais dont aucun auteur n'a cherché à se rendre compte, si ce n'est M. Carré, qui nous paraît s'être trompé (*Compétence, p.* 563) en voyant l'entreprise dans l'objet que se propose l'entrepreneur plutôt que dans l'établissement.

De là il résulte que toute dette contractée *pour raison de l'entreprise* envers toute personne, est une *dette commerciale* et entraîne la contrainte par corps, sans distinguer si elle a été contractée pour *l'objet* ou pour *l'usage* de l'entreprise.

Telle est la dette contractée par un fabricant de papeterie envers un professeur de physique, qui s'était engagé, moyennant une indemnité annuelle, à perfectionner sa papeterie à l'aide de procédés physiques (*Liége*, 27 *décembre* 1811, nonobstant M. CARRÉ, *p.* 569); par un voiturier pour achat de chevaux et autres moyens de transports (*Aix*, 6 *août* 1829); par les entrepreneurs de transports militaires envers leurs sous-traitans (*Lyon*, 30 *juin* 1827); par les maîtres de poste pour l'achat de leurs chevaux (*Paris*, 6 *oct.* 1813), et même pour l'achat des fourrages, harnais, voitures, etc., car ils sont commerçans (*Lyon*, 28 *déc.* 1826); par les entrepreneurs de spectacles publics pour les engagemens pris envers les musiciens, peintres, acteurs, etc., ainsi que pour l'achat de machines, de décorations et de tout ce qui compose le matériel de l'établissement : ce qui est encore contraire à l'opinion de Carré, p. 586.

12. Toute dette contractée pour opération de change, banque et courtage est *dette commerciale.* Ici la loi ne dit plus *entreprise*, mais *opération.* Un fait unique suffit pour entraîner la contrainte par corps (CARRÉ, *p.* 587). Ainsi, non seulement sont soumises à la contrainte par corps les personnes qui font des opérations d'agens de change et de courtiers dans les lieux où il n'existe pas de bourse de commerce (CARRÉ, *p.* 557), mais encore les personnes qui font le courtage en fraude des droits des courtiers, et qu'on appelle *courtiers-marrons.*

13. C'est encore une dette commerciale entre toutes personnes que celle résultant d'une lettre de change ou de remises d'argent faites de place en place.

Le billet à ordre constitue une dette présumée commerciale, quand il est souscrit par un commerçant (*Paris*, 1er *oct.* 1806), même au profit d'un non-commerçant qui ne l'a pas négocié (*Rouen*, 10 *mai* 1813); il entraîne donc la contrainte par corps contre le marchand, à moins qu'il n'énonce une cause étrangère au commerce (*C. Com.* 638).

Souscrit par un particulier, le billet à ordre n'a plus de commercial que sa forme : il n'entraîne plus la contrainte par corps, A MOINS QUE le non-commerçant ne se soit engagé *à l'occasion* d'opérations de commerce, trafic, change, banque ou courtage (*art.* 637).

Même quand le billet est souscrit *valeur reçue en marchandises* (*Angers*, 11 *juin* 1824; *Lyon*, 26 *févr.* 1829; *Paris*, 17 *sept.* 1828, 10 *déc.* 1829), car cette énonciation n'indique pas que l'achat a été fait pour revendre.

Un arrêt a refusé la contrainte par corps sur un billet souscrit par un non-commerçant causé *per una mia operazione di commercio*. Selon cet arrêt, c'est au demandeur à justifier que les deniers prêtés ont été réellement employés au commerce, l'art. 636 exigeant que l'opération elle-même, et non le projet de la faire, soit la cause de l'engagement. Cette doctrine nous paraît trop restreinte, et il a fallu, pour juger ainsi, des circonstances extraordinaires que les arrêtistes n'indiquent pas. Le tiers porteur surtout doit croire à l'énonciation mise librement par le souscripteur (*Bastia*, 29 *janv.* 1833).

L'endossement suit les lois du billet : si l'endosseur est commerçant, il y a contrainte par corps, à moins d'énonciation civile dans la cause de l'endossement; si l'endosseur est non-commerçant, pas de contrainte par corps, à moins qu'il n'y ait cause commerciale.

La lettre de change au contraire est commerciale par elle-même, et entraîne la contrainte par corps contre toutes les personnes qui y figurent (à l'exception des femmes et filles non marchandes publiques et des mineurs non commerçans). L'endossement de la lettre de change est un acte de commerce comme la lettre elle-même (*Rej. sect civ.* 21 *févr.* 1814).

Mais si la lettre de change manque d'une de ses formes constitutives, elle n'est plus qu'une simple promesse, et par conséquent ne produit plus la contrainte par corps contre les non-commerçans (*C. Com.* 110 *et suiv.* 636 *et* 637).

Mais il ne faut pas confondre avec la lettre de change le simple mandat par lequel une personne donne à un tiers l'ordre de payer à une autre personne ou à son ordre une somme déterminée. S'il est fait par un non-commerçant, par exemple, par un propriétaire qui fait payer par son fermier ce qu'il peut devoir à un tiers, ou même par un commerçant pour acquitter une dette ordinaire, il ne produira pas la contrainte par corps (*Cass.* 8 *janv.* 1812).

L'art. 632 ne range pas les seules lettres de change au nombre des actes de commerce; il ajoute : *ou remises de place en place*. Il faut entendre ces mots séparément de ceux qui précèdent, et dire qu'indépendamment de la forme, toute opération qui consiste à opérer une remise d'argent d'une place sur une autre est un acte de commerce entre toutes personnes (CARRÉ, *p.* 590).

D'où il suit que le billet payable à domicile dans une autre place que celle de l'habitation du non-commerçant qui l'aura souscrit, produit la contrainte par corps, s'il renferme remise de place en place (*Lyon*, 8 *août* 1827; *Bourges*, 4 *déc.* 1829); mais il en est autrement si le billet ne renferme qu'une simple élection de domicile (M. DALLOZ, *mot Effets de commerce, sect.* 13, *art.* 1er, *n°* 3; *Colmar*, 14 *janv.* 1817).

14. En établissant la contrainte par corps pour *toute dette commerciale*, la loi de 1832 fait cesser toute difficulté pour les billets souscrits par les comptables de deniers publics. En effet, l'art. 634, en attribuant compétence aux tribunaux de commerce pour connaître « des billets faits par les « receveurs, payeurs, percepteurs ou autres comp- « tables des deniers publics », et l'art. 638, en voulant que ces billets fussent « censés faits pour leur gestion, lorsqu'une autre cause n'y sera point énoncée », n'ont parlé en rien de la contrainte par corps, et l'on pouvait douter, comme M. Carré (*Compétence, p.* 614 *et suiv.*), que, dans le silence de la loi de germinal à l'égard des billets par eux souscrits, les comptables publics fussent soumis à la contrainte par corps autrement qu'envers l'administration : mais, comme nous l'avons dit, *p.* 72 *à la note*, l'intention de la loi nouvelle a été de qualifier de *commerciales* toutes les dettes pour lesquelles le tribunal de commerce a compétence exclusive. Les billets des receveurs, quels qu'ils soient, même des moins élevés dans l'ordre financier, tels que les débitans de timbre, les buralistes de la loterie, etc. sont aujourd'hui *dettes commerciales*, et soumettent les débiteurs à la contrainte par corps, quoique ceux-ci ne soient pas commerçans.

On a jugé que les receveurs publics n'étaient pas assujettis à la juridiction commerciale, ni par conséquent à la contrainte par corps pour le simple endossement d'un billet souscrit par un tiers (*Colmar*, 23 *août* 1814). Cette jurisprudence nous paraît, comme à M. Vincens (*Législat. com. t.* 1, *p.* 138), contraire à la loi. L'endossement est de la même nature que le billet, et les receveurs éluderaient trop facilement la loi à l'aide d'une première signature de complaisance (*Poitiers*, 24 *janv.* 1832).

15. Nous avons expliqué dans quels cas les cautions des commerçans étaient soumises à la contrainte par corps, dans quels cas elles en sont exemptes. Nous renvoyons, sur cette matière, au *Commentaire sur l'art.* 2060, *n°* 15, *p.* 17.

16. Mais si la caution d'un commerçant n'est pas soumise à la contrainte par corps, elle n'en aura pas moins cette voie d'exécution contre le marchand qu'elle aura cautionné; car si la dette n'était pas commerciale à l'égard de la caution, elle ne cesse pas de l'être à l'égard du débiteur principal, et la caution, en payant, est subrogée aux droits du premier créancier (*C. civ.*, 1251 § 3° *et* 2029).

17. L'art. 634, § 2 du Code de commerce attribue aux tribunaux de commerce la connaissance « des actions contre les facteurs, commis des marchands ou leurs serviteurs, *pour le fait seulement du commerce du marchand* auquel ils sont « attachés. »

Il ne faut pas confondre ces facteurs, commis et serviteurs avec les commissionnaires, courtiers et autres agens de commerce, qui sont toutes personnes indépendantes des négocians pour lesquels elles agissent; il s'agit ici des personnes *salariées* (M. Pardessus, *n° 37 in fin.*).

Les questions de compétence se sont multipliées sur cette disposition du Code de commerce; et ici la compétence est tout, puisqu'elle détermine si la dette est commerciale, puisque la contrainte par corps est la suite nécessaire de la commercialité de la dette.

L'article s'entend naturellement des actions *des tiers* contre les facteurs, commis et autres employés. C'est ce qui ne fait doute pour personne. Les Romains accordaient à celui qui avait contracté avec le préposé d'un marchand l'action institoire contre le marchand et l'action directe contre le préposé (*L.* 7, § 11, *ff. ad S. C. Maced.; L.* 1, § 17, *ff. de exerc. act.; L.* 5, § 11; *L.* 11, § 5, *de inst. act.;* Carré, *p.* 611 *et* 612). Tout facteur ou préposé qui se sera engagé directement envers un tiers pour raison du commerce de son maître, sera contraignable par corps. C'est un point hors de doute, et tellement certain qu'il n'y a aucun arrêt recueilli sur la question.

18. Mais ce qui donne lieu à plus de difficultés, c'est de savoir si le marchand a la contrainte par corps contre ses facteurs, commis et serviteurs, et si ces derniers l'ont à leur tour contre le maître qui les emploie.

M. Carré (*ibid.*) borne l'effet de la loi aux actions des tiers. Son motif est que les personnes dont parle l'article ne font aucun trafic avec le maître; qu'il n'y a entre eux et lui qu'un contrat de louage de services, et que les commis et serviteurs du marchand ne sont pas des commerçans.

Cependant, sur la première branche de la question, la jurisprudence se trouve fixée. Les Cours royales se sont attachées à la lettre de la loi, et nonobstant un arrêt d'*Amiens du 21 décembre* 1824, ont constamment décidé que l'action du maître devait être portée devant le tribunal de commerce quand sa demande avait pour objet des opérations résultant du trafic, telles qu'un compte de gestion (*Lyon*, 17 *janv.* 1821; *Paris*, 12 *déc.* 1829; *Rej.* 3 *janv.* 1828). C'est par une conséquence de ce principe qu'il a été jugé que les acteurs sont contraignables par corps à l'exécution de leurs engagemens envers l'entrepreneur de spectacles (*Paris*, 31 *mai* 1808 *et* 11 *juillet* 1825, nonobstant M. Vincens, *t.* 1, *p.* 135; M. Pardessus, *n°* 46; M. Dalloz, *mot Commerçant*, *t.* 2, *p.* 693 *à la note;* Carré, *Compétence*, *p.* 585).

Il y a divergence d'opinion sur la seconde branche. Presque toutes les Cours du royaume décident que les commis, facteurs et serviteurs n'ont pas l'action commerciale, et l'ont en conséquence refusée à la femme de comptoir d'une marchande publique pour l'indemnité annuelle convenue (*Rouen*, 19 *janvier* 1813), au contre-maître de filature demandant une indemnité pour la rupture du marché qui l'attachait à l'établissement (*Rouen*, 26 *mai* 1828), aux commis qui réclamaient leurs salaires et des avances faites dans le commerce (*Poitiers*, 27 *janv.* 1830), au préposé à la surveillance d'un relai de messageries pour ses salaires et le prix de menues fournitures (*Montpellier*, 10 *juillet* 1830), et à des ouvriers contre leurs maîtres en paiement de leurs salaires (*Bordeaux*, 21 *févr.* 1826; *Aix*, 23 *janv.* 1830) ou pour l'exécution des conventions sur le louage de leur industrie (*Nancy*, 9 *juin* 1826); enfin, si la Cour de Metz a décidé une fois que le tribunal de commerce pouvait connaître d'une demande à fin de dommages-intérêts formée par un commis, c'était par connexité seulement, et parce que d'autres chefs du procès ont paru être de la compétence commerciale (*Metz*, 21 *avril* 1818).

Mais M. Pardessus (*n°* 1346) exprime une opinion contraire. « Le commerçant qui a employé un facteur, un commis, caissier ou teneur de livres *peut le traduire* ou *être traduit par lui* au tribunal de commerce pour le fait ou les suites de ses engagemens. » Il exprime la même doctrine n° 17, en disant toutefois que les engagemens des employés d'un commerçant sont des louages de services, et ne sont pas, à proprement parler, des actes de commerce.

La Cour royale de Paris paraît avoir adopté la doctrine de M. Pardessus, et reconnaît la compétence du tribunal de commerce pour les demandes formées par les commis contre leurs maîtres en paiement d'appointemens (*Paris*, 29 *nov.* 1825; *et* 24 *août* 1829). Il en existe d'autres arrêts qui n'ont pas été recueillis.

Que décider au milieu de ce conflit de jurisprudence?

D'abord, et sur la partie de la question relative aux droits des maîtres contre leurs facteurs, commis et serviteurs, il nous semble que la loi du 17 avril 1832, trouvant une jurisprudence toute faite, il faut dire que c'est dans le sens de la jurisprudence existante que la loi de la contrainte par corps a entendu le mot *dette commerciale*, et que les facteurs préposés, gérans de maison de commerce, commis et autres serviteurs commerciaux sont tenus par corps à l'exécution de leurs engagemens. Ils ne sont pas commerçans; ils ne font pas actes de commerce; mais comme agens commerciaux, la dette qu'ils contractent envers le maître dans l'exercice de leurs fonctions et pour son trafic est *dette commerciale*.

Mais les droits du chef de maison, quant à la compétence commerciale et à la contrainte par corps, ne s'étendent pas au-delà de ce qui est relatif *à son trafic*: ainsi, s'il s'élève des difficultés sur des objets étrangers au trafic, par exemple sur le montant du traitement dû à l'employé, les tribunaux civils seuls en pourront connaître.

Pour apprécier la seconde partie de la question, remarquons que sous l'ancien droit les juridictions consulaires connaissaient « des *gages*, *salaires* et « *pensions* des commissionnaires, facteurs ou ser« viteurs des marchands pour fait du trafic seule« ment » (*Ord. de* 1673, *tit.* 12, *art.* 5). Le texte était formel, et il a été retranché; par conséquent il est abrogé (*L. du* 15 *sept.* 1807, *art.* 2).

Pour motiver la jurisprudence de Paris, on dit que l'art. 634 suppose une juste réciprocité. C'est créer une juridiction exceptionnelle par une simple induction.

Il est donc plus conforme à la loi de reconnaître qu'en thèse générale et en vertu de l'art. 634 les personnes qu'il désigne n'ont ni l'action commerciale ni la contrainte par corps contre les marchands qui les emploient.

Nous disons en thèse générale, car l'action commerciale et la contrainte par corps résulteront souvent, au profit des employés, d'autres dispositions de la loi. En effet, toutes les fois qu'il y a *entreprise* dans le sens commercial, l'établissement est en lui-même un acte de commerce, et l'effet de cette qualification est, comme nous l'avons vu, de soumettre le chef de l'entreprise, pour toutes les contestations qui y sont relatives, aux tribunaux de commerce et à la contrainte par corps envers TOUTES PERSONNES (*art.* 631, § 2°, *art.* 632, § 2 *et* 3). Or, ces mots *toutes personnes* ne comprennent-ils pas les contre-maîtres, les commis, les facteurs qui ont traité avec l'entrepreneur pour l'aider dans son entreprise? Les conventions qu'ils ont faites avec lui ne sont-elles pas des dépendances mêmes de son entreprise? Et les avances que font ces employés, les émolumens qui leur sont dus, ne sont-ils donc pas *dettes commerciales* aussi bien que celles contractées envers des tiers? Ainsi, la limitation de l'art. 634, que nous ne pouvons nous empêcher de reconnaître, malgré l'équité de la jurisprudence contraire, ne serait guère applicable qu'au simple commerce de marchandises.

19. Tous les contrats du commerce maritime donnent lieu à la contrainte par corps; la dette qu'ils produisent est toujours *dette commerciale*; c'est ce qui résulte de l'art. 633 du Code de commerce, qui en contient l'énumération, et du décret du 12 décembre 1806, art. 50; et le commerce maritime a besoin d'une protection si sévère que, quoique la vente des navires saisis ait lieu devant les tribunaux civils, l'adjudicataire est tenu *par corps* d'en payer ou d'en consigner le prix dans les vingt-quatre heures (*C. Com.* 209).

20. Sous l'ancien droit, la contrainte par corps n'avait pas lieu entre associés, à cause de l'espèce de fraternité qui résulte de la société (FOURNEL, *sur le* 3e § *et l'art.* 1er, *tit.* 2 *de la loi de l'an VI*; *Rej. sect. civ.* 1er *avril* 1817). Depuis la loi du 15 germinal an VI, cette règle, uniquement due à une considération morale qui cesse quand l'un des associés a manqué à ses engagemens, se trouve abrogée, et la contrainte par corps *doit* être prononcée *pour dette commerciale* entre associés. Il n'y a d'exceptions que celles prévues par la loi: ainsi, arrêts nombreux qui décident que la contrainte par corps peut ou doit être prononcée au profit d'un associé contre l'autre (*Rej.* 1er *prair. an X*, 28 *brum. an XIII*, *et* 22 *mars* 1813; *Paris*, 8 *août* 1825; *Lyon*, 28 *déc.* 1826, *et les arrêts cités dans le n°* 7 *du comment. de l'ar.* 2067, *p.* 42). La loi de 1832 ne modifie pas la législation en ce point.

21. La contrainte par corps en matière commerciale est impérative; et si les juges omettaient ou refusaient de la prononcer quand la dette est commerciale, le jugement devrait être réformé. (*V. l'art.* 20).

Remarquons encore que l'art. 1er, en disant que la contrainte par corps *sera* prononcée, ne déroge pas à la règle qui permet à chacun de renoncer au droit introduit en sa faveur, et qu'il faut nécessairement que la contrainte par corps soit requise devant le tribunal de commerce pour qu'il la puisse prononcer (*V. le Comment. sur l'art.* 2067, n° 8, *p.* 42).

22. Quand il s'agit de dommages-intérêts ou de reliquats de comptes d'administration confiée par justice, par exemple du compte d'un syndic de faillite, le tribunal de commerce DOIT-il prononcer la contrainte par corps, ou bien a-t-il la FACULTÉ de prononcer ou de refuser la contrainte par corps? Avant la loi de 1832, la contrainte par corps était dans ces deux cas *facultative*, même quand elle était demandée aux tribunaux de commerce, et c'est sur l'art. 126 du Code de procédure que s'appuyaient les tribunaux, soit pour accorder, soit pour refuser la contrainte par corps (*Rej.* 12 *août* 1807; *Colmar*, 17 *mars* 1810). L'esprit de la jurisprudence était tellement certain, que la Cour suprême n'a pas hésité à casser un jugement du tribunal de commerce prononçant la contrainte par corps pour dommages-intérêts fixés à 100 fr. quoique la loi commerciale ne fixât pas alors de *minimum* pour cette contrainte. Il nous semble que la même jurisprudence doit être suivie aujourd'hui encore (nonobstant ce que dit Carré, *Analyse*, 417e *quest. et Lois de la procéd. no* 534). Les dommages-intérêts ne sont pas, à proprement parler, *une dette commerciale*, quoique dus à l'occasion d'une affaire de commerce; et si les tribunaux de commerce en connaissent, ce n'est pas *principalement*, mais *accessoirement* à une affaire de leur compétence, comme ils connaissent de la prononciation des dépens. Ainsi, pour n'en donner qu'un seul exemple, comment voir une dette commerciale dans l'espèce de l'arrêt de Colmar ci-dessus cité, rendu au profit d'un commerçant que son coassocié avait fait déclarer en état de faillite, et qui, en formant opposition au jugement, avait réclamé des dommages-intérêts pour le préjudice considérable causé par cette procédure injurieuse?

Il nous paraît en être de même du reliquat de compte des agens et syndics, quoique les difficultés auxquelles il donne lieu soient portées devant le tribunal de commerce (*C. Com.* 525) : la dette n'est pas *une dette commerciale*. Les syndics n'ont pas fait un acte de commerce, et peuvent même n'être pas commerçans. La contrainte par corps facultative est donc la seule qui pèse sur eux.

Ainsi, pour les dommages-intérêts, pas de contrainte par corps contre les femmes et les filles; ainsi, en cette matière et pour reliquats des comptables, pas de contrainte par corps si la dette n'excède 300 fr. (*Cass. 30 déc.* 1828); ainsi, la durée de l'emprisonnement ne sera pas celle fixée par l'art. 5 de la loi, mais par l'art. 7, deuxième alinéa : en un mot, dans ces cas spéciaux, les tribunaux de commerce suivront les règles du droit civil, comme elles ont été suivies jusque aujourd'hui.

23. Sous l'empire de la loi de germinal, la contrainte par corps avait lieu, quelle que fût la modicité de la dette : sous la loi de 1832, il faut que la somme *principale* soit au moins de 200 fr.; et cette règle doit être appliquée de la même manière que l'art. 2065 du Code civil (*V. le Comment. sur ledit art. nos* 7, 8, 9 *et* 10, *p.* 37).

24. Cependant il y a une différence de rédaction entre l'art. 2065 du Code civil et l'art. 1er de la loi de 1832 qui mérite d'être examinée. En matière civile, la contrainte ne peut être prononcée pour *une somme* moindre de 300 fr.; en matière de commerce, pour une *somme principale* moindre de 200 fr.

M. Duvergier conclut avec raison des mots *somme principale*, que les intérêts ne doivent pas être comptés pour compléter la somme de 200 fr. (*t.* 32, *p.* 197 *de sa Collection*). Nous ajouterons, à la différence de ce que nous avons dit sur les matières civiles (*art.* 2065, *no* 8), que cette solution doit être étendue au cas même où il se serait écoulé quelques années depuis l'échéance de la dette, et où les intérêts seraient susceptibles d'être capitalisés par suite d'une demande en justice (*C. civ.* 1154); et cette décision, commandée par l'addition du mot *principale*, s'étend aux art. 13 et 14 de la loi.

Mais quand les intérêts seront entrés dans un compte courant, le débiteur n'aura pas le droit, pour échapper à la contrainte par corps, de distraire de la balance les intérêts qui auront été capitalisés aux époques convenues ou d'usage. Il y avait convention expresse ou tacite de capitalisation aux époques déterminées : les intérêts de l'année précédente sont donc devenus un capital par *la volonté* même *du débiteur*. On n'en peut pas dire autant de la capitalisation des intérêts dans le cas de l'art. 1154 du Code civil. Pour y arriver, il faut une demande en justice, c'est-à-dire *la volonté du créancier*, et cette différence dans la cause de la capitalisation amène naturellement cette différence de solution.

25. La contrainte par corps n'a pas lieu pour les dépens en matière de commerce plus qu'en matière civile. *V. le Comment. sur l'art.* 2060 *du Code civil, no* 30, *p.* 22; et la limitation de la loi nouvelle, qui prend la somme *principale* pour base, vient confirmer cette ancienne règle (M. Duvergier, *ibid.*).

Les frais de protêt et de rechange en cas de non paiement d'une traite, quoique susceptibles de produire des intérêts du jour de la demande en justice (*C. Com.* 185), ne peuvent entrer dans le capital qui doit déterminer la contrainte par corps. Si elle n'existait pas dès le principe, les frais, même commerciaux, ne peuvent lui donner naissance plus tard (M. Duranton, *t.* 18, *no* 488).¶

RENVOIS AUX ARRÊTISTES.

Paris, 26 *pluv. an X.* — S. an X, 2. 307. — P. t. 2e de l'an X, p. 61. — N. D. t. 2, p. 692.

Rejet, 1er *prair. an X.* — S. an X, 1. 321. — P. t. 2e de l'an X, p. 353. — N. D. t. 3, p. 768.

Rejet, 28 *brum. an XIII.* — S. 1807, 2. 1205. — P. t. 1er de l'an XIII, p. 529.

Cass. 15 *janv.* 1806. — S. 1806, 1, 192. — D. 1806, 2. 51. — N. D. t. 3, p. 754.

Cass. 20 *ou* 29 *janv.* 1806. — S. 1806, 2. 522. — D. 1806, 2, 52. — N. D. t. 3, p. 754.

Rejet, 18 *févr.* 1806. — S. 1806, 1. 220. — N. D. t. 2, p. 724.

Paris, 1er *oct.* 1806. — S. 1807, 2. 813. — P. t. 2e de 1806, p. 424.

Turin, 17 *janv.* 1807. — S. 1808, 2. 52. — P. t. 3e de 1808, p. 219. — N. D. t. 3, p. 576.

Paris, 23 *juin* 1807. — S. 1807, 2. 671. — P. t. 2e de 1807, p. 106. — N. D. t. 3, p. 336.

Rejet, 12 *août* 1807. — S. 1807, 1. 433. — D. 1807, 1. 433. — P. t. 2e de 1807, p. 561. — N. D. t. 10, p. 620.

Paris, 26 *nov.* 1807. — S. 1808, 2. 55. — P. t. 1er de 1808, p. 91. — N. D. t. 2, p. 694.

Paris, 29 *déc.* 1807. — S. 1807, 2. 927.

Bruxelles, 11 *janv.* 1808. — S. 1808, 2. 95. — N. D. t. 6, p. 617.

PARIS, 31 *mai* 1808. — S. 1808, 2. 256.

REJET, *sect. civ.* 29 *juin* 1808. — S. 1808, 1. 428. — P. t. 2e de 1808, p. 561. — N. D. t. 2, p. 725.

PARIS, 15 *avril* 1809. — S. 1816, 2. 73. — D. 1810, 2. 116. — P. t. 2e de 1810, p. 124. — N. D. t. 2, p. 693.

TRÈVES, 19 *avril* 1809. — S. 1809, 2. 408. — D. 1810, 2. 115. — N. D. t. 2, p. 700.

NIMES, 19 *août* 1809. — S. 1810, 2. 548. — D. 1824, 2. 21 à la note. — N. D. t. 2, p. 722.

PARIS, 4 *nov.* 1809 — S. 1807, 2. 1152. — D. 1810, 2. 59. — P. t. 1er de 1810, p. 202. — N. D. t. 2, p. 728.

PARIS, 1er *déc.* 1809. — S. 1807, 2. 1152. — D. 1810, 2. 115. — P. t. 3e de 1810, p. 565. — N. D. t. 2, p. 728.

REJET, 9 *janv.* 1810. — S. 1810, 1. 125. — D. 1810, 1. 41. — N. D. t. 2, p. 706.

COLMAR, 17 *mars* 1810. — S. 1810, 2. 202.

TURIN, 3 *déc.* 1810. — S. 1811, 2. 173. — D. 1811, 2. 99. — P. t. 1er de 1811, p. 524. — N. D. t. 2, p. 696.

BOURGES, 5 *déc.* 1810. — N. D. t. 3, p. 336.

REJET, 28 *févr.* 1811. — S. 1811, 1. 234. — D. 1811, 1. 239. — P. t. 2e de 1811, p. 273. — N. D. t. 2, p. 702.

PARIS, 26 *avril* 1811. — S. 1811, 2. 369. — N. D. t. 2, p. 704.

ROME, 5 *sept.* 1811. — S. 1812, 2. 165. — N. D. t. 2, p. 733.

COLMAR, 22 *nov.* 1811. — S. 1814, 2. 148. — P. t. 1er de 1812, p. 391.

LIÉGE, 27 *déc.* 1811. — S. 1813, 2. 142. — P. t. 3e de 1812, p. 150. — N. D. t. 2, p. 734.

CASS. 8 *janv.* 1812. — S. 1812, 1. 254. — P. t. 2e de 1812, p. 17. — N. D. t. 6, p. 747.

REJET, *sect. crim.* 5 *mars* 1812. — S. 1813, 1. 187. — D. 1813, 1. 73. — P. t. 3e de 1813, p. 13. — N. D. t. 2, p. 697.

NIMES, 13 *avril* 1812. — S. 1814, 2. 103. — N. D. t. 2, p. 734.

PARIS, 14 *mai* 1812. — S. 1812, 2. 339. — P. t. 2e de 1812, p. 520.

METZ, 18 *juin* 1812. — S. 1812, 2. 417. — P. t. 2e de 1813, p. 584. — N D. t. 2, p. 731.

ROUEN, 19 *janv.* 1813. — S. 1814, 2. 35. — N. D. t. 3, p. 331.

BRUXELLES, 6 *mars* 1813. — S. 1814, 2. 191. — D. 1814, 2. 76. — N. D. t. 2, p. 704.

REJET, *sect. civ.* 22 *mars* 1813. — S. 1813, 1. 386. — D. 1813, 1. 223. — P. t. 3e de 1813, p. 16. — N. D. t. 3, p. 769.

CASS. *sect. crim.* 23 *avril* 1813. — S. 1816, 1. 165. — N. D. t. 2, p. 698.

BRUXELLES, 5 *mai* 1813. — S. 1814, 2. 190. — D. 1814, 2. 76. — N. D. t. 2, p. 705.

ROUEN, 10 *mai* 1813. — S. 1814, 2. 176.

CASS. 28 *juillet* 1813. — S. 1815, 1. 126. — P. t. 3e de 1813, p. 504. — N. D. t. 3, p. 754.

PARIS, 6 *oct.* 1813. — S. 1814, 2. 355. — N. D. t. 2, p. 731

REJET, 18 *nov.* 1813. — S. 1816, 1. 51. — P. t. 2e de 1816 p. 209.

REJET, *sect. civ.* 21 *févr.* 1814. — S. 1814, 1. 177. — D. 1814, 1. 208. — P. t. 3e de 1814, p. 279.

PARIS, 19 *mars* 1814. — S. 1816, 2. 85. — D. 1816, 2. 33. — P. t. 1er de 1815, p. 306. — N. D. t. 2, p. 694.

COLMAR, 23 *août* 1814. — S. 1816, 2. 109. — P. t. 1er de 1815, p. 332. — N. D. t. 2, p. 722.

PARIS, 6 *déc.* 1814. — S. 1816, 2. 54. — P. t. 1er de 1815, p. 344. — N. D. t. 2, p. 721.

C. SUP. DE BRUXELLES, 28 *nov.* 1815. — N. D. t. 2, p. 729.

REJET, *sect. civ.* 6 *déc.* 1815. — S. 1816, 1. 185. — D. 1816, 1. 103. — P. t. 2e de 1816, 294. — N. D. t. 2, p. 700.

METZ, 9 *févr.* 1816. — S. 1819, 2. 56. — D. 1824, 2. 21 à la note. — N. D. t. 2, p. 738.

C SUP. DE BRUXELLES, 13 *mars* 1816. — N. D. t. 2, p. 736.

C. SUP. DE BRUXELLES, 13 *déc.* 1816. — N. D. t. 2, p. 728.

COLMAR, 14 *janv.* 1817. — S. 1818, 2. 125. — N. D. t. 6, p. 744.

REJET, *sect. civ.* 1er *avril* 1817. — S. 1818, 1. 9. — D. 1817, 1. 295. — P. t. 3e de 1817, p. 450. — N. D. t. 3 p. 767.

REJET, *sect. civ.* 26 *janv.* 1818. — P. t. 2e de 1818, p. 173. — N. D. t. 2, p. 703.

METZ, 21 *avril* 1818. — S. 1819, 2. 81. — N. D. t. 3, p. 332.

CAEN, 27 *mai* 1818. — S. 1818, 2. 350. — D. 1819, 2. 14. — N. D. t. 2, p. 736.

C. SUP. DE BRUXELLES, 8 *oct.* 1818. — N. D. t. 2, p. 729.

ROUEN, 4 *déc.* 1818. — S. 1819, 2. 328. — D. 1819, 2. 33. — N. D. t. 2, p. 303. — Daté par erreur de 1816 au Rec. de M. Sirey.

REJET, *sect. crim.* 14 *janv.* 1820. — D. 1820, 1. 156. — P. t. 2e de 1820, p. 523. — N. D. t. 2, p. 727.

ROUEN, 9 *oct.* 1820. — S. 1822, 2. 225. — D. 1821, 2. 48. — N. D. t. 2, p. 739.

DOUAI, 4 *déc.* 1820. — S. 1821, 2. 250. — D. 1821, 2. 86. — P. t. 2e de 1821, p. 189. — N. D. t. 2, p. 739.

LYON, 17 *janv.* 1821. — N. D. t. 3, p. 333.

DOUAI, 11 *juillet* 1821. — S. 1826, 2. 150. — N. D. t. 3, p. 336.

AMIENS, 8 *avril* 1823. — N. D. t. 2, p. 726.

METZ, 19 *avril* 1823. — S. 1823, 2. 312. — D. 1824, 2. 21. — P. t. 2e de 1824, p. 341. — N. D. t. 2, p. 723.

AMIENS, 10 *juin* 1823. — S. 1826, 2. 243. — P. t. 1er de 1828, p. 236. — N. D. t. 9, p. 959.

ANGERS, 11 *déc.* 1823. — S. 1824, 2. 86. — N. D. t. 2, p. 703.

BOURGES, 19 *déc.* 1823. — S. 1825, 2. 122. — N. D. t. 2, p. 699.

ANGERS, 28 *janv.* 1824. — S. 1824, 2. 167. — D. 1824, 2. 119. — N. D. t. 2, p. 705.

BOURGES, 29 *mai* 1824. — S. 1825, 2. 147. — N. D. t. 3, p. 337.

ANGERS, 11 *juin* 1824. — S. 1824, 2. 207. — D. 1824, 2. 183. — P. t. 3e de 1824, p. 534. — N. D. t. 2, p. 720

BOURGES, 27 *août* 1824. — N. D. t. 2, p. 699.

AMIENS, 21 *déc.* 1824. — S. 1825, 2. 200. — N. D. t. 3, p. 334.

TOULOUSE, 24 *déc.* 1824. — S. 1825, 2. 413.

DOUAI, 27 *févr.* 1825. — S. 1826 2. 150. — D. 1825, 2. 212, qui le date du 7.

TOULOUSE, 5 *mars* 1825. — S. 1826, 2. 75. — D. 1825, 2. 155.

ROUEN, 14 *mai* 1825. — S. 1826, 2. 135. — D. 1826, 2. 17.

PARIS, 23 *juin* 1825. — S. 1825, 2. 252. — D. 1825, 2. 216.

PARIS, 11 *juillet* 1825. — S. 1826, 2. 96. — D. 1825, 2. 218.

Paris, 8 *août* 1825. — S. 1826, 2. 25. — D. 1826, 2. 216. — P. t. 1er de 1826, p. 468.

Rejet, 7 *févr.* 1826. — S. 1827, 1. 137. — P. t. 2e de 1826, p. 542.

Cass. 21 *févr.* 1826. — S. 1827, 1. 6. — D. 1827, 1. 368. — P. t. 1er de 1828, p. 256.

Bordeaux, 21 *févr.* 1826. — S. 1827, 2. 64. — D. 1827, 2. 23.

Amiens, 4 *avril* 1826. — S. 1827, 2. 169. — D. 1827, 2. 193.

Cass. 23 *mai* 1826. — S. 1826, 1. 400. — D. 1826, 1. 181. — P. t. 1er de 1827, p. 134.

Nancy, 9 *juin* 1826. — S. 1827, 1. 149. — D. 1827, 2. 43.

Grenoble, 17 *juin* 1826. — S. 1828, 2. 159.

Lyon, 28 *déc.* 1826. — S. 1828, 2. 128. — D. 1828, 2. 107. — P. t. 3e de 1827, p. 428.

Limoges, 6 *janv.* 1827. — S. 1828, 2. 27. — D. 1828, 2. 25.

Douai, 14 *févr.* 1827. — S. 1828, 2. 79. — D. 1828, 2. 43.

Lyon, 30 *juin* 1827. — S. 1828, 2. 123. — D. 1828, 2. 73.

Lyon, 8 *août* 1827. — S. 1827, 2. 258. — P. t. 2e de 1828, p. 385.

Paris, 21 *août* 1827. — S. 1829, 2. 219. — D. 1829, 1. 189. — P. t. 2e de 1829, p. 557.

Cass. *sect. crim.* 23 *nov.* 1827. — S. 1828, 1. 188. — D. 1828, 1. 31. — P. t. 1er de 1828, p. 510.

Rejet, 3 *janv.* 1828. — S. 1828, 1. 189. — D. 1828, 1. 302.

Cass. 8 *avril* 1828. — S. 1829, 1. 28. — D. 1828, 1. 204.

Paris, 23 *avril* 1828. — S. 1828, 2. 188. — D. 1828, 2. 139. — P. t. 2e de 1828, p. 147.

Rejet, 30 *avril* 1828. — S. 1828, 1. 418. — D. 1828, 1. 233. — P. t. 3e de 1828, p. 464.

Rouen, 26 *mai* 1828. — S. 1829, 2. 19. — D. 1829, 2. 65.

Bourges, 9 *août* 1828. — S. 1829, 2. 283. — D. 1829, 2. 291.

Paris, 17 *sept.* 1828. — S. 1829, 2. 26. — D. 1829, 2. 23. — P. t. 3e de 1828, p. 359.

Cass. 30 *déc.* 1828. — S. 1829, 1. 156. — D. 1829, 1. 84. — P. t. 2e de 1829, p. 596.

Lyon, 26 *févr.* 1829. — S. 1829, 2. 119.

Paris, 12 *mars* 1829. — S. 1829, 2. 164. — D. 1829, 2. 196. — P. t. 1er de 1829, p. 544.

Poitiers, 22 *mai* 1829. — S. 1829, 2. 194. — D. 1829, 2. 247.

Nimes, 27 *mai* 1829. — S. 1830, 2. 212. — D. 1830, 2. 270.

Paris, 11 *juillet* 1829. — S. 1829, 2. 219. — D. 1829, 2. 189. — P. t. 2e de 1829, p. 557.

Rejet, 15 *juillet* 1829. — S. 1829, 1. 315. — D. 1829, 1. 407.

Aix, 6 *août* 1829. — S. 1829, 2. 312. — D. 1829, 2. 184.

Paris, 11 *août* 1829. — S. 1829, 2. 329. — D. 1830, 2. 23. — P. t. 3e de 1829, p. 211.

Bourges, 4 *déc.* 1829. — S. 1830, 2. 84. — D. 1830, 2. 35. — P. t. 1er de 1830, p. 426.

Paris, 10 *déc.* 1829. — S. 1830, 2. 109. — D. 1830, 2. 79. — P. t. 1er de 1830, p. 190.

Paris, 12 *déc.* 1829. — S. 1830, 2. 140. — D. 1830, 2. 107. — P. t. 1er de 1830, p. 370.

Aix, 23 *janv.* 1830. — S. 1830, 2. 85. — D. 1833, 2. 133.

Poitiers, 27 *janv.* 1830. — S. 1830, 2. 238. — D. 1830, 2. 261.

Montpellier, 10 *juillet* 1830. — S. 1830, 2. 237. — D. 1830, 2. 263.

Douai, 21 *juillet* 1830. — S. 1831, 2. 173. — D. 1831, 2. 61. — P. t. 2e de 1831, p. 552.

Paris, 19 *nov.* 1830. — S. 1831, 2. 264. — D. 1831, 2. 78. — P. t. 3e de 1830, p. 365.

Paris, 8 *déc.* 1830. — S. 1831, 2. 282. — D. 1831, 2. 140. — P. t. 2e de 1831, p. 244.

Paris, 19 *mars* 1831. — S. 1831, 2. 306. — D. 1831, 2. 142. — P. t. 1er de 1831, p. 411.

Paris, 14 *avril* 1831. — S. 1831, 2. 160. — P. t. 2e de 1832, p. 209.

Poitiers, 24 *janv.* 1832. — S. 1832, 2. 319. — D. 1832, 2. 134. — P. t. 3e de 1832, p. 261.

Montpellier, 26 *janv.* 1832. — S. 1833, 2. 491. — D. 1832, 2. 181.

Paris, 2 *août* 1832. — S. 1833, 2. 50. — D. 1833, 2. 16. — P. t. 3e de 1832, p. 444.

Paris, 7 *août* 1832. — S. 1833, 2. 52. — D. 1833, 2. 132 — P. t. 3e de 1833, p. 200.

Bastia, 29 *janv.* 1833. — S. 1833, 2. 246. — D. 1833, 2. 146. — P. t. 2e de 1833, p. 513.

Limoges, 16 *févr.* 1833. — S. 1833, 2. 277. — D. 1833, 2. 210. — P. t. 3e de 1833, p. 60.

Rennes, 13 *juin* 1833. — S. 1834, 2. 122. — P. t. 3e de 1833, p. 544.

Bordeaux, 22 *juin* 1833. — S. 1833, 2. 547. — P. t. 3e de 1833, p. 545.

ARTICLE 2.

Ne sont point soumis à la contrainte par corps en matière de commerce,

1o Les femmes et les filles non légalement réputées marchandes publiques;

2o Les mineurs non-commerçans, ou qui ne sont point réputés majeurs pour fait de leur commerce;

3o Les veuves et héritiers des justiciables des tribunaux de commerce assignés devant ces tribunaux en reprise d'instance, ou par action nouvelle, en raison de leur qualité.

SOMMAIRE.

1. *Des femmes, filles et mineurs non-commerçans.*
2. *Des veuves et héritiers des commerçans.*

1. Cet article est conforme à la législation et à la jurisprudence antérieures.

Les femmes, les filles et les mineurs ne sont soumis à la contrainte par corps commerciale qu'autant qu'ils sont commerçans (M. Pardessus, no 1509; M. Dalloz, *mot Contrainte par corps, sect.* 2e, nos 16 et 18), et sont par conséquent affranchis de la contrainte par corps pour TOUS LES ACTES de commerce qu'ils pourraient faire ou dans lesquels on pourrait les entraîner, même pour lettres de change. *V. l'art. 2 du tit. 2 de la loi de germ. an VI; les art.* 220, 487, 1123 *et suiv.* 1304 *et* 1308 *au C. civ.;* 2, 3, 4, 5, 113 *et* 114 *au C. de Com.*¶

2. Le § 3e est une suite du principe que les engagemens purement personnels ne passent pas aux héritiers (*V. Introduction, n*o 8, *p.* 6). Ce paragraphe était donc complètement inutile. Le législateur a cru cependant qu'il fallait un texte précis pour assurer la liberté des personnes.

Cette disposition est une preuve nouvelle de la fausseté de l'axiome *qui dicit de uno, negat de altero:* car, de ce que la loi exempte nominativement de la contrainte par corps les veuve et héritiers du commerçant pour les dettes contractées par leur auteur, il n'en serait pas moins contraire au droit de condamner par corps, *en leur qualité*, les veuve et héritiers d'un débiteur civil qui eût été soumis à la contrainte par corps par la nature de la dette, ou ceux d'un débiteur de deniers publics.

C'est en leur qualité de veuve et héritiers du commerçant qu'ils ne sont pas sujets à la contrainte par corps. S'ils continuaient le commerce, ils y seraient soumis pour les dettes *nouvelles* qu'ils contracteraient (*V.* JOUSSE, *note* 3 *sur l'art.* 8 *du tit.* 34 *de l'ord. de* 1667).

ARTICLE 3

Les condamnations prononcées par les tribunaux de commerce contre des individus non négocians, pour signatures apposées, soit à des lettres de change réputées simples promesses aux termes de l'article 112 du Code de commerce, soit à des billets à ordre, n'emportent point la contrainte par corps, à moins que ces signatures et engagemens n'aient eu pour cause des opérations de commerce, trafic, change, banque ou courtage.

SOMMAIRE.

1. *Quand les billets à ordre et les lettres de change obligent les majeurs par corps.*
2. *Quid, si le non-commerçant majeur prend une qualité commerciale dans le billet à ordre?*
3. *Et s'il y a un tiers porteur?*
4. *Que décider si la fausse qualité a été prise par une femme ou par un mineur?*

1. La commission de la Chambre des pairs avait proposé la suppression des mots: *réputées simples promesses aux termes de l'art.* 112 *du Code de Commerce.* Si cet amendement eût été adopté, la lettre de change eût perdu son caractère commercial *entre toutes personnes* (*C. Com.* 632, § *dern.*).

Ainsi, après comme avant la loi de 1832, un billet à ordre pour un acte de commerce isolé ou une lettre de change qui déguise un contrat civil sous une forme commerciale signés par un majeur non négociant entraînent la contrainte par corps.¶

2. Une question grave est de savoir si un billet à ordre souscrit pour un emprunt purement civil par un majeur non commerçant, mais qui a pris en signant la qualité de marchand ou de négociant, produit la contrainte par corps.

Deux arrêts ont jugé la négative (*Turin*, 20 *mai* 1807, *et Liége*, 28 *août* 1811): la jurisprudence de la Cour royale de Paris penche pour l'affirmative (*Paris*, 28 *juin* 1813). MM. Carré (*Lois de la compétence, t.* 2, *p.* 522) et Dalloz (*mot Commerçant*, *p.* 710) blâment amèrement ce dernier arrêt, qui renferme, disent-ils, une pétition de principe, en déclarant l'appelant non-recevable, « attendu que « dans sa signature apposée au billet, il avait pris « lui-même la qualité de négociant. » Nous pensons seulement que les motifs sont incomplets, et que la Cour a omis de dire que l'appelant ne justifiait pas d'une autre profession.

En effet, quand le défendeur dénie une qualité qu'il a prise et certifiée par sa signature, il devient demandeur dans l'exception qu'il propose, et doit prouver que cette qualité est fausse. Nous allons plus loin, et nous croyons qu'il doit venir avec une preuve toute faite, malgré l'autorité des arrêts de Turin et de Liége: autrement la juridiction commerciale serait sans cesse entravée par des enquêtes que requerraient les mauvais débiteurs.

Mais s'il fait preuve à l'audience qu'il est médecin, militaire, employé, etc., et que l'affaire qui a donné naissance au billet est une affaire civile, comment prononcerait-on contre lui la contrainte par corps commerciale? Pas de texte qui l'astreigne dans ce cas à la contrainte par corps. Ce serait donc lui fournir un moyen détourné de s'engager par corps au mépris de l'art. 2063 du Code civil. On devra donc alors examiner si la déclaration d'une profession commerciale est le résultat d'une exigence du prêteur ou d'une fraude du souscripteur, et dans ce dernier cas il pourrait y avoir lieu à la contrainte pour les dommages-intérêts. *V. n.* 11 *sur l'art.* 2063, *p.* 34.

3. Ce que nous venons de dire a lieu quand l'affaire se passe entre le souscripteur et le bénéficiaire; mais si la demande est formée par un tiers porteur de bonne foi, la décision nous paraît devoir être différente. Il y a toujours dol envers les tiers, quelle que soit la raison qui a déterminé un majeur à commettre un mensonge écrit: il est non-recevable envers eux à exciper de son dol, et doit

pour eux être réputé commerçant. La Cour royale de Paris l'a même jugé ainsi contre une femme (*Paris, 2 juin 1827*).

4. Il est douteux qu'aujourd'hui, en présence des deux premiers paragraphes de l'art. 2 de la loi nouvelle, on puisse apporter le même degré de sévérité. Une femme qui a signé un billet à ordre en se déclarant marchande, n'est pas une femme *légalement réputée* marchande publique ; un mineur qui se dit marchand n'est pas pour cela un mineur *commerçant* ou *réputé majeur pour le fait de son commerce* : or, c'est à ces qualités, et non à la fausse déclaration que la faiblesse du sexe et de l'âge rend moins odieuse, que le législateur a attaché la contrainte par corps. Quand le majeur s'est déclaré commerçant à l'égard des tiers, il a cherché à donner à son simple billet à ordre toute la force d'une lettre de change qu'il avait capacité de souscrire : mais pour le mineur et la femme *non légalement réputés commerçans*, pas de lettres de change possibles : la loi paraît donc les avoir protégés même contre leur propre déclaration (*V. C. civ.* 1307).

RENVOIS AUX ARRÊTISTES.

TURIN, 20 *mai* 1807. — S. 1807, 2. 678. — N. D. t. 2, p. 708.

LIÉGE, 28 *août* 1811. — S. 1812, 2. 168. — P. t. 3e de 1812, p. 153. — N. D. t. 2, p. 709. — M. Sirey attribue cet arrêt à la Cour de Bruxelles.

PARIS, 28 *juin* 1813. — S. 1814, 2. 188. — D. 1814, 2. 93. — P. t. 1er de 1814, p. 144. — N. D. t. 2, p. 709.

PARIS, 2 *juin* 1827. — S. 1828, 2. 124. — D. 1828, 2. 156. — P. t. 3e de 1827, p. 527.

ARTICLE 4.

La contrainte par corps, en matière de commerce, ne pourra être prononcée contre les débiteurs qui auront commencé leur soixante-et-dixième année.

SOMMAIRE.

1. *Abrogation de la jurisprudence antérieure.*

1. La contrainte par corps n'était pas prononcée en matière commerciale contre les septuagénaires sous l'ordonnance de 1673. La loi de germinal an VI fut autrement interprétée : sous son empire, et après quelques hésitations de la jurisprudence, on décida que les septuagénaires pouvaient être incarcérés pour dettes commerciales, et que la publication de l'art. 800 § 5o du Code de procédure ne dérogeant pas à cette règle, ceux qui parvenaient en prison à l'âge de soixante-dix ans ne devaient pas être élargis (*Avis du conseil d'État du 6 brum. an XII; Rouen, 29 messid. an XIII; Rej. 12 frim. an XIV; Rej. 10 juin 1807; Bruxelles, 7 avril 1810; Cass. 3 févr. 1813, 15 juin 1813 et 7 août 1815*, nonobstant *Bruxelles, 12 juillet 1811, et Caen 26 août 1812*). Il faut voir surtout, sur ce point d'histoire de la jurisprudence intermédiaire, M. Merlin (*Répertoire, mot Contrainte par corps, no 20, et Questions de droit, même mot, § X*). Maintenant la nouvelle loi assimile entièrement les matières commerciales aux matières civiles : à soixante-dix ans, la contrainte par corps ne peut ni être prononcée, ni être mise à exécution, ni continuer. Aussi l'art. 6 prononce-t-il la mise en liberté du débiteur qui a commencé sa soixante-dixième année (*V. Introd. no 2 in fin. p. 4; note 2 sur l'art. 2065, p. 36, et note 105 sur 2069, p. 67*).

M. Duvergier (*t. 32, p. 199*) fait observer que la disposition étant générale s'applique même aux signataires des lettres de change, à l'égard desquels le projet proposait de proroger la contrainte par corps jusqu'à l'âge de soixante-douze ans ; mais on a reconnu que cette transaction entre les deux systèmes serait contraire à l'humanité, sans avantage pour le commerce.

RENVOIS AUX ARRÊTISTES.

ROUEN, 29 *mess. an XIII*. — S. an XIII, 2. 147. — P. t. 1er de 1806, p. 142. — N. D. t. 3, p. 760.

REJET, 12 *frim. an XIV*. — S. 1806, 1. 159. — D. 1806, 2. 46. — N. D. t. 3, p. 760.

REJET, 10 *juin* 1807. — S. 1807, 1. 315. — D. 1807, 1. 315. — P. t. 2e de 1807, p. 225. — N. D. t. 3, p. 761.

BRUXELLES, 7 *avril* 1810. — S. 1810, 2. 287. — D. 1811, 2. 94. — P. t. 2e de 1810, p. 220. — N. D. t. 3, p. 766.

BRUXELLES, 12 *juillet* 1811. — S. 1812, 2. 129. — N. D. t. 3, p. 764.

CAEN, 26 *août* 1812. — S. 1813, 2. 112. — D. 1813, 1. 209. — P. t. 2e de 1813, p. 213. — N. D. t. 3, p. 761.

CASS. *Int. de la loi*, 3 *févr.* 1813. — S. 1813, 1. 201. — D. 1813, 1. 209. — P. t. 2e de 1813, p. 213. — N. D. 3, t. p. 761.

CASS. 15 *juin* 1813. — S. 1813, 1. 373. — D. 1814, 1. 566. — N. D. t. 3, p. 764. — P. t. 1er de 1813, p. 510.

CASS. 7 *août* 1815. — S. 1816, 1. 111. — N. D. t. 3, p. 765 — P. t. 1er de 1818, p. 60 et 65.

ARTICLE 5.

L'emprisonnement pour dette commerciale cessera de plein droit après un an, lorsque le montant de la condamnation principale ne s'élèvera pas à cinq cents francs ;

Après deux ans, lorsqu'il ne s'élèvera pas à mille francs ;

Après trois ans, lorsqu'il ne s'élèvera pas à trois mille francs;

Après quatre ans, lorsqu'il ne s'élèvera pas à cinq mille francs;

Après cinq ans, lorsqu'il sera de cinq mille francs et au-dessus.

SOMMAIRE.

1. *Système de la loi de germinal sur la durée de l'emprisonnement;*

2. *Système de la loi nouvelle, et reproches qu'on peut lui adresser.*

3. *Conséquences de ce que la condamnation principale est la règle de la durée de l'arrestation.*

4. *Quelle est la durée de l'emprisonnement, quand le créancier l'est à divers titres.*

1. L'art. 5 est toute la loi. Il apporte à la contrainte par corps une grave modification.

La loi de germinal an VI avait déjà considéré cette contrainte comme une épreuve nécessaire pour déterminer le débiteur à dévoiler ses ressources. « Le terme de cinq années, que cette loi « fixait (*tit. 3, art. 18 § 6°*), était d'une assez longue « durée pour, d'un côté, forcer l'entêtement d'un « débiteur, si par opiniâtreté il s'était refusé à ou- « vrir son portefeuille, et de l'autre pour procurer « au créancier toute la satisfaction qui peut être « due à son droit de propriété » (*Rapp. du représentant* ROSSÉE *au Conseil des anciens, séance du 24 vent. an VI*).

Ce laps de cinq années était un temps fixé par une sorte de *forfait législatif*. Personne n'avait songé à graduer l'emprisonnement sur le montant des dettes. On sentit, à l'époque de cette discussion, qu'il y aurait des cas où la loi serait insuffisante. Lindet disait avec raison: « La résolution « est trop favorable aux fripons; elle est trop sé- « vère pour les débiteurs honnêtes et malheureux » (*séance du 4 germ.*).

Ces cinq années d'emprisonnement étaient, dans l'esprit de la même loi, un temps commun à tous les créanciers, à l'incarcérant, aux recommandans, à ceux même dont les dettes étaient échues et qui n'avaient pas recommandé. Leur expiration purgeait, pour ainsi dire, la liberté du débiteur de l'hypothèque que la loi conférait sur sa personne.

2. La loi nouvelle établit un nouveau système.

Elle gradue la durée de l'emprisonnement sur l'importance de la condamnation.

Pas de contrainte par corps pour une somme qui ne s'élève pas à 200 fr.

A partir de cette somme jusqu'à 500 fr. exclusivement, l'emprisonnement commercial ne durera qu'un an; de 500 fr. à 1000 fr. exclusivement, deux ans; de 1000 fr. à 3000 fr. exclusivement, trois ans; de 3000 fr. à 5000 fr. exclusivement, quatre ans; enfin de 5000 fr. et au-dessus, cinq ans.

La loi de l'an VI avait fait un forfait; la loi de 1832 a voulu revenir à un système plus équitable; mais elle n'a fait que la moitié de l'ouvrage. Il fallait avoir pitié des débiteurs pauvres, mais il fallait aussi atteindre ces riches insolvables qui, débiteurs de plusieurs millions, se consolent d'une captivité qu'adoucissent les jouissances du luxe, par l'espoir de ne jamais payer leur dette. Il fallait une échelle ascendante.

Ce n'est pas tout: l'art. 5 paraît isoler chaque créancier; et en effet, il ne considère que son droit personnel pour fixer la durée de l'emprisonnement: mais l'art. 27 agglomère tous les créanciers porteurs de titres échus à l'instant de l'arrestation, et rend communs à tous les effets libératoires de la contrainte par corps exercée par un seul; de sorte que l'emprisonnement n'est plus qu'une épreuve trompeuse; de sorte que le débiteur qui aura capté la confiance de gens d'une classe peu aisée, et attiré dans sa caisse les économies de l'ouvrier et du petit cultivateur, l'homme qui devra ainsi 25,000 fr. répartis entre trente créanciers, pourra, si aucune créance ne s'élève à 1000 fr. de principal, être mis en liberté après deux ans! Et celui qui n'aura qu'une seule dette de 5000 fr. sera retenu cinq ans en prison! Si l'on voulait établir une échelle pour la durée de l'emprisonnement, ce n'était pas sur la somme due à chaque créancier individuellement qu'il fallait la fixer; c'était sur le montant des créances connues par l'emprisonnement et par les recommandations. Ce calcul eût été le moins trompeur.

Quoi qu'il en soit, en prenant la loi telle qu'elle est, efforçons-nous de suivre son esprit dans l'interprétation.

3 Le montant seul de la condamnation principale doit être consulté pour la durée de l'emprisonnement; ni les intérêts courus depuis la demande, ni les dépens ne peuvent exercer d'influence sur ce point.

Réciproquement, s'il y a eu des paiemens partiels faits depuis la condamnation, la durée de l'emprisonnement pour ce qui restera dû sera la même qu'elle aurait été pour la totalité.

De là, intérêt pour le débiteur qui a payé des à-compte avant l'obtention du jugement de faire fixer lors du jugement le reliquat de sa dette, afin de n'être pas exposé à un emprisonnement excédant la durée de la loi.

4. Si un créancier est créancier à divers titres, et qu'il réunisse ses demandes dans une assignation, la durée de l'emprisonnement sera différente pour chacune des condamnations, suivant sa quotité individuelle. Autrement, plusieurs créanciers s'entendraient pour transporter fictivement leurs créan-

ces à un seul, afin de prolonger la durée de l'emprisonnement. D'ailleurs chaque chef d'un jugement forme autant de jugemens distincts (*V.* M. Duvergier, *t.* 32, *p.* 200). Mais, à nos yeux, il en serait autrement si le créancier était porteur de plusieurs obligations commerciales procédant de la même cause : par exemple, plusieurs billets à diverses échéances, mais provenant d'un même règlement de prix de vente. On peut appliquer ici, par analogie, ce que nous avons dit *n°* 8 *sur l'art.* 2065, *p.* 37.¶

ARTICLE 6.

Il cessera pareillement de plein droit le jour où le débiteur aura commencé sa soixante-et-dixième année. — *V. la note sur l'art. 4.*

TITRE II.

Dispositions relatives à la contrainte par corps en matière civile.

SECTION PREMIÈRE.

Contrainte par corps en matière civile ordinaire.

ARTICLE 7.

Dans tous les cas où la contrainte par corps a lieu en matière civile ordinaire, la durée en sera fixée par le jugement de condamnation; elle sera d'un an au moins et de dix ans au plus.

Néanmoins, s'il s'agit de fermages de biens ruraux aux cas prévus par l'article 2062 du Code civil, ou de l'exécution des condamnations intervenues dans le cas où la contrainte par corps n'est pas obligée, et où la loi attribue seulement aux juges la faculté de la prononcer, la durée de la contrainte ne sera que d'un an au moins et de cinq ans au plus.

SOMMAIRE.

1. *Objet de l'article.*
2. *Première exception en faveur des fermiers.*
3. *Doutes sur l'étendue de la seconde exception.*
4. *Sens des mots:* durée de la contrainte par corps.
5. *Du cas où le jugement prononce la contrainte sans en fixer la durée.*
6. *Comment fixée pour la caution judiciaire?*
7. *Du stellionataire. Renvoi.*

1. Sous le Code civil, l'âge seul de soixante-dix ans était la limite de l'emprisonnement pour les dettes civiles. Cependant l'humanité réclamait que les débiteurs civils tombés dans une insolvabilité complète vissent, comme les débiteurs commerçans, un terme à leur captivité.

C'est ce que fait l'art. 7.

D'une fixation générale seraient nées des injustices : en effet, si en matière de commerce on a pris pour base de cette fixation le montant de la somme due, c'est que les dettes commerciales sont toutes présumées avoir pour cause de leur inexécution les chances variables du commerce; dans les dettes civiles au contraire, il existe tant de nuances depuis la mauvaise foi jusqu'au malheur, que la loi s'est reconnue impuissante à en saisir la variété : elle a donc laissé aux magistrats le pouvoir de déterminer la durée de la contrainte par corps, en leur imposant un *maximum* et un *minimum* qu'ils ne peuvent dépasser.

La règle générale est que cette durée sera *d'un an* au moins et de *dix ans* au plus.¶

2. Les exceptions viennent ensuite. Première exception. La durée ne sera que *d'un an* à *cinq ans*, « s'il s'agit de fermages de biens ruraux aux « cas prévus par l'art. 2062 du Code civil », ce qui s'entend également de l'effet de la contrainte par corps conventionnelle pour prix du bail et de la contrainte par corps judiciaire pour la représentation du cheptel et des instrumens aratoires. Cette disposition est claire.

3. Deuxième exception. « Ou de l'exécution des « condamnations intervenues dans le cas où la contrainte par corps *n'est pas obligée*, et où la loi « attribue seulement aux juges la faculté de la prononcer. » Cette seconde partie n'est pas aussi lucide. La loi entend-elle parler seulement du cas de contrainte par corps judiciaire? Entend-elle parler aussi de la contrainte par corps conventionnelle? Si le dernier membre de la phrase signifie clairement la contrainte par corps *facultative pour le juge*, que veulent donc dire les mots *contrainte par corps* obligée, si nouveaux dans le langage du droit?

Si par *contrainte par corps obligée* on entend la contrainte par corps que les juges sont dans *l'obligation* de prononcer, il faut reconnaître que le *maximum* de dix ans peut être appliqué à la caution d'un contraignable par corps qui s'est soumis à cette contrainte (*C. civ.* 2060 § 5°), car la contrainte par corps conventionnelle est aussi impérative que la contrainte par corps prononcée par la loi elle-même (*V. Introd. p.* 5, *n°* 6, *in fin.*).

Si ces mots signifient au contraire la contrainte par corps nécessaire, indispensable, dérivant immédiatement de la loi et non de la volonté licite des parties, le *maximum* de sa durée, dans tous les cas de contrainte par corps conventionnelle, sera de cinq ans seulement, parce que les parties n'étaient pas *obligées* de la consentir.

On est tenté de croire que la loi n'entend pas parler de la contrainte par corps conventionnelle, puisqu'elle vient de placer dans la première exception la *convention* de contrainte par corps pour les fermages; puisque, la première exception renfermant à la fois un cas spécial de contrainte par corps conventionnelle et un cas spécial de contrainte par corps judiciaire, on conçoit que le législateur puisse régler ensuite d'une manière générale la contrainte par corps judiciaire, mais on ne concevrait pas qu'au même instant il comprît dans une seconde exception, productive des mêmes effets que la première, tous les cas de contrainte et conventionnelle et judiciaire, ce qui réduirait la première exception à une inutilité complète. D'ailleurs, si le législateur avait voulu indiquer deux cas différens, l'exactitude grammaticale voulait qu'il dît : *Dans le cas où* la contrainte par corps n'est pas obligée, *et dans celui où*, etc.

Néanmoins, il résulterait une injustice de cette interprétation. Celui qui serait condamné à des dommages-intérêts pour un fait qui peut être frauduleux ne subirait l'effet de la contrainte par corps que pendant cinq ans au plus, et la caution, dont l'engagement est de bienfaisance, pourrait y être soumise pendant dix ans. Aussi, M. Ginouvier (*Traité de la cont. par corps, sur l'art.* 7, *n.* IV) explique cet article du cas de contrainte par corps volontaire de la part du débiteur.

Au milieu de cette obscurité de rédaction, il nous semble désirable que les magistrats n'élèvent pas au-dessus de cinq ans la durée de la contrainte par corps contre les cautions, soit judiciaires, soit volontaires.

4. Il ne faut pas se méprendre sur le sens des mots : *durée de la contrainte par corps*. Ils n'ont pas pour objet de faire entendre qu'après un temps déterminé le créancier serait déchu du droit de l'exercer ; ils signifient *durée de l'emprisonnement*, et sont corrélatifs à l'art. 5 en matière commerciale. La preuve s'en tire de l'art. 27, qui réunit tous les articles contenant des dispositions sur la durée de l'emprisonnement.

5. Que faudra-t-il décider quand un jugement prononcera la contrainte par corps sans en fixer la durée? Nous pensons que, dans cette hypothèse, la durée de l'emprisonnement est de plein droit le *minimum* fixé par la loi. En effet, en ordonnant au juge de fixer cette durée par le jugement de condamnation, la loi n'a pas attaché la peine de nullité au défaut de fixation. Reviendra-t-on devant le juge pour qu'il répare son omission? mais il est de principe que le juge ne peut modifier le jugement qu'il a rendu, et d'ailleurs qui garantirait que le tribunal ne déploierait pas plus de sévérité au moment de l'exécution que lors du jugement de condamnation? Devrait-on prendre la voie d'appel? mais le jugement peut être en dernier ressort, et l'omission est également possible dans un arrêt. On ne peut nier d'ailleurs que le tribunal ait prononcé sur le chef de contrainte par corps, et cette disposition doit avoir un effet : en réduisant cet effet à la moindre durée que pouvait lui donner explicitement le tribunal, de quoi le débiteur aurait-il à se plaindre?¶

6. La durée de l'emprisonnement doit être fixée par le jugement de condamnation. Mais on n'obtient pas de jugement contre la caution judiciaire, qui est contraignable en vertu de l'acte de soumission (*V. le Comment. sur l'art*, 2067, n° 2, *p.* 40). M. Duranton, qui a aussi écrit sous la loi nouvelle, professe la même opinion (*t.* 18, *n°* 482, *à la note*). Comment donc sera fixée la durée de l'emprisonnement à son égard? On pourrait éviter toute difficulté à cet égard en déterminant dans le jugement même qui ordonne de fournir caution, combien de temps durera son emprisonnement, si elle y donne lieu. Au cas contraire, il faudra un jugement obtenu à la diligence, soit du créancier, soit de la caution judiciaire, pour déterminer cette durée. La décision précédente n'y fait pas obstacle, puisque les juges n'auront pas, comme dans la première espèce, été saisis précédemment de la connaissance du droit du créancier contre la caution.

7. Nous n'examinerons que sous l'art. 42 la question de savoir si le bénéfice de l'art. 7 est applicable au stellionat.¶

SECTION II.

Contrainte par corps en matière de deniers et effets mobiliers publics.

OBSERVATIONS GÉNÉRALES.

SOMMAIRE.

1. *Ancienneté de la contrainte par corps pour la dette des deniers publics.*
2. *L'emprisonnement a lieu en vertu d'actes administratifs.*
3. *Les tribunaux ne peuvent réformer les contraintes, mais ils statuent sur la forme des arrestations.*
4. *Quelles sont ces formes?*
5. *Contre qui et pour quelles dettes a lieu la contrainte par corps administrative?*
6. *Si les veuves et héritiers des comptables y sont soumis.*

7. Les femmes et les filles sont contraignables en cette matière.
8. Mais non les septuagénaires et les mineurs.
9. Minimum et durée de la contrainte.

1. Le recouvrement des deniers publics a toujours nécessité des mesures sévères. On voit par deux ordonnances de Louis IX, en 1254 et 1256, qu'en défendant la contrainte par corps dans ses domaines, il en excepta la dette des deniers royaux. En abrogeant l'ordonnance de Moulins, Louis XIV fit la même réserve (*Ord. de* 1667, *tit.* 34, *art.* 5). Enfin, comme nous l'avons dit, la Convention, en abolissant la contrainte par corps, s'empressa de déclarer qu'elle n'avait point entendu comprendre dans cette abolition la dette des deniers publics et nationaux.

L'ancienne législation continua donc de subsister à cet égard. Compliquée en elle-même, elle fut sans cesse modifiée par les changemens survenus dans l'administration, et par de nouvelles lois appropriées à l'ordre de choses qui s'établissait. Enfin, la loi du 17 avril 1832 (*art.* 46) abroge toutes les lois précédentes en tant qu'elles prononçaient la contrainte par corps : elle les remplace en ce point; mais elle les laisse subsister en ce qui concerne le mode de poursuites qu'elles prescrivent.

2. Ainsi, c'est rarement en vertu d'un jugement que la contrainte par corps s'exerce contre les personnes désignées dans les art. 8 et suivans de la loi du 17 avril. C'est le plus souvent en vertu, soit d'arrêtés administratifs, soit d'une contrainte décernée par un agent de l'administration, visée et rendue exécutoire par un membre de l'autorité civile ou judiciaire, selon les lois spéciales à chaque matière. Tels sont les arrêtés du ministre des finances contre les comptables, entrepreneurs, fournisseurs, soumissionnaires ou agens quelconques en débet (*Lois des 12 vendém. et 13 frim. an VIII; Arrêté du 18 vent. an VIII; Avis du conseil d'État du 9 vent. an X*); les contraintes décernées par le receveur particulier des finances contre les percepteurs des contributions directes (*Arrêté du 16 therm. an VIII, art.* 30), par le receveur municipal contre les régisseurs, fermiers, receveurs et autres préposés à la recette des droits d'octroi (*Décret du 15 nov.* 1810), et contre les fermiers du droit de pesage et mesurage (*Déc. du 26 sept.* 1811), etc. Les décisions administratives rendues dans le cercle de leurs pouvoirs ont la force de jugement.

3. Les tribunaux ne peuvent point, en cas d'arrestation en vertu de contrainte administrative, statuer sur le fond, c'est-à-dire sur l'apurement des comptes et la fixation du débet. Tout est fixé irrévocablement par l'autorité administrative. Mais l'autorité judiciaire statue sur toutes les difficultés relatives à l'observation des formes (*Déc. du 23 avril 1807 et ord. du 6 déc. 1820. Sirey, Jurisp. du cons. d'État, t.* 1, *p.* 82 *et t.* 5, *p.* 503).

4. Les formes à suivre pour l'arrestation sont celles établies par le Code de procédure; mais la signification du jugement prescrite par l'art. 780 est remplacée par celle de la contrainte (D'Agar, *Traité des contrib. indir. t.* 1, nº 131; *Déc. du 25 therm. an XII. Avis du cons. d'État du 9 vent. an X*).

5. Les personnes que la loi soumet à la contrainte par corps administrative peuvent se diviser en cinq classes : 1º les préposés comptables, soit de l'État, soit des communes, des hospices ou des établissemens publics (*art.* 8 § 1º *et art.* 9); 2º les personnes qui ont contracté soit avec l'État, soit avec les communes, les hospices et les établissemens publics, tant pour les deniers et effets mobiliers qui leur auraient été confiés que pour l'exécution de leurs traités ou marchés (*art.* 8, 3º, *art.* 9, *art.* 10 1º); 3º les agens et préposés des comptables, entrepreneurs, fournisseurs, soumissionnaires et traitans dans le cas seulement où ces agens et préposés ont personnellement géré et fait la recette (*art.* 8 2º, *art.* 9, *art.* 10 2º), et cette disposition offre l'avantage d'atteindre les sous-traitans qui dissimulent leurs sous-traités et qui n'en gèrent pas moins personnellement l'entreprise (M. Parant, *rapport.*); 4º les redevables de droits de douanes, d'octroi et autres contributions indirectes, et par ce mot *redevables* on n'entend pas toute personne obligée à payer les droits, mais seulement celles qui, pour obtenir la libre disposition des objets soumis aux droits et qui en sont le gage, ont souscrit un engagement pour le montant de ces droits (*Rapport de* 1830); 5º enfin les cautions des comptables, traitans et redevables; et en cela la loi n'est pas plus rigoureuse que l'ancienne législation sous laquelle la contrainte par corps était aussi de droit commun contre les cautions des dettes administratives. Il est vrai que la difficulté de coordonner les anciennes lois avec les formes nouvelles de l'administration inspirait quelquefois des doutes : on les levait alors en exigeant que la caution s'obligeât par corps.

6. La loi nouvelle ne soumet à la contrainte par corps que les personnes énumérées dans les quatre premiers articles de la section, et non leurs veuves et héritiers : ce qui est conforme au droit (*V. introd. n.* 8, *p.* 6) et à l'ancienne législation. La déclaration du 17 mars 1548 sur les comptables de deniers royaux portait : « Ledit receveur-général « fera procéder contre les refusans *tenus de leur* « *fait* et contre leurs pleiges et cautions *par empri-* « *sonnement et détention de leurs personnes*, et « contre *les biens tenans* desdits comptables décé- « dés *par saisie desdits biens seulement*. » L'addition du § 3º de l'art. 2 de la loi ne pourrait même fournir un argument *à contrario*, car il pouvait être utile alors de faire une exception, puisqu'aux termes de l'art. 1er les veuve et héritiers étaient *personnes condamnées pour dette commerciale*, et que l'intérêt personnel aurait pu abuser de ces termes; tandis qu'en matière d'administration la loi énumère avec trop de soin les personnes contraignables par corps pour faire craindre qu'on ne confonde leurs successeurs avec elles.

7. Après avoir réglé dans les art. 8, 9, 10 et 11 la contrainte par corps administrative *ratione materiæ*, la loi dans les art. 12 et 13 en détermine les effets *ratione personæ* et *ratione quantitatis*. Les femmes et les filles y sont assujetties; il y a en effet des emplois de comptabilités que plusieurs administrations, notamment celles des postes et de l'enregistrement, confient aux femmes.

Non seulement les femmes comptables, mais même celles qui se porteront cautions de comptables, d'entrepreneurs, ou même de redevables, se trouveront ainsi soumises à la contrainte par corps. Ainsi, c'est une différence remarquable entre les matières civiles et les matières administratives que, dans les premières, la femme qui se porte caution, même judiciaire, n'engage que ses biens, et que, dans les secondes, elle s'oblige par corps.

8. Le septuagénaire est affranchi de la contrainte par corps pour dettes envers l'administration : il en était autrement sous l'ancien droit (M. Merlin, *mot Contrainte par corps au Répertoire*, no 19); mais la loi du 15 germ. an VI, en comprenant la dette des deniers publics et nationaux au nombre des matières civiles qu'embrassait le tit. 1er, nous semble avoir déjà conféré ce privilége aux septuagénaires, puisque c'est dans le même titre qu'était placée l'exception en leur faveur.

La loi est muette sur les mineurs. La conséquence naturelle est qu'ils ne sont pas soumis à la contrainte par corps.

9. Quant à la somme pour laquelle l'administration peut exercer la contrainte par corps, elle ne doit pas être au-dessous de trois cents francs principal comme en matière civile, et c'est aussi d'un an à dix ans que doit durer l'emprisonnement. Mais qui fixera cette durée? L'autorité judiciaire ou l'autorité administrative? La loi ne le dit pas. L'analogie indique que la durée en sera fixée dans la contrainte qui remplace le jugement de condamnation.

M. Ginouvier suppose (*sur l'art.* 13) qu'il faut un jugement pour fixer la durée de l'emprisonnement en matière administrative; M. Fœlix ne songe pas à cette proposition; M. Duranton (*t.* 18, *no* 496) se borne à rapporter les termes de l'art. 13, mais le sommaire porte formellement les mots : *sa durée fixée par jugement*. S'exprime-t-il ainsi par assimilation ou absolument? Il est impossible de le deviner : ce qui paraît raisonnable, c'est que toutes les fois que la loi confère à l'administration le droit de juger, on donne à ses décisions la force de celles de l'autorité judiciaire

En rassemblant dans ces rapides observations le peu de remarques que nous avions à présenter sur cette partie entièrement neuve de la loi, nous avons pensé en retracer plus fidèlement l'esprit que si nous avions placé des notes nécessairement morcelées sous les différens articles, pour l'interprétation desquels n'existe pas encore le secours de la jurisprudence.

ARTICLE 8.

Sont soumis à la contrainte par corps, pour raison du reliquat de leurs comptes, déficit ou débet constatés à leur charge, et dont ils ont été déclarés responsables,

1o Les comptables de deniers publics ou d'effets mobiliers publics, et leurs cautions;

2o Leurs agens ou préposés qui ont personnellement géré ou fait la recette;

3o Toutes personnes qui ont perçu des deniers publics dont elles n'ont point effectué le versement ou l'emploi, ou qui, ayant reçu des effets mobiliers appartenant à l'Etat, ne les représentent pas, ou ne justifient pas de l'emploi qui leur avait été prescrit.

ARTICLE 9.

Sont compris dans les dispositions de l'article précédent, les comptables chargés de la perception des deniers ou de la garde et de l'emploi des effets mobiliers appartenant aux communes, aux hospices et aux établissemens publics, ainsi que leurs cautions, et leurs agens et préposés ayant personnellement géré ou fait la recette.

ARTICLE 10.

Sont également soumis à la contrainte par corps,

1o Tous entrepreneurs, fournisseurs, soumissionnaires et traitans, qui ont passé des marchés ou traités intéressant l'Etat, les communes, les établissemens de bienfaisance et autres établissemens publics, et qui sont déclarés débiteurs par suite de leurs entreprises;

2o Leurs cautions, ainsi que leurs agens et préposés qui ont personnellement géré l'entreprise, et toutes personnes déclarées responsables des mêmes services.

ARTICLE 11.

Seront encore soumis à la contrainte par corps, tous redevables, débiteurs et cautions de droits de douanes, d'octrois et autres contributions indirectes, qui ont obtenu un crédit et qui n'ont pas acquitté à échéance le montant de leurs soumissions ou obligations.

ARTICLE 12.

La contrainte par corps pourra être prononcée, en vertu des quatre articles précédens, contre les femmes et les filles.

Elle ne pourra l'être contre les septuagénaires.

ARTICLE 13.

Dans les cas énoncés dans la présente section, la contrainte par corps n'aura jamais lieu que pour une somme principale excédant trois cents francs.

Sa durée sera fixée dans les limites de l'article 7 de la présente loi, paragraphe premier

TITRE III.

Dispositions relatives à la contrainte par corps contre les étrangers.

ARTICLE 14.

Tout jugement qui interviendra au profit d'un Français contre un étranger non domicilié en France, emportera la contrainte par corps, à moins que la somme principale de la condamnation ne soit inférieure à cent cinquante francs, sans distinction entre les dettes civiles et les dettes commerciales.

SOMMAIRE.

1. *Législation antérieure.*
2. *Qu'entend la loi par les mots :* étranger non domicilié ?
3. *Les dépens donnent lieu à la contrainte par corps ;*
4. *Laquelle a lieu même quand le jugement ne la prononce pas formellement.*
5. *Pas de distinction entre les causes du jugement.*
6. *L'étranger qui jouit des droits civils ne profite pas de cet article.*
7. *Fixation du* minimum.

1. En prohibant la contrainte par corps *contre les sujets du roi* en matière civile, sinon dans les cas expressément déterminés, l'ordonnance de 1667 la réservait implicitement contre les étrangers, pour lesquels elle demeurait de droit commun. Cette règle cessa par l'abolition générale du 9 mars 1793. La loi du 15 germinal an VI fut suivie presque immédiatement d'une autre loi du 4 floréal de la même année, relative à la contrainte par corps entre les Français et les étrangers. L'art. 1er y soumettait *tout étranger* résidant *en France* pour *tous* engagemens qu'il *y* aurait contractés envers des Français, mais seulement si l'étranger débiteur ne possédait pas en France des propriétés foncières ou un établissement de commerce; par l'art. 2, l'étranger qui possédait en France ou des propriétés foncières ou un établissement de commerce, était assimilé au Français pour les engagemens contractés en France, et ne pouvait être soumis à la contrainte par corps que dans les cas où la loi de germinal y soumettait les Français eux-mêmes ; mais par l'art. 3 la loi accordait la contrainte par corps contre l'étranger même établi en France pour tous engagemens contractés par lui en pays étranger, s'ils emportaient la contrainte par corps dans le lieu où ils avaient été formés. L'art. 4, par une anomalie dont il est difficile de se rendre compte, déclarait contraignable par corps en France tout Français qui s'était soumis à la contrainte par corps en pays étranger, disposition évidemment abrogée par l'art. 2063 du Code civil; enfin les formes d'exécution étaient les mêmes contre les étrangers que contre les Français (*art.* 5). Cette loi fut abrogée par le Code civil, et les étrangers domiciliés en France avec la permission du gouvernement ne furent plus soumis à la contrainte par corps que dans les mêmes cas que les Français (*C. civ. art.* 13), tandis que ceux qui n'avaient pas de résidence en France, ou qui y résidaient sans la permission requise, devaient, aux termes de l'art. 11 du même Code, être traités, sous le rapport de leur liberté civile, de la même manière que l'auraient été chez eux les Français d'après les traités politiques (M. Merlin, *Répert. mot Contrainte par corps*, *n*o 7).

La loi du 10 septembre 1807 changea cette législation; elle statua que tout jugement de condamnation qui interviendrait au profit d'un Français contre un étranger non domicilié en France, emporterait la contrainte par corps (*art.* 1er); qu'avant le jugement de condamnation, mais après l'échéance ou l'exigibilité de la dette, le président du tribunal de première instance dans l'arrondissement duquel se trouverait l'étranger non domicilié

pourrait, s'il y avait suffisans motifs, ordonner son arrestation provisoire sur la requête du créancier français (*art.* 2); enfin, l'arrestation provisoire (*dit l'art.* 3) n'aura pas lieu ou cessera si l'étranger justifie qu'il possède sur le territoire français un établissement de commerce ou des immeubles, le tout d'une valeur suffisante pour assurer le paiement de la dette, ou s'il fournit pour caution une personne domiciliée en France et reconnue solvable.

Cette loi a passé tout entière dans ce titre. Nous en avons rappelé les dispositions, parce que les divers arrêts que nous citerons ont été rendus sous l'empire de cette loi.

2. Notre art. 14 établit donc la contrainte par corps comme le droit commun contre l'étranger non domicilié en France, sans distinction entre celui qui possède, soit des propriétés foncières, soit un établissement de commerce sur le sol français, et celui qui n'en possède pas. Cette distinction n'existe que pour l'arrestation provisoire dont traite l'art. 15 (*Rapport de* M. Parant).

Mais qu'entend la loi par ces mots *non domicilié?* Si l'on consulte l'art. 13 du Code civil, il faut répondre que c'est tout étranger qui n'a point obtenu du roi l'autorisation d'établir son domicile en France, et n'y réside pas en effet (M. Pardessus, *n*° 1524). Outre les principes qui le décident ainsi, on peut invoquer encore le discours du tribun Mallarmé (*séance du Corps législ.* 10 *sept.* 1807). « Aux conditions de l'art. 13, si faciles à remplir, nos lois « ne laissent subsister aucune différence entre l'é« tranger et le naturel. Doivent-elles avoir la même « indulgence à l'égard de l'étranger qui ne se con« stitue pas de domicile? »

Cependant un arrêt de rejet (*sect. civ.* 6 *févr.* 1826) a été rendu dans des circonstances qui pouvaient n'établir qu'un domicile de fait, puisque l'individu dont il s'agissait était né à Alexandrie en Egypte, et ne justifiait pas, soit qu'il fût né d'un Français, soit qu'il eût été admis à la jouissance des droits civils; mais « les qualités du ju« gement, non contestées par le demandeur sous « l'influence duquel elles avaient même dû être ré« digées, qualifiaient formellement et à diverses re« prises le défendeur comme domicilié *à Marseille*, « *y demeurant*; et les actes contenaient les mêmes « énonciations; la profession du défendeur, la « mention que les copies de leurs notifications « avaient été laissées *dans le domicile* du défen« deur, en parlant, soit à sa servante, soit à la « personne même de son épouse; ainsi il y avait « dès lors au procès reconnaissance de ce fait, « que le défendeur était établi et *domicilié* à Mar« seille. » Cet arrêt ne juge donc pas la question de droit. Il ne constitue pas même un préjugé.

3. Par les mots *tout jugement* la loi nouvelle, comme la loi de 1807, entend un jugement qui prononce une condamnation; mais ce n'est pas sans motif cependant qu'on a supprimé les mots *de condamnation* : on a craint qu'ils ne fussent confondus avec ceux de jugement définitif. En effet, comme les étrangers sont soumis *de droit commun* à la contrainte par corps, ils peuvent être, avant le jugement du fond, condamnés aux dépens d'un incident, et contraignables par corps pour ces dépens. Un exécutoire de dépens est, à leur égard, un jugement de condamnation ou le complément du jugement de condamnation (*Metz*, 11 *févr.* 1820).

4. Le jugement rendu au profit d'un Français contre un étranger non domicilié emporte contrainte par corps, même sans qu'il soit besoin au Français de la requérir, ou même sans que le jugement la prononce textuellement. C'est le mode d'exécution *ordinaire* et de plein droit (*Bordeaux*, 16 *févr.* 1830). L'expression *emporte* la contrainte par corps, est au moins aussi énergique que celle de l'art. 52 du Code pénal : « L'exécution des con« damnations pourra être poursuivie par la voie « de la contrainte par corps », qui n'a jamais causé de doute.

5. La loi ne distingue pas non plus les causes du jugement. Que la dette procède d'un contrat, d'un quasi-contrat ou d'un quasi-délit, qu'elle ait été contractée en France ou à l'étranger, le jugement produira toujours la contrainte par corps. Ainsi jugé en matière d'arrestation provisoire pour des lettres de change souscrites par un Anglais à Londres au profit d'un Français (M. Merlin, *Quest. de droit, mot Étranger*, § IV, *n*° *II*; *Rej.* 12 *juin* 1817).

6. Mais le bénéfice de cette législation n'appartient qu'au Français : l'article le dit : Tout jugement intervenu *au profit d'un Français.* La protection qu'accorde la loi à l'étranger qui a obtenu la jouissance des droits civils, ne lui confère pas les *droits exceptionnels* qu'elle assure aux naturels français ou aux étrangers naturalisés. M. Pardessus (*n*° 1528) est d'opinion contraire. « L'étranger admis par le roi à établir son domicile en France a, dit-il, la plénitude des droits civils : or, c'en est un que de pouvoir exercer contre son débiteur des voies de contrainte autorisées par la loi. » C'est ce qui est en question : est-ce un droit civil proprement dit, ou plutôt n'est-ce pas une mesure politique introduite pour que les citoyens ne soient pas dépouillés par d'aventureux étrangers? C'est ce que nous pensons. Ainsi, l'étranger qui jouit des droits civils ne pourra pas profiter des art. 14 et suivans (*Paris*, 8 *janv.* 1831); en conséquence, il n'obtiendra la contrainte par corps en France contre un étranger, qu'autant que cet étranger se trouverait dans l'un des cas de contrainte prévus par les lois civiles ou par la loi commerciale (*tit.* 1er *et* 2e); il ne l'obtiendra dans ces cas qu'autant que la créance s'élèvera au *minimum* fixé par l'art. 2065 du Code civil ou par l'art. 1er de la loi de 1832, et la durée de l'emprisonnement à son profit sera celle fixée selon la matière par l'art. 5 ou par l'art. 7, 1er et 2e §§, et non par l'art. 14 ou par l'art. 17.

7. La dernière partie de l'article fixe le *minimum* de la dette à 150 fr. moitié au-dessous de celui fixé contre le Français en matière civile, mais sans distinction entre les matières civiles et les matières commerciales.¶

RENVOIS AUX ARRÊTISTES.

REJET, 12 *juin* 1817. — S. 1818, 1. 318. — D. 1818, 1. 333. — N. D. t. 6, p. 478.

METZ, 11 *févr.* 1820. — S. 1821, 2. 18. — D. 1821, 2. 43. — P. t. 3e de 1820, p. 429. — N. D. t. 6, p. 480 où il est daté du 12.

REJET, *sect. civ.* 6 *févr.* 1826. — S. 1826, 1. 341. — P. t. 2e de 1827, p. 159.

BORDEAUX, 16 *févr.* 1830. — S. 1830, 2. 212. — D. 1830, 2. 130.

PARIS, 8 *janv.* 1831. — S. 1831, 2. 172. — D. 1831, 2. 100. — P. t. 1er de 1831, p. 553.

ARTICLE 15.

Avant le jugement de condamnation, mais après l'échéance ou l'exigibilité de la dette, le président du tribunal de première instance dans l'arrondissement duquel se trouvera l'étranger non domicilié, pourra, s'il y a de suffisans motifs, ordonner son arrestation provisoire, sur la requête du créancier français.

Dans ce cas, le créancier sera tenu de se pourvoir en condamnation dans la huitaine de l'arrestation du débiteur, faute de quoi celui-ci pourra demander son élargissement.

La mise en liberté sera prononcée par ordonnance de référé, sur une assignation donnée au créancier par l'huissier que le président aura commis dans l'ordonnance même qui autorisait l'arrestation, et, à défaut de cet huissier, par tel autre qui sera commis spécialement.

SOMMAIRE.

1. *Caractère de cette disposition.*
2. *Etendue du pouvoir du président en cette matière.*
3. *Comment est rendue son ordonnance.*
4. *Elle peut être requise pendant le cours d'une instance.*
5. *Il faut que la dette soit exigible.*
6. *Sur quels titres doit-elle être fondée?*
7. *Le Français aura-t-il l'arrestation provisoire pour une créance contractée originairement entre deux étrangers? Distinctions.*
8. *Quel est le minimum pour l'arrestation provisoire?*
9. *Procédure de mise en liberté, si le créancier ne forme pas sa demande au fond.*
10. Quid, *si le créancier en retard introduit l'instance avant la demande du débiteur?*

1. L'art. 15, dont la première partie est entièrement empruntée à l'art. 2 de la loi du 10 septembre 1807, établit une mesure provisoire et de police « contre l'étranger qui d'un moment à l'autre peut disparaître sans laisser après lui aucune trace de son passage ou de son séjour » (M. TREILHARD, *Exposé des motifs*). Il donne au président du tribunal de première instance dans l'arrondissement duquel se trouvera l'étranger non domicilié le droit d'ordonner son arrestation provisoire.

2. Pour que cette faculté ne devienne pas une source de vexations, cette arrestation provisoire ne doit être ordonnée que *s'il y a motifs suffisans* : la loi confie au président du tribunal civil le soin de les apprécier, et quand son ordonnance a passé en force de chose jugée, ou qu'elle a été confirmée sur l'appel, le peu de fondement de ces motifs ne peut donner ouverture à cassation (*Rej.* 25 *sept.* 1829) ; mais l'ordonnance peut être réformée sur l'appel que l'étranger emprisonné en interjeterait dans les trois mois (*Rej.* 22 *avril* 1818; *Pau*, 27 *mai* 1830; *Caen*, 12 *janv.* 1832). L'appel est même la seule voie pour l'attaquer. On ne peut rendre le tribunal juge des ordonnances rendues par son président dans le cercle de ses fonctions spéciales (*même arrêt de Pau; Bordeaux*, 6 *déc.* 1833).

3. L'ordonnance est rendue sans instruction sur simple requête : ce n'est pas le cas de prononcer comme en référé sur une assignation donnée au défendeur (M. PARDESSUS, *n°* 1524). Le ministère public ne doit être ni entendu ni même consulté. « Il ne faut pas faire intervenir tout l'appareil judiciaire dans une mesure qui, en quelque manière, est purement de police; un instant perdu ou le moindre éveil donné au débiteur en détruirait tout l'effet; l'ordre de s'assurer de sa personne ne peut être donné ni trop promptement ni avec trop de secret » (M. TREILHARD, *Exposé des motifs*). Il n'est pas non plus nécessaire que le président soit assisté du greffier, ni que celui-ci signe l'ordonnance (*Pau*, 27 *mai* 1830).

4. Nous avons vu souvent dans la pratique émettre la fausse opinion que le Français était déchu du droit de provoquer cette mesure quand il avait assigné en condamnation. C'est une erreur : l'urgence de l'arrestation peut devenir plus grande pendant l'instruction du procès qu'elle ne l'était auparavant; et la modération du créancier n'est pas un abandon de son droit. Tant que le jugement de condamnation n'est pas obtenu, il peut donc requérir l'arrestation provisoire, quelque incident qui se présente, même nonobstant l'inscription de faux dirigée par l'étranger contre le titre qui constate la dette (*Rej*, 26 *oct*. 1809). Les mêmes raisons conduiraient à permettre au créancier français de réclamer l'arrestation provisoire après l'opposition formée par l'étranger ou l'appel dirigé contre le jugement de condamnation. Mais on peut éviter la difficulté en demandant par l'exploit introductif d'instance l'exécution, nonobstant l'opposition (*C. Pr*. 155), et l'exécution provisoire en cas d'appel, du moins au chef de la contrainte par corps, même hors des cas prévus par l'art. 135 du Code de procédure; car si le président a le droit d'ordonner seul l'arrestation provisoire, rien n'empêche, devant le tribunal entier, de faire de cette provision un chef joint au fond du procès.

5. L'arrestation provisoire ne peut avoir lieu qu'après l'échéance ou l'exigibilité de la dette. On ne devrait point écouter le créancier s'il avait accordé des termes qui ne seraient pas échus; il a dû savoir, en accordant ces termes, qu'il suivait la foi de son débiteur, et qu'il ne pouvait rien exiger de lui avant leur échéance (M. Treilhard, *rapp*. M. Pardessus, *n*o 1524); à moins qu'il n'y eût une cause de déchéance du terme.

6. Mais il n'est pas besoin, pour que le président donne son autorisation, que le titre soit incontestable; il suffit que le créancier soit porteur de titres apparens (*Rejet*, 26 *oct*. 1809, *et* 25 *sept*. 1829; *Paris*, 29 *nov*. 1831). Il faut même aller plus loin: le maître d'hôtel garni et les fournisseurs qui n'auraient point de titres, le créancier qui n'aurait qu'un commencement de preuve par écrit, auraient également le droit de demander ce provisoire; et si la bonne tenue de leurs écritures, leur réputation connue, ou les adminicules qu'ils fourniraient, suffisaient pour former la conviction du président, leur requête pourrait être favorablement répondue. Il ne faut pas oublier que l'occasion de la loi du 10 sept. 1807 a été que des marchands de Paris avaient été récemment dupes d'un grand seigneur russe qui avait disparu sans leur payer les marchandises qu'ils lui avaient livrées à crédit (M. Merlin, *Quest. de droit*, *mot Etranger*, § 4, *n*o *II*); et l'on sait que presque toutes ces fournitures se font sans titres réguliers.

L'arrestation provisoire peut avoir lieu pour toute espèce de dette contractée par un étranger envers un Français: cependant un arrêt de la section des requêtes (*Rej*. 22 *avril* 1818) paraît consacrer le principe que la restitution d'un dépôt n'est pas une dette dans le sens de l'art. 2 de la loi du 10 sept. 1807. Mais cette distinction, qui pouvait être juste dans l'espèce, ne nous paraît pas devoir être admise dans la jurisprudence. Si le dépôt est reconnu ou constaté par titre, si l'obligation de restituer n'est pas suspendue par une condition, on ne voit pas une seule bonne raison pour affranchir l'étranger non domicilié de l'arrestation provisoire.

7. Une question plus grave est celle de savoir si l'arrestation provisoire est permise quand le titre originairement souscrit par un étranger au profit d'un étranger est devenu la propriété d'un Français.

M. Fœlix (*Comm. sur la loi du* 17 *avril* 1832, *n*o 9 *sur l'art*. 15) pense que, dans tous les cas, on doit adopter l'affirmative; il suffit qu'au moment de la demande la dette soit due (dit-il) à un Français, puisque l'art. 1er de la loi de 1807 (devenu l'art. 14) commence par attacher la contrainte par corps à tout jugement de condamnation, et que l'art. 2 (devenu l'art. 15 de la loi nouvelle) autorise l'arrestation provisoire pour *toute dette*. M. Dalloz, au contraire (*mot Droits civils et politiques*, *sect*. 1re, *art*. 4, § 1er, *n*os 1 *et* 2, *t*. 6, *p*. 476), professe la négative d'une manière absolue et sans exception. M. Merlin (*Quest. de droit*, *mot Etranger*, § 4, *n*o *III et IV*), qu'il faut lire nécessairement, fait une distinction puisée dans la nature des choses. Si le Français est devenu créancier par voie de cession-transport, la cession n'a pu lui conférer des droits ni plus étendus ni plus rigoureux que ceux de son cédant; par conséquent, pas d'arrestation provisoire: si au contraire il s'agit d'un titre négociable, tel qu'une lettre de change, il y a lieu à l'arrestation provisoire.

Pour accorder l'arrestation provisoire dans tous les cas, M. Fœlix suppose que l'art. 14 est applicable à la créance que le Français s'est fait céder par un étranger contre un autre étranger. Mais M. Fœlix oublie que les étrangers ne sont pas, pour les contrats purement civils passés entre eux, justiciables des tribunaux français; que les Français eux-mêmes ne peuvent traduire les étrangers devant les tribunaux français qu'autant qu'ils ont *directement* contracté avec eux (*C. civ. art*. 14); et qu'en matière purement civile, le déclinatoire proposé par l'étranger empêchera que le Français cessionnaire ne puisse obtenir contre lui jugement en France; qu'ainsi cessera la condition dont la loi fait dépendre l'existence du *par corps*: or, s'il n'y a pas lieu à la contrainte par corps pour le fonds, comment l'ordonnerait-on par forme de mesure provisoire?

M. Dalloz, qui approuve les excellentes raisons de M. Merlin pour écarter l'arrestation provisoire dans le cas de cession-transport faite par un étranger à un Français d'une créance sur un étranger, ne nous paraît pas plus heureux que M. Fœlix quand il cherche à démontrer que l'arrestation provisoire ne doit pas être permise en faveur du Français auquel un étranger a négocié un titre de commerce souscrit par un autre étranger, spécialement une lettre de change. Il convient que l'accepteur ou tireur de lettre de change ne peut faire valoir contre le porteur les exceptions qu'il pourrait opposer à son créancier primitif : mais l'accepteur entend-il se soumettre à toutes les rigueurs de la législation nationale de chacun des endosseurs, et surtout aux mesures préventives qui menaceraient sa liberté! Une exclamation n'est pas une raison de droit. M. Dalloz oublie à son tour qu'un endossement n'est pas une simple cession ; qu'il produit la solidarité, et qu'un des effets les plus importans de la solidarité, c'est de constituer chacun des obligés débiteur direct du créancier.

Aussi la jurisprudence paraît se fixer dans le sens de l'opinion de M. Merlin. Si l'arrestation provisoire a été refusée pour le paiement de lettres de change ou de billets à ordre passés par un étranger à un Français (*Douai*, 27 *fév.* 1828; *Aix*, 25 *août* 1828), elle a été accordée par d'autres arrêts (*Douai*, 7 *mai* 1828; *Rejet*, 25 *sept.* 1829; *Paris*, 29 *nov.* 1831; *Caen*, 12 *janv.* 1832).

8. L'art. 15 ne fixe pas la somme pour laquelle peut avoir lieu l'arrestation provisoire : cela était inutile : en effet, la condamnation par corps ne pouvant avoir lieu pour une somme au-dessous de 150 fr., il est évident que cela exclut toute idée d'arrestation provisoire pour une somme inférieure. Il est donc bien entendu que la différence dans les termes des deux articles n'en fait pas une dans le fond des choses (M. Parant, *Rapport*).

9. La seconde partie de l'article a pour objet de faire promptement sortir l'étranger de cet état provisoire; le créancier est donc tenu de se pourvoir en condamnation *dans la huitaine* de l'arrestation. S'il tarde à former sa demande, le débiteur peut requérir son élargissement, et se pourvoir en référé devant le président par une assignation donnée au créancier au domicile élu par l'écrou (*Pr. art.* 805). Pour éviter les surprises, c'est un huissier commis qui fait cette signification : et si l'ordonnance d'arrestation ne contient pas sa désignation, ou que l'huissier commis ne puisse pas remplir sa commission, l'étranger incarcéré doit en faire commettre un autre sur requête nouvelle (M. Duvergier, *Coll. t.* 32, *p.* 202).

10. Le créancier pourrait-il empêcher l'effet de cette réquisition de mise en liberté, en formant sa demande ou en réclamant un délai pour la former? Nous ne le pensons pas. Nous sommes cependant portés à croire que si la demande principale du créancier était introduite postérieurement à l'échéance de la huitaine, mais avant que le débiteur eût profité de la faculté que lui accorde l'art. 15, celui - ci devrait être déclaré non - recevable dans sa demande en mise en liberté par argument de l'art. 803. 2e *alin.* du Code de procédure.

RENVOIS AUX ARRÊTISTES.

Rejet, 26 *ou* 28 *oct.* 1809. — S. 1809, 1. 462. — D, 1809, 1. 428. — P. t. 1er de 1810, p. 113, où il est daté du 15 février. — N. D. t. 6, p. 480.

Rejet, 12 *juin* 1817. — S. 1818, 1. 318. — D. 1818, 1. 333. — N. D. t. 6, p. 478.

Rejet, 22 *avril* 1818. — S. 1819, 1. 194. — D. 1819, 1. 105. — P. t. 3, 1819, p. 5. — N. D. t. 6, p. 479.

Douai, 27 *févr.* 1828. — S. 1828, 2. 284. — D. 1828, 2. 181. — P. t. 2e de 1828, p. 553.

Douai, 7 *mai* 1828. — S. 1829, 2. 79. — D. 1829, 2. 123.

Aix, 25 *août* 1828. — S. 1829, 2. 80. — D. 1829, 2. 123.

Bordeaux, 23 *déc.* 1828. — S. 1829 2. 152. — D. 1829, 2. 170.

Rejet, 25 *sept.* 1829. — S. 1830, 1. 151. — D. 1829, 1. 364. P. t. 3e de 1830, p. 92.

Pau, 27 *mai* 1830. — S. 1831, 2. 54. — P. t. 3e de 1830, p. 546.

Paris, 29 *nov.* 1831. — S. 1832, 2. 54. — D. 1832, 2. 54. — P. t. 1er de 1832, p. 5.

Caen, 12 *janv.* 1832. — S. 1832, 2. 202. — D. 1832, 2. 55, et P. t. 1er de 1833, p. 185, qui l'attribuent par erreur à la C. de Douai.

Bordeaux, 6 *déc.* 1833. — S. 1834, 2. 225.

ARTICLE 16.

L'arrestation provisoire n'aura pas lieu ou cessera, si l'étranger justifie qu'il possède sur le territoire français un établissement de commerce ou des immeubles, le tout d'une valeur suffisante pour assurer le paiement de la dette, ou s'il fournit pour caution une personne domiciliée en France et reconnue solvable.

SOMMAIRE.

1. *Distinction entre les deux cas prévus par l'article : justification de solvabilité commerciale ou immobilière et bail de caution.*
2. *Qui doit connaître de ces justifications ou de l'offre de caution?*

1. Cet établissement, cet immeuble, cette caution doivent être reconnus suffisans pour assurer le paiement de la dette : il est trop évident que, s'il n'en était pas ainsi, la mesure substituée à l'arrestation serait purement illusoire (M. Treilhard, *Exp. des motifs.*)

Mais cependant la loi distingue entre la justification d'un établissement de commerce ou de propriété d'immeubles et le bail d'une caution.

Dans le premier cas elle n'exige pas que l'étranger qu'on arrête par provision affecte cet établissement ou ces immeubles au paiement de la dette : tout ce qu'elle demande, c'est qu'il justifie d'une fortune suffisante dans le commerce ou inhérente au sol français ; en un mot, « qu'il n'est pas au nombre de ceux qui d'un moment à l'autre peuvent disparaître sans laisser après eux aucune trace de leur passage ou de leur séjour. » Pour estimer si ces immeubles sont d'une valeur suffisante, il est juste de faire déduction des charges hypothécaires, et inutile d'appeler des experts : on peut se contenter des documens sur les revenus (M. Pardessus, n° 1526), car il ne s'agit que d'une approximation. Cette même raison nous empêche d'adopter absolument l'opinion du même professeur, qu'un usufruit ne pourrait remplir cet objet. L'usufruit d'un immeuble est lui-même immeuble, et, s'il a de l'importance, c'est un objet vénal et dont la jouissance est aussi une garantie d'attachement au sol et de solvabilité.

Dans le second cas, c'est-à-dire dans celui du bail de caution, l'étranger n'offre plus les mêmes motifs de garantie personnelle : il faut donc alors une sûreté ; on exigera pour caution une personne domiciliée en France et dont la solvabilité soit certaine. On admettrait la caution domiciliée et solvable, même quoiqu'elle ne fût pas française (M. Pardessus, n° 1527).

2. Devant qui l'étranger justifiera-t-il de l'existence et de la suffisance de son établissement de commerce et de ses immeubles, et fournira-t-il sa caution? Devant le président ou devant le tribunal? M. Pardessus suppose que ce sera devant le président (*ibid.*).

Nous croyons qu'il faut distinguer. Si c'est au moment de l'arrestation provisoire que l'étranger fait cette offre ou ces justifications, c'est le président du tribunal qui en connaîtra ; si c'est en prison et pour faire cesser l'arrestation, le tribunal nous paraît seul compétent (*C. Pr. art.* 786 *et* 805).

ARTICLE 17.

La contrainte par corps exercée contre un étranger en vertu de jugement pour dette civile ordinaire, ou pour dette commerciale, cessera de plein droit après deux ans, lorsque le montant de la condamnation principale ne s'élèvera pas à cinq cents francs ;

Après quatre ans, lorsqu'il ne s'élèvera pas à mille francs ;

Après six ans, lorsqu'il ne s'élèvera pas à trois mille francs ;

Après huit ans, lorsqu'il ne s'élèvera pas à cinq mille francs ;

Après dix ans, lorsqu'il sera de cinq mille francs et au-dessus.

S'il s'agit d'une dette civile pour laquelle un Français serait soumis à la contrainte par corps, les dispositions de l'article 7 seront applicables aux étrangers, sans que toutefois le minimum de la contrainte puisse être au-dessous de deux ans.

SOMMAIRE.

1. *Changement de législation. Renvoi.*
2. *De quel jour court la durée de l'emprisonnement?*

1. Cet article établit un droit nouveau. Avant cette loi, la contrainte par corps était perpétuelle pour les étrangers. *V.* M. Pardessus, n° 1528. Aujourd'hui la durée de leur emprisonnement est calculée de manière qu'en matière commerciale elle est du double de l'emprisonnement imposé aux Français ; et, en matière civile, le *minimum* est de deux ans sans que le *maximum* puisse excéder dix ans. *V. les notes sur les art.* 5 *et* 7.

2. M. Fœlix, dans son *commentaire sur cet article*, pense que la durée de l'emprisonnement doit courir du jour de l'arrestation provisoire. Cette décision paraît juste.

ARTICLE 18.

Le débiteur étranger, condamné pour dette commerciale, jouira du bénéfice des articles 4 et 6 de la présente loi. En conséquence, la contrainte par corps ne sera point prononcée contre lui, ou elle cessera dès qu'il aura commencé sa soixante-et-dixième année.

Il en sera de même à l'égard de l'étranger condamné pour dette civile, le cas de stellionat excepté.

La contrainte par corps ne sera pas prononcée contre les étrangères pour dettes civiles, sauf aussi le cas de stellionat, conformément au premier paragraphe de l'article 2066 du Code civil, qui leur est déclaré applicable.

SOMMAIRE.

1. *Exceptions pour les femmes et les septuagénaires.*
2. *Et non pour les mineurs.*

1. Après avoir réglé la contrainte par corps quant à la matière à l'égard des étrangers, la loi

s'occupe de déterminer quelles personnes en seront exemptes parmi eux.

1° Les septuagénaires, sauf le cas de stellionat;

2° Les femmes, le cas de stellionat excepté, pour toutes dettes civiles : d'où il suit que les femmes étrangères, qui seraient marchandes publiques, seront soumises à la contrainte par corps pour faits de leur commerce.

Et comme elles ne sont, par le présent article, exemptées de la contrainte par corps établie par le titre III que pour les dettes civiles seulement, elles n'en sont pas moins soumises, en matière de commerce, à toutes les conséquences de la législation exceptionnelle relative aux étrangers : par conséquent la durée de l'emprisonnement ne sera pas fixée à leur égard par l'art. 5, mais par l'art. 17.

2. La loi n'exempte pas les étrangers de la contrainte par corps pour cause de minorité. C'est aux juges français à examiner s'ils sont valablement engagés, et dans ce cas la contrainte par corps sera la sanction de leurs obligations comme de celles des majeurs (*Paris*, 19 *mai* 1830).

RENVOI AUX ARRÊTISTES.

PARIS, 19 *mai* 1830. — S. 1830, 2. 222. — D. 1830, 2. 198. — P. t. 2e de 1830, p. 274.

TITRE IV.

Dispositions communes aux trois titres précédens.

ARTICLE 19.

La contrainte par corps n'est jamais prononcée contre le débiteur au profit,

1° De son mari ni de sa femme ;

2° De ses ascendans, descendans, frères ou sœurs, ou alliés au même degré.

Les individus mentionnés dans les deux paragraphes ci-dessus, contre lesquels il serait intervenu des jugemens de condamnation par corps, ne pourront être arrêtés en vertu desdits jugemens : s'ils sont détenus, leur élargissement aura lieu immédiatement après la promulgation de la présente loi.

SOMMAIRE.

1. *Etendue de l'exception.*
2. *Si la contrainte par corps reprend sa vigueur quand la créance passe à une personne étrangère.*
3. *Effet de l'alliance postérieure à l'emprisonnement.*

1. L'art. 19 est commun, non seulement aux trois titres qui précèdent, mais encore à la contrainte par corps pour intérêts civils dans les matières criminelles. *V. l'art.* 41 *infrà.* On a voulu que la loi qui est réputée sainte parmi les hommes, ne pût être invoquée pour un usage impie (M. PORTALIS, *Exp. des mot. de* 1829). Les mœurs introduisaient naturellement l'exception : la loi l'a consacrée.

Maintenant que l'exception est écrite, elle ne peut être étendue, par exemple, aux oncles, tantes, neveux ou nièces.

Mais c'est une exception dictée par les bonnes mœurs : on ne doit pas la restreindre : elle s'appliquera donc à la parenté adoptive et à la parenté naturelle, comme à la parenté légitime et naturelle.

L'alliance dont parle l'art. 19 ne cesse ni par la mort sans enfans de l'époux qui produisait l'affinité, ni par le second mariage du survivant. L'article 206 du Code civil, qu'on peut invoquer en sens contraire, se borne à modifier dans un cas spécial les effets de l'alliance, mais ne les détruit pas, comme le prouvent les art. 161 et 162 (*V.* comme analogie M. TOULLIER, t. 9, n° 288, *in fin. Rejet*, 24 *fév.* 1825.)

2. De ce qu'entre parens ou alliés aux degrés fixés ci-dessus la contrainte ne peut être prononcée, il suit que la cession de la créance à un étranger ne lui fera pas produire un mode d'exécution qui n'y était pas attaché dans l'origine; et que si l'un des parens ou alliés compris dans l'article achète d'un tiers une créance sur son parent, la contrainte par corps s'éteint aussitôt, malgré toutes subrogations.

Mais il n'en sera pas de même des lettres de change et billets négociables : ceux qui y figurent consentent à être obligés directement envers le porteur : ainsi, dans ce cas, la contrainte par corps sommeille tant que le titre est aux mains d'une personne à qui la loi défend d'en faire usage, pour reprendre sa vigueur si l'effet passe dans d'autres mains, sans simulation et sans fraude. *V. les autorités citées sur le n°* 7 *de l'art.* 15. Les mêmes principes décident les deux questions.

3. La seconde partie de l'article ordonne l'élargissement des personnes qu'il désigne et qui auraient été arrêtées; elle défend aussi d'arrêter celles contre lesquelles seraient intervenus des jugemens de contrainte par corps. On voit par la rédaction de cette disposition quelle s'occupe des jugemens rendus avant la promulgation de la loi. Nous avons induit de cette disposition que l'alliance survenue depuis l'emprisonnement devait y mettre fin (*V. p.* 67, *n°* 106).

RENVOI AUX ARRÊTISTES.

Rejet, 24 *févr.* 1825.—S. 1825, 1. 273. — D. 1825, 1. 119. — P. t. 3e de 1825, p. 187.

ARTICLE 20.

Dans les affaires où les tribunaux civils ou de commerce statuent en dernier ressort, la disposition de leur jugement relative à la contrainte par corps sera sujette à l'appel; cet appel ne sera pas suspensif.

SOMMAIRE.

1. *Délais dans lesquels doit être interjeté cet appel. Des dépens.*
2. *Sentences arbitrales susceptibles d'appel dans le même cas.*
3. *Le créancier n'a pas la même faculté en cas de refus de la contrainte par corps.*

1. Article contraire à l'ancienne jurisprudence. *V. p.* 32, *n°* 5.

L'appel dont il s'agit ici doit être interjeté dans les délais ordinaires, sinon le jugement passerait en force de chose jugée au chef de la contrainte par corps.

Nous pensons que si le débiteur se borne à demander sur l'appel la décharge de la contrainte par corps, les Cours royales ne doivent pas céder à l'intérêt qu'inspire le créancier, et sont dans l'obligation de condamner celui-ci aux dépens de l'appel, même quand le débiteur a négligé de se faire défendre en première instance : c'était au créancier d'acquiescer à un appel bien fondé, mais sur un appel d'incompétence mal fondé, le débiteur doit supporter les dépens, quoique déchargé de la contrainte.

2. Quoiqu'il ne s'agisse ici que des tribunaux civils et de commerce, il faut leur assimiler les arbitres-juges et même les amiables compositeurs, et décider que, quand ils ont jugé en dernier ressort, soit à cause des limites de la demande, soit à cause de la renonciation des parties à l'appel, leur sentence est susceptible d'être attaquée par voie d'appel au chef de la contrainte par corps.

3. Quand un jugement en dernier ressort n'a pas accordé la contrainte par corps demandée, l'art. 20 devient inapplicable. Il n'a pas été introduit dans l'intérêt des créanciers, mais dans l'intérêt exclusif des débiteurs. Si ce jugement refuse la contrainte par corps dans un cas où la loi l'ordonne; le créancier a le pourvoi en cassation; s'il omet d'y statuer, c'est un cas de requête civile.¶

ARTICLE 21.

Dans aucun cas, la contrainte par corps ne pourra être exécutée contre le mari et contre la femme simultanément pour la même dette.

SOMMAIRE.

1. *L'article ne modifie pas le droit; il porte obstacle à l'exécution.*
2. *Examen des cas où la règle peut être applicable.*
3. *Si le mari est contraignable pour les faits de commerce de la femme marchande publique et commune en biens?*
4. *Du cas où le mari et la femme sont débiteurs de deux dettes différentes.*

1. Quand une dette est de nature à emporter la contrainte par corps à la fois contre le mari et contre la femme, le juge ne peut se dispenser de la prononcer contre l'un et contre l'autre. L'art. 19 prohibe le droit de contrainte par corps contre les personnes qu'il désigne; l'art. 21 suppose le droit, mais établit un obstacle à l'exécution.

2. Dans quel cas le mari et la femme peuvent-ils être condamnés pour la même dette? C'est d'abord quand ils sont condamnés solidairement pour la réparation du même délit, car l'art. 41 (*V. cet article*) déclare aussi l'art. 21 applicable aux matières criminelles; c'est aussi quand les deux époux sont étrangers et se sont engagés solidairement. En matière civile, nous n'en voyons guère la possibilité, et en matière commerciale ce cas ne pourra se présenter qu'autant que la femme serait marchande publique, et qu'elle et son mari concourraient à un même acte de commerce; par exemple, si le mari devenait tireur ou endosseur d'une lettre de change acceptée par la femme.

3. Si le mari non-commerçant encourait la contrainte par corps pour les dettes contractées dans le commerce par sa femme marchande publique et commune en biens, le cas de simultanéité d'emprisonnement pour la même dette se présenterait plus fréquemment. L'ancienne jurisprudence admettait la contrainte par corps contre le mari et contre la femme (Pothier, *Puissance du mari*, *n°* 22; Renusson, *Communauté*, *part.* 1re, *ch.* 7, *n°* 44, où il rapporte les anciens arrêts; Bourjon, *Droit commun de la France*, *t.* 2, *p.* 708; Fournel, *note* 1 *sur l'art.* 3 *du tit.* 2 *de la loi de germ.* Cet auteur convient que la loi de l'an VI ne prononce pas textuellement la contrainte contre le mari, mais il l'y trouve par induction, en considérant le mari comme l'associé de la femme). La jurisprudence moderne est contraire et le mari,

obligé par le fait de la femme (*C. civ.* 220), ne l'est pas par corps (M. Toullier, *t.* 2, *n°* 639; M. Duranton, *Tr. des contrats*, *n°* 236, *et C. du droit franç. t.* 2, *p.* 482; M. Vazeille, *Tr. du mariage*, *t.* 2, *p.* 105; M. Dalloz, *t.* 3, *p.* 759 *à la note* 2; *Lyon*, 26 *juin* 1822; *Paris*, 7 *août* 1832).

4. Si un même individu était créancier de deux dettes *distinctes* emportant contrainte par corps l'une contre le mari, l'autre contre la femme, l'art. 21 ne fait point obstacle à ce qu'il exécute les deux contraintes à la fois (M. Ginouvier, *Tr. de la contrainte par corps, sur l'art.* 21; M. Duranton, *t.* 18, *n.* 481), ni même successivement (M. Duranton, *ibid.*).

RENVOIS AUX ARRÊTISTES.

Lyon, 26 *juin* 1822. — S. 1823, 2. 288. — N. D. t. 3, p. 759.
Paris, 7 *août* 1832. — S. 1833, 2. 52.

ARTICLE 22.

Tout huissier, garde du commerce ou exécuteur des mandemens de justice, qui, lors de l'arrestation d'un débiteur, se refuserait à le conduire en référé devant le président du tribunal de première instance, aux termes de l'article 786 du Code de procédure civile, sera condamné à mille francs d'amende, sans préjudice des dommages-intérêts.

V. les n°s 52 et suiv. sur l'art. 2069 *du C. civ. p.* 56.

ARTICLE 23.

Les frais liquidés que le débiteur doit consigner ou payer pour empêcher l'exercice de la contrainte par corps, ou pour obtenir son élargissement, conformément aux articles 798 et 800, paragraphe 2, du Code de procédure, ne seront jamais que les frais de l'instance, ceux de l'expédition et de la signification du jugement et de l'arrêt, s'il y a lieu, ceux enfin de l'exécution relative à la contrainte par corps seulement.

SOMMAIRE.

1. *Raisons qui ont fait introduire l'article.*
2. *En quoi il modifie l'art.* 798 *au Code de procédure.*
3. *Si le débiteur peut offrir avant l'arrestation les sommes fixées par l'art.* 23.
4. *Il ne défend pas d'imputer par convention les paiemens partiels sur les frais.*

1. Les frais des exécutions mobilières et immobilières augmentaient souvent la dette et retardaient la mise en liberté. On a donc réduit ici les frais liquidés à ceux nécessaires pour arriver à la contrainte par corps et à son exécution. Ils participent seuls au privilége de la dette principale.

2. En interprétant l'art. 798, il nous semble qu'on en a altéré le sens : il n'exige pas que le débiteur consigne les frais liquidés, comme le fait l'art. 800, mais seulement les causes de l'emprisonnement *et les frais de capture*. Et pourquoi? Parce que si, dans le cas de l'art. 800 § 2°, le débiteur exécute purement et simplement le jugement rendu contre lui, il ne l'exécute que comme contraint et forcé dans l'espèce de l'art. 798, qui suppose une demande en nullité (*V. le Comment. sur l'art.* 2069, *n°* 90, *p.* 62); que la consignation n'est qu'une exécution provisoire, et que l'exécution provisoire n'a pas lieu pour les dépens (*C. Pr.* 137). Ceci est vrai surtout quand le débiteur arrêté interjette appel du jugement au fond.

L'art. 23 est un article interprétatif; il a, dans les mots *frais de capture*, compris les frais liquidés, les frais d'emprisonnement et la restitution des alimens; il faut aujourd'hui se soumettre à cette interprétation.

3. Une autre expression du même article présente encore un sens louche : ce sont les mots *pour empêcher l'exercice de la contrainte par corps*.

Ils sont de nature à faire reproduire une difficulté dont le tribunal civil de Paris a toujours fait justice.

Un débiteur peut-il, tant qu'il n'est pas arrêté, offrir à son créancier le principal, les intérêts et les frais liquidés, sans faire offre d'une somme pour les frais non liquidés (*C. civ.* 1258 § 3°), à la charge de ne pas procéder plus tard à l'arrestation? On jugeait constamment que non, parce que les dispositions des art. 798 et 800 § 2° supposent l'arrestation antérieure du débiteur, parce que les dépens sont une partie de la dette, et qu'il n'est pas permis au débiteur de diviser le paiement (*C. civ.* 1220), hors des cas expressément prévus. Nous ne pensons pas que l'art. 23 doive altérer en rien cette jurisprudence, car les mots *pour empêcher*, etc..... sont limités par ceux-ci : *conformément aux art.* 798 *et* 800, et s'y réfèrent; ils doivent s'entendre comme ces articles s'entendaient.

4. Le projet de 1829 et la proposition de M. Jacquinot-Pampelune contenaient en outre cette disposition : « Tous paiemens postérieurs à la condamnation par corps seront imputés *de droit et nonobstant toutes stipulations contraires* sur les causes de la contrainte et de l'emprisonnement. » On avait voulu empêcher les créanciers d'imputer sur les frais les paiemens partiels qu'ils recevaient. La commission de 1830 a effacé cette dérogation à la liberté des conventions. Il n'est pas injuste qu'un créancier, en accordant des tempéramens à son débiteur, lui impose la condition d'imputer les premiers paiemens sur la partie la moins privilégiée de la dette.

ARTICLE 24.

Le débiteur, si la contrainte par corps n'a pas été prononcée pour dette commerciale, obtiendra son élargissement en payant ou consignant le tiers du principal de la dette et de ses accessoires, et en donnant pour le surplus une caution acceptée par le créancier, ou reçue par le tribunal civil dans le ressort duquel le débiteur sera détenu.

SOMMAIRE.

1. *Exception pour les dettes commerciales.*
2. *Texte de la loi de germinal.*
3. *Que décider s'il a été fait des paiemens partiels?*
4. *Comment s'entend le mot* accessoires?

1. Le débiteur commerçant est seul exclu du bénéfice de cet article : il s'applique par conséquent aux débiteurs de dette civile ordinaire et aux débiteurs de l'Etat, français ou étrangers (M. Duranton, *t.* 18, *p.* 558 *à la note*).

On a vu (*no* 37 *sur l'art.* 2069, *p.* 53) que les gens de mer ne peuvent être arrêtés à bord pour faire voile, à moins que ce ne soit pour dettes contractées pour le voyage : et dans ce cas, l'art. 231 du Code de commerce dit qu'ils ne peuvent être arrêtés, s'ils donnent caution. Quoique les dettes contractées pour un voyage maritime soient dettes commerciales, il faut encore appliquer cet art. 231, auquel la loi nouvelle ne déroge pas : car les lois générales ne dérogent pas aux lois spéciales. Au surplus, le navire une fois parti, on rentrerait sous l'empire de la loi générale, et la caution ne pourrait plus être offerte.

2. L'art. 24 est tiré de l'art. 18 du titre 3 de la loi de l'an VI : « Toute personne légalement incarcérée pourra obtenir son élargissement..... 3o par « le *paiement du tiers de la dette*, et une caution « *pour le surplus* consentie par le créancier ou régulièrement reçue par le tribunal qui a rendu le « jugement d'exécution. »

3. Pas de difficultés, si le débiteur n'a donné aucun à-compte ; mais elles naissent, s'il a fait des paiemens partiels depuis le jugement.

Devra-t-il, malgré les paiemens partiels, payer le tiers de la dette principale fixée par le jugement de condamnation? Non, répond-on (Fournel, *sur ledit art. note* 8); car le débiteur se garderait de donner des à-compte : il réserverait ses fonds pour s'en faire une *clef de sortie* au dernier moment. Ajoutons qu'il est possible qu'au moment de l'incarcération, il ne reste pas dû un tiers de la dette originaire.

Aura-t-il le droit d'imputer tous les paiemens partiels qu'il aura faits en principal sur *le tiers libératoire?* C'est l'opinion de Fournel. Nous en doutons. S'il avait payé un tiers de la dette dans l'intervalle du jugement à l'emprisonnement, le débiteur n'aurait rien à payer, et pourvu qu'il offrît une caution, le créancier débourserait les frais de capture, qui pourraient même ne lui rentrer qu'au bout d'un an. Au surplus, cette opinion nous paraît en contradiction avec le texte de la loi. Dès qu'elle impose comme condition à l'élargissement *de payer* partie et *de fournir caution* pour l'autre, on ne peut pas interpréter la loi de manière à ce que le débiteur n'ait à remplir qu'une des conditions imposées; et les mots : *obtiendra son élargissement* EN PAYANT, ne peuvent pas se traduire par les mots : SANS PAYER.

Il nous semble donc exact de décider que c'est le tiers du principal de la dette réduite par les paiemens antérieurs dont entend parler la loi. Le débiteur de 9000 fr. qui en aura payé 6000 avant l'arrestation, obtiendra son élargissement en payant 1000 fr. et donnant caution pour 2000. La portion éteinte d'une dette cesse de porter le nom de dette. Néanmoins l'humanité veut que les à-compte donnés par le débiteur pendant son séjour en prison concourent à former ce tiers libératoire. Tout ce qu'il paie sous les verrous est censé donné en vue d'obtenir sa liberté.

4. Quant aux accessoires, nous pensons qu'il faut expliquer l'art. 24 par l'art. 23, et n'y pas comprendre les frais relatifs à des exécutions autres que la contrainte par corps; mais il serait juste d'y comprendre les frais des procès que le débiteur aurait suscités par des demandes mal fondées.

ARTICLE 25.

La caution sera tenue de s'obliger solidairement avec le débiteur à payer, dans un délai qui ne pourra excéder une année, les deux tiers qui resteront dus.

ARTICLE 26.

A l'expiration du délai prescrit par l'article précédent, le créancier, s'il n'est pas intégralement payé, pourra exercer de nouveau la contrainte par corps contre le débiteur principal, sans préjudice de ses droits contre la caution.

SOMMAIRE.

1. *Cautions. Renvoi.*

1. La caution n'est pas soumise de plein droit à

la contrainte par corps (*V. les nos 14 et 15 du Comment. sur l'art.* 2060, *p.* 17). Mais ne faudrait-il pas décider le contraire, si le détenu était un comptable de l'Etat?

ARTICLE 27.

Le débiteur qui aura obtenu son élargissement de plein droit après l'expiration des délais fixés par les articles 5, 7, 13 et 17 de la présente loi, ne pourra plus être détenu ou arrêté pour dettes contractées antérieurement à son arrestation et échues au moment de son élargissement, à moins que ces dettes n'entraînent par leur nature et leur quotité une contrainte plus longue que celle qu'il aura subie, et qui, dans ce dernier cas, lui sera toujours comptée pour la durée de la nouvelle incarcération.

SOMMAIRE.

1. *Objet et corrélation de l'article.*
2. *Il s'occupe d'un* élargissement *de droit et non de fait.*
3. *Exemples et conséquences.*
4. *Opinion de M. Ginouvier rejetée.*
5. *Cas auxquels ne s'étend pas l'article.*
6. *Si le créancier qui a consenti la radiation d'écrou peut réincarcérer le débiteur.*

1. Les art. 5 et 17 fixent le temps pendant lequel chaque créancier a le droit de retenir en prison son débiteur, eu égard au montant de la condamnation.

Les art. 7, 13 et 17 déterminent le pouvoir du juge pour fixer la durée de l'emprisonnement relativement à chaque créancier, eu égard aux circonstances du fait, dans les cas où il n'y a pas de fixation légale.

L'art. 27 règle les effets de l'emprisonnement opéré à la requête de l'un des créanciers à l'égard de tous les autres.

Il veut que si le débiteur a obtenu son élargissement par l'effet de l'expiration des délais fixés par la loi ou par les jugemens, il ne puisse plus être arrêté ni détenu, soit par le créancier qui l'a fait arrêter, soit par les recommandans, soit pour une dette quelconque contractée *avant* l'arrestation et échue *au moment* de l'élargissement, pourvu que cette dette n'entraîne en soi qu'une durée d'emprisonnement inférieure ou égale à l'emprisonnement déjà subi;

Même quand la dette n'a pas été suivie d'un jugement de condamnation : le projet de 1829 portait *pour condamnations antérieures*... M. le duc de Broglie et M. le baron Portal ont demandé qu'on employât le mot *dettes*, afin qu'aucun créancier ne pût se réserver la contrainte par corps par le retard dans les poursuites (*Chambre des pairs, séance du* 18 *mai* 1829).

Si la dette antérieure à l'emprisonnement est d'une échéance assez tardive pour que le créancier ne puisse obtenir un jugement de condamnation avant l'expiration du terme de l'emprisonnement, la contrainte par corps prononcée par ce jugement sera sans efficacité. La loi paraît injuste, mais elle est écrite.

Cependant si la dette antérieure au commencement et échue avant la fin de l'emprisonnement entraînait par sa nature ou par sa quotité une contrainte plus longue que celle précédemment subie par le débiteur, le créancier aurait le droit d'incarcération, mais à la charge d'imputer sur la durée accordée à sa contrainte par la loi ou par le jugement le temps d'emprisonnement libératoire qu'aura déjà fait le débiteur à la requête du premier créancier.

2. Néanmoins, il ne faut pas exiger un *élargissement effectif*. Ce mot *élargissement* est encore une des inexactitudes de la loi. L'art. 5 et l'art. 17 disent que l'emprisonnement *cessera de plein droit* après le nombre d'années qu'ils fixent suivant la quotité des condamnations, et les art. 7, 13 et 17 sont rédigés dans le même esprit pour les cas où la durée de l'emprisonnement est fixée par le juge. Or, si l'emprisonnement cesse de plein droit à l'égard de chaque créancier par le laps d'emprisonnement fixé pour sa créance, et que la durée en soit inégale pour chaque créancier, il faut nécessairement conclure qu'il y a *élargissement fictif* à l'égard du créancier pour lequel la durée d'emprisonnement est moindre, avant qu'il n'y ait *élargissement effectif* à l'égard de celui auquel la quotité de sa créance ou la fixation judiciaire en accorde une plus longue.

3. Un exemple éclaircira cette proposition. Un débiteur est arrêté le 2 janvier 1833 pour une dette commerciale au-dessous de 500 fr., et recommandé le même jour à la requête de cinq autres créanciers. Trois sont porteurs de jugemens commerciaux dont la condamnation principale est progressivement au-dessous de 1000, de 3000 et de 5000 fr. La créance du quatrième est aussi commerciale, mais elle excède 5000 fr. Enfin le cinquième créancier est porteur d'un jugement du tribunal civil qui a fixé la durée de l'emprisonnement au *maximum*, c'est-à-dire à dix ans. Dans cette hypothèse, il est évident que si, dans le cours de la sixième année, le créancier civil donnait sa main-levée d'écrou, le créancier commercial de plus de 5000 fr. ne pourrait pas retenir le débiteur; que si, dans le cours de la cinquième, les deux plus forts créanciers accordaient la li-

berté, le créancier de moins de 5000 fr. ne pourrait pas le retenir davantage, et ainsi de suite jusqu'au créancier au-dessous de 500 fr., lequel, dans le cours de la seconde année, n'a pas le droit d'empêcher la sortie accordée par un autre. Et pourquoi? C'est parce qu'il s'opère fictivement et par la seule force de la loi un élargissement relatif au créancier dont le droit de contrainte par corps vient de s'éteindre.

Or, puisqu'il s'opère un élargissement de plein droit, il en faut conclure que, dans l'hypothèse précédente, où l'arrestation a été faite à la requête du plus faible créancier, chaque créancier au-dessous de 500 fr. dont la dette sera antérieure au 2 janvier 1833 et échéant avant le 2 janvier 1834, a perdu tous ses droits à la contrainte dès le 2 janvier 1834; que chaque créancier de 500 à 1000 fr. dont les créances antérieures écherront avant 1835 les perdra également le 2 janvier 1835, et ainsi de suite, soit qu'ils aient ou non recommandé leur débiteur, soit qu'ils aient ou non eu connaissance de l'arrestation.

Mais, pour rendre sans efficacité ou pour abréger le droit de contrainte par corps de l'un des créanciers, il faut qu'il y ait eu ou qu'il survienne un élargissement de plein droit. Ainsi, quand le débiteur d'une dette commerciale de 5000 fr. ou plus est relâché dans le cours des cinq années sans qu'il soit survenu de recommandations pour des dettes plus faibles, les créanciers de ces dettes moins élevées conservent le droit de contrainte, parce que jusque-là il n'y aura eu élargissement ni fictif ni réel. Ainsi, en supposant cette arrestation effectuée le 2 janvier 1833, un créancier commercial au-dessous de 500 fr., pour dette antérieure à l'arrestation, pourra opérer sa recommandation jusqu'à la fin de 1837; mais si elle a lieu en décembre 1837, son effet expirera avec l'effet de l'arrestation du premier créancier le 2 janvier 1838, parce que ce jour-là surviendra un élargissement de plein droit, et qu'à partir de ce moment le débiteur ne pourra plus être détenu pour dettes antérieurement contractées et actuellement échues.

Ainsi, il suffira, dans le cours d'un long emprisonnement, de dix ans par exemple, qu'un créancier de faible somme fasse une recommandation, et que le temps à lui concédé par la loi ou par le jugement expire sans main-levée d'écrou, pour faire courir, à partir du jour de cette recommandation, le délai d'emprisonnement pour tous les créanciers de sommes égales à la sienne ou plus fortes, mais dont les droits ne seraient pas assez étendus pour remplir le laps de dix ans; car, à l'expiration du temps concédé à ce créancier, il se sera opéré un élargissement de plein droit.

4. On voit, par ces développemens sur les effets de la disposition, que nous rejetons l'opinion de M. Ginouvier (*Traité de la contr. par corps, sur l'art.* 27), qui conseille aux créanciers de faire leurs recommandations successivement dans un temps voisin de l'expiration des délais accordés à ceux qui auront incarcéré ou recommandé les premiers, pour proroger ainsi l'incarcération de toute la durée correspondante à la quotité de leurs créances respectives, au moyen de quoi le débiteur pourra rester en prison jusqu'à l'âge de soixante-dix ans. Cette opinion est erronée, contraire à la lettre et à l'esprit de la loi. Sous la loi de germinal, les recommandans ne pouvaient, par un écrou tardif, proroger l'épreuve de cinq ans (*Paris, 22 août* 1806); sous la loi de 1832, ils ne pourront proroger les épreuves graduées établies par la loi pour chaque classe de créances.

5. On ne peut étendre la faveur de l'art. 27 ni à la créance née depuis l'arrestation, quoique échue avant l'élargissement, ni à la créance échue après l'élargissement, quoique née avant l'arrestation. Dans aucune de ces hypothèses, le créancier n'est déchu de son droit, ni tenu de précompter la détention précédente (M. Duranton, *t.* 18, *n*o 481).

Il n'y a pas lieu d'examiner si la créance antérieure à l'arrestation est échue avant l'élargissement, quand il a lieu pour une autre cause que le laps de l'emprisonnement déterminé (M. Duranton, *ibid.*). Alors l'épreuve est incomplète, et chaque créancier a le droit d'exiger qu'il s'en effectue une entière dans les limites tracées pour sa créance.

6. Mais cette décision est relative aux droits des autres créanciers. On ne peut souffrir, dans le silence de la loi, qu'un créancier ait le pouvoir d'arrêter et de relâcher successivement son débiteur. On a jugé, sous la loi de germinal an VI, qu'un créancier ne pouvait profiter de la réserve, insérée dans la main-levée d'écrou, d'exercer plus tard la contrainte par corps, quand rien n'établissait que le débiteur eût consenti à cette réserve (*Paris, 6 juillet* 1826), et cette décision est encore applicable aujourd'hui. Il en serait autrement s'il y avait un contrat à cet égard (*même arrêt; argum. de l'art.* 26), qui peut se trouver même dans la présence du débiteur à la main-levée.

RENVOIS AUX ARRÊTISTES.

Paris, 22 *août* 1806. — S. 1806, 2. 239. — P. t. 2e de 1806, p. 507. — N. D. t. 3, p. 821.

Paris, 6 *juillet* 1826. — S. 1827, 2. 194. — D. 1827, 2. 102. — P. t. 2e de 1827, p. 261.

ARTICLE 28.

Un mois après la promulgation de la présente loi, la somme destinée à pourvoir aux alimens des détenus pour dettes devra être consignée d'avance et pour trente jours au moins.

Les consignations pour plus de trente jours ne vaudront qu'autant qu'elles seront d'une seconde ou de plusieurs périodes de trente jours.

SOMMAIRE.

1. *Ce qu'on entend par consignation d'avance.*
2. *De la consignation fractionnelle.*
3. *L'Etat n'est pas tenu de consigner les alimens.* Quid, *des communes et établissemens publics?*

1. Les alimens devaient être consignés à l'avance et sous la loi de l'an VI et sous le Code de procédure (*V. le Comment. sur l'art.* 2069, *nos* 65 *et suiv. p.* 59, *nos* 81 *et suiv. p.* 61, *et no* 104, *p.* 66).

On entend ordinairement par ces mots *d'avance* que les alimens doivent être déposés au plus tard le dernier jour de la période trigésimale pour laquelle il en existe encore aux mains du geôlier. Cependant un arrêt de Rouen *du* 10 *vendémiaire an XIV* a décidé que la consignation faite le jour même où commençait le mois, mais dès le matin et avant toute distribution aux prisonniers, l'était véritablement par avance et à temps pour empêcher le détenu de manquer un seul instant de nourriture et de geôlage. Les arrêtistes ne nous apprennent pas si la demande en élargissement avait été formée avant le dépôt d'alimens par le créancier; il pourrait n'être pas prudent de se fier à l'autorité de cet arrêt.

2. Le but principal de l'article est de faire consigner les alimens par périodes de trente jours. Toute consignation qui ne contiendrait qu'une fraction de mois serait nulle; mais si elle comprenait un ou plusieurs mois suivis d'une fraction, la consignation serait valable pour les mois entiers et nulle pour la fraction.

3. L'Etat, pourvoyant par des fonds généraux aux dépenses des prisons et à la subsistance des prisonniers, ne pouvait être assujetti à des consignations particulières qui rentrent dans ces mêmes dépenses; en conséquence, un décret *du* 4 *mars* 1808 porte que les détenus pour cause de dette envers l'Etat, à la requête de l'agent du trésor public ou de tout autre fonctionnaire public, recevront la nourriture comme les prisonniers à la requête du ministère public (*art.* 1er), et qu'il ne sera fait aucune consignation particulière pour la nourriture desdits détenus. La dépense en sera comprise, chaque année, au nombre de celles du département de l'intérieur pour le service des prisons (*art.* 2).

Ce décret est-il encore en vigueur? NON, selon M. Fœlix (*sur l'art.* 28), parce que les art. 28 et 29 font partie des dispositions communes aux trois premiers titres de la loi, dont le deuxième traite de la contrainte par corps en matière de deniers et effets mobiliers publics. OUI, selon M. Duvergier (*Collect. t.* 32, *p.* 204, *note* 5). C'est l'opinion de M. Duvergier qu'il faut suivre; car l'art. 46 n'abroge les dispositions des lois antérieures qu'autant qu'elles sont relatives au droit de contrainte par corps, et non à son exercice.¶

Mais ce décret, applicable aux débiteurs de l'Etat, et par conséquent aux administrations telles que celles des contributions indirectes, de l'enregistrement et des domaines, des forêts, etc., ne l'est point aux communes ni aux établissemens publics. L'Etat est dispensé de consignation, parce que les dépenses pour le service des prisons entrent dans les dépenses du ministère de l'intérieur, et qu'ainsi les alimens attendent le débiteur. Cette raison n'existe pas pour les communes et les établissemens publics, quoi qu'en dise M. Ginouvier *sur le même art. p.* 111.

RENVOI AUX ARRÉTISTES.

ROUEN, 10 *vend. an XIV.* — S. 1807, 2. 869. — P. t. 3e de 1806, p. 159. — N. D. t. 1er, p. 363.

ARTICLE 29.

A compter du même délai d'un mois, la somme destinée aux alimens sera de trente francs à Paris, et de vingt-cinq francs dans les autres villes, pour chaque période de trente jours.

ARTICLE 30.

En cas d'élargissement, faute de consignation d'alimens, il suffira que la requête présentée au président du tribunal civil soit signée par le débiteur détenu et par le gardien de la maison d'arrêt pour dettes, ou même certifiée véritable par le gardien, si le détenu ne sait pas signer.

Cette requête sera présentée en *duplicata*: l'ordonnance du président, aussi rendue par *duplicata*, sera exécutée sur l'une des minutes qui restera entre les mains du gardien; l'autre minute sera déposée au greffe du tribunal et enregistrée *gratis*.

SOMMAIRE.

1. *Formes de la demande en élargissement.*
2. *Dans quels cas elle n'est pas recevable.*

1. L'élargissement, faute de consignation d'alimens, sera ordonné sur le certificat de non-con-

signation délivré par le geôlier et annexé à la requête présentée au président du tribunal, sans sommation préalable (*C. Pr.* 803) au créancier.

Cette requête est aujourd'hui dispensée du ministère d'avoué (M. PARANT, *Rapp.*) : la signature du gardien suffit pour certifier celle du débiteur. L'usage est, à Paris, de communiquer la requête au ministère public, qui doit être entendu sur les demandes en élargissement (*C. Pr.* 805); mais cette formalité paraît superflue : l'art. 805 n'est fait que pour le cas où la demande en élargissement est portée devant le tribunal; et, pour le manque d'alimens, le président a droit de statuer seul.

2. Si le créancier en retard de consigner les alimens fait la consignation avant que le débiteur ait formé sa demande en élargissement, cette demande ne sera plus recevable (*C. Pr.* 803).

Ainsi, dès que la requête est présentée au président, il n'est plus temps de faire la consignation (*Cass.* 27 *août* 1821; *Douai*, 1er *sept.* 1824; *Nancy*, 18 *mai* 1829). Toute controverse doit même cesser sur ce point : la loi nouvelle donnant au président le droit d'ordonner l'élargissement, la requête constitue évidemment la demande dont parle l'art. 803.

La consignation serait valablement faite dans l'intervalle de la délivrance par le greffier du certificat de non-consignation et de la présentation de la requête (PIGEAU, *liv.* 2, *part.* 5, *tit.* 4, *ch.* 1er, *sect.* 4, *divis.* V, 8e *cas*; CARRÉ, *Analyse*, 2526e *quest.* et *Lois de la procéd, sur l'art.* 803, DXXIV); mais le créancier devrait assigner promptement en référé devant le président, afin que le débiteur ne fît pas usage du certificat (*mêmes autorités*).

Les requêtes ne font pas par elles-mêmes foi de l'heure de leur présentation (PIGEAU, *ibid.*); mais en de telles circonstances, les présidens les visent au moment même où elles sont présentées, s'ils ne peuvent les répondre sur-le-champ. Dans tous les cas, quand l'heure de la demande est certaine, c'est au créancier à rapporter la preuve que sa consignation était antérieure (*Toulouse*, 15 *mars* 1828).

RENVOIS AUX ARRÊTISTES.

CASS. 27 *août* 1821. — S. 1822, 1. 153. — D. 1821, 1. 618. — N. D. t. 1, p. 369.

DOUAI, 1er *sept.* 1824. — S. 1825, 2. 177. — D. 1825, 2. 248. — P. t. 1er de 1826, p. 94.

TOULOUSE, 15 *mars* 1828. — S. 1828, 2. 209. — D. 1828, 2. 171.

NANCY, 18 *mai* 1829. — S. 1829, 2. 212. — D. 1829, 2. 229.

ARTICLE 31.

Le débiteur élargi faute de consignation d'alimens ne pourra plus être incarcéré pour la même dette.

SOMMAIRE.

1. *Cet article abroge l'art.* 804, *C. Pr.*;
2. *S'oppose même à la recommandation;*
3. *S'applique aussi aux recommandans.*

1. Cette disposition est tirée de l'art. 14 au titre 3 de la loi de l'an VI. Les rédacteurs du Code de procédure l'avaient trouvée trop sévère, et tout en adoptant le principe que le défaut d'alimens était une cause de mise en liberté, ils avaient permis au créancier en matière civile de réintégrer le débiteur en prison en lui remboursant les frais d'élargissement, et en consignant six mois d'alimens d'avance (*C. Pr.* 804). Aujourd'hui l'art. 804 du Code de procédure est abrogé, et la défense de réincarcérer le débiteur est applicable aux dettes civiles et commerciales, aux créances de particuliers comme à celles des communes et établissemens publics, aux étrangers comme aux Français.

2. La défense d'incarcérer emporte en soi celle de recommander (*V. n°* 69 *et suiv. sur l'art.* 2069, *p.* 59, *et n°* 95, *p.* 64). Le créancier qui a laissé sortir son débiteur faute d'alimens ne peut donc le recommander sur une arrestation postérieure faite à la requête d'un autre créancier (*Montpellier*, 17 *août* 1827).

3. La défense de réincarcérer le débiteur élargi faute d'alimens s'applique-t-elle aux recommandans comme au créancier qui a fait l'arrestation? On a jugé négativement cette question sous la loi de l'an VI, parce que l'art. 14 n'avait en vue que le créancier incarcérant (*Toulouse*, 24 *vent. an XI*). M. Fœlix (*p.* 62 *sur l'art.* 31) pense que cette jurisprudence doit être encore suivie. Cette décision est-elle bien juste? La loi du 15 germinal an VI est entièrement abrogée (*V. l'art.* 46); ainsi on ne peut plus argumenter de l'obligation de déposer les alimens personnellement imposée au créancier incarcérateur par les art. 14 et 15 de cette loi. Il ne reste plus aujourd'hui pour décider la question que deux textes : l'art. 800 § 4° du Code de procédure, et l'art. 31 de la loi de 1832. L'art. 800 § 4° établit le droit d'élargissement; l'art. 31 de la nouvelle loi en règle les conséquences. L'art. 800 § 4° établit ce droit d'élargissement contre tous les créanciers, car il n'est pas, comme l'art. 14 de la loi de l'an VI, corrélatif au seul créancier qui a fait l'emprisonnement; il porte au contraire que le débiteur sera élargi à défaut PAR LES CRÉANCIERS d'avoir consigné les alimens. Il fait donc de la consignation, ou du soin d'y veiller, une obligation commune; la peine de son inexécution doit donc peser également sur tous. Peu importe que le créancier incarcérateur soit le premier chargé de consigner et les recommandataires subsidiairement seulement : dès que le même devoir est imposé à tous, l'infraction du devoir commun doit entraîner pour tous les mêmes conséquences.

RENVOIS AUX ARRÊTISTES.

TOULOUSE, 24 vent. an XI. — S. 1807, 2, 874. — P. t. 1er de l'an XII, p. 348.

MONTPELLIER, 17 août 1827. — S. 1828, 2. 15. — D. 1828, 2. 54. — P. t. 2e de 1828, p. 41.

ARTICLE 32.

Les dispositions du présent titre et celles du Code de procédure civile sur l'emprisonnement, auxquelles il n'est pas dérogé par la présente loi, sont applicables à l'exercice de toutes contraintes par corps, soit pour dettes commerciales, soit pour dettes civiles, même pour celles qui sont énoncées à la deuxième section du titre II ci-dessus, et enfin à la contrainte par corps qui est exercée contre les étrangers.

Néanmoins, pour les cas d'arrestation provisoire, le créancier ne sera pas tenu de se conformer à l'article 780 du Code de procédure, qui prescrit une signification et un commandement préalable.

SOMMAIRE.

1. *Renvoi au Code de procédure. Modification pour les arrestations provisoires.*

1. Par ces mots, *toutes contraintes par corps*, notre article n'entend cependant pas les exécutions en matière criminelle, correctionnelle et de police, qui ont leurs règles particulières dans le titre V.

Quant à l'arrestation provisoire, en l'accompagnant des mêmes formes qui font la sécurité des citoyens, le législateur de 1832, comme celui de 1807, a voulu qu'aucune signification ni commandement préalable ne fût fait à l'étranger qui pourrait prévenir l'arrestation par sa fuite. Les dispositions autres que celles de l'art. 780, mais qui découlent du droit qu'ont les citoyens d'être prévenus avant l'arrestation, ne sont donc pas applicables aux étrangers. « Plusieurs autres articles « parlent d'un itératif commandement (on peut « citer les 783e et 784e); mais il était inutile de faire « à cet égard des dispositions exceptionnelles, « elles sont la conséquence immédiate et forcée « de la première ; enfin, dans quelques articles du « Code de procédure, il est question de jugement. « Pour les cas dont nous parlons, l'*ordonnance* « est l'équivalent du *jugement*. On conçoit qu'il « n'y a pas besoin de le dire. (M. PARANT, *Rap-* « *port*). »

TITRE V.

Dispositions relatives à la contrainte par corps en matière criminelle, correctionnelle et de police.

OBSERVATIONS GÉNÉRALES.

SOMMAIRE.

1. *Contre qui les lois criminelles prononcent-elles la contrainte par corps ?*
2. *Elle a lieu de plein droit contre les condamnés.*
3. *Personnes civilement responsables. Distinctions.*
4. *Partie civile tenue par corps des frais envers l'État.*
5. *Dommages-intérêts accordés, soit à la partie civile, soit à l'accusé après l'acquittement.*
6. *Cautions, témoins et dépositaires.*
7. *Division du titre.*

1. C'est dans les lois antérieures qu'il faut puiser les principes du droit de contrainte par corps en matière criminelle, le titre qui nous occupe n'ayant pour objet que d'en régler l'exercice.

Les condamnations que prononcent les tribunaux de répression sont dirigées contre l'accusé ou prévenu, contre la partie civilement responsable, contre la partie civile ou contre le dénonciateur, enfin contre des tiers, tels que les cautions, les témoins et dépositaires de pièces. Pour connaître l'étendue du droit de contrainte par corps en matière criminelle, il faut l'examiner à l'égard de ces diverses personnes.

2. La contrainte par corps est de droit commun contre *toute personne condamnée* pour crime, délit ou contravention au paiement des frais, amendes, dommages-intérêts et restitutions dus, soit à l'État, soit à la partie civile (*C. pén.* 52, 467, 469; *LL. des* 22 *août* 1791, *tit.* 11, *art.* 6, *et du* 4 *germ. an II, tit.* 6, *art.* 4; *C. forest. art.* 211; *L. du* 15 *avril* 1829, *art.* 77, *et autres textes épars*).

De ce que la contrainte par corps est ici le droit commun, il résulte qu'elle a lieu sans distinction d'âge (*V.* cependant *l'art.* 40) ni de sexe; qu'il n'y a même pas bénéfice de minorité. Cette rigueur est justice, car le créancier n'a pas choisi le débiteur dont le méfait est l'unique principe de la créance.

Il en résulte encore qu'elle a lieu *de plein droit* et sans que le jugement la prononce (M. Carnot, *sur l'art.* 52 *du C. pén. n*° 13; M. Legraverend, *Traité de la législ. crim. t.* 1, *chap.* 8, *sect.* 1re *in fin.*). L'art. 52 du Code pénal porte : « L'exécution des condamnations..... *pourra être poursuivie* par la voie de la contrainte par corps. » C'est de l'existence des condamnations que dépend la faculté légale accordée au créancier d'employer la contrainte personnelle pour le recouvrement de ce qui lui est dû. Les art. 467 et 469 sont encore plus formels : « La contrainte par corps *a lieu* « pour le paiement de l'amende »..... « Les restitutions, indemnités et frais *entraîneront* la contrainte par corps. » Tous ces textes indiquent que la contrainte par corps est une voie d'exécution découlant du jugement comme les saisies des biens du débiteur qui n'ont pas besoin d'être spécialement autorisées. Aussi a-t-il été jugé que, même sans appel sur ce point de la part du ministère public, la Cour saisie par le prévenu d'un appel de police correctionnelle pouvait ajouter au premier jugement la contrainte par corps pour le paiement de l'amende (*Rej. sect. crim.* 14 *juillet* 1827). C'était moins prononcer une condamnation qu'expliquer les effets résultant de plein droit du jugement confirmé.

5. Passons à la *partie civilement responsable* d'un crime, d'un délit ou d'une contravention.

Il n'y a pas difficulté quand un texte de loi prononce que la responsabilité civile donne lieu à la contrainte par corps. Ainsi la contrainte a lieu de plein droit contre les adjudicataires de coupes de bois et leurs cautions pour le paiement des amendes et restitutions encourues pour délits et contraventions commises, soit dans la vente, soit à l'ouïe de la cognée, par leurs facteurs, gardes-ventes, ouvriers, bûcherons et tous autres employés, puisque l'art. 46 du Code forestier les déclare responsables et contraignables par corps.

Quand un texte de loi exempte de la contrainte par corps la personne responsable, il n'y a pas non plus de question. C'est ainsi que l'art. 206 du Code forestier, en déclarant civilement responsables des délits et contraventions commis dans les forêts les maris, pères, mères et tuteurs, et en général tous maîtres et commettans des délinquans, ajoute que cette responsabilité ne pourra donner lieu à la contrainte par corps, si ce n'est dans le cas de l'art. 46.

Quand la loi qui fixe la responsabilité civile ne parle de la contrainte ni pour l'imposer ni pour en exempter, doit-on la prononcer contre les personnes civilement responsables par application de l'art. 52 du Code pénal? M. Carnot (*n*° 13, *sur l'art* 52) dit formellement que si le jugement n'a pas prononcé la contrainte par corps contre les personnes déclarées responsables du délit, cette voie d'exécution peut être prise contre elles.

Cette proposition nous paraît erronée. L'action en réparation du délit d'autrui est, à l'égard de la personne déclarée civilement responsable, une action civile portée devant les tribunaux criminels par accession à une action criminelle et à cause de la connexité seulement. C'est simplement une action en dommages-intérêts résultant de la négligence avec laquelle le maître a choisi ou surveillé ses préposés, qui paraît devoir se régler par l'art. 126 du Code de procédure, et donner lieu seulement à la contrainte par corps facultative.

En vain invoquerait-on l'art. 52 du Code pénal; en vain dirait-on qu'il ne distingue pas entre le condamné et la partie civilement responsable : ce ne serait pas, selon nous, entendre sainement cet article; ce serait l'isoler pour lui donner un sens différent de celui que lui a imprimé le législateur.

Il est dans le livre Ier du Code pénal, intitulé : des peines *en matière criminelle et correctionnelle*, et de leurs effets. C'est donc comme *effet de la peine* que la contrainte par corps est attachée à l'exécution du jugement; c'est donc relativement au condamné seul que la contrainte par corps peut avoir lieu, même sans avoir été prononcée; ce ne peut être relativement à la personne civilement responsable, qui n'est pas punie, qui ne peut pas l'être, et qui, de droit commun, ne supporte même pas les amendes, parce que les amendes sont une peine.

Ce livre se divise en trois chapitres : 1. *Des peines en matière criminelle* ; 2. *Des peines en matière correctionnelle*; 3. *Des peines et des* autres condamnations *qui peuvent être prononcées pour crimes et délits.* Si la contrainte par corps dont s'occupe l'art. 52 est placée dans ce chapitre au nombre des condamnations autres que les peines, mais qui peuvent être prononcées *pour crimes ou délits*, elle n'est donc pas relative à la personne civilement responsable qui n'a commis ni délit ni crime.

L'art. 52 vient immédiatement après l'art. 51 qui règle les restitutions et indemnités auxquelles le coupable sera condamné. C'est donc uniquement *à l'égard du coupable* que *l'exécution* des condamnations pourra, aux termes de l'art. 52, être poursuivie par la voie de contrainte par corps.

L'art. 53 jette un nouveau jour sur la question; il indique les moyens à l'aide desquels *le détenu insolvable* peut obtenir sa liberté provisoire. Or, quel est le détenu qu'il indique? Le condamné après l'expiration de sa peine! Si l'art. 52 réglait la contrainte par corps à l'égard du condamné et de la partie civilement responsable, l'art. 53 réglerait l'élargissement provisoire à l'égard de chacun d'eux, et s'occuperait surtout de la personne responsable, comme plus digne d'intérêt et de pitié.

Enfin, ce qui complète la démonstration, c'est que le livre II traite *des personnes responsables* dans les art. 73 et 74. Le livre Ier leur est donc étranger.

4. La partie civile est tenue par corps de rembourser les dépens que le trésor public a avancés en matière criminelle, non en vertu de l'art. 52 du Code pénal, mais de l'art. 174 du décret du 18 juin 1811. C'est moins matière criminelle que dette de deniers publics.

5. Lorsque l'accusé a été déclaré non coupable, et que la Cour d'assises adjuge des dommages-intérêts, soit à la partie civile, soit à l'accusé lui-même, la contrainte par corps a-t-elle lieu de plein droit?

Il ne faut pas oublier ce que nous venons de dire sur la portée de l'art. 52, et distinguer les espèces qui peuvent se présenter.

Si la partie civile obtient des dommages-intérêts après que l'accusé a été déclaré non coupable, ces dommages-intérêts ne procèdent ni du crime ni du délit, mais d'un simple fait dommageable, sur lequel la Cour d'assises statue, parce que l'affaire vient d'être instruite sous ses yeux. C'est donc une matière civile que la Cour d'assises est appelée, par exception, à régler, et la contrainte par corps n'aura pas lieu de plein droit, mais ne devra être prononcée que dans les termes du droit civil.

Si c'est l'accusé qui obtient des dommages-intérêts, il faut faire une sous-distinction.

Ou les dommages-intérêts lui sont adjugés parce que l'action criminelle a été intentée témérairement, ou parce qu'elle a eu lieu sur une dénonciation calomnieuse (*V.* sur cette importante distinction le *Réquisitoire de* M. Merlin *dans l'affaire Michel, Répert. mot Réparation civile*, § 2). Dans le premier cas, la Cour d'assises statue sur un fait dommageable qui n'est ni crime ni délit: l'art. 52 du Code pénal lui est donc inapplicable, et les règles du droit civil doivent régir la contrainte par corps.

Mais, dans le second cas, le fait de calomnie étant en lui-même un délit (*C. pén.* 373), il suffit que la Cour d'assises ait jugé que la dénonciation était fausse et calomnieuse pour donner lieu à la contrainte par corps criminelle, même contre une femme (*Rej. sect. crim.* 31 *mai* 1816). C'est alors un tribunal de répression qui reconnaît l'existence d'un délit, même quand le ministère public ne prend pas de conclusions pour le poursuivre.

6. Les tiers contre lesquels il peut intervenir des condamnations par corps devant la justice répressive sont, 1° les cautions fournies lors d'une mise en liberté provisoire dont la soumission entraîne la contrainte par corps (*C. instr.* 120); 2° les témoins qui ne comparaissent pas devant les juges d'instruction, les tribunaux correctionnels ou les Cours d'assises (*C. inst.* 80, 157 *et* 304); 3° et les dépositaires publics et particuliers de pièces arguées de faux ou de pièces de comparaison (*C. inst.* 452 *et suiv.*).

7. Le droit de contrainte par corps connu, il faut pourvoir à son exécution; c'est l'objet des articles suivans, dont les premiers (33 *à* 37) règlent plus généralement les intérêts du trésor public, les autres (38 *à* 41) ceux des particuliers. Cependant cette division n'est pas tellement tranchée que l'Etat ou les particuliers n'aient pas à invoquer respectivement les dispositions des mêmes articles.

RENVOIS AUX ARRÊTISTES.

Rejet, *sect. crim.* 31 *mai* 1816. — S. 1816, 1. 271. — D. 1816, 1. 513. — P. t. 3e de 1816, p. 449.

Rejet, *sect. crim.* 14 *juillet* 1827. — S. 1827, 1. 530. — D. 1827, 1. 304. — P. t. 1er de 1828, p. 179.

ARTICLE 33.

Les arrêts, jugemens et exécutoires portant condamnation, au profit de l'Etat, à des amendes, restitutions, dommages-intérêts et frais en matière criminelle, correctionnelle ou de police, ne pourront être exécutés par la voie de la contrainte par corps que cinq jours après le commandement qui sera fait aux condamnés, à la requête du receveur de l'enregistrement et des domaines.

Dans le cas où le jugement de condamnation n'aurait pas été précédemment signifié au débiteur, le commandement portera en tête un extrait de ce jugement, lequel contiendra le nom des parties et le dispositif.

Sur le vu du commandement et sur la demande du receveur de l'enregistrement et des domaines, le procureur du roi adressera les réquisitions nécessaires aux agens de la force publique et autres fonctionnaires chargés de l'exécution des mandemens de justice.

Si le débiteur est détenu, la recommandation pourra être ordonnée immédiatement après la notification du commandement.

SOMMAIRE

1. *Différence dans les délais*

1. C'est cinq jours après le commandement que la contrainte par corps peut être exercée contre les condamnés, tandis qu'en matière civile le débiteur n'a que vingt-quatre heures devant lui.

ARTICLE 34.

Les individus contre lesquels la contrainte par corps aura été mise à exécution aux termes de l'article précédent, subiront l'effet de cette contrainte jusqu'à ce qu'ils aient payé le montant des condamnations, ou fourni une caution admise par le receveur des domaines, ou, en cas de contestation de sa part, déclarée bonne et valable par le tribunal civil de l'arrondissement.

La caution devra s'exécuter dans le mois, à peine de poursuites.

SOMMAIRE.

1. *Division et origine de l'article.*
2. *S'il est nécessaire que le jugement prononce la contrainte en matière de délits forestiers.*
3. *Caution; tribunal compétent; mode de contrainte.*

1. L'art. 34 fixe deux moyens d'obtenir la liberté. Le premier, et c'est l'objet naturel de la contrainte par corps, est le paiement de la dette; le second, le bail de caution.

Il est tiré de l'art. 212 du Code forestier et de l'art. 78 de la loi du 15 avril 1829 sur la pêche, qui veulent que « les individus contre lesquels la contrainte par corps *aura été prononcée* pour raison des amendes et autres condamnations pécuniaires, subissent l'effet de cette contrainte jusqu'à ce qu'ils aient payé le montant desdites condamnations, ou fourni une caution admise de la même manière que celle fixée ci-dessus. »

2. Ces mots *aura été prononcée* ont donné lieu à la question de savoir si en matière de délits forestiers et de pêche, il fallait que la contrainte par corps fût textuellement prononcée par le jugement.

Nous avions penché pour l'affirmative (*V. notre Commentaire sur le C. forest. note* 1 *sur l'art.* 211). Les motifs de cette opinion sont que l'art. 212 suppose la prononciation; que M. Baudrillart nous apprend (*V. son Code forest. sur l'art.* 212) qu'avant la révision du projet un agent forestier avait signalé cette expression et demandé qu'elle fût remplacée par le mot *exercée*, d'où se tirait la conséquence que les mots *contrainte par corps prononcée* n'étaient restés dans la loi qu'après un mûr examen de la commission de révision. On peut ajouter que les termes *mise à exécution* de l'art. 34 de la loi de 1832, substitués au mot *prononcée*, indiquent que les rédacteurs de la nouvelle loi ont voulu établir une différence entre le droit commun et le droit forestier.

Cependant de plus mûres réflexions nous déterminent à abandonner cette opinion. L'art. 211 du Code forestier et l'art. 77 de la loi sur la pêche portent formellement : « *Les jugemens sont exécutoires par la voie de la contrainte par corps.* » Leur objet est d'en régler l'exécution, et cet objet, ils le remplissent d'une manière explicite et qui ne laisse aucun doute sur la volonté du législateur de faire de la contrainte par corps un moyen d'exécution de plein droit pour les délits forestiers et de pêche, comme pour ceux qu'a prévus le Code pénal. Les art. 212 et 78 ont un autre objet, celui de régler l'effet de la contrainte : ils *supposent* que les juges auront prononcé cette contrainte, parce dans l'usage il y a presque toujours prononciation; mais *ils ne disposent pas* que les juges la prononceront. C'est donc une inexactitude de rédaction, insuffisante pour déroger au droit commun.

3. Les lois forestière et de pêche fluviale n'expriment pas dans quel délai la caution devra s'exécuter. La loi de 1832 fixe le délai d'un mois.

Elles disaient d'une manière vague que la caution serait déclarée valable par le tribunal de l'arrondissement : rédaction adoptée parce que plusieurs Cours royales (selon Baudrillart, *C. forestier, t.* 2, *p.* 385) demandaient que la caution fût reçue par le tribunal de police correctionnelle qui aurait rendu le jugement. La loi nouvelle, en désignant explicitement le tribunal civil, a admis l'opinion que nous avons émise *note* 5 *sur l'art.* 212 *du C. forestier*. La dette étant fixée par le tribunal correctionnel, sa juridiction est épuisée. Les difficultés sur le mode de paiement appartiennent aux tribunaux ordinaires.

La caution est-elle contraignable par corps? La loi ne le dit pas, comme l'art. 120 du Code d'instruction criminelle, et l'on ne peut ajouter à sa rigueur.

ARTICLE 35.

Néanmoins les condamnés qui justifieront de leur insolvabilité, suivant le mode prescrit par l'article 420 du Code d'instruction criminelle, seront mis en liberté après avoir subi quinze jours de contrainte, lorsque l'amende et les autres condamnations pécuniaires n'excéderont pas quinze francs; un mois, lorsqu'elles s'élèveront de quinze à cinquante francs; deux mois, lorsque l'amende et les autres condamnations s'élèveront de cinquante à cent francs; et quatre mois, lorsqu'elles excéderont cent francs.

SOMMAIRE.

1. *Mode de preuve.*
2. *Différences avec le Code forestier.*

1. Pour jouir du bénéfice de cet article, les débiteurs insolvables doivent fournir, 1° un extrait du rôle des contributions constatant qu'ils paient moins de six francs, ou un certificat du percepteur de leur commune portant qu'ils ne sont pas imposés ; 2o un certificat d'indigence délivré par le maire de la commune de leur domicile ou par son adjoint, visé par le sous-préfet et approuvé par le préfet de leur département (*C. inst.* 420), et, munis de ces pièces, présenter requête au procureur du roi.

A Paris, ces certificats sont délivrés par les commissaires de police des quartiers respectifs (LEGRAVEREND, *chap. des frais de justice*).

2. Cet article a encore été puisé dans la législation forestière : mais on y a introduit des différences qu'il convient de faire remarquer.

Les art. 213 du Code forestier et 79 de la loi sur la pêche font cesser la détention au bout de quinze jours, si les condamnations pécuniaires n'excèdent pas 15 francs; au bout d'un mois, si elles n'excèdent pas 50 francs, et *après deux mois*, au-dessus de 50 francs, QUELLE QUE SOIT LA QUOTITÉ desdites condamnations. Ainsi ces lois spéciales sont sur ce point plus douces que la loi générale. Mais si le condamné pour délit forestier ou de pêche est en état de récidive, la durée de la détention libératoire sera double de ce qu'elle eût été sans cette circonstance; et en cela les lois spéciales sont plus sévères.

ARTICLE 36.

Lorsque la contrainte par corps aura cessé en vertu de l'article précédent, elle pourra être reprise, mais une seule fois, et quant aux restitutions, dommages et intérêts et frais seulement, s'il est jugé contradictoirement avec le débiteur qu'il lui est survenu des moyens de solvabilité.

SOMMAIRE

1. *Conférence avec l'art.* 53 *du Code pénal.*

1. Les art. 35 et 36 modifient l'art. 53 du Code pénal, qui ne permettait la mise en liberté sur la preuve de l'insolvabilité absolue du condamné qu'après une année, s'il s'agissait d'un crime, ou après six mois, s'il s'agissait d'un délit, sauf, dans tous les cas, à reprendre la contrainte par corps, s'il survenait au condamné quelque moyen de solvabilité.

Peut-être, dans la révision du Code pénal, eût-on dû mettre cet article en harmonie avec la nouvelle loi sur la contrainte par corps. Mais, quoique le Code pénal ait été révisé par une loi du 28 avril 1832, tous les articles auxquels il n'a été apporté aucune modification conservent leur date primitive de 1810, et sont soumis aux dérogations résultant des lois postérieures à l'émission de ce Code, quoique antérieures à sa révision. Ainsi il faut nécessairement un jugement pour réincarcérer le débiteur, et, s'il fournit caution, on ne pourra pas l'incarcérer une troisième fois.

Le jugement dont il s'agit dans cet article ne peut être obtenu qu'au tribunal civil, seul juge de l'exécution.

ARTICLE 37.

Dans tous les cas, la contrainte par corps exercée en vertu de l'article 33 est indépendante des peines prononcées contre les condamnés.

ARTICLE 38.

Les arrêts et jugemens contenant des condamnations en faveur des particuliers pour réparations de crimes, délits ou contraventions commis à leur préjudice, seront, à leur diligence, signifiés et exécutés suivant les mêmes formes et voies de contrainte que les jugemens portant des condamnations au profit de l'Etat.

Toutefois les parties poursuivantes seront tenues de pourvoir à la consignation d'alimens, aux termes de la présente loi, lorsque la contrainte aura lieu à leur requête et dans leur intérêt.

SOMMAIRE.

1. *Formes d'emprisonnement.*
2. *Alimens.*
3. *Si le débiteur élargi faute d'alimens peut être réincarcéré.*

1. D'après cet article, emprunté aux art. 215 du Code forestier et 81 de la loi sur la pêche, les jugemens doivent être signifiés par simple extrait; les particuliers ont, comme l'Etat, la voie de la contrainte par corps; l'emprisonnement peut n'être précédé que d'un simple commandement, mais ce commandement doit être fait cinq jours à l'avance. Les particuliers ont aussi le droit de faire la recommandation avant l'expiration du délai de cinq jours, si leur débiteur est détenu.

Dans tous les cas, nous pensons cependant que lorsque l'emprisonnement est effectué à la requête d'un particulier, les huissiers seuls ont le droit de l'opérer (*Comment. sur le C. forest. t.* 2, *p.* 246, nonobstant BAUDRILLART, *t.* 2, *p.* 389).

2. Quant aux consignations d'alimens, nous ajouterons à ce que nous avons dit sur l'art. 30, que les parties civiles doivent les consigner de manière à ce que les condamnés en puissent profiter à partir de l'expiration de leur peine; car si la régie de l'enregistrement et des domaines ne les recommandait pas pour les amendes et frais, ils sortiraient immédiatement.

3. Le détenu pour dette criminelle, élargi faute d'alimens, pouvait, avant la loi de 1832, être incarcéré de nouveau pour la même dette (M. CARNOT, *C. pén. sur l'art.* 52, nº 4). On doit aujourd'hui donner une autre solution : quoique l'art. 41 ne comprenne pas l'art. 31 au nombre de ceux qu'il énumère comme applicables à la contrainte par corps en matière criminelle, il nous semble que l'obligation imposée aux parties poursuivantes de pourvoir à la consignation d'alimens, *aux termes de la présente loi*, suffit pour leur faire appliquer tous les articles de la présente loi relatifs aux alimens.

ARTICLE 39.

Lorsque la condamnation prononcée n'excédera pas trois cents francs, la mise en liberté des condamnés, arrêtés ou détenus à la requête et dans l'intérêt des particuliers ne pourra avoir lieu, en vertu des articles 34, 35 et 36, qu'autant que la validité des cautions ou l'insolvabilité des condamnés auront été, en cas de contestation, jugées contradictoirement avec le créancier.

La durée de la contrainte sera déterminée par le jugement de condamnation dans les limites de six mois à cinq ans.

ARTICLE 40.

Dans tous les cas et quand bien même l'insolvabilité du débiteur pourrait être constatée, si la condamnation prononcée, soit en faveur d'un particulier, soit en faveur de l'Etat, s'élève à trois cents francs, la durée de la contrainte sera déterminée par le jugement de condamnation dans les limites fixées par l'article 7 de la présente loi.

Néanmoins, si le débiteur a commencé sa soixante-et-dixième année avant le jugement, les juges pourront réduire le minimum à six mois, et ils ne pourront dépasser un maximum de cinq ans.

S'il atteint sa soixante-et-dixième année pendant la durée de la contrainte, sa détention sera de plein droit réduite à la moitié du temps qu'elle avait encore à courir aux termes du jugement.

SOMMAIRE.

1. *Division des débiteurs selon la somme, quant au droit de donner caution ou de prouver l'insolvabilité.*
2. *Différence entre l'Etat et les particuliers.*

1. La loi divise les débiteurs pour dette criminelle, correctionnelle ou de police en deux classes : ceux qui doivent moins de 300 fr., ceux qui doivent 300 fr. et plus.

Ceux qui doivent moins de 300 fr. ne pourront supporter que de six mois à cinq ans de contrainte; ceux dont la dette est plus forte pourront être retenus depuis un an jusqu'à dix ans.

Le tribunal fixera la durée de la contrainte dans les limites indiquées, si la dette est de 300 fr. ou au-dessus, soit au profit de l'Etat, soit au profit des particuliers; mais quand la dette est inférieure à 300 fr., le tribunal n'est plus tenu de déterminer la durée de la contrainte par corps que dans l'intérêt des particuliers. Ce qui fait supposer que, dans ce cas, l'Etat profite de la durée de cinq ans, à moins d'insolvabilité constatée.

La loi ne se contente pas de fixer une durée à l'épreuve de la contrainte par corps; elle veut qu'en faisant juger avec son créancier qu'il est insolvable, le débiteur puisse sortir de prison avant l'expiration du délai fixé par le jugement.

De sorte que le débiteur d'une dette civile ou commerciale est obligé d'attendre en prison la fin de l'épreuve fixée, tandis que celui dont la dette procède d'un crime ou d'un délit obtiendra la liberté avant cette époque, s'il cache assez habilement ses ressources pour faire croire à son insolvabilité; néanmoins les termes de l'art. 40 font penser que quand la dette s'élève à 300 fr., le débiteur, soit de l'Etat, soit d'un particulier, ne peut pas se faire élargir pour cause d'insolvabilité.

2. La loi établit ici entre les particuliers et l'Etat deux différences notables : la première, en ce que l'Etat est toujours contraint d'accepter une caution, si elle est déclarée bonne et valable, car l'art. 34 ne distingue pas, et que les particuliers n'y sont tenus que dans le cas de l'art. 39, c'est-à-dire quand la créance n'excède pas 300 fr.; la seconde, en ce que le mode de preuve établi par l'art. 420 du Code d'instruction criminelle n'est pas admis à l'égard des particuliers pour établir l'insolvabilité.

Enfin les dernières dispositions de l'art. 40 ont été dictées par l'humanité.

ARTICLE 41.

Les articles 19, 21 et 22 de la présente loi, sont applicables à la contrainte par corps exercée par suite des condamnations criminelles, correctionnelles et de police. — *V. les notes sur ces articles.*

TITRE VI.

Dispositions transitoires.

ARTICLE 42.

Un mois après la promulgation de la présente loi, tous débiteurs actuellement détenus pour dettes civiles ou commerciales obtiendront leur élargissement, s'ils ont commencé leur soixante-et-dixième année, à l'exception toutefois des stellionataires, à l'égard desquels il n'est nullement dérogé au Code civil.

SOMMAIRE.

1. *Observation sur les stellionataires.*

1. Les septuagénaires doivent jouir sur-le-champ du bénéfice de la loi. Le législateur règle donc un court délai, à partir de la promulgation de la loi, dans lequel ils doivent être élargis, soit pour *dettes civiles*, mots qui comprennent ici la dette de deniers publics (*V. la division du tit. II et l'art.* 12), soit pour dettes commerciales, soit que les détenus soient français ou étrangers. Il n'y a d'exception que pour les stellionataires.

Nous avons dit (*Comm. sur l'art.* 2059, *n°* 2, *p.* 8, 1re édit.) que « les effets de la contrainte par corps ne sont pas limités à un temps quelconque contre les stellionataires »; et telle nous avait paru être la force des termes de l'art. 42, *à l'égard desquels il n'est* NULLEMENT *dérogé au Code civil.* Mais l'amour de la vérité doit toujours l'emporter sur la vanité de l'écrivain, et dès que l'occasion se présente de rétracter une erreur, on doit le faire. Sous le Code civil, il est vrai que la durée de l'emprisonnement n'était pas limitée par un temps quelconque; mais l'objet de l'art. 42 n'est pas de fixer la durée de la contrainte par corps, c'est seulement d'exprimer qu'il n'est dérogé en rien à l'art. 2066 du Code civil, qui veut que le stellionataire ne profite point du bénéfice de l'âge. Notre première interprétation avait donc le défaut d'appliquer une loi à un objet qu'elle n'avait pas eu en vue; et l'art. 7 qui porte que, *dans tous les cas* où la contrainte par corps a lieu en matière civile ordinaire, *la durée en sera fixée* par le jugement de condamnation dans les limites d'un an au moins et de dix ans au plus, est applicable au cas de stellionat comme aux autres, et le stellionataire, quel que soit son âge, subira l'emprisonnement pendant tout le temps fixé par le jugement. S'il atteint en prison sa soixante-dixième année avant le temps déterminé, il devra en attendre l'échéance. Il est même traité plus défavorablement que le débiteur pour crime, puisque, dans ce dernier cas, la détention n'est pas réduite de moitié comme dans l'espèce de l'art. 40.

ARTICLE 43.

Après le même délai d'un mois, les individus actuellement détenus pour dettes civiles emportant contrainte par corps obtiendront leur élargissement, si cette contrainte a duré dix ans, dans les cas prévus au premier paragraphe de l'article 7, et si cette contrainte a duré cinq ans, dans les cas prévus au deuxième paragraphe du même article, comme encore si elle a duré dix ans, et s'ils sont détenus comme débiteurs ou rétentionnaires de deniers ou effets mobiliers de l'Etat, des communes et des établissemens publics

ARTICLE 44.

Deux mois après la promulgation de la présente loi, les étrangers actuellement détenus pour dettes, et dont l'emprisonnement aura duré dix ans, obtiendront également leur élargissement.

SOMMAIRE.

1. *Suite de l'observation précédente.*

1. Dans les matières civiles, dans celles des deniers publics, et pour les dettes d'étrangers, la loi, par un effet rétroactif, veut que la liberté soit acquise aux débiteurs s'ils ont fait, dans la prison, le *maximum* du temps d'épreuve fixé par les art. 7, 13 et 17 de la loi. Cette disposition comprend même les stellionataires. Le rapporteur de la commission de la Chambre des députés, en réclamant contre le bénéfice d'âge qui paraissait accordé par les termes généraux de l'art. 42 aux stellionataires actuellement détenus, ajoutait : « Il serait d'autant « moins juste de témoigner de l'indulgence pour « les septuagénaires qui se rendent coupables de « stellionat, que la législation actuelle rend la « contrainte par corps *temporaire*, de *perpétuelle* « qu'elle était. »

ARTICLE 45.

Les individus actuellement détenus pour amendes, restitutions et frais, en matière correctionnelle et de police, seront admis à jouir du bénéfice des articles 35, 39 et 40, savoir : les condamnés à quinze francs et au-dessous, dans la huitaine; et les autres, dans la quinzaine de la promulgation de la présente loi.

Dispositions générales.

ARTICLE 46.

Les lois du 15 germinal an VI, du 4 floréal de la même année et du 10 septembre 1807, sont abrogées. Sont également abrogées, en ce qui concerne la contrainte par corps, toutes dispositions de lois antérieures relatives aux cas où cette contrainte peut être prononcée contre les débiteurs de l'Etat, des communes et des établissemens publics. Néanmoins celles de ces dispositions qui concernent le mode des poursuites à exercer contre ces mêmes débiteurs, et celles du titre 13 du Code forestier, de la loi sur la pêche fluviale, ainsi que les dispositions relatives au bénéfice de cession, sont maintenues et continueront d'être exécutées.

SOMMAIRE.

1. *Objet de l'article.*
2. *Abrogation totale de plusieurs lois.*
3. *Questions diverses.*
4. *Dans quelles limites doit être prononcée la contrainte pour dettes antérieures à la loi.*
5. *Pour dette commerciale antérieure, mais audessous de 200 fr.*
6. *Si on peut exécuter par corps un jugement audessous de cette somme rendu avant la loi nouvelle.*
7. *De la durée de l'emprisonnement commercial pour les jugemens antérieurs.*
8. *Abrogation partielle de diverses lois.*

1. Le législateur a voulu éviter les difficultés qui s'élèvent toujours dans le passage d'une législation à l'autre. Après avoir réglé, dans les art. 42 à 45, les effets de la loi nouvelle sur les arrestations consommées avant son émission, il abroge les lois antérieures en tout ou en partie.

2. Sont abrogées en totalité, 1° la loi du 15 germinal an VI, dont quelques dispositions seulement demeuraient encore en vigueur (*V. l'introduction, n° 2, p. 3*); 2° la loi du 4 floréal de la même année, ce qui n'est qu'une sage précaution législative contre les erreurs des interprètes des lois, puisqu'on tenait pour constante l'abrogation de cette loi par la publication du Code civil (M. Merlin, *Rép. mot Contrainte par corps*, n° 7); enfin 3° la loi du 10 septembre 1807 sur la contrainte par corps relative aux étrangers, remplacée par le titre 3 de la présente loi. Ainsi l'empire de ces lois a cessé, soit qu'elles règlent le fond du droit, soit qu'elles en régissent l'exécution.

3. Les différences qui existent entre la loi de l'an VI et la loi nouvelle donnent lieu à plusieurs questions transitoires.

Pour quel temps devra-t-on prononcer la contrainte par corps pour dette contractée avant la promulgation de la loi? Devra-t-elle être prononcée pour une dette inférieure à 200 fr., mais contractée avant la loi de 1832? Pourra-t-on exercer, depuis la loi de 1832, l'emprisonnement pour une condamnation commerciale inférieure à 200 fr. prononcée avant la promulgation de la loi de 1832? Quelle sera la durée de l'emprisonnement pour les dettes antérieures à ladite époque, si les jugemens ont été rendus avant ou depuis la loi?

4. Si une dette a été contractée avant la promulgation de la loi, la contrainte par corps sera prononcée dans les limites fixées par la loi nouvelle. Ainsi, c'est pour les dettes antérieures à la loi de 1832, comme pour les dettes créées depuis, que l'art. 5 et l'art. 17 ont gradué le temps de l'emprisonnement à raison de la somme à l'égard des commerçans et des étrangers, et que les art. 7, 13, 17, 39 et 40 ont imposé à l'emprisonnement un *minimum* et un *maximum* de durée dans lesquels les juges déterminent le temps spécial qui doit être infligé au débiteur.

Cette solution est incontestable. La contrainte par corps touche à la liberté des personnes; elle est une loi personnelle; sous un autre rapport, elle est un mode d'exécution. Or, si le fond du droit appartient au passé, l'exécution appartient tout entière à l'avenir (M. Merlin, *Répert. mot Effet rétroactif, sect.* 8, § x). Ainsi, par exemple, une dette commerciale de 400 fr., contractée le 1er janvier 1832 et suivie d'un jugement postérieur à la promulgation de la loi du 17 avril, ne produira qu'un an de contrainte par corps.

5. La solution de cette première question entraîne à nos yeux la décision de la seconde; et il n'est plus permis aujourd'hui de prononcer la contrainte par corps pour une dette commerciale au-dessous de 200 fr., quoique contractée avant la promulgation de la loi. M. Fœlix est de notre avis (*note 7 sur l'art.* 1er, *p.* 24). M. Ginouvier au contraire (*Instruction sur l'art.* 1er, *p.* 15) gourmande le président du tribunal de commerce de Paris d'avoir annoncé à l'audience du 24 avril 1832 que la contrainte par corps ne serait plus prononcée pour dettes au-dessous de 200 fr. antérieures à la loi. Ce serait, dit-il, modifier les effets d'un contrat antérieur; et si la contrainte par corps est un mode d'exécution, c'est, avant tout, une sûreté pour le paiement qu'une loi postérieure ne peut enlever au créancier.

La contrainte par corps n'est pas un effet du contrat, mais une suite de son inexécution. S'il est vrai que le débiteur s'y était soumis, la validité de cette soumission ne procédait pas de la volonté des parties, mais de la disposition de la loi qui pouvait changer et a changé en effet, qui voulait que le corps répondît de la parole pour une somme quelconque, et qui ne le veut plus pour une somme inférieure à 200 fr., sans distinction entre les dettes antérieures et les dettes postérieures à la loi. En vain comparerait-on la contrainte par corps au gage; ce n'est pas un gage dont on est saisi par le contrat, ce n'est qu'une promesse de gage permise par la loi, subordonnée à sa constante volonté et aux événemens futurs. Les biens présens du débiteur étaient aussi le gage du créancier (*C. civ.* 2092 *et* 2093) : si ces biens ont cessé d'être dans son domaine au moment de l'exécution, le créancier n'y a aucun droit.

6. Mais si avant la promulgation de la loi de 1832, un jugement a prononcé la condamnation par corps pour une dette commerciale au-dessous de 200 fr., pourra-t-on mettre le jugement à exécution sous l'empire de cette loi? Outre l'expectative de ce mode d'exécution résultant du contrat, il y a ici la force de la disposition du jugement qui ordonne la contrainte par corps; il y a un droit acquis dont le créancier ne pourrait être dépouillé que par une disposition contraire de la loi nouvelle. Or, on peut bien tirer de l'art. 1er la conséquence que les tribunaux de commerce ne peuvent plus prononcer une condamnation par corps au-dessous de 200 fr., mais aucune disposition ne défend l'exécution des jugemens obtenus antérieurement. Ce serait donc ajouter à la loi une disposition qui n'y est pas. Au surplus, l'effet de la contrainte devra être réduit au *minimum*. Ainsi jugé par arrêt de Paris, du 25 avril 1834, rapporté à la *Gazette des Tribunaux* du 29 juin 1834.

7. Quelle sera la durée de l'emprisonnement en matière commerciale, quand les jugemens auront été rendus sous l'empire de la loi de germinal? A cet égard, il faut distinguer.

Si le jugement n'a été à mis exécution que depuis la promulgation de la loi de 1832, la durée de la contrainte par corps sera celle prescrite suivant la quotité de la dette par l'art. 5. Cette proposition est hors de toute controverse. En effet, la durée de la contrainte par corps est une partie de son mode d'exécution, et le mode d'exécution se règle par les lois nouvelles.

Mais si l'emprisonnement a été exécuté sous l'empire de la loi de l'an VI, il peut se présenter plusieurs questions.

L'individu détenu sous la loi de l'an VI, depuis un temps égal ou supérieur à celui fixé par la loi de 1832 pour la quotité de sa dette, a-t-il pu réclamer sa liberté à la promulgation de la loi nouvelle? La Cour de cassation a décidé, et avec raison, cette question par la négative (*Rej.* 20 *mars* 1833). Il s'agissait d'un débiteur de 400 fr. détenu depuis plus d'une année.

L'individu qui aura fait un temps plus ou moins long d'emprisonnement pour dettes, sous la loi de l'an VI, devra-t-il faire en outre, sous la loi nouvelle, le temps qu'elle détermine?

D'abord il n'y a pas de doute qu'il ne pourra jamais demeurer en prison plus de cinq ans, et que, s'il complète les cinq années prescrites par la loi de l'an VI avant que le laps de temps déterminé par la loi de 1832 ne s'accomplisse, il sera libéré de l'emprisonnement.

Mais si cette condition ne se rencontre pas, faudra-t-il que le temps qu'il aura passé en prison jusqu'à la promulgation de la loi de 1832 y ait été passé en pure perte, et qu'il recommence un temps nouveau?

Par exemple : un débiteur de 400 fr. a été emprisonné à Paris le 29 juin 1828, la loi de 1832 est exécutoire à Paris à partir du 29 juin 1832, n'a-t-il dû sortir que le 29 juin 1833?

Telle paraît être l'opinion du barreau de Paris, et l'arrêt que nous venons de citer favorise cette opinion, puisqu'en rejetant le pourvoi dirigé contre l'arrêt de Rouen, il le motive sur ce que l'arrêt attaqué n'a décidé que la question de savoir si le détenu devait être mis en liberté aussitôt après la promulgation de la loi, et a déclaré en termes formels n'entendre rien préjuger sur le droit du débiteur de demander son élargissement *après l'expiration d'une année* à partir de la publication de la loi.

Cependant ne pourrait-on pas dire qu'il a, sous la loi de germinal, subi les quatre cinquièmes de l'épreuve qu'elle imposait? que par conséquent la loi réduisant l'épreuve à une année, elle ne doit durer pour lui que dans la proportion d'un cinquième, c'est-à-dire soixante-treize jours après la promulgation? Et s'il est contraire à la loi de compter intégralement au détenu le temps écoulé sous la loi de l'an VI, il est un peu dur de ne le compter pour rien du tout. Le système que nous présentons à l'examen des magistrats et des jurisconsultes nous paraît avoir l'avantage de concilier l'exécution des deux lois successives, et de faire produire à la loi de l'an VI ses effets jusqu'au jour où la seconde loi a été mise à exécution, tandis qu'autrement les effets en seraient totalement perdus pour le débiteur.

Une question analogue s'est présentée sur l'opposition qui se trouvait, quant à l'espace de temps requis pour la prescription des crimes, entre le Code du 3 brumaire an IV et les lois qui l'ont précédé, lorsque les crimes avaient été commis avant ce Code et poursuivis sous son empire. La Cour de cassation, avant le décret du 23 juillet 1810 d'où elle a tiré la règle d'appliquer la plus courte prescription, a constamment décidé que la prescription devait être réglée à la fois et par la loi ancienne et par la loi nouvelle, chacune à proportion du temps qui a couru sous son empire (*Rej.*

sect. crim. 26 *floréal an XIII*, 7 *mai* 1808; *Cass. sect. crim.* 29 *avril*, 23 *juin et* 18 *août* 1808, *rapportés au Répert. de* M. Merlin, *mot Prescription*, *sect.* 1re, § 3, no 10; *Cass. sect. crim.* 4 *nov.* 1813). Or, ce n'était pas à cause de *la faveur* qui s'attache à l'accusé que la Cour régulatrice le décidait ainsi : c'était au contraire pour rentrer dans les principes du droit commun. Laissons parler ici M. Merlin (*lieu cité*).

« L'art. 2281 du Code civil, qui veut que les « prescriptions commencées à l'époque de la publication du titre *des prescriptions* soient réglées « conformément aux lois anciennes, est-il bien conforme aux principes du droit? Nous ne le pensons pas.

« Sans doute, les lois nouvelles ne doivent pas « rétroagir, et l'on doit conserver aux anciennes « lois tout leur effet jusqu'au moment de leur abrogation; mais à côté de ce principe, il en est un « autre non moins incontestable : c'est que tout « l'effet des anciennes lois doit cesser au moment « où les lois nouvelles sont venues les abroger, et « que l'action des lois nouvelles doit commencer « dès ce moment.

« Chacun de ces principes est isolément sacré : « nous devons donc les respecter également tous « deux; nous devons nous attacher aussi religieusement à la conséquence qui dérive de l'un qu'à » la conséquence qui dérive de l'autre.

« Du premier principe dérive la conséquence « que les prescriptions commencées sous l'ancienne « loi ont dû être réglées par elle jusqu'au moment « où elle a été abrogée; et du second, que l'ancienne loi ne peut plus gouverner les prescriptions commencées sous son empire, dès qu'une « loi nouvelle est venue la remplacer. Du moment « où la loi nouvelle est venue remplacer la loi ancienne, les prescriptions commencées sous la loi « ancienne entrent absolument dans le domaine de « la loi nouvelle.

« Voilà deux conséquences également certaines, « également irréfragables; et elles en amènent nécessairement une troisième : c'est que le temps « qui s'est écoulé entre le point de départ de la « prescription suivant la loi ancienne et la publication de la loi nouvelle doit être compté proportionnellement à celui que la nouvelle exige « pour prescrire. »

Or, la loi de germinal, comme la loi de 1832, établissait une véritable prescription pendant laquelle le débiteur se libérait, sinon de la dette, du moins de la contrainte.

Et d'un autre côté, ces principes sont applicables à la contrainte par corps commerciale comme aux matières criminelles, car ils s'appliquaient à la prescription des crimes, parce qu'ils n'étaient pas réglementés par le Code civil, et l'art. 2070 dit formellement que la contrainte par corps en matière de commerce n'est pas régie par le Code civil.

8. La seconde partie de l'article n'établit qu'une abrogation partielle des autres lois antérieures seulement en ce que leurs dispositions seraient *relatives* aux cas où la contrainte par corps *peut être prononcée* contre les débiteurs de l'Etat, des communes et des établissemens publics. De là deux conséquences générales : la première, qu'il n'est dérogé à aucune loi civile ou commerciale qui statue sur le droit de contrainte par corps; la seconde, que toutes les dispositions qui établissent le droit de contrainte par corps contre les débiteurs de l'Etat, des communes et des établissemens publics, ne peuvent plus être invoquées, quelque part qu'elles se trouvent. En effet, la section 2 du titre 2 comprend une énumération plus étendue de cette classe de débiteurs qu'aucune loi précédente.

Ensuite l'article maintient formellement les dispositions des lois antérieures qui règlent le mode de poursuites contre les débiteurs de deniers publics : précaution peut-être superflue, mais utile néanmoins en ce que, dans tous les cas où il y a lieu à contrainte administrative, elle avertit les tribunaux que la demande à fin de contrainte par corps ne doit pas être portée devant eux. Enfin il maintient les dispositions du Code forestier et de la loi du 15 avril 1829 qui, dans les matières qu'elles concernent, doivent être exécutées même en ce qu'elles ont de différent avec la loi générale.

RENVOIS AUX ARRÊTISTES.

Rejet, *sect. crim.* 26 *flor. an XIII.* — N. D. t. 11, p. 321.
Cass. *sect. crim.* 29 *avril.* 1808. — S. 1809, 1. 413. — N. D. t. 11, p. 321.
Rejet, *sect. crim.* 7 *mai* 1808. — N. D. t. 11, p. 321.
Cass. *sect. crim.* 23 *juin* 1808. — N. D. t. 11, p. 321.
Cass. *sect. crim.* 18 *août* 1808. — N. D. t. 11, p. 321.
Cass. *sect. crim.* 4 *nov.* 1813. — S. 1814, 1. 183.
Rejet, 20 *mars* 1833. — S. 1833, 1. 634. — D. 1833, 1 128. — P. t. 2e de 1833, p. 407.

FIN DU COMMENTAIRE SUR LA CONTRAINTE PAR CORPS.

ADDITIONS AU COMMENTAIRE

DU TITRE

DE LA CONTRAINTE PAR CORPS.

SUR L'INTRODUCTION.

DURÉE DE LA CONTRAINTE, *p.* 5, 1re *col.*, *n*° 5, 2e *alinéa.* — Ce que nous avons dit au passage indiqué était vrai sous le Code civil; mais la contrainte par corps n'est pas perpétuelle, même en matière de stellionat, sous l'empire de la loi du 17 avril 1832. *V. l'art.* 7 *de la loi*, *p.* 93, *et le Commentaire sur l'art.* 42, *p.* 117.

SUR L'ARTICLE 2059.

STELLIONAT. *Vente de l'immeuble saisi*, *p.* 9, *n*° 9. — Les principes n'ont pas changé par la loi du 2 juin 1841, sur les ventes judiciaires de biens immeubles : il faut seulement remarquer que ce n'est plus à partir de la dénonciation du procès-verbal faite au saisi, mais du jour de la transcription au bureau des hypothèques, que court la défense prononcée contre le saisi d'aliéner ses immeubles, à peine de nullité, et qu'il faut citer les art. 686 et 693 au lieu des anciens art. 692 et 696 du Code de procédure.

STELLIONAT. *Addition au n*° 21, *p.* 13, 1re *col.*, 1er *alinéa.* — Les arrêts récens sont conformes aux doctrines que nous avons exposées sur cet article.

Jugé que la vente faite sciemment de la chose d'autrui constitue un stellionat, même quand le vendeur produit un acte qui lui a depuis conféré la propriété de la chose vendue (*Toulouse*, 5 *avril* 1832, *et Rejet*, *sect. civ.*, 14 *février* 1837). Il faut cependant remarquer qu'en fait la Cour royale a décidé que l'acte d'échange produit sur l'appel ne suffisait pas pour donner toute sécurité à l'acquéreur; mais dans le cas contraire, le stellionat n'en eût pas moins existé. *V. n*^os^ 20 *et* 21 *sur l'article.*

Un emprunteur, en déclarant que l'immeuble affecté au payement était grevé d'une inscription de 35,000 fr., avait ajouté qu'il ne restait plus devoir que 8,500 fr. à son créancier hypothécaire; cependant la totalité de la dette subsistait encore, et le débiteur fut déclaré stellionataire, quoiqu'il prétendît s'affranchir de la contrainte par corps en disant que le nouveau créancier avait à s'imputer de n'avoir pas exigé la justification de son allégation (*Paris*, 11 *avril* 1835, *et Rejet*, *sect. civ.*, 12 *novembre* 1838) : déclarer la totalité des charges hypothécaires, mais en même temps ajouter faussement qu'elles sont éteintes pour partie, c'est faire une fausse déclaration; c'est déclarer des hypothèques moindres que celles dont les biens sont chargés. *V. p.* 10, *n*° 13, 1er *alinéa.*

On a vu aussi un stellionat dans la déclaration du constituant que ses biens n'étaient grevés que des hypothèques détaillées dans un état par lui produit, quand il avait été pris d'autres inscriptions pendant le temps qui avait suivi la délivrance de l'état (*Bourges*, 11 *décembre* 1839). Dans l'espèce, le débiteur n'établissait pas qu'il se fût trompé de bonne foi, et cet arrêt n'a rien de contraire à l'arrêt rendu par la Cour de Paris en 1813, cité *n*° 18, *p.* 11.

Voici deux espèces qui s'éloignent davantage de ce que nous avons écrit sur l'excuse de bonne foi, *n*° 14, *p.* 10, *et n*^os^ 17 *et* 18, *p.* 11.

Première espèce. Dans une constitution d'hypothèque consentie par le sieur Bony au profit d'une demoiselle Baudin d'Alogny, ce débiteur avait fait une déclaration inférieure au montant des hypothèques inscrites; les biens furent vendus et les fonds manquèrent sur des créanciers antérieurs à la demoiselle Baudin. Elle assigna donc son débiteur en déclaration de stellionat, afin d'obtenir la contrainte par corps. Les arrêtistes rapportent, sans entrer dans les détails, que le sieur Bony se défendit par l'exception de bonne foi, en prétendant, d'un côté, qu'il ignorait l'existence de certaines inscriptions à l'époque de la déclaration, et, d'un autre côté, qu'il en avait omis d'autres sciemment, parce que les causes en étaient alors éteintes. Le tribunal civil de la Seine jugea en fait qu'il avait déclaré des hypothèques moindres que celles dont les biens étaient chargés, et le condamna par corps comme stellionataire.

Sur l'appel, il produisit les mains-levées des inscriptions non déclarées; mais les produisit-il toutes? On en peut douter. La Cour confirma le jugement, *en adoptant les motifs* des premiers juges, et en ajoutant que, « *sans rechercher* si le droit invoqué par la fille d'Alogny ne résultait pas du fait « même des déclarations insérées, et *en admettant* « que les justifications nouvelles *fussent complètes*, « il était évident que les justifications avaient été « faites quand les choses n'étaient plus entières « et quand la faculté d'enchérir et le droit de « surenchérir n'existaient plus pour l'intimé..... » (*Paris*, 9 *mars* 1833).

Bony se pourvut en cassation : il fit soutenir 1° que l'art. 2059 ne pouvait s'appliquer qu'aux hypothèques légales, judiciaires ou conventionnelles non inscrites; 2° et que les hypothèques dont il avait les mains-levées à l'époque de sa déclaration n'étaient rien : le pourvoi a été rejeté sur ce chef, 1° « parce que l'art. 2059 est positif « dans son texte, et qu'aucune loi n'a abrogé la « contrainte par corps pour stellionat; 2° parce « que la seconde branche de ce moyen ne consiste « qu'en allégations et explications de faits qu'il « était du domaine exclusif de la Cour royale d'ap- « précier; que la Cour d'appel avait adopté en en- « tier les motifs des premiers juges, et que *si elle* « *avait ajouté* une explication hypothétique *sur le* « *cas* même où les justifications auraient été com- « plètes, elle avait, sur ce point même, adopté une « doctrine qui ne présenterait aucune violation « de loi. » (*Rejet*, *sect. civ.*, 13 *avril* 1836).

Evidemment, il résulte de l'arrêt de la Cour royale et de l'arrêt de rejet que les justifications étaient incomplètes; par conséquent, que Bony n'était pas de bonne foi. Ainsi, au moins en ce qu'ils avaient à juger, ces arrêts ne détruisent pas la possibilité d'admettre l'exception.

Mais en doctrine, ces deux arrêts sont contraires à notre opinion : la Cour royale de Paris a professé que le silence sur l'existence d'inscriptions dont les causes seraient éteintes au moment de la déclaration serait en soi un stellionat, si le prêteur n'en était pas averti assez à temps pour enchérir ou surenchérir avec confiance; et la Cour de cassation, que cette doctrine *ne présenterait* aucune violation de la loi.

Ce qui diminue notablement l'autorité de cette double décision, c'est qu'elle n'était pas l'objet du procès. La thèse de droit était inutile dès que les magistrats avaient décidé en fait que les justifications n'étaient pas complètes. L'opinion des arrêts sur la question de droit, devenue étrangère au procès, n'est plus celle du pouvoir judiciaire, c'est seulement la doctrine particulière du magistrat rédacteur.

La Cour de cassation, pendant la première période de son existence, a suivi constamment cette marche circonspecte de ne décider que les questions qu'il lui était impossible de ne point décider; elle semblait craindre de préjuger une doctrine qu'elle pouvait écarter du procès, et reconnaître que ses fonctions judiciaires étaient accomplies à l'instant même où sa sagesse avait saisi la raison péremptoire de rejeter ou de casser. Cette réserve n'était que l'effet d'une prudence supérieure; car, à l'instant où le magistrat a saisi le motif invincible de sa décision, son devoir de magistrat est rempli; l'esprit, satisfait par la découverte de la vérité, se détend, se repose et prête moins d'attention aux questions surabondantes, parce que la conscience n'y est plus intéressée. On ne saurait trop regretter que la Cour régulatrice abandonne quelquefois ces traditions, pour donner incidemment des enseignemens en droit, qui n'ont pas le même degré d'autorité.

Quoi qu'il en soit, nous ne pensons pas plus depuis cet arrêt qu'auparavant, qu'il y ait stellionat à ne pas comprendre dans la déclaration une hypothèque dont l'inscription subsiste, mais dont les causes sont actuellement éteintes.

En effet, l'inscription seule et sans droit hypothécaire n'est pas l'hypothèque elle-même; elle n'est qu'un fait qui réalise le droit conféré par l'obligation : celle-ci éteinte et l'inscription subsistant encore matériellement, il n'en reste que l'apparence; le droit réel et accessoire s'est éteint de lui-même au moment du payement, en même temps que le droit personnel et principal. Donc, si cette extinction avait date certaine avant la déclaration de l'emprunteur qui aurait négligé et de faire radier et de déclarer cette inscription sans cause, et que ces faits fussent judiciairement reconnus, on ne pourrait les regarder comme constitutifs d'un stellionat, sans violer l'art. 2114, qui définit l'*hypothèque* un DROIT RÉEL, parce qu'il ne peut y avoir de droit *réel* là où il n'y a plus de *droit*, et sans appliquer faussement l'art. 2059, parce qu'il n'y a pas de biens hypothéqués là où le droit hypothécaire est éteint.

Quant au motif d'équité qui a guidé la Cour royale dans son raisonnement hypothétique, ce pouvait être une considération susceptible d'amener une condamnation en dommages-intérêts, même par corps; mais un retard ne peut convertir en stellionat un fait qui n'aurait pas eu ce caractère dès le principe.

Deuxième espèce. Jugé que l'exception de bonne foi (admissible dans le cas prévu par l'art. 2059 où le débiteur commettrait une erreur involontaire dans les déclarations portées à l'acte) *ne peut* JAMAIS *être proposée* par les maris ou tuteurs qui, n'ayant pas rendu publiques par l'inscription les hypothèques légales dont ils sont grevés, auront consenti ou laissé prendre des priviléges ou hypothèques sur leurs immeubles, sans avoir déclaré expressément que lesdits immeubles sont affectés à l'hypothèque légale des femmes ou mineurs (*Pa-*

ris, 27 *novembre* 1835) : parce que, dans le cas prévu par l'art. 2136, il n'y a pas erreur dans les déclarations faites dans l'acte, mais omission de la formalité de l'inscription, formalité indépendante et en dehors de l'acte; que le débiteur doit toujours s'imputer de ne l'avoir pas remplie, et que l'omission toujours volontaire de cette formalité entraîne nécessairement l'application de la peine portée par la loi.

Nous avons exprimé une opinion différente *p.* 18, *n°* 11, 2e *col.*, et renvoyé à deux arrêts dont l'un a été rendu par la section civile de la Cour de cassation. Aujourd'hui encore nous pensons que, dans les cas ordinaires, lorsqu'il n'y a eu ni inscription préalable de l'hypothèque légale ni déclaration de cette hypothèque dans l'acte d'emprunt, la double omission constitue le stellionat. C'est là le principe; mais est-il tellement absolu, tellement inflexible, que les faits n'amèneront jamais de modification? Telle est la question. Selon nous, les circonstances en doivent amener : car le stellionat ne consiste pas ici dans le défaut d'inscription de l'hypothèque légale, mais dans le défaut de déclaration, qui expose le prêteur à être trompé. Or, si les circonstances sont telles qu'il ne puisse pas l'être; si, par exemple, c'est le subrogé-tuteur qui prête au tuteur; si c'est l'oncle de la femme qui prête au mari; si de pareils prêts sont faits à une époque voisine du mariage ou de l'entrée en fonctions du tuteur, l'art. 2136 enjoindrait donc aux magistrats de déclarer stellionataire un homme qui sur le fait de l'hypothèque légale n'a ni trompé ni pu tromper le prêteur qui en avait une connaissance aussi certaine que lui! Non : il n'y a point de stellionat sans fraude ou sans présomption de fraude; l'art. 2136 ne *déclare* pas, mais seulement *répute* stellionataires les maris ou tuteurs dans les cas qu'il indique, et par conséquent la présomption qu'il établit cède à la preuve contraire, quand elle est évidente et certaine : c'est dans le point de fait qu'est la vraie difficulté.

SUR L'ARTICLE 2060.

Cautions des contraignables par corps, *p.* 17, *nos* 14 *et* 15. La jurisprudence dont nous avions constaté l'état s'est maintenue.

Ainsi il a été jugé qu'un non-commerçant qui s'était rendu caution solidaire en principal, intérêts et frais, des condamnations obtenues au tribunal de commerce contre un commerçant, n'était ni justiciable du tribunal de commerce ni contraignable par corps à raison de cet engagement (*Poitiers*, 14 *mai* 1834);

Qu'un non-commerçant sur la foi duquel un marchand avait ouvert à un autre un crédit limité, pouvait être cité en payement devant le tribunal de commerce en même temps que le débiteur principal, mais qu'il n'était pas soumis à la contrainte par suite de cet engagement (*Lyon*, 4 *février* 1835);

Et qu'un non-commerçant qui a consenti à se rendre caution des sommes dues par un commerçant pour raison de son commerce, et qui s'est engagé à souscrire des billets à ordre pour le complément de la créance, n'a point fait la soumission expresse que la loi requiert (*art.* 2060) pour qu'il y ait lieu contre lui à l'exercice rigoureux de la contrainte par corps (*Cass.*, 7 *juin* 1837);

Mais la jurisprudence est allée trop loin en déchargeant de la contrainte par corps le non-commerçant qui avait mandé à une maison de banque d'ouvrir un crédit à un ami dont celui-ci ferait usage sous sa garantie, en lettres de changes à *tant* de jours, sur le motif que cette garantie n'était pas un aval, puisqu'elle ne s'appliquait pas à des lettres de change existantes au moment du cautionnement (*Paris*, 12 *avril* 1834, *aff.* Jolimon).

La difficulté était donc de savoir si la promesse de garantir le payement des lettres de change qui seront tirées par un tiers par suite d'un crédit qu'on lui fait ouvrir est ou n'est pas un aval de garantie des lettres de change à créer.

Avant l'ordonnance de 1673, on aurait dû résoudre la question par la négative, parce qu'on ne regardait comme aval que la garantie écrite sur la lettre de change même (Heineccius, *Elem. juris cambii, tit.* 6, *n°* 10). Plusieurs ont même professé cette doctrine depuis l'ordonnance (Pothier, *Cont. de change*, *n°* 123).

Cependant, sous l'ordonnance, il n'était pas essentiel que les avals fussent donnés sur les lettres de change mêmes; on reconnut bientôt qu'ils discréditaient les signatures qui paraissaient ainsi ne pouvoir circuler sans certification, et l'usage s'introduisit de donner des avals séparés.

Sous l'ordonnance, l'aval pouvait être donné *avant que les lettres de change fussent créées* : c'est ce qui résulte de l'art. 33 du titre 5 : « *Ceux qui auront mis leur aval sur les lettres de change, sur des promesses d'en fournir, etc.* »

Or, puisque l'usage s'était introduit de donner des avals séparés du titre principal, et que l'ordonnance donnait le nom d'aval au cautionnement de la promesse de fournir des lettres de change, tout cautionnement du payement de lettres de change à créer constituait donc, avant le Code de commerce, un aval de garantie, aussi bien que si les lettres de change eussent été créées auparavant.

Le Code de commerce est venu, et si l'on veut se faire une juste idée des discussions qui ont amené les art. 141 et 142, il faut lire l'excellente analyse qu'en a donnée M. Locré (*Esprit du C. de*

Comm., *liv. I*, *tit.* 8, *sect.* 1re, § 8) : on y verra surtout que l'intention du conseil a été de donner à l'aval la plus grande liberté de forme, et de le permettre par acte séparé comme par acte écrit sur la lettre même.

Or ni l'art. 141 ni l'art. 142 n'imposent comme caractère distinctif de l'aval que les traites existent au moment de la formation du contrat : ils sont conçus l'un et l'autre en termes généraux et qui laissent les formes du contrat à l'usage.

Donc, en restreignant l'aval aux lettres de change antérieures au cautionnement, l'arrêt a créé une définition que la loi n'a pas faite, et distingué où elle ne distingue pas.

Ainsi l'a d'ailleurs jugé la Cour de cassation, en décidant que l'écrit par lequel un non-commerçant s'était porté garant et principal débiteur des sommes qu'un commerçant devait ou *pourrait* devoir par la suite à un autre par billets ou lettres de change et comptes courans jusqu'à concurrence d'une somme déterminée, *réunissait* tout ce qui est exigé par l'art. 142 du Code de commerce pour constituer un aval (*Cass.*, 24 *juin* 1816). Cet arrêt ne statuait que sur la compétence; mais aujourd'hui que la compétence commerciale entraîne la contrainte par corps (*L. du* 17 *avril* 1832), sauf les cas exceptés par les art. 2, 3 et 4, il est clair que la contrainte par corps doit être prononcée quand le cas est commercial de sa nature, et que la caution n'oppose pas à la contrainte par corps une des exceptions admises par l'un des art. 2, 3 et 4 de la loi de 1832 (V. encore *Bourges*, 23 *août* 1823).

Restitution de deniers *par les officiers ministériels*, *p.* 20 *et* 21, *nos* 25 *et* 26. — Depuis la publication du Commentaire, il a été prononcé sur la matière divers arrêts avec contrainte par corps, dont voici les plus remarquables :

1o Contre un notaire qui avait reçu des fonds pour en opérer le placement, parce qu'il était reconnu en point de fait que son client les lui avait remis par suite de ses fonctions de notaire et de la confiance qu'elles inspiraient (*Paris*, 31 *juillet* 1835);

2o Contre un notaire qui, chargé par sa cliente de toucher des sommes considérables et d'en opérer le placement, lui avait d'abord faussement annoncé les avoir placées hypothécairement, et avait plus tard fait compte et reconnaissance de la dette avec promesse des intérêts (*Paris*, 26 *janvier* 1835);

3o Contre un autre qui avait abusé de partie d'une somme prêtée à son client pour payer divers créanciers avec subrogation au profit du prêteur; subrogation qui devait être passée dans l'étude du même notaire (*Douai*, 29 *mai* 1839);

4o Et contre un notaire qui, après avoir reçu un prix de vente par suite de l'indication par l'acte même de son étude comme lieu de payement, ne le restitua pas aux vendeurs et leur donna plus tard une reconnaissance dans laquelle furent stipulées des sûretés hypothécaires dont la déclaration était inexacte (*Bourges*, 11 *décembre* 1839).

On ne saurait tirer de règles générales de ces arrêts; il faut les renfermer dans leurs espèces : en effet, si l'arrêt de Bourges est motivé sur l'infidélité du notaire, il l'est en même temps sur le stellionat; l'arrêt de Douai est conforme aux principes, car il ne paraît pas que les deniers fussent entrés aux mains de l'emprunteur; ils étaient restés aux mains du notaire, qui les avait reçus du prêteur *pour* son client et les avait gardés pour constater le payement. Des deux arrêts de la Cour royale de Paris, il en est un, celui du 26 janvier 1835, qui prouve que les deniers avaient été reçus pour le client; quant à celui du 31 juillet 1835, il est permis de douter de sa conformité à la loi, car il s'agissait de fonds remis par le client pour être placés, sans qu'il y eût de placement arrêté. La contrainte par corps impérative correspond à la garantie que donnent les officiers publics par leur cautionnement; elle ne doit être prononcée que dans les cas où il y aurait privilége pour fait de charge, et si l'indignation des magistrats pour l'infidélité les porte à une sévérité équitable contre les officiers, cette sévérité peut faire tort aux autres créanciers pour véritables faits de charge.

Dépens, *p.* 22, *no* 30. — Jugé, conformément aux principes, qu'un tribunal civil, en prononçant une peine de discipline contre un notaire, ne pouvait prononcer la contrainte par corps pour les dépens (*Douai*, 15 *juin* 1835). — *V.* en outre *la note nouvelle sur l'art.* 23 *de la loi du* 17 *avril* 1832.

Conversion des obligations de faire *en dommages-intérêts*, *p.* 23, *nos* 35, 36 *et* 37. — Par une suite nécessaire des principes que nous avons exposés, on a condamné justement *par corps* le spoliateur d'une succession qui n'avait pas offert la restitution des objets détournés, au payement d'une somme pour réparer le tort qu'il avait causé (*Lyon*, 4 *février* 1837; *Rejet*, 22 *juin* 1837).

Qualification *du fait*, *p.* 25, *no* 41. — La Cour de cassation a sanctionné cette doctrine en cassant l'arrêt du 6 janvier 1832, dont nous avions cru devoir combattre la décision (*Cass.*, 18 *novembre* 1834.)

Fol enchérisseur, *p.* 27, *n°* 52. — D'après la loi du 2 juin 1841 *sur les ventes judiciaires de biens immeubles*, la contrainte par corps impérative a lieu contre le fol enchérisseur pour la différence entre son prix et celui de la revente, quand il s'est rendu adjudicataire d'immeubles saisis (*art.* 733 *et* 740), de biens de mineurs (*mêmes art. combinés avec l'art.* 964), de biens vendus dans les formes du bénéfice d'inventaire (733 *et* 740 *combinés avec* 988), ou d'immeubles dotaux (*art.* 997, *qui renvoie aux art.* 956 *et suivans, relatifs à la vente des biens de mineurs*);

Ou quand il a surenchéri sur une adjudication par saisie immobilière (*art.* 710), sur l'adjudication de biens de mineurs (710 *et* 765), sur une vente ou aliénation volontaire (*art.* 834 *combiné avec* 734 *et suiv.*), sur une licitation (*art.* 973 *combiné avec* 710), sur une adjudication dans les formes du bénéfice d'inventaire (*art.* 988 *combiné avec* 740), ou sur vente de biens dotaux (*art.* 997). Il en faut dire autant de l'adjudicataire des biens d'un failli, qui ne peuvent être vendus que suivant les formes prescrites pour les biens de mineurs (*C. com.* 572; *L. du* 28 *mai* 1838).

Il est clair que les intérêts de la différence du prix sont exigibles par corps comme le principal (*Riom*, 12 *juillet* 1838).

SUR L'ARTICLE 2062.

Colons partiaires, *p.* 29, *n°* 7. — Dans le second alinéa de ce numéro, j'ai fait une erreur bizarre, mais qui ne trompera personne, parce qu'elle est contraire au texte; je n'en dois pas moins la rétracter : le projet ne portait pas, il est vrai, de contrainte par corps facultative pour le défaut de représentation par les colons partiaires du cheptel de bétail, des semences et instrumens aratoires qui leur auraient été confiés; mais le Tribunat ayant proposé de substituer au mot *ils*, qui ne comprenait que *les fermiers*, les mots *les fermiers et les colons partiaires*, le conseil d'État les inséra dans la rédaction définitive, et ils sont demeurés dans le texte. La contrainte par corps peut donc être prononcée pour défaut de représentation de ces objets, même contre les colons partiaires, sans qu'il soit besoin de recourir à l'art. 126 du Code de procédure civile.

SUR L'ARTICLE 2063.

Acquiescemens aux jugemens, *p.* 34, *n°* 12. — Il a été rendu, depuis notre première édition, une foule d'arrêts sur les questions d'acquiescement : la doctrine est loin d'y avoir gagné en clarté.

Notre première maxime, « que l'acquiescement volontaire n'empêche pas la partie condamnée de se pourvoir au chef de la contrainte par corps contre le jugement qui l'a prononcée », est confirmée par la jurisprudence (*Pau*, 10 *février* 1836; *Nancy*, 5 *août* 1837; *Paris*, 21 *octobre* 1837; *Caen*, 10 *janvier* 1838; *Paris*, 21 *avril* 1838; *Paris*, 26 *juin* 1838; *Paris*, 28 *mai* 1839; *Paris*, 2 *janvier* 1840; *Paris*, 5 *décembre* 1840).

On cite cependant quelques arrêts contraires à cette doctrine (*Caen*, 30 *août* 1836; *Bourges*, 8 *mai* 1837; *Limoges*, 24 *décembre* 1840); mais quand on descend dans les espèces jugées, on reconnaît que ces arrêts n'ont pas assez de force pour la détruire.

Les deux arrêts de Caen et de Bourges ont dit effectivement que l'acquiescement, ayant pour objet de déterminer les effets d'un jugement commercial, n'était pas contraire à l'art. 2063, et qu'il s'étendait à la qualité de négociant donnée à la partie par le jugement, et à la contrainte par corps prononcée contre elle, comme à toutes les autres dispositions du jugement : mais ce serait une erreur de croire que ces Cours ont voulu alors proclamer des vérités absolues; leur doctrine était vraie relativement aux espèces jugées : en effet, les débiteurs n'avaient point interjeté appel des jugemens de condamnation rendus commercialement; ils avaient acquiescé, laissé écouler les délais, et s'étaient ensuite pourvus devant les tribunaux civils pour faire déclarer nuls les contrats résultant de l'acquiescement, de sorte que les tribunaux d'exécution s'étaient trouvés liés par l'autorité de la chose jugée résultant des jugemens du fond non attaqués par la voie de l'appel.

Quant à l'arrêt de Limoges, il a en effet décidé qu'un débiteur condamné commercialement et par corps *au payement de lettres de change*, et qui depuis avait acquiescé au jugement par défaut, était non-recevable à se pourvoir par opposition ni par appel contre ce jugement *qui avait prononcé* la contrainte par corps *dans un cas déterminé par la loi*. On voit par ces termes mêmes que la Cour a reconnu en point de fait que la contrainte par corps avait été prononcée conformément à la loi, et par conséquent qu'elle eût reçu l'appel et déchargé le débiteur de la contrainte personnelle, nonobstant son acquiescement, si elle eût reconnu en fait que les lettres de change fussent irrégulières.

On est donc d'accord sur la première maxime. Passons à la seconde : « Quand le laps de temps s'est joint à l'acquiescement, il n'est plus permis de se pourvoir contre le jugement qui a prononcé la contrainte par corps. » C'est surtout ici qu'on trouve divergence dans les opinions, incertitude sur la durée du droit, contrariété dans la jurisprudence.

Plusieurs arrêts attribuent au débiteur qui a acquiescé au jugement par défaut le droit de se pourvoir, non-seulement par appel, mais même par voie d'opposition, contre le jugement de condamnation (*Paris*, 26 *juin* 1838; *Paris*, 2 *janvier* 1840); d'autres ont déclaré l'appel recevable, sans qu'on puisse distinguer dans les recueils qui les publient si le délai ordinaire de l'appel était expiré ou ne l'était pas (*Pau*, 10 *février* 1836; *Nancy*, 5 *août* 1837; *Paris*, 21 *octobre* 1837); d'autres ont déclaré non-recevables dans leur opposition ou dans leur appel les débiteurs qui avaient acquiescé et laissé écouler les délais à partir du jour de l'acquiescement tacite par le payement des frais (*Paris*, 22 *juillet* 1840) ou de l'acquiescement exprès et conventionnel (*Paris*, 11 *mars* 1839), surtout quand l'acte d'acquiescement constatait que le débiteur avait eu connaissance de l'existence du jugement (*Paris*, 10 *oct.* 1839) et des actes d'exécution faits en vertu du jugement (*Paris*, 10 *mars* 1840); enfin un arrêt a proclamé cette doctrine que le délai pour former opposition ou appel contre le jugement prononçant contrainte par corps, court non du jour de l'acquiescement, mais de celui de la signification du jugement avec commandement tendant à contrainte par corps (*Paris*, 28 *mai* 1839).

Certes, ces solutions si différentes ne peuvent pas être toutes également vraies : il faut donc recourir aux principes, plutôt que de s'attacher à une jurisprudence variable.

La liberté individuelle est sacrée, mais la chose jugée l'est plus encore : on la respecte dans les décisions qui touchent à l'état des hommes; on la respecte quand elle dispose de l'honneur et de la vie des citoyens, matières bien plus importantes qu'un emprisonnement temporaire auquel le débiteur de bonne foi peut toujours échapper par la cession de biens.

Le maintien de la chose jugée est donc la règle générale : dès lors il ne peut subir d'exception, en matière de contrainte par corps, qu'autant que la loi apporterait en cette matière une exception à la règle générale.

Aucune loi ne fait de distinction pour les délais de l'opposition aux jugemens qui prononcent la contrainte par corps et ceux qui ne la prononcent pas : ces délais sont de huitaine à partir de la signification pour les jugemens par défaut contre avoué (*C. pr. art.* 157); ils sont indéterminés quand la partie condamnée n'avait pas d'avoué; mais l'opposition devient non-recevable du jour même où le jugement est exécuté (*art.* 158).

L'acquiescement est-il un acte d'exécution? S'il en est un, l'opposition devient non-recevable à partir de l'acquiescement même, et les délais de l'appel commencent à courir.

Personne n'en doute pour l'acquiescement tacite; soit que le débiteur paye les dépens, qu'il laisse vendre les meubles de son domicile, etc. etc., il est déchu du droit de former opposition, et n'a plus de ressource que l'appel.

On ne veut pas qu'il en soit de même pour l'acquiescement exprès et conventionnel, parce que, dit-on, cet acte prouve bien que le débiteur a connaissance de l'existence du jugement, mais ne prouve pas également qu'il ait connaissance de son exécution, comme le veut l'art. 159 du Code de procédure.

Il serait possible de répondre que les jugemens peuvent être exécutés ou activement par les poursuites du créancier, ou passivement par un acte spontané du débiteur; en d'autres termes, que l'exécution est ou forcée ou volontaire, et que si le débiteur exécute le jugement par l'acquiescement qu'il souscrit volontairement, on ne peut pas dire qu'il n'a pas connaissance de l'exécution dont il est lui-même l'instrument.

Mais cette réponse, quoique suffisante pour expliquer l'art. 159, serait incomplète; car si l'on réfléchit sur l'origine, sur l'objet, l'enchaînement et l'économie des art. 156, 157, 158 et 159 du Code de procédure civile, on reconnaîtra que les présomptions légales d'exécution énumérées dans l'art. 159 sont relatives à l'exécution active et forcée, et non à l'exécution passive et volontaire; et par conséquent que les acquiescemens se rapportent à l'art. 158 et non à l'art. 159 du Code de procédure civile.

Sous l'ancien droit, les jugemens par défaut contre la partie qui n'avait pas constitué de procureur, n'étaient susceptibles d'opposition que pendant huitaine à partir de la signification à personne ou domicile : tel était le principe, et nous n'avons pas à nous occuper ici des tempéramens que l'usage y avait introduits. De là il suivait que si la malveillance d'un huissier détournait la copie, un jugement subsistant, pendant trente ans, pouvait n'être connu de la partie qu'après longues années, et lorsqu'il n'était plus temps d'y former opposition ni appel.

C'est ce que le Code de procédure a voulu corriger.

Il a conservé le délai de huitaine pour l'opposition à former contre les jugemens par défaut rendus contre avoué (*art.* 157), parce que la partie y avait un représentant.

Mais quand la partie n'a pas constitué d'avoué, le Code de procédure a pris trois précautions pour que le jugement vînt promptement à sa connaissance; et, pour éviter les surprises, il a voulu 1° que le jugement fût signifié par un huissier commis (*art.* 156), 2° qu'il fût exécuté dans les six mois de son obtention, sous peine de déchéance (*art.* 156), et 3° que l'opposition fût recevable jusqu'à l'exécution (*art.* 158).

Cet article 158 parle donc de l'exécution en général, soit passive et volontaire, soit active et forcée, car, à l'instant où l'exécution vient du débiteur, le motif déterminant de l'art. 156 cesse immédiatement; il n'y a plus crainte de surprise; le créancier doit donc cesser d'être soumis à la déchéance de six mois : il y a volonté exprimée d'obéir au jugement; le débiteur cesse donc d'être recevable à former opposition : la déchéance de six mois et le droit de former opposition sont deux corrélatifs.

Tous les actes volontaires sont du domaine du Code civil; ils se prouvent par les preuves ordinaires des conventions : le Code de procédure n'avait donc rien à régler sur l'exécution passive et volontaire : la preuve s'en devait faire suivant les règles du droit commun.

Mais comme il eût été contraire à la justice d'exiger que l'exécution forcée fût entièrement consommée pour la réputer connue du débiteur, l'art. 159 a établi des présomptions légales de cette connaissance : la vente des meubles saisis, l'emprisonnement de la personne, la notification d'une saisie réelle, le payement de dépens, sont autant de présomptions que le débiteur a connaissance des poursuites du créancier; enfin la loi ajoute à ces faits présomptifs « l'existence de tout acte duquel il résulte nécessairement que l'exécution du jugement a été connue de la partie défaillante », ce qui s'entend des actes faits par le créancier, et qui constateraient la présence du débiteur en personne lors d'une exécution dirigée contre lui, et des actes émanés du débiteur qu'il n'aurait même pas faits pour exécuter : telles seraient ses protestations contre les poursuites.

Mais cela ne doit pas s'entendre de l'acquiescement, car l'art. 159 ne s'occupe que des *présomptions* d'exécution, et l'acquiescement en est une *preuve* complète, car l'art. 159 ne traite que des actes qui constatent l'exécution active et forcée, et l'acquiescement est une preuve d'exécution passive et volontaire : il est donc réglé, comme nous l'avons dit, par l'art. 158, et quand la preuve en est faite conformément au droit civil, il faut donc tomber d'accord que le droit d'opposition a cessé au moment même de l'acquiescement.

Mais, dit-on, c'est là faire un contrat qui soumet à la contrainte par corps, malgré la défense de l'art. 2063 du Code civil? Non; c'est seulement constater un fait; c'est, de la part du débiteur, déclarer quil regarde le jugement comme contradictoire, renoncer à y former opposition, et faire courir les délais de l'appel au chef de la contrainte par corps auquel il est défendu de consentir.

Il ne peut donc y avoir sur cette matière qu'une question de fait : l'acquiescement est-il ou n'est-il pas l'œuvre de la liberté? S'il résulte d'un consentement valable, plus d'opposition possible; s'il n'a été donné que par erreur, s'il a été extorqué par violence ou surpris par dol, il peut être attaqué comme nul, et si la nullité en est prononcée, et qu'il n'y ait pas d'acte d'exécution forcée avant les six mois, le jugement est frappé de déchéance.

Quant à l'appel, le délai court du jour de l'acquiescement valable, si le jugement a été signifié, sans que le débiteur puisse prétendre avoir fait un acte contraire à la loi en acquiesçant, parce que ce n'est pas l'acquiescement qui produit la contrainte par corps; c'est le jugement que l'acquiescement n'empêchait pas d'attaquer en ce chef pendant le délai légal de l'appel.

On ne peut pas admettre non plus que le délai d'appel ne courre que du jour du commandement tendant à contrainte par corps, quand le jugement acquiescé a été signifié auparavant. C'est du jour où l'opposition n'est plus recevable que commencent les trois mois utiles pour l'appel, suivant l'art. 443 du Code de procédure.

SUR LES ARTICLES 2064, 2065 ET 2066.

Femme, *page* 36, *n°* 4. — La femme est si peu assujettie à la contrainte par corps pour stellionat, quand elle n'a pas la libre administration des biens hypothéqués et qu'elle contracte avec l'assistance de son mari, que la Cour royale de Limoges a refusé la contrainte par corps réclamée contre la dame Lacaud, qui, pour se procurer une somme de 1,800 fr. nécessaire au remplacement de son fils dans le service militaire, avait hypothéqué un immeuble comme lui appartenant en totalité, quoiqu'il ne fût sa propriété que pour partie, et s'était déclarée mariée en communauté, quoiqu'elle fût mariée sous le régime dotal (*Limoges*, 31 *mai* 1838). — *V.* d'ailleurs *n°* 8 *sur l'art.* 2059, *p.* 9.

Page 39, *à la fin du n°* 11. La jurisprudence a de nouveau confirmé la règle que, même dans le cas de fraude ou de dol, on ne pouvait prononcer la contrainte par corps en matière civile contre les mineurs, les femmes, les filles et les septuagénaires.

Ainsi les époux Robert ayant été condamnés à payer une somme de 24,300 fr. pour valeur des objets détournés par eux dans une succession, le mari seul a été condamné par corps (*Lyon*, 4 *février* 1837). Le pourvoi contre cet arrêt a été rejeté (*Rejet*, 22 *juin* 1837), mais on ne s'était pas pourvu contre la décharge de la contrainte par corps obtenue par la femme.

Ainsi la dame Bethfort Bérat, poursuivie comme

complice de la banqueroute frauduleuse de son mari, ayant été acquittée sur la déclaration de non-culpabilité exprimée par le jury, fut néanmoins condamnée par la Cour d'assises, sur la demande des parties civiles, à des dommages-intérêts pour faits dommageables aux créanciers, résultant du procès, et dont elle devait répondre ; mais la Cour d'assises refusa contre elle la contrainte par corps. Le pourvoi dirigé contre cet arrêt fut rejeté, parce « qu'une adjudication de dommages-intérêts, isolée de toute peine et prononcée au contraire contre un accusé affranchi de l'action publique par un acquittement, ne saurait avoir, ni comme accessoire ni à titre principal, le caractère répressif inconciliable avec l'absence judiciairement constatée de tout élément criminel ; que si l'art. 358 du Code d'instruction criminelle attribue à la Cour d'assises la connaissance de l'action privée, il n'a pu vouloir rendre la condition de l'accusé acquitté moins favorable que celle d'une partie poursuivie seulement devant la juridiction civile, ni consacrer entre l'acquittement et le défaut de toute poursuite criminelle une distinction contraire à l'autorité de la chose souverainement jugée ; qu'ainsi, la matière étant purement civile, la Cour d'assises prend à l'égard des parties le caractère de tribunal civil, et ne peut prononcer la contrainte par corps dans les cas où un tribunal civil ne la pourrait prononcer (*Rejet, sect. crim.*, 14 *décembre* 1839). »

SUR L'ARTICLE 2068.

Exécution provisoire, *p.* 43, *n*° 1. — Deux arrêts ont suspendu l'exécution, quant à la contrainte par corps seulement, de jugemens prononçant l'exécution provisoire sans ordonner de caution : le premier prononçait sur des dommages-intérêts (*Pau*, 24 *juillet* 1823), le second statuait sur un cautionnement consenti par la dame Landaluse, Espagnole, au profit du sieur Sarmento, son compatriote, devant le consul de leur nation à Bordeaux (*Rennes*, 6 *avril* 1835).

L'arrêt de Pau nous paraît juridique. Quant à celui de la Cour de Rennes, il faut que l'espèce n'en soit pas bien connue, car tel qu'il résulte des recueils, il serait contraire à la loi : en effet, l'art. 18 de la loi du 17 avril 1832 exempte les étrangères de la contrainte par corps pour dettes civiles, et l'on ne conçoit pas que les tribunaux aient accordé à l'étranger Sarmento contre la dame Landaluse un privilége que la loi refusait aux Français. Si la dette eût été commerciale, l'art. 2068 n'aurait point été applicable, comme nous l'avons démontré dans les *n*os 2 *et* 3 *sur ledit article*, *p*. 43. Nous n'indiquons donc cet arrêt que pour rappeler qu'il vaut mieux s'en tenir aux principes que de se régler sur des décisions connues imparfaitement.

SUR L'ART. 2069 ET SUR LA PROCÉDURE.

Gardes de commerce. *Etendue de leur circonscription territoriale*, *p.* 46, 2e *col.*, *n*° 4, 3e *alinéa*. —Il a été inexact de dire que l'art. 625 du Code de commerce avait circonscrit l'exercice des attributions des gardes du commerce *dans l'enceinte de la ville* de Paris : les mots « *pour la ville de Paris seulement* » n'ont été placés dans cet article que pour exprimer qu'il n'y aurait de ces officiers qu'auprès du tribunal de commerce de Paris. En effet, la commission avait proposé d'établir des gardes de commerce près des tribunaux que le gouvernement désignerait, et le conseil d'État s'est borné à en créer *pour la ville de Paris seulement* (*V.* Locré, *Esprit du C. de Comm.*, *sur l'art.* 625) : ces mots ont donc eu pour objet d'exclure la création de ces officiers près des autres tribunaux de commerce, et non de déterminer l'étendue du territoire dans lequel ces gardes exerceraient leurs fonctions ; et comme les tribunaux de commerce sont accordés principalement dans l'intérêt des *villes* où ils sont établis et n'ont point de ressort territorial proprement dit, mais un arrondissement qui leur est fixé quant à la personne des justiciables, les mots *pour la ville de Paris seulement* comprennent dans leur signification spéciale tout l'arrondissement soumis à la juridiction du tribunal de commerce de Paris, c'est-à-dire tout le département de la Seine, suivant le tableau annexé au décret du 6 octobre 1809; ce qui est conforme aux édits qui avaient créé des gardes de commerce pour Paris et la banlieue.

De là il suit que le décret du 14 mars 1808, en fixant à dix le nombre des gardes de commerce qui doivent être établis dans le département de la Seine pour l'exécution de la contrainte par corps, en conformité de l'article 625 du Code de commerce, n'a rien changé à cet article, et n'a fait qu'expliquer le sens de la loi dont il réglementait l'exécution.

De là suit encore qu'on ne peut, sur aucun point du département, faire exécuter une contrainte par corps par un huissier.

Nous devions ces explications, parce que, depuis la publication du Commentaire, la question s'est élevée, quoique elle n'ait pas été soumise aux tribunaux ; or cette question n'aurait pu naître, s'il eût été démontré que l'art. 625 devait s'entendre de l'arrondissement du tribunal de commerce de Paris, et non de l'étendue de la ville.

Commandement. *Copie des pièces*, *p.* 47, *n*o 9.— Une arrestation opérée en vertu d'une sentence arbitrale a été déclarée nulle, faute par l'huissier d'avoir donné, dans le commandement prescrit par l'art. 780 du Code de procédure civile, copie du jugement qui déboutait le débiteur de l'opposition par lui formée à l'ordonnance d'*exequatur* (*Paris*, 30 *novembre* 1836).

Nous supposons que le commandement n'avait été fait que depuis l'obtention de ce nouveau jugement, et qu'ainsi, comme le porte l'arrêt, en adoptant les motifs des premiers juges, le jugement faisait partie du titre; mais si le commandement eût été antérieur à l'opposition, qu'il n'eût pas été frappé de surannation, et que le jugement qui déclarait l'opposition non-recevable eût été signifié, rien n'aurait exigé, selon nous, que l'ancien commandement fût renouvelé. Cependant il est prudent de le faire avec ce luxe coûteux de copie de pièces; mieux vaut une signification inutile qu'un procès.

Il arrive souvent qu'après un jugement définitif de condamnation, un débiteur se pourvoit en référé, sous prétexte d'une compensation, d'une liquidation ou de toute autre circonstance, et qu'il obtient une ordonnance, qui lui accorde un sursis à l'exécution. Cette ordonnance sur référé est exécutoire par provision, nonobstant appel : par conséquent, tant qu'elle n'est pas réformée, le créancier ne peut faire d'acte d'exécution. Un commandement préalable à la contrainte par corps avait été fait au sieur Pierre Maget, après une ordonnance prononçant la discontinuation des poursuites jusqu'à ce qu'il eût été statué sur le procès qu'avait le débiteur avec d'autres parties. Quand il eut perdu ce procès, son créancier le fit emprisonner, sans faire de nouveau commandement, et la Cour royale de Metz déclara cet emprisonnement valable; mais l'arrêt fut cassé, « parce que le commandement fait trois jours après l'ordonnance sur référé avait été fait au mépris d'icelle, et qu'en donnant effet à ce commandement et en l'admettant comme base de l'exercice de la contrainte par corps, l'arrêt avait par cela même refusé à l'ordonnance sur référé l'effet suspensif qui lui appartenait aux termes de l'art. 794 du Code de procédure civile (*Cass.*, 16 *décembre* 1839). »

Mais si le commandement avait été valablement signifié avant l'ordonnance de référé, l'exécution faite par suite de ce commandemnt, après que l'ordonnance aurait été réformée sur l'appel, ou depuis que le terme fixé au sursis eût été expiré, nous paraîtrait inattaquable, parce que le provisoire aurait cessé d'avoir effet, et n'aurait pu ôter aux actes précédens la force exécutoire qu'elle avait suspendue momentanément.

Commission d'huissier, *compétence*, *p.* 47, *n*o 10. — Il est constant en jurisprudence que les tribunaux de commerce commettent valablement, par le jugement qui prononce la contrainte par corps, un huissier pour signifier le commandement (*Aix*, 6 *décembre* 1834; *Douai*, 23 *novembre* 1839). L'huissier commis par le jugement de condamnation peut même faire ce commandement sans commission nouvelle, après le jugement de débouté d'opposition qui ordonne l'exécution du premier (*Aix*, 6 *décembre* 1834), si le second jugement n'a pas conféré la commission à un autre (*V. le n*o 12).

Commission d'huissier, *formes de l'ordonnance*, *p.* 48, *n*o 13. — Un arrêt a déclaré nul un emprisonnement par le motif que l'ordonnance du président, portant nomination de l'huissier qui devait notifier le commandement préalable, avait été rendue en l'hôtel du juge, sans assistance du greffier; et ce qu'il y a de singulier, c'est que le greffier avait délivré de cette ordonnance une expédition de lui signée (*Toulouse*, 1er *septembre* 1824). Un autre arrêt plus récent a décidé que lorsque la commission était requise pour recommander un débiteur déjà écroué à la requête d'autres créanciers, il y avait urgence, et que, dans ce cas, l'ordonnance était valable, quoique rendue en l'hôtel du juge, et sans qu'il eût été assisté du greffier (*Riom*, 3 *août* 1837). La décision est différente, mais elle est fondée sur le même principe, et semble exiger la présence du greffier dans les cas ordinaires.

A Paris, on ne comprendrait pas la difficulté. On y regarde avec raison comme d'urgence tout ce qui est relatif à l'exécution : en effet, qui peut dire qu'un retard ne reculera pas l'exécution jusqu'à l'époque d'une faillite? Qui peut assurer qu'un débiteur ne profitera pas du délai pour se soustraire aux recherches? Le créancier n'a-t-il pas eu assez à souffrir des lenteurs de la procédure? Aussi toutes les ordonnances de commission d'huissier, celles qui ont pour objet les permissions de saisies-arrêts, etc. etc., sont revêtues de la seule signature du président, sont écrites au pied de la requête, et ne se délivrent jamais qu'en original et non par expédition. On ménage le temps et les frais, et l'on se tient dans l'esprit de la seconde partie de l'art. 1040 du Code de procédure civile.

Arrestation *dans une prison*, *p.* 51, *n*o 27. — Jugé qu'un huissier n'a pas eu besoin de l'assistance du juge de paix pour arrêter, sans la présence du magistrat, un débiteur qu'il a rencontré par hasard dans une prison (*Grenoble*, 30 *août* 1839). Quoique cette espèce singulière ne se représentera peut-être pas, nous ne balançons pas à émettre une opinion contraire à cet arrêt : la loi n'a pas eu la seule intention de protéger le domicile des citoyens, elle a eu aussi celle d'éviter les rixes qui peuvent s'élever dans un intérieur, et les mots *maison quelconque* paraissent le prouver.

ARRESTATION, *Évasion*, *p.* 51, *n°* 31. — Deux arrêts ont jugé que l'huissier, des mains duquel un débiteur s'était échappé, ne pouvait, avant l'arrivée du juge de paix, entrer dans une maison tierce où ce débiteur s'était réfugié pour se soustraire à l'exécution (*Riom*, 22 *juin* 1837; *Riom*, 13 *juillet* 1837).

HEURE *des arrestations*, *p.* 52, *n°* 35. — Le *Dictionnaire de Procédure* de M. Bioche, mot *Emprisonnement*, nos 154 et 155, 2e édition, enseigne qu'avant ou après les heures fixées par l'art. 1037, on peut procéder à une arrestation, si le soleil est encore sur l'horizon. Certes, la question se présentera rarement, car la défense de faire des exécutions du 1er octobre jusqu'au 31 mars avant six heures du matin et après six heures du soir, embrasse un semestre où le soleil ne se lève avant l'heure des exécutions ordinaires et ne descend sous l'horizon quelques minutes après cette heure, que pendant les derniers jours de mars; et dans le semestre d'été, du 1er avril au 1er septembre, ce n'est que pendant quelques jours voisins du solstice que le lever du soleil précèdera quatre heures du matin; mais enfin il suffit que la question puisse se présenter, pour signaler aux officiers ministériels une erreur où les entraîneraient leur zèle et l'autorité d'un ouvrage justement estimé.

On y dit donc que l'art. 781 est *spécial* aux arrestations, ce qui est vrai; et qu'il décide d'une manière *complète* la question des temps, ce que nous contestons. En effet, si les exécutions ordinaires ne peuvent être faites avant quatre heures ou avant six heures du matin, suivant les saisons, c'est que le législateur a voulu qu'on respectât le repos et le domicile des citoyens pendant les heures prohibées; si l'art. 781 défend spécialement d'arrêter un débiteur avant le lever du soleil, c'est que, même aux heures permises pour des exécutions moins rigoureuses, l'arrestation effectuée pendant que le jour serait encore douteux peut amener des rixes, des violences, et compromettre la sûreté des officiers ministériels : donc l'art. 781 déroge à l'art. 1037, en ce sens qu'il restreint au temps où le soleil est sur l'horizon la faculté d'exécuter la contrainte par corps; mais induire de cette première dérogation que cet article permet de faire l'exécution la plus excitante à une heure prohibée pour les autres exécutions, c'est aller directement contre les motifs qui ont introduit l'exception.

Des motifs de la loi passons aux textes : il y faut toujours revenir. Règle générale dans l'art. 1037 et qui s'étend sur tout le Code : AUCUNE *exécution* NE POURRA ÊTRE *faite* avant ni après les heures déterminées par cet article; règle spéciale dans l'art. 781 : *Le débiteur* NE POURRA *être arrêté avant le lever et après le coucher du soleil.* Or la seconde règle restreint nécessairement la première, mais lui est-elle contradictoire? Evidemment non, parce que la négation de la faculté générale d'exécuter avant quatre ou six heures du matin n'est pas détruite par la négation de la faculté particulière d'exécuter la contrainte par corps aux mêmes heures, si le soleil n'est pas sur l'horizon. Pour que les deux propositions fussent contradictoires, il aurait fallu qu'à la proposition négative universelle de l'art. 1037 le législateur eût opposé dans l'art. 781 une proposition affirmative universelle. Par exemple : *Le débiteur pourra toujours être arrêté depuis le lever jusqu'au coucher du soleil.* Or c'est ce qu'il n'a pas fait; il a donc conservé à la règle générale son influence, tant qu'elle ne serait pas restreinte par la règle spéciale, et n'a point donné à la règle spéciale une extension au delà de la règle générale dans les limites de laquelle elle s'exerce : système qui convient le mieux à la paix publique. Il faut donc concilier les deux articles et les appliquer en combinant leurs dispositions.

SAUF-CONDUIT *en matière de faillite*, *p.* 55, *n°* 44. — Cette matière est aujourd'hui réglée par les art. 472 et 473 du Code de commerce, d'après la loi du 8 juin 1838, empruntés aux anciens art. 466 et 467 : ils n'amènent aucun changement à ce que nous avons dit; mais il est bon de remarquer que, dans le cas où la demande de sauf-conduit est faite par le failli, le jugement doit être rendu à l'audience.

EMPRISONNEMENT *du débiteur failli*, *p.* 55, *n°* 45. — L'art. 455 du Code de commerce (*édition de* 1838) porte qu'il ne pourra être reçu contre le failli d'écrou ou recommandation pour *aucune espèce de dette*; d'où il suit que pendant les opérations de la faillite le débiteur ne peut être arrêté par aucun créancier en son nom personnel, ni pour stellionat, ni pour dommages-intérêts et frais alloués en matière criminelle ou correctionnelle. Il y avait déjà arrêt sur ce dernier point, même sous l'ancienne rédaction (*Paris*, 12 *octobre* 1837; *Paris*, 25 *novembre* 1837).

ITÉRATIF COMMANDEMENT, *n° 47, p. 55.* — Un arrêt a maintenu une arrestation, quoique l'itératif commandement inséré au procès-verbal n'énonçât pas littéralement la somme due; mais il la rappelait implicitement en exprimant la sommation de payer les causes du précédent commandement qui s'y trouvait daté (*Nancy, 21 août* 1838).

SIGNATURE *des recors, p.* 56, *n°* 49. — Un arrêt récent confirme notre doctrine. L'huissier avait fait mention dans le procès-verbal d'emprisonnement qu'il était assisté de deux recors y dénommés; ceux-ci signèrent le procès-verbal d'écrou rédigé par le greffier, et l'huissier délivra en une seule copie le procès-verbal d'écrou et d'emprisonnement au débiteur incarcéré, sans faire signer cette copie par ses témoins. Il fut jugé qu'il n'y avait pas nullité (*Nancy*, 21 *août* 1838).

RÉQUISITION DE RÉFÉRÉ, *p.* 56, 2e *col.*, *n°* 52. — Ainsi jugé par la Cour royale de Douai, qui a déclaré nul un écrou rédigé et achevé nonobstant une réquisition de référé faite pendant la rédaction (*Douai*, 23 *novembre* 1839).

REMISE DE COPIE *du procès-verbal*, *p.* 58, *n°* 59. La Cour de cassation a confirmé le principe que la copie doit être remise à l'instant au débiteur incarcéré. Le sieur Maget, arrêté le 7 mars 1839, avait demandé à être conduit en référé, de sorte que le procès-verbal d'écrou, daté de sept heures du soir, constatait bien en fait qu'il lui avait été à l'instant laissé copie de l'écrou; mais il ajoutait: « La copie du procès-verbal d'emprisonnement ne pourra lui être remise que demain, attendu le référé qui s'est prolongé trop tard pour qu'il puisse lui être actuellement donné copie de l'ordonnance. » La Cour royale de Metz maintint l'arrestation, « parce que l'huissier avait satisfait, *autant que possible*, au vœu de l'art. 789; que d'ailleurs une infraction à ce texte ne constituait pas une nullité légale et de plein droit. » Mais l'arrêt fut cassé à cause de la combinaison des art. 789 et 794, et parce que les garanties que la loi donne à la liberté des citoyens sont substantielles et impératives (*Cass.*, 16 *décembre* 1839).

TRANSCRIPTION *des jugemens*, *p.* 58, *n°* 60. — Le second alinéa de ce numéro devait commencer ainsi: « Le gardien ou geôlier transcrira sur son registre le jugement qui autorise l'arrestation. » (*C. pr.*, *art.* 790).

Cette formalité est extrinsèque à l'écrou: elle a principalement pour objet de constater que le jugement a été représenté au greffier de la prison, et de le mettre en état de connaître l'importance de la consignation que doit faire le débiteur qui veut sortir en se libérant (*art.* 800, § 2). Cette copie peut donc être faite après que le débiteur est écroué, sans qu'on puisse attaquer l'emprisonnement.

RÉDACTION DE L'ÉCROU *par le greffier*, *p.* 58, *n°* 61. — Jugé de nouveau que le geôlier a qualité pour rédiger le procès-verbal d'écrou, et que la signature de l'huissier suffit pour la validité (*Nancy*, 21 *août* 1838).

CONSIGNATION D'ALIMENS. *Concours de plusieurs créanciers*, *p.* 61, *nos* 80 *à* 84. — Pendant longtemps on a pensé que le créancier *incarcérateur* ne pouvait, en l'absence d'une convention positive, profiter des alimens déposés par les recommandans, quand ceux-ci retiraient leur consignation ou qu'ils l'avaient faite sans droit et en vertu d'une recommandation nulle en elle-même.

Pour nous, tout en reconnaissant que tant que la consignation n'est pas retirée, elle profite à tous les créanciers, même à l'incarcérateur (*n°* 83), nous avons dit positivement qu'à défaut d'action du créancier incarcérateur contre le recommandant, ou d'une convention entre eux sur le mode alternatif de la consignation, le recommandant n'est pas lié envers l'incarcérateur, et pouvait laisser ou retirer à son gré la consignation (*n°* 82).

Nous nous sommes trompé sur une matière qui n'avait donné lieu à aucune difficulté à Paris, où jamais recommandant, pendant les vingt-sept premières années du Code de procédure, n'avait songé à retirer sa consignation d'alimens au préjudice du créancier incarcérateur.

Nous avons été induit à cette erreur sur la foi d'un arrêt de Colmar du 27 mars 1817, qui est juridique dans l'espèce sur laquelle il statue, mais dont les motifs sont inexacts en droit; et cette erreur a été longtemps partagée quand des difficultés se sont élevées sur la question.

Cette erreur avait pour cause une observation trop exacte des textes du Code de procédure civile, interprétés dans un sens trop étroit, faute de les mettre en rapport avec les textes du Code civil dont ils sont l'application.

Avant que de revenir sur les principes, il faut nécessairement présenter un tableau exact de la jurisprudence, montrer quelle a été sa naissance, son progrès, et par quelles variations elle a fait un retour complet sur elle-même : on en comprendra mieux toutes les difficultés. C'est après ce travail historique que nous rétablirons sur cette matière une doctrine dont nous regrettons de nous être écarté en 1834 dans la première édition de cet ouvrage.

Première espèce. Greiner, incarcéré à la requête de Maurer, le 16 avril 1816, fut recommandé le 25 mai suivant par le sieur Busch, qui consigna des alimens à différentes reprises, et notamment le mois qui devait finir le 16 novembre 1816; mais le 6 du même mois Greiner remboursa au sieur Busch le principal et les accessoires de sa dette, dans lesquels se trouvèrent compris les alimens déposés par ce recommandant.

Muni de cette quittance, Greiner demanda sa mise en liberté contre Maurer, parce qu'il n'avait pas déposé d'alimens. Un jugement que les arrêtistes n'ont pas conservé ordonna l'élargissement.

Maurer voulut se faire contre Busch une arme de ce jugement; il lui demanda, comme indemnité du tort causé par le retrait des alimens, le payement de sa créance sur Greiner, et la Cour royale le déclara non-recevable, en se fondant sur ce que « c'est à l'incarcérateur seul à consigner les alimens; que tant qu'il n'y a ni convention ni contrainte juridique, les alimens que consigne le recommandant sont pour son compte seul, et que, libre de les consigner, il l'est pareillement de les retirer, par cela seul que la loi ne lui en ôte pas la faculté (*Colmar*, 27 *mars* 1817).

Certes, la question est ici décidée en principe; mais ce qui diminue singulièrement l'autorité de cet arrêt, c'est qu'il n'était pas besoin de la juger. En fait, le recommandant n'avait pas retiré sa consignation; il avait seulement donné quittance au débiteur des alimens par lui consignés, en même temps qu'il lui donnait quittance du principal : or ce n'était pas là une faute, mais l'exercice d'un droit, qui ne pouvait fonder aucune action récursoire; et le jugement de mise en liberté qui avait jugé que les alimens consignés par le recommandant appartenaient au débiteur au moyen de sa quittance et ne profitaient pas à l'incarcérateur, était chose étrangère au recommandant.

Deuxième espèce. M. Gouffé avait fait arrêter pour dettes le sieur Guibout : un autre créancier, M. Mallet, le fit recommander le 8 août 1834, et consigna le 25 du même mois des alimens pour trente jours. C'était le 29 août que commençait la seconde période : M. Gouffé, voyant qu'un autre créancier y avait pourvu, ne fit pas de consignation le 28; mais le 30 août Guibout forma une demande en main-levée contre le sieur Mallet, recommandant, faute par lui d'avoir observé l'espace de vingt-quatre heures entre le commandement et la recommandation, et demanda en même temps, contre ses autres créanciers, la liberté faute d'alimens : il réussit; le tribunal de la Seine déclara nulles la recommandation du sieur Mallet et la consignation qui l'avait suivie, comme faites sans cause et sans droit, et par conséquent ordonna l'élargissement, même à l'égard des autres créanciers, lesquels ne pouvaient profiter des alimens consignés par un recommandant qui n'avait pas le droit d'en déposer. Sur l'appel, la Cour, en adoptant les motifs des premiers juges, ajouta que Gouffé avait à s'imputer de n'avoir pas fait lui-même une consignation d'alimens ou de ne s'être pas assuré de la qualité du recommandant (*Paris*, 25 *septembre* 1834).

On voit ici la jurisprudence introduire le principe qu'une consignation faite sans droit est une consignation nulle, dont personne ne peut profiter.

Troisième espèce. Le 28 novembre 1835, C.... fut incarcéré à la requête de Varnout, qui déposa les alimens pour trente jours : trois autres créanciers le recommandèrent, et le 22 décembre, l'un d'eux (le sieur Lebourgeois-Ducherray) déposa une seconde période d'alimens; mais le dernier jour de la première période, le débiteur traita avec Lebourgeois-Ducherray, qui lui donna quittance finale, même de la somme consignée pour la seconde période d'alimens, en le subrogeant sans doute à ses droits pour la retirer du greffe. C.... présenta donc sa requête en élargissement contre Varnout, incarcérateur, et contre les deux autres recommandans : il fut jugé que C.... ayant remboursé à Lebourgeois-Ducherray, antérieurement au commencement de la seconde période, les accessoires de sa créance, et les autres créanciers n'ayant point renouvelé leur consignation d'alimens avant le commencement de cette deuxième période, le débiteur s'était trouvé sans alimens à l'expiration de la journée du 27 décembre (*Paris*, 7 *janvier* 1836).

Ainsi la liberté du recommandant allait jusqu'à tromper les autres créanciers, en faisant un traité à l'instant même où ses alimens étaient sur le point d'être employés.

Quatrième espèce. Le 28 octobre 1835, arrestation du sieur Farmer, à la requête du sieur Rouget. Le 7 novembre, recommandation du même débiteur, à la requête des sieurs Pelissot Croué et compagnie. Rien n'annonçait extérieurement que cette recommandation fût nulle; elle l'était cependant, parce qu'elle avait eu lieu en vertu de titres sur lesquels un emprisonnement avait été effectué l'année précédente, et avait cessé faute d'alimens, ce qui avait épuisé le droit de contrainte par corps pour cette créance (*L. du* 17 *avril* 1832, *art.* 31). M. Rouget avait consigné la première et la deuxième période d'alimens. Il paraît que lorsqu'il envoya, vers la fin de la seconde période, faire une consignation pour la troisième, il se trouva que MM. Pelissot Croué et compagnie avaient fourni les fonds pour la troisième et la quatrième; quittance fut donc donnée par le greffier au sieur Rouget pour la cinquième période, et dans le fait Rouget n'en avait consigné que trois. Le débiteur comprit que M. Rouget, incarcérateur, comptant sur les deux périodes intermédiaires déposées par les recommandans, attendrait à la quatrième ou à la cinquième pour fournir de nouveaux alimens, et se garda bien de demander la nullité de la recommandation avant les quatre-vingt-dix jours de son arrestation; mais le quatre-vingt-onzième il présenta contre Pelissot Croué et compagnie une demande en nullité de recommandation et de consignation d'alimens, comme faites sans droit et en vertu d'une créance qui ne produisait plus la contrainte par corps, et contre Rouget, demande en élargissement faute d'alimens, parce que les alimens, consignés par Pelissot Croué et compagnie pour les troisième et quatrième périodes, ayant été consignés sans droit, ne pouvaient profiter au sieur Rouget, et qu'en conséquence les alimens consignés par lui pour les première, seconde et cinquième périodes, avaient été consommés entièrement à la fin du quatre-vingt-dixième jour. Son système réussit pleinement, « parce que la nullité de la recommandation entraîne celle des consignations faites par le recommandant, que les consignations nulles ne profitent pas à l'écrouant, et que d'ailleurs l'art. 791 n'établit pas de réciprocité au profit du créancier incarcérateur (*Paris*, 24 *août* 1836). »

Cinquième espèce. Le prince de Kaunitz fut arrêté provisoirement, comme étranger, au mois de septembre 1830, à la requête du sieur Tempier, et recommandé le 8 novembre, par mesure provisoire, à la requête d'un sieur Berger. Le prince fut ensuite écroué en vertu de jugemens définitifs: celui qu'obtint le sieur Berger fut rendu par le tribunal de commerce de Paris le 12 novembre 1830, et comme chaque créance dépassait 5,000 fr., la contrainte par corps à l'égard d'un étranger paraissait devoir être de dix années.

Les alimens furent déposés par les deux créanciers alternativement, sans qu'ils eussent fait sur ce point de convention précise: quand l'un d'eux consignait, le greffier fixait par la quittance le nom du déposant et le numéro d'ordre de la période payée. A la date du 8 novembre 1835, commencement de la sixième année à partir de la recommandation du sieur Berger, il y avait surabondance d'alimens consignés, en réunissant les consignations des deux créanciers; mais il arriva que ce commencement de sixième année d'emprisonnement coïncida avec une période d'alimens consignée au nom du sieur Berger; quant au sieur Tempier, il avait fait trois consignations de 30 fr. le 6 septembre 1834, le 30 du même mois et le 3 novembre 1834; mais comme M. Berger avait aussi fait des consignations longtemps à l'avance, les quittances de Tempier étaient indicatives de périodes qui, dans l'ordre de leur inscription sur le registre du greffier, ne devaient venir qu'après la consommation des alimens fournis par Berger pour le courant de novembre 1835.

Dans cette position, le prince de Kaunitz découvrit que Berger, son créancier recommandant, n'était pas Français: il en conclut avec raison qu'il n'avait pas le droit de le retenir en prison plus de cinq ans; en conséquence, il demanda contre lui son élargissement; mais il ne s'arrêta pas là, et demanda en outre sa liberté contre Tempier faute d'alimens, parce que la consignation faite par Berger pour le commencement de la sixième année, étant faite sans droit, était nulle, et que Tempier n'avait pas déposé des alimens pour la période courante, mais pour des périodes subséquentes qu'on n'avait pas encore atteintes. Ce système triompha, et le sieur Tempier interjeta vainement appel, en faisant remarquer que ses consignations des 6, 30 septembre et 3 novembre 1834, n'avaient pas encore trouvé d'emploi; la Cour royale répondit qu'elles avaient été faites pour des périodes déterminées et non encore arrivées, et qu'on ne pouvait les détourner de leur affectation spéciale pour les appliquer au mois de novembre 1835 (*Paris*, 26 *décembre* 1835). Ce fut là le comble de la rigueur contre les créanciers; mais c'est aussi le terme de cette jurisprudence: on va la voir changer.

Sixième espèce. Le sieur Gratiot détenait pour dettes le sieur Hewit depuis le 7 août 1835, et avait consigné la huitième période d'alimens, expirant au 2 avril 1836. Le 10 mars, recommandation d'un sieur Jaucourt, qui consigna 60 fr. pour les neuvième et dixième périodes. Gratiot ne déposa pas de nouveaux deniers avant le 2 avril, parce qu'il croyait pouvoir compter sur le dépôt fait par le recommandant; mais celui-ci, comme avait fait le sieur Lebourgeois-Ducherray (*voir la deuxième espèce*), avait donné main-levée de sa recommandation à l'époque du 2 avril, en reconnaissant que le débiteur lui avait remboursé les alimens par lui consignés pour les deux périodes qui allaient s'ouvrir: en conséquence, Hewit forma, le 4 avril, une demande en élargissement faute d'alimens consignés par Gratiot. Il gagna son procès en première instance, mais il le perdit sur l'appel. La Cour jugea que le débiteur n'avait pas manqué d'alimens; qu'en effet Jaucourt l'avait détenu du 10 mars au 2 avril, concurremment avec Gratiot; qu'ayant consigné des alimens, la moitié de la somme reçue par Hewit avait dû être prise pendant vingt-deux jours sur la consignation de Gratiot, et l'autre moitié sur celle de Jaucourt; qu'en conséquence, il restait au 2 avril, jour de la main-levée de Jaucourt, 11 fr. sur la consignation de Gratiot qui n'avaient pas encore été consommés, c'est-à-dire de quoi fournir aux alimens pendant encore onze jours (*Paris*, 28 *avril* 1836, *et Rejet*, 18 *août* 1836).

Ce n'était pas encore dire que le recommandant ne pouvait pas retirer sa consignation sans le consentement des autres créanciers, mais seulement l'empêcher de retirer ou de transporter au débiteur la portion d'alimens par lui consommée sur la consignation du recommandant.

Ce qui d'ailleurs a facilité le retour à une jurisprudence protectrice des droits des créanciers, c'est que, dans cette espèce, le sieur Gratiot n'était pas le créancier incarcérateur; l'emprisonnement avait eu lieu à la requête d'un sieur Hue, qui n'a pas paru au procès, et la Cour s'en est expliqué; « Si les obligations de l'incarcérateur et « des recommandans ne sont pas réciproques, dit « l'arrêt, ce principe, fondé sur le texte précis « de la loi, ne s'applique point aux relations des « créanciers recommandans entre eux. » Cependant nous allons voir la Cour modifier sa doctrine nouvelle et en appliquer le bénéfice au créancier incarcérateur.

Septième espèce. Soupé fait écrouer Parker le 8 juin 1836; le 6 juillet, il dépose une seconde période d'alimens; le 11, recommandation du débiteur par un sieur Lhôtellerie, et consignation par lui d'une troisième période d'alimens. Lhôtellerie néglige de déposer des alimens pour les périodes suivantes; mais Soupé satisfait à cette obligation : cependant Parker traite avec Lhôtellerie, recommandant, en reçoit quittance, même pour la période d'alimens qu'il avait consignée, et forme, le 5 février 1837, une demande en élargissement contre Soupé faute d'alimens, sous le prétexte que le créancier incarcérateur ne peut profiter de la consignation du recommandant, quand il a plu à celui-ci de la retirer. Le tribunal de première instance accueillit cette demande, et ce jugement était d'autant plus dur, que Lhôtellerie avait déposé la troisième période seulement, qu'on était arrivé à la huitième, et que les alimens déposés par le recommandant étaient consommés depuis plusieurs mois : aussi fut-il réformé par la Cour, parce que du moment où les alimens se trouvent simultanément consignés, les consignations contribuent également à l'alimentation du débiteur, et que la recommandation de Lhôtellerie ayant eu effet pendant plus de deux mois, le débiteur avait été alimenté par moitié par les deniers de Soupé, par moitié par ceux de Lhôtellerie, et que celui-ci n'avait pu céder à son débiteur des alimens consommés au jour de la cession (*Paris*, 27 *février* 1837).

Huitième espèce. Enfin on a donné effet à la consignation du recommandant à l'égard des autres créanciers, même quand la recommandation était nulle.

M. de Riario, écroué le 1er octobre 1837, fut recommandé par quatre créanciers, au nombre desquels figurait un sieur Pau, dont la recommandation fut attaquée et déclarée nulle, ainsi que tout ce qui l'avait suivie, par arrêt du 23 juin 1838 : cet arrêt n'était pas rendu avec les autres créanciers.

Le 7 juin, le sieur Pau avait fait une consignation d'alimens pour la dixième période, commençant le 9 juillet. Le débiteur, considérant cette consignation comme nulle à l'égard des autres créanciers, intenta, le 12 juillet, une action en élargissement, à laquelle défendit le sieur Besson, autre recommandant, qui, dès le 9 mars, avait consigné la neuvième période, commençant le 8 juin et finissant le 8 juillet; vainement M. de Riario opposa-t-il les termes de l'arrêt rendu avec M. Pau, et soutint-il qu'il ne pouvait être retenu au moyen d'alimens déposés par un tiers sans droits sur sa liberté; le tribunal de la Seine le débouta de sa demande, parce que, dès l'instant du dépôt, les alimens étaient devenus communs à tous les recommandans et à l'incarcérateur, et que l'arrêt du 23 juin n'avait pu détruire à l'égard de l'incarcérateur et des recommandans l'effet de la consignation du 7 du même mois, devenue commune avec eux dès l'instant où elle s'était opérée : ainsi, la période d'alimens consignée par le sieur Pau s'étant confondue avec les autres, le débiteur avait des alimens au 9 juillet. Sur l'appel, ce jugement fut confirmé (*Paris*, 18 *juillet* 1838).

Neuvième espèce. Même doctrine enfin sur le pourvoi en cassation de Tempier contre le prince de Kaunitz (*V. la 4e espèce*), fondé sur l'unique moyen que l'arrêt du 26 décembre 1835 constatait que des périodes d'alimens consignées par Tempier étaient restées sans emploi; et l'arrêt fut cassé, « attendu que l'imputation, faite par le greffier dans les quittances sur tel ou tel mois, ne pouvait avoir aucun effet légal, changer la condition ni modifier en aucune manière les droits respectifs du créancier qui avait fait opérer l'emprisonnement et du recommandant qui s'était joint à lui et que Tempier avait droit de faire contribuer au payement des alimens de leur commun débiteur, et que cette imputation ne pouvait, *en aucun cas*, détruire le fait antérieur d'une consignation existante (*Cass.*, 19 *novembre* 1838).

Maintenant que l'état de la jurisprudence et son retour sur elle-même sont bien connus, revenons sur les principes et recherchons la cause de l'erreur.

Les créanciers emploient toutes les exécutions dans leur intérêt privé : cependant il arrive toujours un instant où elles deviennent communes à un certain nombre de créanciers.

Comme elles consistent à s'emparer, à la requête d'un créancier et au nom de la justice, soit des biens, soit de la personne du débiteur, elles procurent sur les choses ou sur la personne une détention qu'on appelle *main-mise*, et qui n'est autre chose qu'une espèce de possession prise au nom de la justice dans l'intérêt du créancier.

Quand un autre créancier croit avoir à diriger ses exécutions sur le même objet qu'un créancier précédent, il n'a plus à le mettre sous la main de justice; il y était déjà, et c'est le sens de l'adage : *Saisie sur saisie ne vaut.* Ainsi, après une saisie-exécution, un autre créancier ne peut agir que par récolement; ainsi, après un emprisonnement, un second créancier n'agit que par recommandation; mais comme la saisie n'a pas exproprié le débiteur, la saisie devient commune au nouveau créancier, qui, en certains cas, est subrogé par la loi ou par la justice dans les poursuites du premier créancier pour les mettre à fin ou les maintenir.

Quand une exécution devient commune à plusieurs créanciers, chacun d'eux conserve le droit d'y donner suite, de l'abandonner, de poursuivre avec plus ou moins de rigueur ou de mollesse; il consulte là-dessus son intérêt ou sa volonté; néanmoins tout ce que l'un fait profite aux autres : par exemple, en matière de saisie-exécution, le gardien établi par le premier saisissant devient en même temps gardien pour les créanciers qui ont récolé; si le premier saisissant donne main-levée, le gardien ne peut être par lui déchargé que relativement à lui seul, et la main-mise subsiste au profit des créanciers qui ont récolé. Si le saisissant met de la négligence dans ses poursuites sans donner main-levée, et que le créancier récolant fasse opérer la vente, la main-mise continue de profiter au premier saisissant, et produit son effet sur le prix des meubles : en un mot, les intérêts des créanciers à qui une exécution devient commune n'en demeurent pas moins séparés; mais en ce qui concerne la gestion de la saisie, tout ce que l'un fait d'utile pour en conserver l'effet profite à l'autre; et il s'établit entre eux, pour chacun de ces faits utiles, non un mandat légal, mais le quasi-contrat de gestion dans une affaire commune.

On sent qu'indépendamment de tout texte du Code de procédure civile, il en doit être de même pour les arrestations : les alimens conservent la main-mise; ils ne peuvent donc être retirés par celui qui les a consignés, à moins que ce ne soit du consentement de tous.

En effet, dès qu'il existe une recommandation, la saisie de la personne devient commune au créancier incarcérateur comme au créancier recommandant; et la loi fait dépendre la continuation de la main-mise sur le débiteur de la présence au greffe d'alimens consignés d'avance et par périodes de trente jours.

Or, comme aucune loi n'impose aux créanciers l'obligation de déposer individuellement 20 ou 30 fr. par chaque période de trente jours, et qu'il suffit, au contraire, qu'un seul d'entre eux ait rempli cette obligation pour qu'elle profite à tous, il s'ensuit que le recommandant, comme l'incarcérateur qui a consigné les alimens, a fait l'affaire commune en faisant sa propre affaire; qu'en conséquence cet acte est régi par les art. 1372 et 1375 du Code civil relatif au quasi-contrat de gestion d'affaires; or, si celui qui gère volontairement l'affaire d'autrui est tenu de continuer et d'achever la gestion, il est évident que celui qui a géré l'affaire commune ne peut détruire, au préjudice des co-intéressés, ce qu'il a fait volontairement d'utile à tous. L'art. 1375 lui donne seulement une action en remboursement.

Tel est le droit commun, et le Code de procédure n'y a point apporté de changement.

On a tiré (et nous avons aussi partagé cette opinion), on a tiré de l'art. 791 du Code de procédure civile la conséquence que les créanciers recommandans avaient la faculté de retirer les alimens par eux consignés; et l'on a même poussé la rigueur de la déduction jusqu'à leur accorder ce droit quand leurs alimens avaient été consommés (*V. la 4e espèce*); mais on n'a pas fait assez attention à la vraie portée de l'art. 791.

En admettant qu'il ne parle que du créancier incarcérateur, il établit dans sa première partie que ce créancier doit consigner les alimens d'avance; et, dans la seconde, que les alimens ne pourront être retirés, lorsqu'il y aura recommandation, que du consentement des recommandans.

Mais de là suit-il que l'art. 791 dise implicitement « que le recommandant peut retirer les alimens contre le consentement de l'incarcérateur ou sans ce consentement? » Non, parce que le Code de procédure ne régit pas le fond du droit, que les principes du droit civil demeurent entiers, quand les lois de procédure n'y font pas de dérogation formelle, et que les règles de la gestion d'affaires s'opposent à ce que celui qui a fait l'affaire commune vienne détruire l'acte de gestion utile à ses co-intéressés comme à lui.

Tâchons de pénétrer le sens de l'art. 791 : le législateur s'est demandé si le créancier incarcérateur pourrait retirer les alimens; il a répondu *explicitement :* Non, s'il y a des recommandans, à moins qu'ils n'y consentent; il a répondu *implicitement :* Oui, s'il n'y a pas de recommandans. En un mot, l'article statue sur les devoirs du créancier incarcérateur, et non sur ceux des recommandans : il laisse donc ceux-ci soumis au droit commun et aux règles de la gestion d'affaires.

Peu importe que l'art. 793 dispense les recommandans de consignation d'alimens, tant qu'il y en a de consignés, et donne au créancier incarcérateur une action contre eux pour les faire contribuer au payement des alimens par portion égale; ces dispositions ne leur ôtent pas le droit de consigner s'ils le veulent, ni par conséquent de gérer l'affaire commune par leur propre volonté; quand ils l'ont fait, ils ne peuvent donc détruire leur ouvrage, et ne le peuvent pas plus que s'ils avaient fait la consignation en vertu d'un mandat exprès de l'incarcérateur.

Ces prémisses posées, il faut dire que le créancier incarcérateur est tenu envers le débiteur de consigner les alimens à l'avance, et peut les retirer tant que l'emprisonnement n'est devenu commun à personne par la recommandation;

Qu'après la recommandation, ni l'incarcérateur ni le recommandant ne sont tenus l'un envers l'autre de veiller à ce que de nouveaux alimens soient consignés, ayant chacun un droit égal d'administration et de surveillance dans l'affaire commune;

Qu'aucun d'eux, incarcérateur ou recommandant, n'a le droit de retirer, sans le consentement de tous les autres, les alimens qu'il a volontairement consignés, parce que l'affaire commune étant consommée, le *negotiorum gestor* n'a pas le droit de nuire à ses co-intéressés;

Que cette doctrine est vraie, même pour les alimens qui ne sont pas encore consommés, parce qu'ayant volontairement affecté les deniers aux alimens à fournir en commun au débiteur, le consignant n'a conservé que l'action en remboursement contre ses co-intéressés;

Qu'en conséquence, ces deniers ainsi consignés ne peuvent être transportés à personne, pas même au débiteur, qu'avec affectation spéciale aux alimens à échoir, à moins du consentement de l'incarcérateur et du recommandant, parce que personne ne peut transporter ses droits qu'affectés des modifications qui les frappent entre ses mains;

Que, par une autre conséquence de ces principes, le débiteur ne peut demander la liberté sous prétexte que les alimens auraient été déposés par un créancier dont la recommandation aurait été déclarée nulle, si la consignation avait eu lieu avant la nullité prononcée, parce qu'il avait un droit apparent suffisant pour que les autres créanciers le considérassent comme leur *negotiorum gestor*; ce qui est d'ailleurs fortifié par l'art. 796.

BÉNÉFICE DE CESSION, *p.* 66, *n*o 103, *à la fin du* 3e *alin.* — Le bénéfice de cession ne peut plus être demandé par aucun débiteur commerçant (*C. comm.*, *art.* 541, *nouv. édit.*) : quand il y a contrat d'union, le tribunal prononce si le failli est excusable ou ne l'est pas. S'il n'est point déclaré excusable, chaque créancier rentre dans l'exercice de la contrainte par corps; s'il est déclaré excusable, il demeure affranchi de la contrainte par corps à l'égard des créanciers de sa faillite, et ne peut plus être poursuivi par eux que sur ses biens, *sauf les exceptions prononcées par les lois spéciales* (*art.* 538 *et* 539).

Ces expressions ne paraissent pas claires; mais pour les entendre, il faut se placer au point de vue du législateur lorsqu'il rédigeait le nouveau titre *des Faillites.* Pour lui le droit commun était le droit commercial; la contrainte par corps, dont il entend libérer le failli déclaré excusable, est donc seulement la contrainte par corps pour dette commerciale; il entend donc rendre ce moyen de contrainte aux créanciers du failli pour dette civile entraînant la contrainte par corps, ou pour dette de dommages-intérêts et frais en matière criminelle, correctionnelle ou de police : on les privait de cette voie privilégiée pour arriver à un concordat; puisque le concordat n'a pas lieu, on leur rend donc leur moyen spécial de contrainte.

En effet, il est impossible d'expliquer les derniers mots de l'article 539 par l'article 540, qui parle des banqueroutiers frauduleux, des stellionataires, des condamnés pour vol, escroquerie ou abus de confiance, et des comptables des deniers publics, pour les déclarer inexcusables; les lois spéciales dans le bénéfice desquelles rentre le créancier contre le débiteur excusable, mais qui n'obtient pas de concordat, ne peuvent donc pas être celles qui donnent lieu à la déclaration d'inexcusabilité : ce sont donc celles qui sont opposées au droit commercial, c'est-à-dire les lois civiles, de procédure et criminelles, qui, en dehors du droit commercial, donnent un droit spécial sur la personne du débiteur : aussi un paragraphe du projet de l'art. 540, proposant de déclarer que la déclaration d'excusabilité n'affranchirait pas de la contrainte par corps les étrangers non domiciliés en France, fut retranché de la loi, parce que les lois spéciales sur la contrainte par corps étaient suffisantes à cet égard.

CONCORDAT, *p.* 66, *n*o 103, *à la fin du* 4e *alinéa.* — Le droit a aussi éprouvé des changemens sur ce point par la nouvelle rédaction du titre *des Faillites.* L'homologation du concordat le rend obligatoire pour tous les créanciers portés ou non portés au bilan, vérifiés ou non vérifiés (*nouvel art.* 516), et si les créanciers [hypothécaires] ont mieux aimé garder leur privilége que de voter au concordat (*nouv. art.* 508), ils sont considérés comme chirographaires, et *soumis*, comme tels, *aux effets du concordat* (*nouv. art.* 556) : donc aucun créancier ne peut aujourd'hui s'opposer à l'élargissement d'un débiteur ayant le bénéfice d'un concordat, ni le faire incarcérer pour dette antérieure, même quand cette dette résulterait de condamnations pour dommages-intérêts en matière criminelle ou correctionnelle, ou aurait pour cause un stellionat.

Un arrêt de la Cour de cassation dit le contraire (*Cass.*, 28 *janvier* 1840); mais, quoique d'une date récente, il a statué sur une affaire née et jugée avant la réformation, ou, pour mieux dire, avant le changement de la loi des faillites.

Aujourd'hui l'esprit général de la loi des faillites, c'est que rien ne puisse changer les conventions de la masse chirographaire avec le failli; c'était au créancier hypothécaire qui s'apercevait qu'il ne viendrait pas en ordre utile d'abandonner son droit hypothécaire, de prendre part au concordat et de concourir à le faire refuser. S'il passe malgré lui, il doit s'y soumettre; s'il passe sans son concours, il s'imputera de n'avoir pas pris le parti convenable. Cela peut n'être pas juste relativement à lui, mais c'est la conséquence nécessaire de la nouvelle loi; il faut bien s'y soumettre, non dans l'intérêt du débiteur, mais dans celui des créanciers chirographaires, auquel tout est subordonné dans le nouveau système, et qui ne seraient pas payés, s'il existait une exception. *V. la note sur le n° 45.*

Sauf-conduit, *p.* 66, 2e *col.*, 2e *alin.*, *n°* 103. — Aujourd'hui il faut citer les nouveaux art. 472 et 473, au lieu des anciens art. 466 et 467. Le droit est resté le même. *V. la note sur le n° 44.*

APPENDICE.

ADDITIONS AU COMMENTAIRE DE LA LOI DU 17 AVRIL 1832.

SUR L'ARTICLE PREMIER.

Fournitures *de denrées à un commerçant, p.* 74, 1re *col.* — Les opinions sur ce point seront longtemps à se fixer, parce qu'il y a une foule de circonstances qui différencient les espèces : ainsi on a jugé que le tribunal de commerce était compétent pour prononcer contre un marchand de bois la condamnation au montant des fournitures de pain qu'un boulanger avait faites d'après ses ordres et pour son compte aux ouvriers qu'il employait (*Limoges*, 21 *février et* 13 *juin* 1839); on l'a jugé de même pour les fournitures d'auberge faites dans les mêmes circonstances aux ouvriers et aux chevaux d'un entrepreneur des travaux d'une route (*Lyon*, 16 *janvier* 1838). Cependant la Cour de Limoges avait infirmé un jugement du tribunal de commerce prononçant condamnation contre l'entrepreneur d'une route pour les dépenses faites dans l'auberge par lui, ses ouvriers et ses chevaux (*Limoges*, 2 *mars* 1837). Peut-être l'entrepreneur n'avait-il fait alors que répondre de ses ouvriers, et ne s'était-il pas constitué débiteur principal, ce qui ramenait les dépenses à des dépenses purement personnelles au maître et aux ouvriers; peut-être encore l'entrepreneur n'était-il chargé que d'une seule entreprise, sans faire sa profession habituelle de la construction des routes. Cette incertitude sur les faits ne permet pas de faire grand fonds sur cet arrêt.

Deux arrêts de la Cour royale de Rouen ont déclaré non commerciales l'action d'une Compagnie en payement de fournitures d'appareils pour l'éclairage par le gaz dans la boutique d'un marchand (*Rouen*, 9 *décembre* 1836), et celle en payement du blanchissage du linge d'un maître d'hôtel garni (*Rouen*, 5 *avril* 1838) : nous aurions bien de la peine à considérer ces dépenses comme dépenses personnelles au marchand; elles ont l'une et l'autre le service du commerce pour objet principal, et l'obligation qui en résulte nous semble constituer une obligation entre marchands (*V. le n°* 4, *p.* 72).

Prêts *faits aux commerçans sans titre par des non-commerçans, addition à la p.* 75, 1re *col.*, 2e *alin.* — La Cour royale de Rennes a depuis jugé expressément que le simple particulier qui prétendait avoir fait un prêt *manuel* à un commerçant pour son commerce, pouvait le traduire devant le tribunal de commerce et y offrir la preuve testimoniale de l'emprunt; que ce tribunal avait le droit d'admettre ou de refuser la preuve testimoniale, et qu'il était provisoirement compétent, sauf à lui à se dessaisir, s'il résultait de l'enquête que le prêt n'avait rien de commercial (*Rennes*, 2 *juillet* 1838).

Cet arrêt fait pour nous grande difficulté : entre négocians, il n'y a pas de doute que la preuve testimoniale soit admissible; mais quand l'emprunt allégué est dénié, et qu'il n'en existe pas de titre, permettre au non-commerçant d'en faire la preuve devant le tribunal d'exception pour qu'il retourne ensuite devant le tribunal ordinaire avec une preuve toute faite de l'existence d'un prêt civil, si elle résulte des dépositions, c'est arriver à un résultat qui ne concorde guère avec l'art. 1341 du Code civil.

En vain allègue-t-on dans ce système les arrêts qui ont déclaré qu'un marchand était justiciable d'un tribunal de commerce, même pour les prêts par acte notarié (outre les arrêts déjà cités, *V. Bordeaux*, 28 *août* 1835, *et Rejet*, 6 *juillet* 1836). Ces arrêts sont basés sur ce qu'en disant que les *billets* souscrits par un commerçant sont censés faits pour son commerce, lorsqu'une autre cause n'y est point énoncée, l'art. 638 n'est point limitatif, mais simplement démonstratif; en effet, on peut concevoir l'extension du mot *billet* à tous les titres, mandats, reconnaissances, actes notariés même; mais il est impossible de comprendre dans la signification de ce mot le cas où il n'y a aucune espèce d'écrits, comme l'a fait la Cour royale de Rennes : il fallait donc rentrer dans la définition des actes de commerce, et présumer que celui qui déclarait s'en rapporter à la foi de son prétendu débiteur avait prêté à la personne et non à la profession.

IMMEUBLES, *p.* 76, *n*° 8. — De même il n'y a point acte de commerce de la part d'un négociant à faire faire des travaux à ses immeubles pour l'utilité de sa profession : c'est ainsi qu'une demande en règlement des travaux de terrassement faits pour un chemin de fer ne peut être portée devant le tribunal de commerce (*Cass.*, 26 *mars* 1838).

Il n'y a point non plus acte de commerce dans la location de la force motrice d'une pompe à feu à plusieurs individus, même quand le propriétaire s'est chargé d'alimenter, d'entretenir et de régler la pompe à feu (*Rouen*, 17 *juillet* 1840).

CRÉANCES, *p.* 76, 2e *col.*, 2e *alin.* — Par la même raison, il a été jugé que le mandat de recouvrer une créance civile, donné par un commerçant à un autre commerçant, ne produit qu'une action purement civile (*Bordeaux*, 28 *novembre* 1838).

Mais le mandat donné par un commerçant à un autre commerçant d'acquitter pour lui une dette de commerce, moyennant commission, se convertirait en un mandat commercial dont les tribunaux de commerce pourraient connaître (*Bordeaux*, 14 *avril* 1840).

De même, quand un commerçant prétend que des valeurs ou marchandises dont il est détenteur lui ont été remises à titre de nantissement commercial d'une créance constante contractée envers lui par un autre marchand dans son commerce, le tribunal de commerce est compétent, et la compétence [ni la contrainte par corps] ne peuvent être contestées, si les juges décident en fait qu'il y a eu nantissement (*Rejet*, 31 *mai* 1836).

PROPRIÉTÉ LITTÉRAIRE, PROCÉDÉS, *etc.*, *p.* 76, 2e *col.*, 3e *alin.* — Il faut entendre notre règle avec cette distinction que ces droits incorporels donnent lieu à l'action commerciale quand la vente s'est faite entre commerçans : ainsi la vente même verbale que fait un imprimeur à un autre imprimeur d'un procédé de stéréotypie est un acte de commerce (*Lyon*, 4 *janvier* 1839); mais la vente d'un procédé industriel ne pourrait donner lieu à une action commerciale contre l'inventeur non commerçant, même quand il y aurait joint le matériel nécessaire à l'exploitation du nouveau procédé (*Paris*, 14 *janvier* 1836).

EFFETS PUBLICS, *p.* 77, 1re *col.*, 1er *alin.* — La controverse dure encore, et généralement, à Paris, on porte les affaires qui y sont relatives devant les tribunaux civils : il a été jugé qu'un médecin qui faisait habituellement des achats et des reventes d'effets publics n'avait pu être traduit devant le tribunal de commerce par son agent de change, par suite de ces marchés sérieux ou fictifs (*Paris*, 7 *avril* 1835).

MAÎTRES DE PENSION, *p.* 77, 2e *col.* — La jurisprudence s'est confirmée, et a mis enfin ceux qui se livrent à l'instruction de la jeunesse hors de la classe des commerçans : de nouveaux arrêts ont déclaré incompétens des jugemens du tribunal de commerce qui avaient connu de billets à ordre souscrits par un maître de pension (*Paris*, 10 *septembre* 1834, inédit), même à un professeur pour leçons données dans l'établissement (*Paris*, 3e *ch.*, 24 *décembre* 1834, *inédit*), ou de traités faits entre un maître de pension et son successeur (*Paris*, 16 *janvier* 1835).

AUTEURS, *p.* 77, 2e *col.*, 2e *alin.* — La jurisprudence n'a point changé et ne devrait pas changer :

on a jugé de même, soit que l'auteur ne se fût déterminé à vendre lui-même que depuis l'impression (*Paris*, 23 *octobre* 1834), soit quand il avait obtenu un prêt sur le nantissement de ses ouvrages (*Paris*, 3 *février* 1836), soit même quand il avait formé une société en participation pour les publier (*Paris*, 23 *décembre* 1840).

Cependant il y a un arrêt qui rejette le déclinatoire proposé par le sieur Georges, auteur de *Paris et ses Environs*, contre la demande formée au tribunal de commerce par son imprimeur en payement d'un billet pour les frais d'impression, par le motif que l'ouvrage n'était autre chose qu'une indication des rues, monumens et curiosités, véritable compilation à laquelle l'esprit et l'invention étaient tout à fait étrangers (*Paris*, 9 *janvier* 1841). Où s'arrêtera ce commencement de jurisprudence? Exigera-t-on désormais de l'esprit et de l'invention pour qu'une œuvre soit littéraire?

Convenons qu'il est déplorable que le titre d'auteur soit de si facile acquisition; mais enfin on peut l'obtenir même sans être homme de lettres. On le mérite toutes les fois qu'on publie quelque chose d'utile, ne fût-ce qu'un itinéraire exact de toutes les voitures d'une ville, ou l'almanach d'une profession spéciale, et pour cela il ne faut que des recherches, du soin et de l'exactitude. Qu'on soit propriétaire d'un pareil livre après l'avoir fait, et qu'on le vende, ce ne sera une revente ni du papier ni de l'impression; il n'y aura donc pas acte de commerce de la part de l'auteur, malgré sa médiocrité; il ne doit donc y avoir lieu ni à compétence commerciale ni à contrainte par corps.

Herbagers, *addition à la page* 78, 1er *alinéa*.— Ce que nous venons d'indiquer sur le commerce de bestiaux des herbagers est clairement exprimé dans un arrêt récent : « La qualité de commerçant ne « doit pas être attribuée à celui qui, n'ayant pour « but direct que de se livrer à une exploitation « rurale, n'achèterait et ne revendrait des bes« tiaux que dans l'intérêt et pour le besoin de « cette exploitation; mais celui qui spécule *princi« palement* sur ces achats et reventes, est véritable« ment commerçant, quoiqu'il fasse dépouiller les « terres dont il est le propriétaire ou le fermier « par les bestiaux qui sont l'objet de sa spécu« lation. En pareil cas, il faut rechercher, d'après « les circonstances particulières, quel a été le but « principal de la personne dont il s'agit de déter« miner l'état, et voir ce qui a prédominé de la « qualité de cultivateur ou de celle de marchand « de bestiaux dans l'ensemble de sa conduite (*Caen*, « 14 *janvier* 1840). » Dans l'espèce, l'herbager a été déclaré commerçant; mais un autre arrêt ayant reconnu qu'en fait les achats de bestiaux d'un fermier n'excédaient pas les besoins de la ferme, a refusé la contrainte par corps (*Bourges*, 14 *février* 1840). On sent qu'ils sont tous deux basés sur les mêmes principes, et qu'ils veulent tous deux que le fermier fasse un vrai commerce de bestiaux pour le déclarer commerçant.

Pharmaciens, *ibid.* — Jugé qu'un pharmacien n'est pas commerçant, et qu'en conséquence un notaire n'est pas tenu d'effectuer le dépôt de son contrat de mariage (*Montpellier*, 19 *février* 1836). Cet arrêt, rendu en matière fiscale, ne nous paraît pas suffisant pour abroger la jurisprudence indiquée *page* 77, 2e *col.*, *dern. alin.*

Fonds de commerce, *p.* 79, 2e *col.*, *à la fin du* no 9. — Les nouveaux arrêts sur la matière n'ont en rien changé les principes que nous avons exposés : il a été jugé nettement que les actions sur les fonds de commerce appartiennent à la juridiction civile (*Paris*, 18 *août* 1834; *Paris*, 2 *mars* 1839; *Rouen*, 6 *février* 1840). D'autres arrêts semblent contraires à cette doctrine (*Paris*, 12 *avril* 1834, aff. Bardet; *Paris*, 12 *septembre* 1838; *Rejet, sect. civ.*, 7 *juin* 1837); mais ils ne peuvent avoir été déterminés que par des faits particuliers.

Aux arrêts qui confirment notre opinion, il faut joindre encore ceux qui ont décidé que l'achat d'une charge de courtier de commerce (*Paris*, 2 *août* 1832) et d'un établissement de maître de poste (*Caen*, 28 *juin* 1830) n'étaient point des actes de commerce.

Le nouvel art. 550 du Code de commerce portant que « le privilége et le droit de revendica« tion établis par le no 4 de l'art. 2102 du Code « civil au profit du vendeur d'effets mobiliers, ne « seront pas admis en cas de faillite », change-t-il quelque chose à cette jurisprudence?

Non : en dérogeant pour un cas déterminé seulement au privilége du vendeur d'effets mobiliers, cette nouvelle loi ne peut avoir pour effet de changer l'ordre des juridictions; il faut toujours en revenir, quant à la compétence, à examiner si la vente a été commerciale ou si elle ne l'a point été : or la vente d'un fonds de commerce, abstraction faite des marchandises qui le garnissent, n'est pas une vente pour revendre, et n'est une vente ni de denrées ni de marchandises; elle ne rentre pas dans les termes de l'art. 632 du Code de commerce; elle n'entraîne donc ni soumission à la juridiction commerciale ni contrainte par corps, quoique son prix soit, en cas de faillite, libéré du privilége du vendeur; les lois de privilége et de compétence sont d'ordre différent, on ne peut les confondre dans l'application.

Opérations de main-d'œuvre, *p.* 79, *no* 11, 3e *alin.* — Jugé *en thèse* que l'ouvrier qui travaille dans son propre domicile et à son compte, qui est payé à la pièce et supporte les malfaçons, n'a pas fait acte de commerce par la convention qui a réglé les conditions de ses travaux, et qu'en conséquence il a pu citer devant les tribunaux civils en condamnation à des dommages-intérêts pour inexécution du marché (*Rejet*, *sect. civ.*, 12 *décembre* 1836).

Transports par terre ou par eau, *p.* 80, 1re *col.* — Jugé qu'une association de mariniers établie dans une ville pour le halage des bateaux, dans un passage où il est besoin de l'expérience du haleur, est une entreprise de transport par eau; qu'en conséquence l'action en payement pour perte attribuée au fait de quelques uns des membres de cette association pendant le halage, est de la compétence du tribunal de commerce (*Lyon*, 19 *décembre* 1837), et que l'arrêt qui a décidé, d'après les faits de la cause, que la convention sur le halage constituait un *transport par eau*, n'est contrevenu à aucune loi, et n'a fait qu'appliquer *dans son sens littéral* l'art. 632 du C. de commerce (*Rejet*, 24 *février* 1841).

Il semble que la Cour de cassation n'ait rejeté qu'à regret, et comme enchaînée par le sens littéral; mais s'il était difficile de ne pas voir un *transport par eau* dans le fait du passage d'un bateau d'un point à un autre d'une rivière, il semble aussi difficile de voir une *entreprise* dans la réunion de plusieurs mariniers qui ont un syndic et un bureau commun, seulement pour qu'on soit certain d'en trouver toujours quelques-uns sous la main et au même prix : or il ne suffisait pas qu'il y eût transport par eau, il aurait fallu qu'il y eût eu *entreprise* dans le sens commercial, pour pouvoir attribuer juridiction au tribunal de commerce; ce qui n'était pas : ceux qui prêtent à l'entrepreneur de transport par eau le secours de leurs forces et de leurs soins pour haler le bateau de cet entrepreneur dans un trajet déterminé, et qui reçoivent ce qui est dû individuellement à chacun pour son travail personnel, sans tirer un lucre des travaux de subalternes, sont tout simplement des manouvriers qui louent leurs services pour une industrie spéciale : leur organisation en compagnie ne change rien à leur qualité, et les tribunaux de commerce sont incompétens pour connaître du louage ordinaire de services.

Agent d'affaires, *p.* 80, 2e *col.*, 2e *alin.* — Jugé de nouveau que les simples billets par lui souscrits ou endossés le soumettent à la contrainte par corps (*Paris*, 18 *août* 1836).

Bien plus, il a été jugé que l'agent d'affaires était justiciable des tribunaux de commerce [et par conséquent qu'il eût été contraignable par corps, si la somme l'eût comporté] pour les émolumens des actes qu'il avait fait faire par un huissier au nom de ses cliens (*Rejet*, *sect. civ.*, 31 *janvier* 1837); mais nous sommes portés à ne voir dans cette décision qu'un arrêt d'espèce : il s'agissait d'une misérable difficulté de 56 fr.; et l'arrêt avait constaté qu'il ne s'élevait pas de question de taxe. Nous pensons qu'en général les officiers ministériels ne peuvent traduire que devant le tribunal civil les agens d'affaires qui doivent des frais faits pour leur compte ou pour celui de leurs cliens, à cause de l'art. 60 du Code de procédure.

Entreprises de construction, *p.* 81, 2e *col.* — D'après les principes que nous avons posés au lieu cité, on a dû juger qu'un entrepreneur de route était justiciable du tribunal de commerce pour les travaux et fournitures que lui avait faits un sous-entrepreneur (*Limoges*, 21 *novembre* 1835), et qu'il en était de même de l'entrepreneur de travaux publics à l'égard du bourrelier qui lui avait fourni les harnais nécessaires à ses équipages pendant les réparations qu'il était obligé de faire à une église (*Poitiers*, 17 *décembre* 1840). Ce dernier arrêt est d'autant plus remarquable, que la Cour royale de Poitiers avait jugé le contraire entre un entrepreneur et un sous-entrepreneur du palais de justice de Civray (*Poitiers*, 21 *décembre* 1837).

Un arrêt récent a même déclaré le tribunal de commerce compétent pour connaître de la demande formée par une commune contre l'entrepreneur de ses travaux, parce que celui-ci s'était chargé de fournir les matériaux nécessaires aux constructions (*Rouen*, 26 *décembre* 1840) : les recueils ne nous font pas connaître quel était l'objet de la demande; mais, tout en convenant avec cet arrêt que les entrepreneurs de bâtimens sont des commerçans, et tenus comme tels, dans leurs relations avec les marchands et les banquiers, nous pensons que les travaux qu'ils font pour les particuliers ne constituent pas des actes de commerce, mais un exercice de leur industrie qui se résout seulement en un louage d'ouvrage. — *V.* au surplus pour l'opinion contraire, Merlin, *Questions de Droit*, mot *Commerce* [acte de] § 6.

Mines, *p.* 82, 1re *col.*, 1er *alin.* — La jurisprudence s'est maintenue dans les mêmes voies.

Les tribunaux de commerce sont regardés comme incompétens même pour connaître d'une société relative à l'exploitation d'une mine (*Rennes*, 13 *juin* 1833; *Cass.*, 15 *avril* 1834, dans les motifs seulement); mais quand il est constant que l'exploitation d'une mine, dont on tire des produits pour les revendre, n'a pas lieu sur un terrain dont l'exploitant serait propriétaire, il peut être réputé commerçant, aux termes de l'art. 632 (*Montpellier*, 28 *août* 1833; *Rejet*, 15 *décembre* 1835).

Opérations *de banque, change et courtage*, *p.* 83, *n*° 12. — Quoique l'art. 85 et l'art. 86 du Code de commerce interdisent aux agens de change et aux courtiers de faire des opérations de commerce ou de banque pour leur propre compte; de s'intéresser directement ni indirectement, sous leur nom ou sous un nom interposé, dans aucune entreprise commerciale; de recevoir ou de payer pour le compte de leurs commettans, et de se rendre garans de l'exécution des marchés dans lesquels ils s'entremettent : néanmoins ces actes défendus n'en seraient pas moins de leur part actes de commerce entraînant la contrainte par corps (*Bordeaux*, 19 *avril* 1836, où la question est résolue en principe seulement, la contrainte par corps ayant été refusée, parce que dans l'espèce il n'y avait pas eu opération commerciale).

Billets a domicile, *p.* 84, *n*° 13. — De nombreux arrêts ont encore décidé que le billet payable dans un autre lieu que la demeure du débiteur produisait la contrainte par corps (*Lyon*, 16 *août* 1837 *et* 30 *août* 1838; *Bourges*, 19 *mars* 1839; *Paris*, 12 *novembre* 1833; *Caen*, 19 *janvier* 1840); d'autres qu'ils ne la produisent pas (*Bordeaux*, 21 *janvier* 1836; *Grenoble*, 3 *février* 1836; *Lyon*, 12 *janvier* 1839). Cette divergence dans la jurisprudence tient à la fois aux différences de doctrine et à la différence des espèces : elle nous confirme surtout dans notre opinion que ce n'est pas au billet à domicile, mais au fait commercial de remise d'argent de place en place, qu'est attachée la contrainte par corps, et que les tribunaux devront la refuser quand l'indication de payement dans un autre lieu se réduira à une élection de domicile chez un tiers, et que le souscripteur ne sera pas commerçant : en un mot, le § dernier de l'art. 632 du Code de commerce signifie que le contrat de change est toujours commercial, soit qu'il se montre ouvertement sous la forme d'une lettre de change, soit qu'il s'opère sous une autre forme; et de là cette conséquence que le billet à domicile souscrit par un non-commerçant n'étant pas déclaré essentiellement commercial par un texte formel, c'est au porteur de prouver qu'il y a une opération de change cachée sous cette forme.

Billets des comptables, *p.* 84, *n*° 14. — Un nouvel arrêt paraît contraire à cette doctrine : il a déclaré justiciable des tribunaux de commerce, en vertu de l'art. 634 du Code, un percepteur des contributions, pour raison d'un billet à ordre par lui souscrit, mais l'a affranchi de la contrainte par corps, parce qu'il n'était pas prouvé qu'il eût souscrit ce billet dans l'intérêt du trésor public, en se fondant sur la loi de l'an VI (*Toulouse*, 21 *août* 1835). Il faut présumer que le billet était souscrit sous l'empire de cette loi : au cas contraire, l'arrêt serait diamétralement opposé à la loi nouvelle qui abroge la loi de l'an VI dans toutes ses parties, et qui comprend sous le nom de dettes commerciales toutes les matières réglées par le Code de commerce.

Commis et facteurs, *addition au n*° 18, *p.* 86, 1re *col.*, 6e *alin.* — La divergence de jurisprudence subsiste encore. La Cour de Bordeaux a donné aux commis l'action commerciale, en se fondant sur la réciprocité (*Bordeaux*, 4 *août* 1840), et la chambre des requêtes de la Cour de cassation l'a décidé de même aussi par induction, en disant que tel était le sens de l'art. 634 sainement compris et judicieusement appliqué (*Rejet*, 15 *décembre* 1835); mais la chambre civile a dit en termes formels qu'on ne saurait, sans ajouter à la loi, induire de l'art. 634 du Code de commerce que les actions des facteurs, commis ou serviteurs des marchands [contre ceux-ci] ne peuvent être portées devant les tribunaux ordinaires (*Rejet*, *sect. civ.*, 12 *décembre* 1836), et la Cour royale de Nîmes a infirmé un jugement du tribunal de commerce prononçant des condamnations contre le commerçant au profit de son commis, par un arrêt fortement motivé (*Nîmes*, 28 *juin* 1839).

Dans aucun cas, l'employé supérieur d'un établissement de commerce ne peut citer devant le tribunal de commerce un employé inférieur pour se faire tenir compte par celui-ci de sommes qu'il aurait comptées au maître de l'établissement. De ce que le commerçant aurait une action commerciale contre un de ses commis, il ne suit pas qu'elle existe d'un commis à l'autre (*Rejet*, *sect. civ.*, 20 *novembre* 1833).

Frais de protêt et de rechange, *p.* 87, *n*° 25. — La jurisprudence s'est prononcée pour l'opinion contraire, quand il y a compte de retour, du moins en ce sens qu'elle a décidé que les frais du protêt, de rechange, et les intérêts portés au compte de retour, produiraient la contrainte par corps (*Rejet*, 5 *novembre* 1835). La Cour royale de Paris a jugé de même, par arrêt du 5 janvier 1838 (inédit), sur la plaidoirie de Me Quétant, et s'est fondée sur ce que le rechange rendait les obligés à la lettre de change débiteurs de la retraite, laquelle formait une dette nouvelle et principale, dont la lettre de change n'était qu'un élément partiel.

SUR L'ARTICLE 2.

Femmes et filles *non légalement réputées marchandes publiques*, *p.* 90, 1re *col.*, 1er *alin.* — C'est par application de ces principes que la Cour de cassation a cassé un arrêt de la Cour royale de Rouen qui, en condamnant les co-propriétaires d'un navire à acquitter les engagemens pris par le capitaine, avait prononcé la contrainte par corps contre des femmes et des filles faisant partie de ces propriétaires, mais que l'arrêt attaqué constatait être *rentières* ou *sans profession*. L'intérêt qu'elles avaient dans la propriété d'un navire constituait bien un fait de commerce, mais ne leur imprimait pas le caractère de commerçantes (*Cass.*, 24 *janvier* 1842).

SUR L'ARTICLE 3.

Lettre de change *à l'ordre de soi-même*, *p*, 90, 2e *col.*, 2e *alin.* — La juste haine des magistrats pour les lettres de change, arrachées au besoin des emprunteurs par l'exigence des prêteurs, a introduit dans l'usage un principe qui contraste avec l'art. 110 du Code de commerce, et a fait décider qu'une lettre de change tirée d'un lieu sur un autre à l'ordre du tireur et par lui endossée dans le lieu même où elle sera payable, ne constate pas une remise de place en place, et n'est par conséquent pas une lettre de change; qu'en conséquence, la dette qui en résulte n'est pas commerciale et ne peut donner lieu à la contrainte par corps (*Toulouse*, 20 *juin* 1835; *Montpellier*, 19 *mars* 1836; *Paris*, 6 *novembre* 1840; *Paris*, 1er *avril* 1841; *Paris*, 27 *octobre* 1841). La question a été soumise à la Cour de cassation; mais en rejetant le pourvoi, elle l'a laissée indécise en droit, et ne s'est prononcée pour le maintien de l'arrêt de 1835 qu'en considérant que la Cour royale de Toulouse s'était bornée à décider, par appréciation des titres et des faits et circonstances de la cause, que les effets en litige ne contenaient pas remise de place en place (*Rejet*, *sect. civ.*, 10 *juillet* 1839).

On comprend le système de la Cour régulatrice: la supposition du lieu d'où est tirée une lettre de change est une simulation et une fraude contre la liberté; on peut donc la prouver par de simples présomptions, qui se tirent de la date d'un lieu voisin, de l'absence d'intérêt du tireur à s'y transporter, de la circonstance que ce lieu n'est pas son domicile, et de celle surtout que le domicile du tireur est au lieu même où doit se faire le payement: il y a donc moyen d'atteindre la fraude sans fausser l'art. 110 du Code de commerce, qui, en permettant de créer des lettres de change à l'ordre du tireur même, n'a pas dit que la perfection en serait altérée si ce tireur venait à faire la négociation de cette traite dans le même lieu où elle serait tirée; il serait donc à désirer que, dans ces circonstances, les magistrats motivassent les arrêts sur les faits, plutôt que d'introduire une doctrine nouvelle qui peut faire périr de véritables lettres de change.

Cause des billets *et autres effets*, *p.* 91, 1re *col.*, 1er *alin.*, *à la fin du* no 3. — Il faut en cette matière scruter soigneusement les espèces qui ont donné lieu aux arrêts, pour ne pas en tirer de fausses conséquences. On a jugé 1o que la contrainte par corps ne pouvait être prononcée contre le souscripteur d'un billet à ordre, le tiers porteur ne justifiant pas que ce souscripteur fût négociant ni que l'effet eût pour cause un achat commercial, quand le billet était causé *valeur fournie en marchandises* (*Paris*, 25 *novembre* 1834), et à plus forte raison quand le souscripteur était cultivateur (*Cass.*, 2 *avril* 1835), parce que la vente par un commerçant à un non-commerçant peut avoir une cause purement civile; 2o qu'un billet souscrit par *un marchand de bois* pour valeur *reçue en objets mobiliers* n'était pas essentiellement un effet de commerce soumettant son auteur à la juridiction commerciale et à la contrainte par corps (*Cass.*, 3 *juin* 1835), parce que cette clause [insolite dans les billets] pouvait indiquer une vente faite pour l'usage personnel du marchand de bois, et que l'arrêt aurait dû donner des motifs pour éclaircir le doute; et 3o qu'un billet causé *valeur en espèces* n'était pas effet commercial, quand les autres énonciations indiquaient que l'emprunt avait pu être fait pour une affaire civile (*Rejet*, 20 *janvier* 1836): dans le fait, il s'agissait d'un billet au porteur souscrit par un commerçant, mais payable lors de l'ordre et distribution des deniers de la vente à provenir des biens d'un mineur, avec intérêts à raison de cinq pour cent. A l'aide de ces stipulations, le nouveau porteur avait dû s'apercevoir qu'il ne s'agissait pas d'une affaire purement commerciale.

SUR L'ARTICLE 5.

Réunion de plusieurs créances, *p.* 93. — La jurisprudence ne s'est pas encore fixée sur cette question : d'un côté, la Cour royale de Bordeaux a déclaré que lorsque deux billets procédaient de la même opération et qu'ils excédaient ensemble 200 fr., quoique chacun ne s'élevât pas à cette somme, ils ne constituaient pas deux dettes distinctes, et que la contrainte par corps devait être prononcée (Bordeaux, 3 *août* 1836); mais, bien que les titres soient chacun inférieurs à 200 fr., et souscrits à différentes personnes, la Cour royale d'Amiens décide qu'il suffit qu'ils se trouvent réunis par transmission entre les mains d'une seule personne pour donner lieu à une condamnation principale supérieure à 200 fr., et par conséquent à la contrainte par corps (Amiens, 16 *décembre* 1835). Nous avons exposé les motifs qui nous font douter de cette décision : ajoutons que chacun doit savoir à quoi il s'oblige, et qu'un citoyen qui savait ne pas s'obliger par corps en achetant pour 150 fr. de marchandises, ne peut voir sa liberté engagée pour cette opération, par l'unique raison qu'il aurait plu au vendeur de transporter cette créance à un autre créancier de l'acheteur. Personne ne peut transporter plus de droits qu'il n'en a.

SUR L'ARTICLE 7.

Règles sur la fixation de la durée de la contrainte, *p.* 93, *n°* 1. — Cette règle générale confère évidemment aux juges le pouvoir d'étendre la contrainte par corps en matière civile au-delà de la durée fixée par l'art. 5, pour dettes de commerce.

Dans l'usage, les juges croient avoir la faculté de traiter le débiteur civil avec plus d'indulgence que la loi ne traite le débiteur commercial; ils croient pouvoir infliger *dix* années de contrainte par corps pour une somme de trois cent et quelques francs, et d'en réduire la durée à *une seule* année pour une dette d'un million : un stellionataire débiteur de 8,000 fr., un débiteur de dommages-intérêts montant à 10,000 fr., un autre stellionataire tenu de rembourser 35,000 fr., ont vu la contrainte par corps réduite à leur égard à trois ans (*Aix*, 30 *mars* 1838), à deux ans (*jugement énoncé dans un arrêt de Nîmes, du* 16 *août* 1838), et même à une année seulement (*jugement énoncé dans un arrêt de cassation du* 12 *novembre* 1838), quoique pour chacune de ces sommes un commerçant aurait subi cinq ans de contrainte par corps.

Peut-être cette jurisprudence est-elle à l'abri de la cassation ; car elle fausse plutôt l'application de l'art. 7 qu'elle n'en viole le texte ; et la fausse application d'une loi n'entraîne cassation qu'autant qu'elle a conduit à la violation d'un autre texte : les juges ont donc le pouvoir d'être indulgens, pourvu qu'ils ne descendent pas au-dessous du *minimum*.

Quoi qu'il en soit, cet excès d'indulgence nous semble contraire à la volonté de la loi, et tout se réunit pour démontrer qu'en conférant aux juges le pouvoir de graduer l'emprisonnement en matière civile autrement qu'en matière de commerce, la loi leur a donné ce pouvoir contre les débiteurs civils et non à leur profit.

D'abord les réclamations qui se sont élevées contre la contrainte par corps n'ont jamais eu pour objet que la contrainte par corps commerciale; c'est donc la position des débiteurs commerçans que la loi a eu pour but principal d'adoucir.

La contrainte par corps était plus dure en matière civile qu'en matière commerciale avant la loi de 1832, car elle était perpétuelle, ou du moins n'était limitée que par l'âge de soixante-dix ans ; pour le commerce, elle cessait au bout de cinq ans d'exécution (*) : si elle était plus dure avant la loi nouvelle pour les matières civiles que pour les matières commerciales, et que le besoin d'indulgence se soit fait sentir pour ceux qui étaient arrêtés pour dette de commerce, la gradation de la durée de l'emprisonnement en matière civile ne peut être exercée par le juge avec plus de douceur que ne l'a fait la loi pour les commerçans qu'elle entendait favoriser davantage.

Il y a une raison puissante pour que l'art. 7 soit plus sévère que l'art. 5 : la contrainte par corps dans les affaires commerciales est un lien du crédit; dans les affaires civiles, c'est presque toujours un moyen de répression d'une fraude ou d'une faute grave ; il est juste que la faute ou la mauvaise foi soient plus sévèrement réprimées que l'impuissance de payer : donc il est contraire à l'équité que le stellionataire ne garde prison qu'une année ou deux, là où le commerçant garderait prison pendant cinq ans.

Qu'on ne dise pas que la contrainte par corps n'étant aujourd'hui qu'un temps d'épreuve pour forcer le débiteur à dévoiler ses ressources cachées, il est de l'humanité du juge d'en diminuer

(*) Qu'on n'objecte pas que, dans le commerce, la contrainte par corps atteignait alors femmes, filles, mineurs, septuagénaires et débiteurs des plus faibles sommes; ce serait confondre l'étendue du droit et la rigueur de l'exécution : les cas d'application de la contrainte par corps étaient plus nombreux en matière commerciale, parce qu'elle y était de droit commun; l'exécution était plus rigoureuse en matière civile, parce que la contrainte par corps y était de droit exceptionnel et prononcée en haine de la dette.

la durée! La réponse est simple : la contrainte par corps est une épreuve de solvabilité pour le commerçant comme pour le débiteur civil : or la loi, en graduant dans l'art. 5 le temps de cette épreuve suivant le montant des sommes dues, n'a fait autre chose qu'établir une présomption légale du temps nécessaire à prouver cette insolvabilité. Quand, par humanité, le juge descend au-dessous de ce temps dans les matières civiles, il fait la critique de la dureté du législateur, et retire au créancier le seul avantage que produise la contrainte par corps, celui de vaincre par le temps l'opiniâtreté d'un débiteur de mauvaise foi.

Si la contrainte par corps en matière commerciale est moins dure, et doit l'être moins que la contrainte par corps en matière civile, les règles posées dans l'art. 5 doivent donc être regardées par le juge civil comme un *minimum* gradué, car le débiteur présumé de mauvaise foi à cause de la nature de la dette, doit aussi être présumé de mauvaise foi dans l'exécution ; il mettra certainement plus de soin et d'obstination à dérober à son créancier la connaissance de ses biens que le débiteur commercial, à qui on peut demander compte de sa position en le faisant déclarer en faillite.

Faire descendre la durée de la contrainte par corps en matière civile au-dessous des prescriptions de l'art. 5, c'est sacrifier les intérêts des créanciers pour dettes civiles à ceux des créanciers pour dettes commerciales, en cas de concurrence dans l'exécution : en effet, quand les juges statuent sur la durée d'une contrainte par corps, ils n'ont à s'occuper que du fait particulier et non de l'ensemble de la fortune, des ressources et des dettes du débiteur; ces points leur demeurent inconnus, à eux comme au demandeur : or, si leur indulgence réduit à une année la durée de la contrainte prononcée pour 10,000 fr. pour cause de stellionat, et que le débiteur écroué soit frappé d'une recommandation pour une dette commerciale de 3,000 fr. qui produit légalement quatre ans de contrainte par corps, le débiteur acquittera de préférence la dette de 3,000 fr., qui est la plus légère et qui produit l'exécution la plus dure. Appliquer ainsi la loi, c'est lui faire perdre toute son efficacité.

Arrivons maintenant aux textes : l'art. 7 a deux parties ; le § 1er est le plus sévère ; il a pour *minimum* un an, comme l'art. 5, et pour *maximum* dix ans, le double de l'art. 5 : le § 2 est plus doux ; il a pour *minimum* et pour *maximum* un an et cinq ans, comme l'art. 5 : donc, dans les cas de contrainte par corps impérative dérivant immédiatement de la loi, le § 1er a été écrit pour que les juges fussent plus sévères qu'en matière commerciale ; donc, dans les cas de contrainte par corps ou conventionnelle ou facultative, le § 2 leur indique de suivre à peu près la règle commerciale.

L'art. 13 confirme notre opinion, puisqu'il veut que la durée de la contrainte par corps contre les comptables de deniers publics soit fixée dans les limites de l'art. 7, § 1er. Citer le § 1er de l'art. 7, c'est dire que cet article doit être appliqué dans sa partie la plus rigoureuse, c'est en exclure la partie la plus indulgente; c'est enfin conforme à l'esprit de la législation, qui interdit la cession de biens aux comptables.

L'art. 40, en traitant de la contrainte par corps en matière correctionnelle et criminelle, veut aussi que, dans tous les cas où la condamnation prononcée s'élèverait à 300 fr., la durée de la contrainte par corps soit déterminée dans les limites de l'art. 7 ; mais il n'ajoute pas § 1er, ce qui peut faire penser que les juges peuvent, en usant d'indulgence, appliquer le § 2, et c'est, il faut l'avouer, l'opinion la plus commune.

Mais si l'on remarque que l'art. 39 et le § 2 de l'art. 40 abaissent le *maximum* à cinq ans, quand la condamnation n'excède pas trois cents francs, ou quand le condamné est septuagénaire, cas auxquels la contrainte par corps ne pourrait être prononcée en matière civile, on demeurera convaincu que c'est au § 1er de l'art. 7, et non au § 2, que renvoie le § 1er de l'art. 40.

Ainsi, soit pour dette civile ordinaire, soit pour deniers publics, soit au petit ou au grand criminel pour condamnations excédant trois cents francs, l'esprit de la loi est que la durée de la contrainte par corps soit plus longue qu'en matière commerciale, ou au moins qu'elle y soit égale.

Notre conviction personnelle se changera en certitude pour nos lecteurs, s'ils examinent attentivement l'art. 17 ; cet article a deux parties.

Par la première, il gradue la durée de la contrainte par corps contre l'étranger, pour dette civile ordinaire (*) ou pour dette commerciale, de deux ans à dix ans : deux ans au-dessous de 500 fr., quatre ans au-dessous de 1,000 fr., six ans au-dessous de 3,000 fr., huit ans au-dessous de 5,000 fr. et dix ans pour 5,000 fr. et au-dessus. — C'est juste le double de la gradation prononcée contre le commerçant français par l'art. 5.

Par la seconde partie du même article, quand l'étranger a contracté une dette civile pour laquelle un Français serait soumis à la contrainte par corps, les juges ne sont plus astreints à suivre la gradation fixée par la première partie de l'article ; ils usent du pouvoir que leur confère l'art. 7 pour

(*) *Dette civile ordinaire*. Ces mots ne sont pas employés ici comme les mots *matière civile ordinaire* de l'art. 7 où ils sont opposés à la matière des deniers et effets mobiliers publics : ils signifient toute dette civile qui n'entraînerait pas la contrainte par corps contre un Français.

fixer la durée de la contrainte par corps, sans toutefois que le *minimum* puisse être au-dessous de deux ans.

Or le législateur a-t-il pu avoir la pensée de fixer un temps d'épreuve contre l'étranger condamné pour une dette ordinaire, pour loyer, pour fourniture nécessaire à l'existence, et de permettre aux juges de diminuer ce temps d'épreuve et d'user d'indulgence, quand cet étranger se serait rendu coupable de mauvaise foi, ou aurait commis une faute grave, susceptible de soumettre un Français à la perte de sa liberté? Un étranger qui devra six cents francs de loyer devra rester quatre ans en prison; la loi le dit; elle a décidé elle-même que l'épreuve ne serait complète qu'au bout de ce temps, et elle aurait conféré aux juges le droit de réduire cette épreuve à deux années, quand l'étranger aurait commis un stellionat, violé un dépôt nécessaire, et serait débiteur de sommes énormes? On sent trop que c'est impossible, et que le législateur, en conférant un pouvoir extraordinaire au juge pour les cas où il y a mauvaise foi, n'a pu que lui permettre d'augmenter la durée de la contrainte par corps, par exemple de la fixer à huit ou dix ans, quoique, dans les cas où la loi la détermine elle-même, elle ne se serait pas élevée autant.

Si cela est vrai, il faut reconnaître que l'art. 7 est à l'art. 5 ce que la deuxième partie de l'art. 17 est à la première; il faut reconnaître que le pouvoir conféré au juge doit avoir pour effet de donner de l'efficacité aux condamnations et non de la diminuer, et que l'indulgence actuelle des tribunaux sur la durée de la contrainte par corps en matière civile est contraire à l'esprit général de la loi.

En un mot, à l'époque où a été reprise la discussion de la loi de 1832, la législature n'avait pas assez de force pour mettre dans la loi, en termes exprès, la rigueur nécessaire pour les dettes civiles et pour celles qui procédaient d'un fait criminel; on cherchait alors de tous côtés à plaire aux masses : les législateurs se sont donc reposés sur la vigilance des tribunaux pour rendre à la contrainte par corps une partie de l'efficacité que lui ôtait le projet; et si l'on persiste au contraire dans ce système d'indulgence, on finira par rendre la loi inutile.

OMISSION DE FIXATION *de la durée de la contrainte par corps*, *p.* 94, *n*° 5. — Il est évident que la plupart des omissions que peuvent commettre sur ce point les tribunaux viennent de la négligence des parties; on se contente ordinairement de conclure à la contrainte par corps; et l'on croit avoir beaucoup fait en y ajoutant « pour le temps qui sera fixé par le tribunal », comme si le droit conféré au tribunal de fixer ce temps excluait celui du demandeur de requérir dans son intérêt la fixation la plus élevée, et de prouver par de bonnes raisons qu'il y a droit.

Quand les premiers juges ont prononcé la contrainte par corps, sans fixation de la durée, et que cette durée n'a point été requise par les conclusions du demandeur, le demandeur comme le défendeur a droit de demander cette fixation sur l'appel, si le jugement en est susceptible quant à la somme.

Si la condamnation pécuniaire est inférieure au taux du premier ressort, le défendeur *seul* a le droit de saisir les juges d'appel de la demande en fixation de durée, d'après les principes exposés *sur l'art.* 20 *et la note nouvelle sur le même article.*

Si le défendeur prend contre ce défaut de fixation la voie de cassation avant que de s'être pourvu par appel, il est non-recevable dans son pourvoi, parce qu'à l'égard du défendeur, la disposition relative à la contrainte par corps est toujours de premier ressort (*art.* 20 *de la loi du* 17 *avril* 1832, *combiné avec l'art.* 2 *de la loi du* 27 *novembre* — 1er *décembre* 1790).

Si l'arrêt confirmatif du jugement n'a point statué sur une fixation de durée non requise par les parties, le défendeur peut se pourvoir en cassation dans les délais déterminés par la loi, le jugement est annulé en cette partie, et l'affaire renvoyée devant une autre Cour pour déterminer la durée de l'emprisonnement, parce que l'art. 7, imposant aux juges l'obligation de fixer cette durée, même quand on ne leur en fait pas la demande, l'omission de cette fixation est une contravention expresse au texte de l'art. 7, et que toute contravention expresse au texte d'une loi est un moyen de cassation : c'est ce que la chambre civile de la Cour de cassation a jugé deux fois (*Cass.*, 25 *février* 1835 et 12 *novembre* 1838); même, dans l'espèce du dernier arrêt, le demandeur avait, avant que le pourvoi ne fût jugé, obtenu du tribunal une nouvelle sentence qui fixait la durée au minimum; et le défaut d'intérêt du défendeur sur ce point n'a pas été un obstacle à la cassation : le droit de faire casser lui était acquis.

Quand le jugement est en dernier ressort, le demandeur peut également se pourvoir en cassation, s'il n'a pas requis la fixation de la durée, puisqu'il n'a pas la faculté d'appel.

Quand le demandeur a pris des conclusions précises sur la durée de la contrainte, et que l'arrêt ou jugement en dernier ressort ne fixe pas cette durée, il semble que le pourvoi en cassation n'est pas recevable avant que la partie n'ait pris la voie de requête civile, car il y a alors omission de prononcer sur l'un des chefs de demande (*C. Proc.*, *art.* 480, § 5°), et la cassation n'est ouverte que contre les jugemens que les juges du fond ne peuvent rétracter.

Quand les délais d'appel sont expirés et que les parties ne peuvent plus se pourvoir par les voies extraordinaires de requête civile et de cassation, le jugement qui contient une violation de la loi doit cependant être exécuté : ici reviennent donc les difficultés que nous avons annoncées au *nº 5 du Commentaire sur l'art.* 7 : les tribunaux pourront-ils compléter leur jugement en fixant un temps quelconque à la durée de l'emprisonnement, ou bien la contrainte par corps sera-t-elle perpétuelle, portée au *maximum* du temps déterminé par l'art. 7, ou réduite à son *minimum?*

La Cour royale de Paris, dans un arrêt où il y avait aussi une autre raison de décider (*), a dit nettement et par infirmation qu'un débiteur détenu en vertu d'un jugement qui ne détermine pas la durée de la contrainte par corps, ne pouvait être retenu en prison que pendant le *minimum* du temps fixé par la loi ; la Cour de Nîmes a jugé la même chose (*Paris*, 9 *juin* 1836 ; *Nîmes*, 1er *ou* 16 *août* 1838) ; au contraire, les Cours d'Aix et d'Amiens ont pensé qu'après l'expiration des délais pour faire réformer le jugement, et même quand il était exécuté par l'emprisonnement du débiteur, le créancier pouvait valablement demander au tribunal qui avait rendu le jugement de réparer cette omission, et le tribunal l'accorder, parce qu'il ne s'agissait que de régler le mode d'exécution (*Aix*, 30 *mars* 1838 ; *Amiens*, 6 *novembre* 1839).

Cette jurisprudence nous paraît contraire aux principes généraux, qui veulent que le juge soit dessaisi par le jugement, et aux principes spéciaux établis par l'art. 7, qui porte que la durée sera fixée par le jugement de condamnation.

Les principes généraux sont certains : tous les jurisconsultes conviennent que le juge ne peut ni réformer ni modifier le jugement qu'il a prononcé : il n'y a d'exceptions que pour les jugemens rendus avant dire droit, parce que l'office du juge n'est pas alors entièrement accompli et que l'interlocutoire ne lie pas le juge ; et pour les redressemens de compte à cause d'erreurs, omissions et doubles emplois, qui sont toujours censés émaner de la partie, de sa négligence ou de son ignorance du fait et n'être point l'œuvre du juge : si l'omission de statuer sur un chef de demande ne dessaisissait pas le juge, jamais le Code de procédure n'aurait fait de cette omission une ouverture de requête civile.

Le principe particulier est écrit dans l'art. 7 : le pouvoir qu'il donne aux juges leur est conféré pour l'exercer lors du jugement de condamnation : s'ils n'en usent pas alors, ils n'en peuvent donc user plus tard, car le jugement de condamnation est un jugement définitif.

En vain dit-on qu'il s'agit d'exécution, et qu'il appartient aux tribunaux civils et aux Cours royales de la régler, selon qu'elle leur est attribuée par l'art. 472 du Code de procédure civile : on répond que du droit de connaître de l'exécution des jugemens ne suit pas nécessairement le pouvoir d'ajouter à ces jugemens une disposition que les juges qui l'ont rendu y ont omise.

Comparons, en effet, la disposition de l'art. 7 de la loi de 1832 aux autres dispositions relatives à la même matière. On a déjà vu *sur l'art.* 2067, *nº* 9, *p.* 42, que, sauf le cas de l'art. 1206 du Code civil, la contrainte par corps ne peut être prononcée que par le jugement de condamnation ; on a vu, *nº* 10, *p.* 42, que le sursis à l'exécution de la contrainte ne peut être non plus prononcé que par le jugement même de condamnation (*V. C. Pr. art.* 122 *et* 127) ; et la prononciation de contrainte et de sursis à l'exécution tient au mode d'exécution des jugemens : quelle différence y a-t-il donc de la prononciation et du par corps et du sursis avec la prononciation de la durée, pour que l'une ne puisse plus avoir lieu quand les juges ont prononcé définitivement, et que les juges conservent le droit de faire la fixation quand bon leur semble, malgré le texte de la loi ?

Serait-ce donc parce que l'art. 7 de la loi du 17 avril 1832 n'est pas rédigé en termes négatifs, comme l'art. 127 du Code de procédure ; qu'en conséquence cette loi ne défend point aux juges de réparer eux-mêmes leur omission de fixation de durée? La réponse se trouverait encore dans la maxime que les lois impératives sont obligatoires comme les lois négatives, et dans celle que le juge étant dessaisi par la sentence définitive, elle reste régulière ou irrégulière du moment où elle est acquise aux parties.

Une objection que font les partisans du jugement additionnel, c'est que dans le cas de cassation ou de requête civile, il faut bien que, soit le même tribunal, soit le tribunal ou la Cour saisis par l'arrêt de renvoi, statuent sur la durée de la contrainte par corps par un autre jugement que le jugement de condamnation : ce qui est vrai physiquement, mais ce qui est faux en jurisprudence, l'effet de la cassation comme celui de la rétractation est de remettre la cause et les parties, sur le chef cassé ou rétracté, au même et semblable état qu'avant l'arrêt ou le jugement cassé ; de sorte que, par une fiction de la loi, le nouvel arrêt ou le nouveau jugement rendu sur le fond fait partie de celui qui

(*) Il s'agissait d'un délinquant condamné à une amende de 150 fr. envers un particulier par jugement correctionnel : le minimum était de six mois, aux termes de l'art. 39. Quand le détenu demanda son élargissement, le tribunal civil de Versailles fixa la durée de la contrainte à neuf mois. La Cour avait donc cette seconde raison de décider « que le tribunal civil ne pouvait modifier les jugemens du tribunal correctionnel. »

n'a été cassé ou rétracté qu'en partie. D'ailleurs la fiction de la loi produit une différence réelle sur la discussion de l'affaire : s'il était permis de demander au tribunal par instance nouvelle la fixation de durée de la contrainte plusieurs années après le jugement qui la prononce, on se ferait un moyen des désordres survenus dans les affaires du débiteur et de sa conduite postérieure au jugement ; au contraire, sur le renvoi de cassation ou sur la rétractation par requête civile, on ne peut plaider que les faits antérieurs à l'appel ou au jugement rétracté, par cela même que les parties sont replacées dans le même état qu'auparavant.

Enfin une objection plus grave se tire de la jurisprudence adoptée par la Cour de cassation en matière criminelle.

Quand, en matière criminelle, correctionnelle et de police, une partie a été condamnée envers l'Etat en une amende ou autre condamnation pécuniaire s'élevant à 300 fr. et au-dessus, la durée de la contrainte doit, suivant l'art. 40 de la loi de 1832, être déterminée par le jugement de condamnation dans les limites fixées par l'art. 7, et la Cour de cassation a constamment cassé les arrêts et jugemens qui ne contenaient pas cette fixation (*Cass., sect. crim.*, aff. Chapoteau, 20 *mars* 1835 ; aff. Rozé, 14 *mars* 1835 ; aff. Nogent, 14 *mai* 1835). Cependant une Cour d'assises ayant réparé cette omission par une décision postérieure, la Cour de cassation a rejeté le pourvoi, *parce qu'aucun texte ne défend* à la Cour d'assises *de compléter* son jugement, et que *sa juridiction n'est épuisée* que relativement aux points qu'elle a jugés (*Rejet, sect. crim.*, 14 *mai* 1836). Depuis, la Cour royale de Paris a confirmé un jugement du tribunal de police correctionnelle qui avait statué sur la durée de la contrainte par un jugement nouveau rendu à la réquisition du ministère public (*Paris*, 9 *janvier* 1839). Or, si la jurisprudence admet cette fixation *ex post facto* en matière criminelle, correctionnelle et de police, pourquoi ne l'admettre point en matière civile, quand l'art. 7 et l'art. 40 portent également que la durée sera *déterminée par le jugement de condamnation ?*

D'abord, parce que la juridiction des Cours d'assises n'est épuisée que relativement aux points qu'elles ont jugés, ainsi que l'a dit la Cour de cassation dans son arrêt du 14 mai, et que cela résulte notamment des art. 358 et 359 du Code d'instruction criminelle : aussi les jugemens des tribunaux de répression ne donnent jamais ouverture à la requête civile.

Cette seule différence suffit pour justifier jusqu'à un certain point la jurisprudence en matière criminelle, et surtout pour démontrer qu'il ne faut pas la transporter dans les affaires civiles ; mais il y a une raison plus puissante pour ne pas conclure de la jurisprudence criminelle à la jurisprudence civile : c'est que la première a été introduite par la nécessité. Si l'on ne permettait pas aux tribunaux de répression de réparer leur omission, la contrainte prononcée indéfiniment par eux serait *perpétuelle*, tandis qu'en matière civile elle ne peut jamais être que *temporaire*. Les résultats de l'omission sont donc opposés ; les deux espèces peuvent donc demander deux décisions différentes.

En effet, quoiqu'on trouve dans l'art. 40 comme dans l'art. 7 ces mots « *fixée par le jugement de condamnation* », ces deux dispositions législatives sont dominées chacune par un principe contraire.

L'art. 40 (au moins en ce qui concerne l'Etat) est subordonné au principe que la contrainte par corps en matière criminelle, correctionnelle et de police est *perpétuelle*. Aucun article de la loi n'abroge expressément le Code pénal (art. 52, 53, 467 et 469 où se trouvent ces mots « gardera prison *jusqu'à* parfait payement » ; il n'est abrogé ou il n'y est dérogé qu'autant que les dispositions de la loi nouvelle font céder l'ancienne loi devant leur texte.

Il y a plus : des art. 33 et 34 de la loi de 1832, il résulte que les délinquans, condamnés *au profit* de l'Etat, subiront l'effet de la contrainte par corps *jusqu'à ce qu'ils aient payé le montant* des condamnations : voilà le principe. Le cautionnement à fournir, la preuve d'insolvabilité, la fixation de durée de la contrainte lors de la condamnation par le tribunal de répression, sont des exceptions ou des modifications à ce principe général de perpétuité de la contrainte.

Donc l'omission de fixation de durée de la contrainte par le jugement de condamnation aurait pour effet, après l'expiration des délais d'appel et de cassation, d'imprimer à la contrainte par corps un caractère de perpétuité, si la jurisprudence n'était venue au secours des condamnés en rejetant, dans leur intérêt, l'appel ou le pourvoi qu'ils dirigeaient contre le jugement nouveau réparant l'omission du premier.

En matière civile, il en est autrement. Il est vrai que sous le Code civil la contrainte par corps était perpétuelle, quoiqu'aucun texte ne le dît, mais parce qu'aucun texte n'en limitait la durée ; pour changer à cet égard le droit qui ne naissait que du silence de la loi, il ne fallait ni dérogation au texte, ni abrogation expresse ou tacite du Code civil : il suffisait d'une disposition additionnelle ; et c'est un des rares exemples où le droit est changé par ce mode que les Romains appelaient *Subrogationem legi*. (*Lex abrogatur dum tollitur ; derogatur eidem dum quoddam caput ejus aboletur ; subrogatur dum aliquid ei adjicitur.* Ulpiani *fragm.*, I. 3). Cette disposition additionnelle est dans le § 1er de l'art. 7 de la loi du 17 avril 1832. « La durée de « la contrainte par corps sera d'un an au moins et « de dix ans au plus » ; et dans le § 2, « la durée

« de la contrainte ne sera que d'un an au moins et « de cinq ans au plus. »

Ainsi, en matière civile, la loi nouvelle a établi pour principe général que la contrainte par corps serait temporaire; l'omission du juge d'en fixer la durée ne peut donc la rendre indéfinie : il n'y a donc pas le même danger qu'en matière criminelle de dénier aux juges le pouvoir d'ajouter à leur jugement : il faut donc revenir aux principes qui veulent que le pouvoir spécial du juge sur chaque affaire cesse au moment du jugement définitif.

Peut-être, et nous arrivons ici à la dernière difficulté, y aurait-il quelque doute encore, s'il était possible de laisser le débiteur en prison pendant le *maximum* du temps fixé par l'art. 7 : mais outre que l'humanité et la faveur de la liberté indiquent assez que le débiteur ne peut être détenu que pendant le *minimum* du temps fixé par l'art. 7, une raison sans réplique fortifie la jurisprudence des Cours de Paris et de Nîmes : c'est que le créancier est en faute ; il a dû, au moment du jugement, demander la fixation de la durée; il a dû depuis examiner ce jugement, et, s'il lui faisait grief, en demander la réformation par les voies légales : s'il n'a pas tenté de le faire réformer, c'est qu'il a consenti à n'exercer une contrainte essentiellement temporaire que pendant le temps le plus court que déterminait la loi ; il est donc non recevable à requérir une fixation nouvelle : *Volenti non fit injuria*. En vain le créancier insisterait-il en disant qu'il a entendu au contraire que le silence du jugement lui permettrait de maintenir le débiteur en prison pendant dix ou cinq ans : une pareille interprétation serait de mauvaise foi. Les juges n'ont rien prononcé sur le délai; la loi ne permet de détenir le débiteur au delà d'un an et jusqu'à cinq ou dix ans qu'autant que les juges l'ont ainsi décidé : dans leur silence, il ne reste donc au profit du créancier que l'année de détention qui ne pouvait lui être refusée.

Stellionataire, *p.* 94, *art.* 7, *n°* 7. — Cet article est applicable même aux cas de stellionat (*Cass.*, 12 *novembre* 1838). — *V. le Commentaire sur l'art.* 42, *p.* 117.

SUR L'ARTICLE 14.

Domicile *sans autorisation, addition au n°* 2, *p.* 98. — Jugé conformément à l'opinion de M. Pardessus, que l'autorisation du Roi pour établir son domicile en France est nécessaire pour que la contrainte par corps ne soit pas prononcée contre l'étranger, même quand il y a domicile et établissement de commerce (*Paris*, 21 *avril* 1838), et qu'elle doit être encore prononcée quand il est muni de cette autorisation, si l'étranger n'a pas établi sérieusement un domicile réel avec l'intention de se fixer en France ; ce qui se décide par les circonstances (*Douai*, 9 *décembre* 1829).

Minimum, *étranger, addition au n°* 7, *p.* 99. — Le *minimum* au-dessous duquel la contrainte par corps *ne peut être* prononcée contre les étrangers est de cent cinquante francs, et non pas de *cinquante*, comme il a été imprimé par erreur dans l'édition que le libraire Gustave Pissin a donnée de la loi du 17 avril 1832, erreur qui a passé dans plusieurs ouvrages, et notamment dans l'opuscule de M. Cadrès, intitulé *Code manuel de la Contrainte par corps*, où elle est répétée à la page 11 et à la page 54. Cette erreur est trop importante pour n'être pas signalée, et prouve la nécessité de recourir toujours aux textes officiels.

SUR L'ARTICLE 17.

Point de départ de la durée, *p.* 102, 2e *col.*, *n°* 2. — La Cour royale de Paris a aussi adopté cette opinion : elle a fait courir la durée de la contrainte par corps du jour de l'arrestation provisoire, et non de celui de l'écrou opéré en vertu du jugement de condamnation (*Paris*, 26 *décembre* 1835).

SUR L'ARTICLE 20.

Appel *au chef de la contrainte par corps*, *p.* 104, *art.* 20, *n°* 3. — La Cour royale de Paris a jugé, depuis la publication de cet ouvrage, qu'un créancier au-dessous de 1,000 fr. était recevable dans l'appel du jugement qui déclarait nul l'emprisonnement de son débiteur, l'art. 20 de la loi du 17 avril 1832 étant commun aux deux parties (*Paris*, 11 *août* 1841).

L'arrêt est juridique, le motif seulement nous paraît inexact.

Quand on plaide sur la validité d'une arrestation ou d'une saisie, l'objet de la demande est toujours d'une valeur indéterminée, parce qu'il ne consiste pas dans la créance, mais dans le droit d'exécuter de telle ou de telle manière, ce qui n'admet pas une estimation certaine ; peu importe que l'intérêt du jugement rendu sur le fond soit au-dessous du dernier ressort ; sur l'exécution, l'intérêt se compose non-seulement de la créance principale, mais des intérêts qui l'ont accrue, mais des frais faits et à faire sur l'exécution, mais des dommages-intérêts auxquels serait exposé le créancier si l'exécution était nulle; puisque la valeur de l'objet de la demande est indéterminée, le créancier avait, comme le débiteur, la faculté d'interjeter appel du jugement qui statuait sur la validité de l'exécution, et il tenait cette faculté, non de l'art. 20 de la loi du 17 avril 1832, mais de l'art. 5 du tit. 4 de la loi du 16-24 août 1790, et de l'art. 1er de la loi du 11 avril 1838.

Ainsi on doit dire avec la Cour royale de Paris que les créanciers ont, comme les débiteurs, la faculté d'interjeter appel des jugemens rendus sur les demandes en nullité d'emprisonnement, même quand le jugement qui statue sur la créance principale serait en dernier ressort : c'est le droit commun.

Mais nous n'en persistons pas moins à croire que le créancier est non-recevable à appeler du jugement en dernier ressort qui, en condamnant le débiteur au payement, n'a pas prononcé la contrainte par corps : il suffit de lire l'exposé des motifs de 1829 et le rapport de 1831 pour demeurer d'accord que l'art. 20 n'a jamais eu en vue que le débiteur et non le créancier.

Certes cette phrase : « *La disposition relative à la contrainte par corps sera sujette à l'appel* », paraît au premier coup d'œil établir une faculté commune aux deux parties.

Mais l'examen détruit cette première impression : d'abord l'art. 20, comme les art. 19 et 21, a été rédigé pour adoucir les principes sur la contrainte par corps. Or c'eût été les aggraver que d'accorder au créancier la faculté d'appel dans un cas où il ne l'avait jamais eue.

D'un autre côté, il pouvait être à la fois humain et juste d'accorder l'appel au débiteur, parce que la liberté du débiteur, quoique inaliénable, est dans ses biens : elle constitue pour lui une valeur inestimable en dehors de la modique créance exercée sur lui; mais cette liberté n'est pas dans les biens du créancier; il n'y peut avoir de droit direct; elle ne constitue pas pour lui une valeur indépendante de la créance réclamée et soumise au dernier ressort; il ne doit donc pas interjeter appel, parce qu'un mal-jugé qui lui ferait perdre le moyen d'exécution, même contrairement à la loi, ne lui fait pas plus de tort qu'un mal-jugé qui méconnaîtrait sa créance, et contre lequel il n'a pourtant pas le second ressort pour ressource.

Qu'on revienne maintenant au texte et qu'on le relise, on demeurera convaincu que ces mots « la *disposition* de leur jugement *relative* à la contrainte par corps..... signifient « la disposition *qui prononcera* cette contrainte. » En effet, quand la contrainte par corps est demandée et qu'elle est rejetée, le jugement porte rarement de disposition négative sur ce chef; il se borne tantôt à condamner par les voies de droit seulement, tantôt à condamner sans parler des voies d'exécution : or, s'il se tait absolument, comment pourrait le créancier interjeter appel d'une disposition qui n'existerait pas? On peut interjeter appel pour omission de prononciation sur un chef de demande, mais une *omission* ne s'est jamais appelée une *disposition*.

Enfin le même article 20 ajoute que dans les jugemens de dernier ressort, l'appel interjeté de la disposition relative à la contrainte par corps NE SERA PAS SUSPENSIF; c'est-à-dire que pendant l'instance d'appel, la disposition dont est appel recevra son exécution : il s'agit donc dans l'art. 20 d'une disposition active et exécutoire; il s'agit donc du cas où la contrainte par corps a été prononcée, non de celui où elle a été déniée; il s'agit donc du droit conféré par exception au débiteur condamné par corps, et non au créancier que le droit commun soumet à obéir aux mal-jugés dans les sentences en dernier ressort.

Au surplus, l'arrêt de 1841 ne nous semble pas propre à fixer la jurisprudence, parce qu'il n'a pas eu à statuer sur le point qu'il a émis en doctrine, et il avait été précédé d'un autre arrêt qui avait jugé la question contre le créancier (*Paris, 14 août* 1839) : nous avons la confiance que la Cour reviendra à sa première jurisprudence.

SUR L'ARTICLE 23.

CONTRAINTE PAR CORPS POUR LES FRAIS, *p.* 106, *à la fin du n°* 4. — Un arrêt de la Cour royale de Paris aurait pourtant décidé, si l'on en croit les recueils, que la contrainte par corps peut être exercée, *pour les frais seulement*, contre le débiteur qui, avant son arrestation, a payé le capital et les intérêts (*Paris, 17 septembre* 1839).

S'il en est ainsi, l'arrêt serait contraire aux principes, il violerait l'art. 2063 du Code civil par une fausse application de l'art. 23 de la loi de 1832.

La contrainte par corps ne peut avoir lieu que dans les cas prévus par une loi formelle, et aucune loi ne l'établit pour les dépens et frais en matière civile et commerciale. (*V. n°* 30 *sur l'art.* 2060, *p.* 22).

Cependant, quand le débiteur n'a pas payé le principal, il est, indépendamment et de l'art. 800 du Code de procédure civile et de l'art. 23 de la loi de 1832, tenu *indirectement* des frais, même par corps.

Pourquoi? parce que de même que les intérêts sont un accessoire intrinsèque de la créance, exigible en même temps que le capital, de même les frais en constituent un accessoire extrinsèque, que le débiteur n'en peut séparer sans la volonté du créancier.

Or, comme l'obligation susceptible de division doit être exécutée entre le débiteur et le créancier comme si elle était indivisible (*C. civ., art.* 1220 *et*

1258), et qu'ainsi le créancier est libre de refuser le payement du capital, si les frais ne lui sont pas offerts en même temps, quand les frais sont encore dus, le débiteur se trouve *indirectement* tenu par corps du payement des frais.

Mais si le créancier a consenti à recevoir le capital sans les frais, la dette principale est éteinte; la dette des frais et dépens a donc cessé d'en être un accessoire, car il n'y a plus d'accessoire là où il n'existe plus de principal; seulement la chose qui était accessoire, mais qui avait en soi une existence propre et indépendante, a pu survivre au principal, à l'occasion duquel elle est née.

Donc le capital, cause de la contrainte par corps, une fois éteint, les frais qui restent dus formeront une créance principale, à laquelle aucune loi n'impose la contrainte par corps; donc le créancier n'a plus le droit d'exercer directement la contrainte par corps pour ces dépens devenus une dette principale et indépendante de la créance éteinte qui les avait produits; donc, permettre l'exécution par corps pour les dépens seulement, ce serait violer l'art. 2063 du Code civil, à moins qu'il n'existe un texte contraire et dérogatoire.

Or ce texte n'est nulle part: surtout on ne le trouve ni dans les art. 798 et 800 du Code de procédure civile, ni dans l'art. 23 de la loi de 1832, qu'on ne peut appliquer à ce cas sans en fausser le sens et l'esprit.

Les art. 798 et 800 du Code de procédure ont pour objet, l'un de fixer le montant de la garantie que doit donner pour sortir de prison le débiteur qui attaque la validité de son emprisonnement; l'autre de déterminer ce que doit payer ou consigner immédiatement le débiteur emprisonné qui veut sortir malgré le créancier: à ces deux articles préexistaient les art. 1220 et 1258 sur l'indivisibilité de la dette et sur celle des offres, et par conséquent la règle que, pour être intégrales, les offres devaient contenir une somme pour les frais non liquidés, sauf à parfaire. En faveur de la liberté, le Code de procédure a dispensé de cette condition: le débiteur emprisonné sera élargi par le payement ou la consignation du capital, des intérêts échus des frais liquidés, de ceux d'emprisonnement et la restitution des alimens; quant aux frais non liquidés, il ne sera pas tenu de les offrir, même en partie. Est-ce donc là dire que la contrainte par corps aura lieu pour les dépens? non; ç'a été seulement exclure les dépens non liquidés de la règle établie par le Code civil sur l'indivisibilité de l'obligation dans son exécution: les articles 798 et 800 n'ont donc pas établi que les frais entraîneraient, même indirectement, la contrainte par corps; ils ont trouvé établi en droit que les frais entraînaient indirectement cette contrainte, quand on ne pouvait offrir le principal sans offrir en même temps l'accessoire, et sont venus limiter l'application du principe.

Il en est de même de l'art. 23 de la loi nouvelle: les mots *frais liquidés* de l'art. 800 pouvaient s'entendre de tous les frais dont le créancier aurait obtenu la taxe avant le payement ou les offres, même de ceux qui auraient été faits en tentant d'autres voies d'exécution: l'art. 23 proscrit cette interprétation, en disant que ces frais liquidés *ne seront jamais* que les frais de l'instance, ceux de l'expédition et signification du jugement et de l'arrêt, s'il y avait lieu, et ceux enfin de l'exécution relative à la contrainte par corps seulement: il se borne donc à interpréter les art. 798 et 800, et à permettre, quant à la contrainte par corps, de séparer de la dette tous les frais, même liquidés, que le créancier aurait faits pour parvenir à un autre mode d'exécution; mais il n'établit pas le droit de contrainte par corps; il le limite, au contraire, il le resserre dans des bornes plus étroites: il n'a donc dit en aucune manière que les débiteurs seraient tenus par corps des frais d'instance, d'expédition, de signification, et de l'exécution de leur personne; il a dit que les effets de l'indivisibilité de la dette, quant à la contrainte par corps, se borneraient aux frais qu'il énumère, et ne s'étendraient jamais aux autres; il n'a pas dit davantage; il doit donc s'entendre seulement comme l'art. 798, comme l'art. 800 qu'il explique, des frais accessoires à une dette actuellement subsistante, et non des frais qui restent dus après l'extinction de la dette, lesquels, ainsi séparés de la créance qui y a donné lieu, ne sont exigibles que par les voies de droit.

SUR L'ARTICLE 28.

Alimens *dus par l'Etat*, *p.* 109, *n*o 3. — Opinion confirmée par un arrêt de la Cour de cassation, qui reconnaît que le décret du 4 mars 1808 est toujours en vigueur: il s'agissait d'un emprisonnement au profit de l'administration des contributions indirectes (*Cass.*, 12 *mai* 1835).

SUR L'ARTICLE 30.

Consignation *antérieure à l'ordonnance*, *p.* 110, *n*o 2, 3e *alin.* — Jugé que le débiteur qui a pris certificat du manque d'alimens à quatre heures du matin, et dont la requête n'a été présentée au président du tribunal qu'à six heures un quart, ne doit pas être mis en liberté, quand le créancier a fait sa consignation nouvelle à cinq heures du matin (*Paris*, 18 *juin* 1836).

SUR L'ARTICLE 32.

DETTE DE LA PARTIE CIVILE ENVERS LE TRÉSOR PUBLIC, *p.* 113, *n°* 4. — Ainsi est soumise à la contrainte par corps envers l'Etat, pour frais avancés par le trésor public, la partie civile en matière correctionnelle, même si elle n'a point succombé dans sa demande (*Paris*, 9 *mai* 1837).

Mais alors ce n'est pas en vertu des art. 7 et 40 combinés, mais en vertu des art. 7 et 13 de la loi du 17 avril 1832, que la contrainte par corps doit être prononcée : elle ne pourra avoir lieu qu'au-dessus de 300 fr.; on pourra l'exercer contre les femmes et les filles, et non contre les septuagénaires; en un mot, elle sera régie par la section 2 du tit. 2 de la loi sur la contrainte par corps, et non par les art. 32 et suivans, parce qu'il ne s'agit contre la partie que du recouvrement des deniers de l'Etat.

SUR LES ARTICLES 39 ET 40.

DURÉE DE LA CONTRAINTE PAR CORPS, *p.* 116, *n°* 1, 2e *col.*, 3e *alin.* — La Cour de cassation décide constamment, soit par voie de rejet, soit par voie de cassation, que les tribunaux ne doivent jamais fixer la durée de l'emprisonnement à l'égard de l'Etat, quand la dette ne monte pas à 300 fr. (*Rejet*, *sect. crim.*, aff. Ducala, 24 *janvier* 1835), même quand ils en auraient fixé la durée à une année (*Cass.*, *sect. crim.*, 2 *octobre* 1835), ou seulement à six mois (*Cass.*, *sect. crim.*, aff. Biot, 20 *mars* 1835 *et* 3 *août* 1838); mais qu'à l'égard de l'Etat comme des particuliers, les tribunaux sont tenus de fixer la durée de la contrainte pour les condamnations pécuniaires de 300 fr. et au-dessus, même quand la portion de chaque débiteur ne s'élèverait pas à cette somme, si, par l'effet de la solidarité, ils sont chacun obligés pour le tout (*Cass.*, *sect. crim.*, aff. Chapoteau, 20 *mars* 1835 *et* 14 *mai* 1835). De là il suit que le condamné envers l'Etat à une somme moindre de 300 fr. est tenu de garder prison après les délais fixés par l'art. 35, s'il ne justifie pas de son insolvabilité dans les formes voulues par l'art. 420 du Code d'instruction criminelle, et que le débiteur de plus de 300 fr. ne sera pas tenu de justifier de son insolvabilité pour sortir au bout des délais fixés par le jugement en vertu de l'art. 40.

La Cour de cassation ne s'est point expliquée sur ces deux derniers points; mais la solution que nous venons d'y donner nous paraît une conséquence directe de la doctrine de la Cour : nous abandonnons donc la proposition qu'à défaut d'insolvabilité constatée, l'Etat ne peut retenir en prison que pendant cinq ans le délinquant contre lequel les condamnations pécuniaires ne montent pas à 300 fr.; car il faut reconnaître qu'aucune disposition législative ne borne le droit de contrainte par corps contre cette espèce de délinquant, si l'insolvabilité n'est pas prouvée.

Dans la note que nous avons ajoutée au *n°* 5 *du Commentaire sur l'art.* 7, nous avons établi qu'en matière civile le défaut de fixation de la contrainte la réduisait virtuellement au minimum, tandis qu'en matière criminelle, correctionnelle et de police, si on ne laissait pas aux tribunaux la faculté de la déterminer plus tard, quand les condamnations pécuniaires ont été prononcées *au profit de l'État*, la contrainte serait perpétuelle; mais nous ne nous sommes pas occupé de la question en matière criminelle et de police, lorsque les condamnations sont prononcées *au profit de particuliers*. C'est ici le lieu de compléter le système. Il est évident d'abord qu'à défaut de fixation de durée, et tant qu'on est dans le délai légal, les parties peuvent se pourvoir par appel ou cassation ; mais, ce délai expiré, il semble que la partie civile au profit de laquelle les condamnations pécuniaires ont été prononcées n'a droit sur la liberté du condamné qu'au minimum du temps fixé par l'art. 7. En effet, si le Code pénal n'a pas été abrogé par la loi nouvelle, les art. 33 et 34, qui ont le Code pénal pour base, n'ont été écrits cependant que dans l'intérêt de l'État : il y a donc à l'égard des simples particuliers dérogation au droit établi par le Code pénal dans les art. 39 et 40, qui veulent impérativement une fixation de durée prononcée par le tribunal, et assimilation complète au droit établi par l'art. 7 pour la contrainte en matière civile. Il faut donc raisonner et juger dans un cas de même que dans l'autre.

RENVOIS AUX ARRÊTISTES

Pour tous les arrêts cités dans les Additions au Commentaire sur le titre de la Contrainte par corps et sur l'Appendice.

CASS. 24 *juin* 1816. — S. 1816, 1. 409. — D. 1816, 1. 354. — P. t. 1er de 1817, p. 417. — N. D. t. 1er, p. 504, et t. 6, p. 670.

COLMAR, 27 *mars* 1817. — S. 1818, 2. 106. — D. 1817, 2. 89, qui le date de 1816. — N. D. t. 3, p. 806.

PAU, 24 *juillet* 1823. — S. 1836, 2. 56 (à la note).

BOURGES, 23 *août* 1823. — S. 1824, 2. 172. — P. t. 2e de 1825, p. 460. — N. D. t. 6, p. 668.

TOULOUSE, 1er *septembre* 1824. — S. 1825, 2 158. — D. 1825, 2. 153.

DOUAI, 9 *décembre* 1829. — S. 1832., 2. 648. — D. 1832, 2. 36.

Caen, 28 *juin* 1830. — S. 1831, 2. 176. — D. 1831, 2. 61.

Toulouse, 5 *avril* 1832. — *V.* l'arrêt de rejet du 14 février 1837.

Paris, 2 *août* 1832. — S. 1833, 2. 50. — D. 1833, 2. 16. — P. t. 3e de 1832, p. 444.

Paris, 9 *mars* 1833. — *V.* l'arrêt de rejet du 13 avril 1836.

Rennes, 13 *juin* 1833. — S. 1834, 2. 122. — D. 1834, 2. 103. — P. t. 3e de 1833, p. 544.

Montpellier, 28 *août* 1833. — S. 1834, 2. 557. — D. 1834, 2. 56.

Paris, 12 *novembre* 1833. — S. 1833, 2. 598. — D. 1834. 2. 20. — P. t. 1er de 1834, p. 108.

Rejet, *sect. civ.*, 20 *novembre* 1833. — S. 1834, 1. 301. — D. 1834, 1. 18.

Paris, 12 *avril* 1834, aff. Jolimon. — S. 1834, 2. 296. — P. t. 3e de 1834, p. 25.

Paris, 12 *avril* 1834, aff. Bardet. — S. 1834, 2. 616. — D. 1834, 2. 156.

Cass., 15 *avril* 1834. — S. 1834. 1. 650. — D. 1834, 1. 195.

Poitiers, 14 *mai* 1834. — S. 1834, 2. 370.

Paris, 18 *août* 1834. — S. 1834, 2. 615.

Paris, 10 *septembre* 1834. — *Inédit.*

Paris, 25 *septembre* 1834. — S. 1835, 2. 22.

Paris, 23 *octobre* 1834. — S. 1834, 2. 641. — D. 1835, 2. 22. — P. t. 1er de 1835, p. 245.

Cass., 18 *novembre* 1834. — S. 1834, 1. 777. — D. 1835, 1. 10. — P. t. 1er de 1835, p. 57.

Paris, 25 *novembre* 1834. — S. 1835, 2. 104. — D. 1835, 2. 52. P. t. 1er de 1835, p. 282.

Aix, 6 *décembre* 1834. — S. 1835, 2. 127. — P. t. 2e de 1835, p. 262.

Paris, 24 *décembre* 1834. — *Inédit.*

Paris, 16 *janvier* 1835. — S. 1835, 2. 199. — D. 1835, 2. 88.

Rejet, *sect. crim.*, 24 *janvier* 1835, aff. Ducala. — S. 1835, 1. 100.

Paris, 26 *janvier* 1835. — S. 1835, 2. 100. — P. t. 1er de 1835, p. 493.

Lyon, 4 *février* 1835. — S. 1835, 2. 215. — D. 1835, 2. 87.

Cass. 25 *février* 1835. — S. 1835, 1. 571. — D. 1835, 1. 183.

Cass. *sect. crim.*, 14 *mars* 1835, aff. Rozé. — S. 1835, 1. 576. — D. 1835, 1. 280.

Cass. *sect. crim.*, 20 *mars* 1835, aff. Chapoteau. — S. 1835, 1. 576. — D. 1825, 1. 253. — P. t. 3e de 1835, p. 245.

Cass. *sect. crim.*, 20 *mars* 1835, aff. Biot. — S. 1835, 1. 576. — D. 1835, 1. 253. — P. t. 3e de 1835, p. 242.

Cass. *sect. crim.*, 2 *avril* 1835. — S. 1835, 1. 628. — D. 1835, 1. 280. — P. t. 3e de 1835, p. 166.

Rennes, 6 *avril* 1835. — S. 1836, 2. 55. — D. 1835, 2. 192.

Paris, 7 *avril* 1835. — S. 1835, 2. 305. — D. 1835, 2. 76. — P. t. 2e de 1835, p. 30.

Cass., 12 *mai* 1835. — S. 1835, 1. 386. — D. 1835, 1. 261.

Paris, 11 *avril* 1835. — *V.* l'arrêt de rejet du 12 novembre 1838.

Cass. *sect. crim.*, 14 *mai* 1835, aff. Nogent. — S. 1835, 1. 576. *en nota* à la fin.

Cass. 3 *juin* 1835. — S. 1835, 1. 628.

Douai, 15 *juin* 1835. — S. 1836, 2. 42. — D. 1835, 2. 159.

Toulouse, 20 *juin* 1835. — S. 1836, 2. 100. — D. 1836, 2. 11.

Paris, 31 *juillet* 1835. — S. 1835, 2. 521. — D. 1836, 2. 81. — P. t. 3e de 1835, p. 437.

Toulouse, 2 *août* 1835. — S. 1836, 2. 205. — D. 1836, 2. 32.

Bordeaux, 28 *août* 1835. — S. 1836, 2. 190. — D. 1836, 2. 102. — P. t. 2e de 1836, p. 540.

Cass., *sect. crim.*, 2 *octobre* 1835. — S. 1836, 1. 112. — P. t. 2e de 1836, p. 212.

Rejet, 5 *novembre* 1835. — S. 1836, 1. 105 — D. 1836, 1. 320. — P. t. 3e de 1835, p. 582.

Limoges, 21 *novembre* 1835. — S. 1837, 2, 191.

Paris, 27 *novembre* 1835. — S. 7826, 2. 164. — D. 1836, 2. 80.

Rejet, 15 *décembre* 1835. — S. 1836, 1, 333. — D. 1836, 1. 67. — P. t. 3e de 1836, p. 525.

Amiens, 16 *décembre* 1385. — S. 1837, 2. 68. — D. 1837, 2. 114.

Paris, 26 *décembre* 1835. — S. 1836, 2. 30. — D. 1836, 2 6.

Paris, 7 *janvier* 1836. — S. 1836, 2. 8. — D. 1836, 2. 35.

Paris, 14 *janvier* 1836. — S. 1836, 2. 125. — D. 1856, 2. 175.

Rejet, 20 *janvier* 1836. — S. 1836, 2. 494. — D. 1836, 2. 127.

Bordeaux, 21 *janvier* 1836. — S. 1836, 2. 286. — D. 1837, 2. 52. — P. t. 3e de 1836, p. 243.

Paris, 3 *février* 1836. — S. 1836, 2. 125. — D. 1836, 2. 145.

Grenoble, 3 *février* 1836. — S. 1836, 2. 419. — D. 1837, 2. 51. — P. t. 2e de 1837, p. 176.

Pau, 10 *février* 1836. — S. 1836, 2. 365. — P. t. 1er de 1837, p. 471.

Montpellier, 19 *février* 1836. — S. 1836, 2. 366. — D. 1837, 2. 64.

MONTPELLIER, 19 *mars* 1836. — S. 1840, 2. 58.

REJET, *sect. civ.*, 13 *avril* 1836. — S. 1836, 1. 830. — D. 1836, 1. 240. — P. t. 3e de 1836, p. 475.

BORDEAUX, 19 *avril* 1836. — S. 1836, 2. 421. — D. 1837, 2. 43. — P. t. 1er de 1837, p. 359.

PARIS, 28 *avril* 1836. — S. 1836, 2. 243. — *V.* l'arrêt de rejet du 18 août 1836.

REJET, *sect. crim.*, 14 *mai* 1836. — S. 1836, 1. 784.

REJET, 31 *mai* 1836. — S. 1836, 1. 857. — D. 1836, 1, 378.

PARIS, 9 *juin* 1836. — S. 1836, 2. 350. — D. 1836, 2. 127.

PARIS, 18 *juin* 1836. — S. 1836, 2. 329. — D. 1836, 2. 144. — P. t. 3e de 1836, p. 30.

REJET, 6 *juillet* 1836. — S. 1836, 1. 694. — D. 1836, 1. 407. — P. t. 2e de 1836, p. 539.

BORDEAUX, 3 *août* 1836. — S. 1837, 2. 69. — D. 1837, 2. 115.

PARIS, 18 *août* 1836. — S. 1836, 2. 453. — D. 1837, 2. 77.

REJET, 18 *août* 1836. — S. 1836, 1. 710. — D. 1837, 1. 153. — P. t. 3e de 1836, p. 285.

PARIS, 24 *août* 1836. — S. 1836, 2. 528. — D. 1837, 2. 7. — P. t. 1er de 1837, p. 196.

CAEN, 30 *août* 1836. — S. 1836, 2. 483. — D. 1837, 2. 18.

PARIS, 30 *novembre* 1836. — S. 1837, 2. 40. — D. 1837, 2. 56. — P. t. 1er de 1837, p. 225.

ROUEN, 9 *décembre* 1836. — S. 1839, 2. 300. — D. 1839, 2. 204.

REJET, *sect. civ.*, 12 *décembre* 1836. — S. 1837, 1. 412. — D. 1837. 1. 194. — P. t. 1er de 1837, p. 621.

REJET, *sect. civ.*, 31 *janvier* 1837. — S. 1837, 1. 320. — D. 1837, 1. 60. — P. t. 1er de 1837, p. 252.

LYON, 4 *février* 1837. — *V.* l'arrêt de rejet du 22 juin 1837.

REJET, *sect. civ.*, 14 *février* 1837. — S. 1837, 1. 890. — D. 1837, 1. 255. — P. t. 1er de 1837, p. 602.

PARIS, 27 *février* 1837. — P. t. 1er de 1837, p. 197.

LIMOGES, 2 *mars* 1837. — S. 1839, 2. 141. — D. 1839, 2. 16.

BOURGES, 8 *mai* 1837. — S. 1837, 2. 398. — D. 1837, 2. 156. — P. t. 2e de 1837, p. 400.

PARIS, 9 *mai* 1837. — S. 1837, 2. 241.

REJET, *sect civ.*, 7 *juin* 1837. — S. 1838, 1. 78. — D. 1837, 1. 444.

CASS., 7 *juin* 1837. — S. 1837, 1. 593. — D. 1837, 1. 444. — P. t. 2e de 1837, p. 231. — *Nota.* Cet arrêt est le même que le précédent; il rejette sur un chef et casse sur un autre.

RIOM, 22 *juin* 1837. — S. 1838, 2. 115. — D. 1838, 2. 100. — P. t. 2e de 1838, p. 328.

REJET, 22 *juin* 1837. — S. 1837, 1. 984. — D. 1837, 1. 395.

RIOM, 13 *juillet* 1837. — S. 1838, 2. 115.

RIOM, 3 *août* 1837. — S. 1838, 2. 116. — D. 1838, 2, 101. — P. t. 2e de 1838, p. 329.

NANCY, 5 *août* 1837. — S. 1839, 2. 70. — P. t. 1er de 1839, p. 496.

LYON, 16 *août* 1837. — S. 1838, 2. 296. — D. 1838, 2. 47. — P. t. 1er de 1838, p. 214.

PARIS, 12 *octobre* 1837. — S. 1838, 2. 429. — D. 1838, 2. 67. — P. t. 2e de 1837, p. 526.

PARIS, 21 *octobre* 1837. — S. 1839, 2. 71 — D. 1837, 2. 153, qui le date du 26. — P. t. 1er de 1839, p. 496.

PARIS, 25 *novembre* 1837. — S. 1838, 2. 429 à la note. — D. 1838, 2. 67. — P. t. 2e de 1837, p. 527.

LYON, 19 *décembre* 1837. — *V.* l'arrêt de rejet du 24 février 1841.

POITIERS, 21 *décembre* 1837. — S. 1838, 2. 297. — D. 1838, 2. 34. — P. t. 2e de 1838, p. 281.

PARIS, 5 *janvier* 1838. — *Inédit.*

CAEN, 10 *janvier* 1838. — S. 1839, 2. 70. — D. 1839, 2. 75. — P. t. 1er de 1839, p. 496.

LYON, 16 *janvier* 1838. — S. 1839, 2, 92. — D. 1839, 2. 16. — P. t. 2e de 1838, p. 633.

CASS. 26 *mars* 1838. — S. 1838, 1. 377. — D. 1838, 1. 164. — P. t. 1er de 1838, p. 401.

AIX, 30 *mars* 1838. — S. 1838, 2. 418. — D. 1839, 2. 165. — P. t. 2e de 1838, p. 570.

ROUEN, 5 *avril* 1838. — S. 1839, 2. 300. — D. 1839, 2. 204. — P. t. 1er de 1839, p. 574.

PARIS, 21 *avril* 1838. — S. 1839, 2. 71. — D. 1838, 2. 157. — P. t. 1er de 1838, p. 634.

LIMOGES, 31 *mai* 1838. — S. 1839, 2. 23. — D. 1838, 2. 204. — P. t. 2e de 1838, p. 475.

PARIS, 26 *juin* 1838. — S. 1839, 2. 71. — D. 1839, 2. 75.

RENNES, 2 *juillet* 1838. — S. 1839, 2. 340.

RIOM, 12 *juillet* 1838. — S. 1839. 2. 338.

PARIS, 18 *juillet* 1838. — P. t. 2e de 1838, p. 133.

CASS., *sect. crim.*, 3 *août* 1838. — S. 1839, 1. 711. — D. 1839, 1. 384.

NIMES 1er *ou* 16 *août* 1838. — S. 1839, 2. 100, qui ne donne pas la date du jour. — D. 1839, 2. 9, qui le date du 16. — P. t. 1er de 1839, p. 13, qui le date du 1er.

NANCY, 21 *août* 1838. — S. 1838, 2. 381. — D. 1838, 2. 188. — P. t. 2e de 1838, p. 412.

LYON, 30 *août* 1838. — S. 1839, 2. 292. — D. 1839, 2. 203.

PARIS, 12 *septembre* 1838. — *Inédit.* — *V.* la *Gazette des Tribunaux* du 13 septembre 1838.

CASS., 12 *novembre* 1838. — S. 1839, 1. 147. — D. 1838, 1. 399. — P. t. 2e de 1838, p. 666.

CASS., 19 *novembre* 1838. — S. 1839, 1. 517. — D. 1839, 1. 9. — P. t. 2e de 1838, p. 448.

BORDEAUX, 28 *novembre* 1838. — S. 1839, 2. 180. — D. 1839, 2. 109.

BOURGES, 11 *décembre* 1839. — S. 1840, 2. 266. — D. 1840, 2. 206. — P. t. 2e de 1840, p. 292.

LYON, 4 *janvier* 1839. — S. 1839, 2. 340. — D. 1839, 2. 221. — P. t. 1er de 1839, p. 638.

PARIS, 9 *janvier* 1839. — *Inédit.* — *V.* la *Gazette des Tribunaux* du 10 février 1839, p. 259, 3e col.

LYON, 12 *janvier* 1839. — S. 1839, 2. 518. — D. 1840, 2. 38.

LIMOGES, 21 *février* 1839. — S. 1840, 2. 58. — D. 1840, 2. 88.

PARIS, 2 *mars* 1839. — S. 1839, 2. 534. — D. 1839, 2. 92. — P. t. 1er de 1839, p. 304.

PARIS, 11 *mars* 1839. — D. 1839, 2. 118. — P. t. 1er de 1839, p. 418.

BOURGES, 19 *mars* 1839. — S. 1839, 2. 464. — D. 1839, 2. 234. — P. t. 2e de 1839, p. 23.

PARIS, 28 *mai* 1839. — S. 1839, 2. 502. — D. 1839, 2. 209. — P. t. 1er de 1839, p. 563.

DOUAI, 29 *mai* 1839. — S. 1840, 2. 150.

LIMOGES, 13 *juin* 1839. — S. 1840, 2. 58.

NIMES, 28 *juin* 1839. — S. 1839, 2. 522. — D. 1839, 2. 243. — P. t. 1er de 1839, p. 46.

REJET, *sect. civ.*, 10 *juillet* 1839. — S. 1839, 1. 757. — D. 1839, 1. 281. — P. t. 2e de 1839, p. 198.

PARIS, 14 *août* 1839. — *Inédit.* — *V.* la *Gazette des Tribunaux* du 18 septembre 1839.

GRENOBLE, 30 *août* 1839. — S. 1841, 2. 5. — D. 1840, 2. 215.

PARIS, 17 *septembre* 1839. — S. 1840, 2. 13. — D. 1840, 2. 34. — P. t. 2e de 1839, p. 389. Ces deux recueils donnent à cet arrêt la date du 19.

PARIS, 10 *octobre* 1839. — D. 1840, 2. 35. — P. t. 2e de 1839, p. 408.

AMIENS, 6 *novembre* 1839. — S. 1840, 2. 512. — P. t. 2e de 1840, p. 668.

DOUAI, 23 *novembre* 1839. — S. 1840, 2. 106. — D. 1840, 2. 145.

BOURGES, 11 *décembre* 1839. — S. 1840, 2. 266. — D. 1840, 2. 206.

REJET, *sect. crim.*, 14 *décembre* 1839. — S. 1840, 1. 147. — D. 1840, 1. 423. — P. t. 2e de 1840, p. 541.

CASS., 16 *décembre* 1839. — S. 1840, 1. 145. — D. 1840, 1. 64. — P. t. 2e de 1839, p. 630.

PARIS, 2 *janvier* 1840. — P. t. 1er de 1840, p. 162.

CAEN, 14 *janvier* 1840. — S. 1840, 2. 201. — D. 1840, 2. 158.

CAEN, 19 *janvier* 1840. — S. 1840, 2. 200. — D. 1840, 2. 158.

CASS., 28 *janvier* 1840. — S. 1840, 1. 105. — D. 1840, 1. 109. — P. t. 1er de 1840, p. 516.

ROUEN, 6 *février* 1840. — P. t. 1er de 1840, p. 451.

BOURGES, 14 *février* 1840. — S. 1841, 2. 99. — D. 1841, 2. 77.

PARIS, 10 *mars* 1840. — P. t. 2e de 1840, p. 122.

BORDEAUX, 14 *avril* 1840. — S. 1840, 2. 440. — D. 1841, 2. 9. — P. t. 2e de 1840 2e, p. 152.

ROUEN, 17 *juillet* 1840. — S. 1840, 2. 388. — D. 1840, 2. 248. — P. t. 2e de 1840, p. 397.

PARIS, 22 *juillet* 1840. — P. t. 2e de 1840, p. 138.

BORDEAUX, 4 *août* 1840. — S. 1841, 2. 14. — D. 1841, 2. 67. — P. t. 2e de 1840, p. 715.

PARIS, 6 *novembre* 1840. — S. 1841, 2. 120. — D. 1841, 2. 67. — P. t. 2e de 1840, p. 628.

PARIS, 5 *décembre* 1840. — P. t. 1er de 1841, p. 285.

POITIERS, 17 *décembre* 1840. — S. 1841, 2. 57. — D. 1841, 2. 60.

PARIS, 23 *décembre* 1840. — S. 1841, 2. 323. — D. 1841, 2. 175. — P. t. 1er de 1841, p. 252.

LIMOGES, 24 *décembre* 1840. — S. 1841, 2. 425. — D. 1841, 2. 237.

ROUEN, 26 *décembre* 1840. — S. 1841, 2. 151. — D. 1841, 2. 140.

PARIS, 9 *janvier* 1841. — S. 1841, 2. 324. — P. t. 1er de 1841, p. 233.

REJET, 24 *février* 1841. — S. 1841, 1. 427.

PARIS, 1er *avril* 1841. — S. 1841, 2, 416. — D. 1841, 2. 177. — P. t. 1er de 1841, p. 596.

PARIS, 11 *août* 1841. — S. 1841, 2. 555. — D. 1841, 2. 253.

PARIS, 27 *octobre* 1841. — S. 1841, 2. 628. — D. 1842, 2. 10.

CASS., 24 *janvier* 1842. — S. 1842, 1. 444. — D. 1842, 1. 97.

FIN DES ADDITIONS.

TABLE ALPHABÉTIQUE DES MATIÈRES.

NOTA. Les chiffres indiquent la page ; les lettres *a* ou *b* la première ou la seconde colonne de chaque page.
On s'est servi de plusieurs abréviations que le sens indiquera, telles que cont. p. c. pour *contrainte par corps* ; mat. civ. pour *matières civiles* ; trib. de comm. pour *tribunal de commerce* ; crim. pour *criminel* ; établ. pub. pour *établissemens publics*, etc.

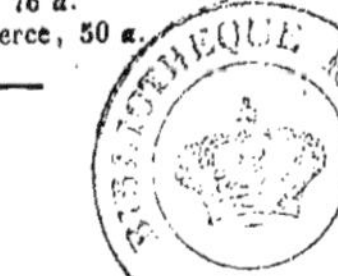

www.ingramcontent.com/pod-product-compliance
Ingram Content Group UK Ltd.
Pitfield, Milton Keynes, MK11 3LW, UK
UKHW020145200726
13856UKWH00003B/856